黄鑫 ◎ 著

Guanli Zongshen

中国财经出版传媒集团
中国财政经济出版社

图书在版编目（CIP）数据

管理纵深/黄鑫著．—北京：中国财政经济出版社，2016.6

ISBN 978-7-5095-6745-6

Ⅰ.①管… Ⅱ.①黄… Ⅲ.①财政学—文集②金融学—文集 Ⅳ.① F8-53

中国版本图书馆 CIP 数据核字（2016）第 111582 号

责任编辑：卢关平　　　　责任印制：张　健
封面设计：逸品文化　　　　版式设计：逸品文化

中国财政经济出版社出版

URL：http://www.cfeph.cn

E-mail：cfeph@cfeph.cn

（版权所有　翻印必究）

社址：北京市海淀区阜成路甲 28 号　邮政编码：100142

营销中心电话：88190406　北京财经书店电话：64033436　84041336

北京中兴印刷有限公司印刷　各地新华书店经销

710×1000 毫米　16 开　36 印张　518 000 字

2016 年 7 月第 1 版　2016 年 9 月北京第 2 次印刷

定价：69.80 元

ISBN 978-7-5095-6745-6/F·5427

（图书出现印装问题，本社负责调换）

本社质量投诉电话：010-88190744

序 一

三十年看遍风云，方寸间尽览须弥。

在我国国有企业改革正经历第四轮改革的关键节点上，黄鑫博士这本集子出现得太及时了，它为我们研究国企改革史、中国现代国际经济发展史乃至国际金融史提供了详实的佐证和鲜活的案例。

黄鑫博士是我的学生，也曾是我的同事，他出生于乡野，成长于庙堂，施政于企业。

他的经历和成长，与我国现代经济与金融的发展、国有企业的改革进程高度契合。从财政部到大型央企，而后省企，再到掌舵珠海市企，历经曲折创出了一条产融结合、多元发展的道路，带领九洲控股成为珠海市排名前三的国有大型企业。逾三十年来，我看着他在这条充满挑战、紧扣时代脉搏的道路上坚定行走，从一个精研学业的学生，成长为拥有深厚理论功底的学者，再蝶变为行思勤奋的现代企业家，此间辛苦与付出实难言尽。

如今，他将自己对民生民情的了解，对外经、外贸、外汇政策的熟知，对现代管理理论知识的掌握，对企业经营的把控付诸笔端，并结集出版，是对自身思想和理论体系的重塑，也是对现代中国经济、金融、国企发展的概括，令我心生喜悦。

这本集子从1988年公开发表第一篇获奖文章开始，时间上跨越了近三十个春秋；从财政学肇始，框架上涵盖了企业管理数十个领域。以财政学为内核，先从内部延展到资本、金融、投融资，再从外部扩展到经济学、货币银行、税务、战略规划、内部管理与上市公司治理等，积极探索了金融理论与技术在促进国企加速发展等方面的运用，对各种金融、经济与管理理论如何落地实操提出了独到见解。

文章广征博引，各种案例、数据信手拈来。既能将国内外最新的理论和案例介绍得简明易懂，又能把国际资本流动趋势和宏观形势阐述得生动到位。但最突出的一个特点，就是始终做到了与我国实际国情的结合，与国有企业现状的紧密结合，这是一般的书籍很难做到的。

"眼底山河，胸中事业。"正如黄鑫博士所言，企业家要有高度的事业心、企图心和责任心，在当前国内经济下行压力加大、第四轮国企改革进入攻坚阶段、产业亟须升级的关键时期挺身而出，为自己做出一番事业、为企业创出一套模式、为国家贡献一腔热血。

期望更多的企业家以"全球视野、本土雄心"进一步打磨自己的学识与胸怀，深研管理纵深，创新产业、商业与盈利模式，在别人看不到机会的地方开拓出一片蓝海。

此为序。

朱光耀

2016年3月 北京

序 二

当我拿到黄鑫博士《管理纵深》书稿的清样,仿佛在脑海中立马浮现出"岳麓书院"的图景,特别是"惟楚有材,于斯为盛"的名联。在湖湘大地,澧阳平原,物华天宝,人杰地灵。你熟悉城头山吗?那里有约九千年前的稻耕文明,亦有近六千五百年的世界古城遗址。这文明的种子滋育繁衍着人类的文明,《管理纵深》的作者就是生于斯、长于斯的佼佼者。

五十而知天命。待到丙申金秋送爽的时候,黄鑫也将走过百年人生的一半。《管理纵深》的结集出版,既是他半个世纪成长的阅历,特别是其勤奋读书、勤勉工作、勤耕学问而留下的闪光足迹,也是他积聚力量、创新未来、再攀高峰的坚实平台。当然,更是他为自己生日而献上的最有意义的一份特殊的礼物。

管理是一门大学问。大至世界国家,小至家庭个人,都有一个管理问题。世界有全球性经济治理问题,国家有治国理政问题,家庭个人亦有治家理财问题。管理要科学,管理出效益。对此,朱镕基总理曾专门有精辟论述,本人在此则不必赘述。

粉碎"四人帮",科学迎春天。作为财政部财政科学研究所(以下简称科研所)"黄埔一期"的研究生,我毕业后留所工作,并兼任硕士研究生导师。当时全国各地高校毕业生慕名报考科研所研究生,竞争激烈,录取率极低。黄鑫凭借录取总分全所第一的成绩,于1987年来到科研所,如愿以偿地成为财经大家左春台老先生的高足。这一年的秋天,我与他相识相知。

"恰同学少年,风华正茂。"攻研期间,黄鑫因两件大事而学术名声鹊起。一是入学不久,初生牛犊,即在《光明日报》理论版公开发表颇有见地的论文而名噪一时;二是深入农村基层,蹲点调研,撰写《关于农民困难的考察报告》,而获得六部委(即中共中央农村改革研究室、国务院发展研究中心、国家计委、共青团中央、全国学联、国家科委等六部委)联合发起的"国情与改革"系列调查征文二等奖,并因此出席了在人民大会堂召开的"国情与改革"系列调查征文活动表彰暨纪念"一二九"运动座谈会。之后,黄鑫便一鼓作气,更加勤奋钻研,相继公开发表了十多篇高水平的经济学术论文,反响很大。毕业分配之际,我很希望他留下来继续从事学术研究。但得知他最终服从分配进入财政部机关工作时,我既为之高兴,又为之惋惜。而今看到他的《管理纵深》书稿,知他在从事丰富实践之际,一刻也没有停止其理论研究的脚步,而且硕果累累,亦让我倍感欣慰。

黄鑫博士年纪轻轻,却有相当丰富的阅历,既有财政部工作的历练,又有中央级、省级国企工作的锤炼,还有挂帅地方大型国企的资历。总之,有从宏观到中观到微观(也是地方大型企业)的纵深发展,由此而积累了纵深发展的管理经验与实践。"管理纵深"以时间为序,既为自己更为读者提供了某种阅览与把握的便捷。

《管理纵深》分上、下两大篇,即宏观调控探理篇和微观管理求实篇。前者29篇,后者43篇,共计72篇。前者涉及经济领域的诸多方面,如财政、金融、投资、税收、旅游、消费等;后者则涉及中央级、省级和地市级企业、企业集团、股份制公司管理的诸多方面。如伞形投资管理、发展(主权、股权、创投)基金管理、特别重大资产并购、企业战略转型升级、集团企业商业发展模式、控股集团战略管理等!所有这些文章,都是作者探理与求实的结晶,因此,对该书写作的基本特点,可概述如下:

一是坚实的理论性。宏观调控探理篇的每篇文章,都有其理论基础、依据的论述,从而使每篇文章有其可靠的或正确的立论。如发表于《光明日报》理论版的文章——《关于价格改革问题的反思》，作者就论述了价格与市场的关系、价格改革与经济发展的关系，远期价格改革方式中调与放以及与国家财力相适应的关系。

二是可操作的实践性。微观管理求实篇的每篇文章，都是源于实践而又高于实践的或部署性或总结性或规划性的文章，而且通过实践证明是成功的实践，由成功实践而升华的理论经验总结，对实践的指导意义是显而易见的。如企业集团的并购、旅游文化企业的发展、乡村风情带建设等都是可操作的，而且是成功的。

三是可预见的开放性。"管理纵深"虽然分为探理篇和求实篇，似有侧重，但两者也是你中有我，我中有你，是知行结合的。不仅如此，他的文章有开有合，开合自如。从开放性而言，有国内国外的开放，有经济学的中外开放，有战略的眼光与战略性决策的开放。如"蛇吞象"并购是如何完成的，以全球视野演绎本土雄心；九洲控股集团"十三五"发展规划研究成果等。既有超前的预见性，又有合乎现实需要的开放性。

黄鑫博士身兼数职，责任重大，成就斐然，这就用事实告诉人们，凡是勤于学习、善于思考、勇于实践、敢于挑战的人，是完全可以济身沧海、砥柱中流、鹰击长空、展翅高翔的，既可在事业中大展宏图，也可在学问中有所建树！

探理求实，知行两集成；

任重道远，上下一世纪。

是为序。

郭代模

2016年3月5日　北京

目 录

>>> 宏观调控探理篇 >>>

关于价格改革问题的反思 ··· 003

对税收改革的国际性展望 ··· 006

韩国和中国台湾因应外向型经济战略的财政政策比较研究
　——兼论对中国沿海经济发展战略的启示 ··················· 014

论工资运行和价格运行的内在关联机制 ···························· 021

走出农业困境的财政对策 ··· 026

不唯书　不唯上　只唯实——读《读报随想》的随想 ········· 035

永远仰望的灯塔与丰碑——怀念左春台先生 ····················· 039

外贸经济自负盈亏与财政对策 ·· 043

国有企业经营评估的典型方法（节选）······························ 079

中国证券市场走向之我见 ··· 088

在整顿和改革中加强财政投融资职能 ······························· 092

美国金融业值得借鉴的几点管理经验 ······························· 096

21世纪国际资本流动十大特点 ··· 101

简议国际资本流动的理论趋势及研究方法 ························ 105

　附件：答辩决议书 ··· 112

构筑应对游资冲击的财政防火墙 ……………………………………………… 113
伞形创投：投不出去的风险更大
　　——从"中生北控"如愿上市和"康比特"被横刀夺爱谈起 ……… 121
上市公司私有化做法与案例 …………………………………………………… 125
追求与积累 ……………………………………………………………………… 134
　　附件：拍住上——写在黄鑫博士新专著出版之际 ………………… 136
关于发展珠海游艇消费服务产业的思考 ……………………………………… 137
发展帆船文化和发展地方经济的关系 ………………………………………… 145
珠海开发帆船文化旅游SWOT分析 …………………………………………… 155
打造特色海洋运动休闲旅游示范岛 …………………………………………… 162
新常态下国企人力资源管理新实践 …………………………………………… 168
我们能为珠海市智慧旅游业发展做点什么 …………………………………… 174
关于国企党建与法人治理结构有机融合的探索与实践 ……………………… 181
让"公共"大旗在游艇消费领域高高飘扬 …………………………………… 194
浅谈境外中资企业如何应对涉外法律诉讼 …………………………………… 197
财务管理只有创新才能使企业走得更快更远 ………………………………… 202
保持和提升研发能力是旅游企业立于不败之地的不二法门
　　——精品酒店新产品研发应为首要突破方向 ……………………… 209

>>> 微观管理求实篇 >>>

中国经济开发信托投资公司1991年鉴 ………………………………………… 233
中国经济开发信托投资公司1992年鉴 ………………………………………… 237
中国经济开发信托投资公司1993年鉴 ………………………………………… 244
如何做好伞形投资管理工作 …………………………………………………… 250
关于新形势下国有控股上市公司法人治理结构的思考 ……………………… 260
红筹定位　注资转型　价值发现
　　——关于九洲旅游集团资本运营工作三大主题的思考兼谈
　　对香港资本市场的再认识 …………………………………………… 268

特别重大资产并购中"接管"环节的关键节点
　　——兼对天志项目并购、接管、重组、资本运营
　　　　实操案例的剖析 280
　　附件1：九洲控股集团关于天志项目回购工作方案 284
　　附件2：珠海市政府天志项目回购接管工作方案 293
　　附件3：天志项目资产处置建议方案 298
发展基金管理业务的可行性论证 304
深化改革创新模式　推动企业跨越发展 316
凤凰涅槃　一飞冲天 319
鉴往思今　攻坚克难 323
加快实现集团战略转型升级 325
以重大项目为抓手　以资本运作为引擎
　　——推动集团公司战略转型、产业集群、行业升级 338
　　案例1：九洲控股集团成功实施港航资源整合 343
　　案例2：九洲控股集团成功并购"隆益项目" 344
国企改革新探索　服务社会谋前途
　　——珠海九洲控股集团公司走出广阔民生发展之路 345
攻坚克难破困局——"蛇吞象"并购是如何完成的 349
伟大的事业需要始终不渝的拼搏精神 353
珠海控股2014周年股东大会（AGM）媒体交流会答问录 357
搜房网专访：以全球视野演绎本土雄心 366
在管理年唱响创新的主旋律 371
精准定位集团企业商业发展模式 381
2015发展报告 383
珠海控股2015周年股东大会（AGM）媒体见面会答问录 396
务必打赢安全与维稳的专项攻坚战 402
发起设立文化旅游产业基金的几点动议 406
从"不能为、不想为、乱作为"到"敢闯、敢试、敢担当" 411
从九洲港到九洲湾——接受广东省主流媒体联合采访 418

拉开乡村风情带建设大开发的序幕 …… 421

九洲湾加速崛起——《置业新地》杂志专访 …… 426

在国有企业党建中突出发展主题 …… 430

九洲控股集团"十三五"发展规划研究成果（2016—2020） …… 435

力争建立口岸和站场安全生产长效机制 …… 446

城头山旅游景区项目策划指引 …… 450

直挂云帆济沧海 …… 455

创新为魂　转型为躯——珠海九洲控股集团有限公司改革创新报告 …… 457

最好的守业是创业　最浓的关爱是执纪
　——力求逆势成长、健康成长，力戒野蛮生长、无序生长 …… 469

2016年新春寄语 …… 482

构建九洲控股集团战略管理平台 …… 484

珠海九洲控股集团有限公司文化建设管控平台 …… 498

契约精神与绩效文化——从珠海控股集团率先"吃螃蟹"说起 …… 508
　附件：珠海控股投资集团公司股权投资企业绩效管理制度
　　（2013年1月） …… 510

起于青萍　成于微澜　舞于香江——隆益项目收购全景再现 …… 518
　附件：珠海国企活力从何而来 …… 529

防微杜渐　护企护家——强化企业内部经济责任审计监察成果的
　运用 …… 533

"一带一路"愿景下的"南蓝北绿"战略
　——在"马六甲文化经贸中心"启动仪式暨泛珠三角超级赛车节
　春季赛晚宴上的致辞 …… 545

荷兰、法国、西班牙游艇帆船港建设与运营考察报告 …… 547

跋 …… 559

后记 …… 561

宏观调控探理篇

关于价格改革问题的反思[①]

北京市政府宣布恢复猪肉定量供应以后,全国一些大中城市纷纷响应。这不仅在全社会激起了强烈反响,在理论界也引起了轩然大波。"一放就涨,一涨就多,一多就稳,一稳就降",的确是对商品经济供求规律深入浅出的描述。放开猪肉价格、允许个体经营以后,为什么既未出现"多"也未出现"稳"的局面,甚至不得不重新祭起定量供应的法宝?是我们社会主义商品经济欠发达,抑或是"一只看不见的手"失灵了?我们认为,只有把上述问题置于价格体制改革乃至整个经济体制改革的大系统中来考察,才能得出正确的答案。猪肉价格放开作为价格改革的缩影,其经验和教训对今后的价格改革具有重大的借鉴意义。

一、价格与市场的关系问题

发展商品经济离不开价格杠杆。但是,发挥价格杠杆的调节作用,又离不开市场。市场不健全,势必抑制价格的引导机制。从肉食市场来看,猪的生产大多是中国农户的附带经营,专业化程度低,部分产出自

---

① 此文于1988年4月23日发表在《光明日报》(理论版)。《光明日报》是中共中央领导和主办的全国性、综合性党报,是党面向知识分子的重要报纸。《光明日报》(理论版)以其博大精深的人文内涵、敏捷权威的刊发风格和高雅清新的个性品位,赢得了海内外读者的青睐。在《光明日报》(理论版)阐述自己的学术观点,是作者甫一开始研究生求学时梦寐以求的理想。

给自足，商品率不高，因而对供求关系乃至价格的变化反应淡漠。而猪的销售既有个体分散经营，又有国营统一经营。国营的生猪收购价和猪肉零售价的变动跟不上供求关系的变化，加上大量猪肉从国营副食店分流为两部分：一部分直接进入消费领域，另一部分由不法分子再次倒卖，高价出售。国营和个体经营的肉价相差悬殊，此时价格的引导机制只是使许多人从事倒卖，而不是诱使人们改善供给，发展养猪业。放开的结果，只会促使自由市场肉价急剧上涨。由此可见，畸型的市场必然导致畸型的价格机制。不考虑市场前提，一味地鼓吹价格杠杆作用是不明智的。猪肉价格高居不下，而供给状况改观不大，就是一个很好的例证。因此，只有健全社会主义市场体系，才能使价格机制有用武之地。

二、价格改革的思路问题

过去几年的价格改革是在倒置了市场与价格关系的基础上进行的。事实证明，价格改革不能按照原有思路走下去，应当把价格改革与经济体制改革、经济发展联系起来，从而理出价格改革的思路。在当前社会总需求大于社会总供给、市场透明度不高的情况下，当务之急是稳定物价。我们所指的稳定物价不是冻结物价，其中包括有升有降地调整物价。实行定量供应猪肉，尽管迫不得已，然而却是明智的。与其使消费者倍受价格上涨之苦，不如釜底抽薪，实行定量供应。当前最迫切的问题是如何完善企业经营机制，搞活企业。只有使企业成为自主经营、自负盈亏的社会主义经济实体，只有当企业彼此看作独立的法人而走向市场进行等量劳动交换时，市场的功能从而价格的功能才能得到真正发挥。同时，还应该看到社会主义商品经济不是完全竞争的市场经济，而是有计划的商品经济，因此必须存在维护社会主义性质的某些垄断经营，价值规律不能自发地、盲目地、万能地起作用。在逐步加大指导性价格特别是市场自由价格的比重时，还必须保有指令性价格。

三、远期价格改革的方式应是调放结合

对于关系到国计民生的消费资料和生产资料,应当根据价值量和市场供求状况进行调整。有些商品可放开价格由完全竞争市场自发调节。在不同时期,价格实行调放的商品是不同的,其根据应基于以下因素。

一是根据消费资料分为生存资料、发展资料、享受资料的划分。生存资料的价格要进行控制和调整,发展资料和享受资料的价格可以适当放开。

二是商品的供给价格弹性和需求价格弹性。对于供给弹性大、需求弹性也大的商品,价格可以放开。供给弹性小、需求弹性也小的商品,对它们的价格要进行控制和调整。

三是要有利于农业生产的发展。农业是国民经济的基础。如果农业生产特别是粮食生产不景气,就不能奢望其他部门能够稳定协调发展。

四是考虑财政的负担能力。近几年的价格补贴使财政背上了沉重的包袱,影响了财政作为综合经济杠杆作用的发挥。由于价格改革中存在着重消费品价格控制而轻生产资料价格控制的倾向,生产资料价格上涨快,引起工业生产成本连锁上升,增加了财政减收增支的因素。因此,所有商品价格调放,都必须在国家财力所能承受的负荷下进行。

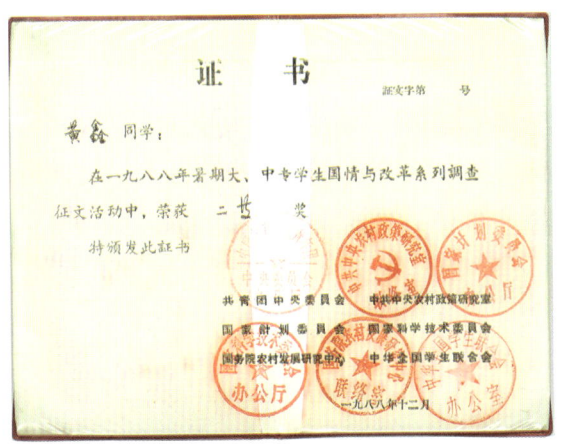

1988 年,作者撰写《关于农民困难的考察报告》获得以上荣誉

对税收改革的国际性展望[1]

税收目前在十个国家（瑞典、丹麦、挪威、法国、荷兰、比利时、奥地利、卢森堡、意大利、爱尔兰）的国内生产总值中的比重已达到40%以上，而且在经济合作和发展组织的大多数成员国中，税收负担已增加很多，其中大部分增加归因于"福利国家"需要为其经济增长筹措资金。在整个20世纪60年代和70年代的大部分时间里，政府扩大了社会福利的范围和慷慨程度，而且人们对政府处理社会经济问题普遍持乐观态度。不同政治观点的政府都采取了进行干预的办法。最近几年，政府干预的效率已经日益受到人们的质疑；人们现在已更多地强调市场力量的作用，政府对此应持中立态度。许多国家已经在政府"规模"应该消减或至少不应扩大的问题上形成统一的意见。

税收政策不能避开这些日益变化的环境。有些国家政府正在尝试降低税收水平或至少改变直接税和间接税之间差距的办法。一些政府和其他组织越来越怀疑在促进社会经济目标方面对税收支出（也就是通过税收制度提供的补贴）的运用。人们批评指出，实践证明税收结构为可能递向影响经济决策提供了方便。因人们观念的变化带来了改革税制的建议增加。

---

[1] 此文原公开发表在《财经译丛》1988年第4期，西南财经大学出版社，余功斌、黄鑫合译；摘译自［英］《威斯敏特国民银行季度评论》1987年5月号，原作者为［英］杰佛仁·奥文斯。

这篇文章主要集中讨论直接税，而当前对税收改革的大多数讨论重点放在所得税和资本税。然而在一些国家（如葡萄牙、西班牙、新西兰和土耳其），税收改革中已采取了增值税，并且另外有些国家（如西德和英国）已表示要把税收的重心放到间接税（通常包含较高的增值税收入）上去。对这种趋势的一种解释是：人们一般认为增值税制度能对储蓄、投资和工作决策，特别是那些税基广泛且只有一个税率的税源提供了一套中性的政策。但事实上，这一中性要求受到了税基和倍增税率的豁免和所用的征税方法的制约。

一、提出的问题

尽管各国的经济、社会条件和税收结构不同，令人吃惊的是各国税收委员会提出的问题非常相似。对现行税制的一致批评意见是：

1. 现行税收制度对纳税人来说太复杂而难以了解，对税务局来说难以进行高效率的管理，这就增加了税收征管费用，并且为逃税诡计提供了方便。

2. 个人所得税负担的分配不公平。纳税能力几乎相同的人明显地缴纳不同数额的税金，这与横向平等的原则相矛盾，引起了人们对部分纳税人和破坏纳税道德规范者的不满。

3. 过高的边际税率对经济决策产生了不良影响。纳税人愿意工作得更少或进入"地下经济社会"，人们储蓄的积极性可能受到阻碍。

4. 实际上在一些国家对资本收益纳税产生消极影响，这些国家对利息交付无限制扣除，结果就是所得税税率表在最高收入水平时税率递减。

5. 对公司征税的税收结构鼓励了公司为税收而不是经济上的原因而进行投资和调整资产负债表。资本形成的质量可能受到逆向影响，且稀缺的资源配置不合理。

6. 对私人征税和对公司征税的税率之间的差别可能会鼓励公司因为税收方面的原因合并或不合并。对股息的区别对待使人们倾向于把债务作为筹措新投资的手段。

这些问题中的大部分并非新近出现的（1966年加拿大的卡特委员会得出了类似的结论），但由于当前的经济形势和人们更多地强调消除结构性障碍以更有效地使用资源，这些问题显得更为迫切。在当前税收改革建议中，人们提出了经济效率这一新重点。澳大利亚财政部长在1985年关于税收制度改革的报告中指出"我们自己决定的根本目标是大幅度地降低边际税率，禁止逃税和避税以及通过更好地鼓励积极性来促使税收体制适应经济增长需要"。爱尔兰税收委员会声明，他们的改革计划（主要是扩大税基和降低边际税率）将"带来大多数经济利益"，现行税制严重地抑制了生产积极性，而新的税基结构"将大幅度地提高对工作的刺激，改革和发展爱尔兰经济"。

美国的《总统对国会关于公平、增长和简化的税收建议》阐述了类似的东西，在这个建议中，对美国税收结构的一个明显的批评是：过高的税率"对工人收入征税不利于鼓励工人的积极性、储蓄、劳动生产率、革新和增长"。在丹麦、瑞典、新西兰、挪威和英国关于税收改革建议中出现了非常类似的内容，在一些国家，某些人们所关注的东西并不是税收决策者的当务之急，例如，在日本，当局正在讨论的一个问题是在高水平的家庭储蓄条件下对私人储蓄十分优惠的税收待遇，而至少直到最近，涉及家庭储蓄等方面的税收刺激还很少。因此，各国存在的问题和解决的办法可以适当地有所不同。

二、提出的解决方法

对税制越来越多的批评导致了税收改革建议的激增。税收改革已经摆上了多数经济合作和发展组织成员国的政治议程里。太平洋地区各国（澳大利亚、新西兰和加拿大）的讨论主要集中在采取一个广泛的基本费税（通常是增值税的某种形式）。在加拿大和日本，一个新消费税被认为是减少预算赤字的一种方法，而澳大利亚和新西兰，流转税被认为是降低所得税税率的关键。虽然加拿大1988年有一个十分有利的机会开征一种"企业转移税"（增值税的一种形式），但是至今只有新西兰开征了这样一种税（"商品和劳务税"）。加拿大也正在考虑减少公司纳税的税率情况。澳大利亚正准备通过部分地合并个人所得税和公司所得税制来减少对已分配利润的区别对待。这两个国家最近都通过取消或降低某些税收支出的边际税率，扩大了所得税基础。

在地中海地区各国（希腊、葡萄牙、西班牙和土耳其）最近的改革已集中在采取增值税上，普通消费税的实施要求具备希腊、葡萄牙现在所属的欧洲共同体的会员资格。增值税很有可能成为这几个国家税收收入的主要来源。在土耳其，采取增值税的决策受到了这样一种影响，即希望采取较平衡的税收结构，特别是降低对个人所得税的过多依赖。

在斯堪的纳维亚国家（丹麦、瑞典和挪威），税收改革的建议最一般的主题是需降低所得税的边际税率。最近几年，这几个国家或是已经完成，或是已宣布取消所得税税率表中的高税率。在丹麦，最高的个人所得税将从 73% 降到 68%，且资本收益将以 48% 的单一税率征税。财政收入的损失部分通过限制当前几乎是无限度的税收扣除和提高公司税税率予以弥补。丹麦还准备通过减少公司分类级别来降低股息税税率。瑞典已实施了税收改革建议，90% 以上的纳税人现在所遇到的最高边际税率为 50%（把中央和地方的税率加起来通常超过 70%）。至于挪威，1984 年税收改革委员会提出的建议主张取消大量的税收优惠，降低税率（最高税率将从 74% 降到 41%）且对个人和公司自动进行通货膨胀调整。当前，政府正在考察这些建议。

爱尔兰和英国的税收改革讨论集中在两个问题上面，即：如何改善个人所得税和公司所得税的中性，以及如何改变税收组合才有利于间接税的实施。虽然两国税收改革委员会（英国的麦迪委员会和爱尔兰的奥布仁委员会）主张开征支出税，但是这一主张对两国的实际改革未带任何影响。英国财政大臣在其 1984 年预算中宣布给公司提供的许多税收刺激在三年内将予以取消，且公司税的税率将从 52% 降到 35%，至于税收组合，两国已相对提高了来自增值税的税收收入。

在美国，自从 1984 年 1 月总统向国会提出国情咨文以来，税收改革已成为一个主要的政策问题。1984 年 11 月，财政部颁布了一套具有深远意义的计划。这些计划经当局不断修改后于1985年颁布了总统税收改革计划。这些计划后来在参众两院讨论中进行了大量的修改。现行改革一揽子计划是从议会委员会那里出台并且于1986年10月立法通过，其主要特征是：

1. 边际税率将大量地削减（以15%和28%两个税率代替现在的十五级税率表，该税率表的最高税率为50%）。

2. 大范围的税收优惠将废除（特别是涉及有关退休的规定）。

3. 对大公司的公司所得税税率将从46%降到34%；按税法计算的折旧额将更接近实际折旧额；投资税率减免办法予以取消。

4. 最低限度的公司所得税将会采用，而且许多逃税手段将予以取缔。

虽然个人所得税的分配将有所变化且部分税收负担将从私人转到公司，但是整个一揽子计划仍然是为了使税收收入更合理。尽管美国对采取增值税长期存在着争论，当局拒绝考虑改变增值税管理复杂的基本观点。

除了上面所谈到的国家以外，还有许多经济合作和发展组织成员国对其税制进行了较缓慢的改变。澳大利亚目前正在考虑个人所得税税率。在法国，政治上已承诺将降低总税收水平，同时最近已公布了具体办法以取消净财产税，降低公司税税率和提高投资税的刺激性及个人所得税的起征点。西德已降低了个人所得税的税率，并重新采取了对家庭的税收减免。意大利已改进了现存税制的管理和成功地减少了逃税避税。正如这些例子所示，税收改革和渐进的适应之间的界线不是很明显，而且事实上，一种渐进主义的方法有时能给税收结构带来变革，这个税收结构日积累月将产生十分类似于一次较大范围改革带来的结果。

上面谈过的税收改革的一个共同主题均是为使财政影响更加中性化（即税制应尽可能少地妨碍经济行为的信条）的需要，以及降低税制复杂程度这一可理解但可能不现实的愿望的需要。大多数建议提出：在降低税率的同时，扩大所得税的税基。尽管所有建议都包括了调整税收负担，许多建议还提出了中性的财政收入，这些建议增加了对间接税的依赖。

三、对个人所得税，各种改革建议大致包括以下特点

1. 扩大税基。实践证明有两种办法。第一种办法是把原来排斥在外的收入来源列入税基，例如，包括社会福利特别是疾病和失业救济金及资本收益。第二种方法是取消对特别收入来源尤其是小额优惠的税收优待，减少费用的扣除额和取消通过税制提供的补偿。许多改革措施已集中在利息扣除的处理上，而且在斯堪的纳维亚国家尽管继续给家庭提供税收补贴，现在已大大减少了利息扣除额，许多国家（如美国）已通过了复杂的法律以抵制逃税手段的使用。

2. 调整税率：尽管在大多数国家税率表中最高税率由不到0.2%的纳税人缴税，几乎所有的税收改革都准备降低这些税率，同时在一些国家已减少了税收等级。还有两个国家采取了最低平均税率。总之，边际税率的变化比通过一揽子改革计划而产生的平均税率的变化更大。因为税率的降低部分地通过扩大税基来补偿。

3. 更公平地对待不同的收入来源。在许多税制下，根据收入来源缴纳税收。在劳动所得和非劳动所得之间适用不同的税率减免税；资本收益通常比其他收入来源在税收上更优待，等等。部分税收改革计划试图取消这区别对待以对不同来源的收入提供一个更合适的税收待遇。

四、在公司税方面，税收改革建议的共同点

1. 取消使投资决策具有倾向性的税收刺激。大多数公司税制包括大量的投资刺激（投资税收减免、地区性的减免税等），而且在几乎所有的税制中，按税法计算的折旧额大大地超过实际折旧额。总之，改革已消除了特殊的投资刺激，取消了皆在抵消通货膨胀影响的规定，并且使按税法计算的折旧额更接近企业实际折旧额。

2. 降低税率。扩大税基不可避免地伴随公司税率的降低。对大多数公司来说，尽管这些同时采取的措施对公司关于是否合并的决策提供了

更强的税收中性，但它们几乎没有降低实际税率。

3. 减少对已分配利润区别对待的措施。这些措施有时表现在：允许公司从它们的应税所得中扣除部分股息支出或允许对股东全部或部分应缴公司税给予减免，或采取一种分类税率制度。

至于改变税收组合，许多税收改革的主要特征是采取增加对增值税的依赖。与所得税相比，增值税被认为能提供较大的中性，且因此能改善对工作和储蓄的刺激；它很少遭到人们的抵制而且难以逃脱。另一方面，增值税给税务局和纳税人都造成了昂贵的管理费用，而且可产生税率累退的税制，这就是它受到一些国家反对的原因。

五、税收改革的实施

大多数税收改革需要精心组织。在发生变革时政治上必须予以支持并且必须抑制各利益集团，政治家必须相信税收改革是决定胜负的选票，因此有必要向人民和企业社团解释税收改革的内容。

在进行大范围的改革中一些抑制性的因素须克服：

1. 一个好税种通常是一个老税种。除了纳税人本身不愿意接受一个新的税收结构以外，还有正当的经济原因来证明这一说法。现有的税收优惠刺激倾向于把投资加进资产价值，因此不会产生边际资源配置不合理的情况。所以大范围改革的实施对一部分纳税人来说可能产生大量的意外收入或损失，这也需要复杂的过度性法规，而这些法规的制定又增加了税收改革的管理费用。

2. 税收改革可能产生误差。税收结构的变化可能扰乱企业计划和逐渐损害企业信心。这可能对投资行为起反作用。

3. 为税收改革树立的政策目标可能相互抵触。例如，促进储蓄的改革可能对投资产生不良影响或对一个人挣钱的家庭和二人挣钱的家庭提供一种较平等的税收待遇，这类改革可能产生对单身汉和已婚的纳税人之间的差别待遇。

4. 在政策目标中可能存在模糊的概念。大多数税收改革强调需要中性更强的税制，然而实际上很难割裂它来建立判别不同税制的标准。一些国家也能把中性解释为需要干预主义的方法来补偿已经存在于经济体制中的非中性，然而其他政府也可以把它解释为需要一个"不干预"的政策。

5. 对税制在经济和分配上恰到好处的影响仍然存在不一致的意见。例如，它们对工作刺激和投资决策的影响和意义尚不清楚。

6. 税制复杂且要坚决迅猛地改革会引起来自许多关心他们自己可以得到特别税收优势的集团的反对。通过取消税收支出来扩大税基旨在使纳税人中各种精心组织的社团相互疏远些，而大多数将从改革中受益的纳税人则倾向于闭口不言。

7. 在联邦制度下和在进行分权的一元化国家，需要和下级政府商量会限制可供中央政府选择改革方案的自由。类似地，所有的国家必须考虑建议实行的税收改革的国际影响，并保证改革建议与它们的现有国际税收协定中的义务保持一致。

8. 对税收改革有一些实际和管理上的抑制性因素。必须设计新税种以保证它们实际上能起作用。这可能需要大量地增加工作人员（例如当采取增值税时），全面的再训练计划和高度的计算机化水平。

尽管存在这些抑制性因素，现在也有实行税收改革的主要动力和推进大范围的税制结构改革的机会，这种新的税制或许比过去维持多年的税制更成功。

韩国和中国台湾因应外向型经济战略的财政政策比较研究[①]

——兼论对中国沿海经济发展战略的启示

中国香港、新加坡、韩国和中国台湾近三十年经济发展成就显著，被誉为战后"新型工业化"国家和地区。其中，香港和新加坡为都市小龙，同幅员辽阔的中国大陆相比，有其独特的地理位置和特殊的经济发展成因。而韩国和中国台湾同居亚洲，同为非欧洲传统思想影响的民族，同具经济起飞前的落后惨象，几乎同时采用"出口导向"经济发展战略，并辅之以相应的财政政策，经过三十年的努力，同样取得了成功。因此，本文仅就"亚洲四小龙"中具有可比性的韩国和中国台湾发展外向型经济的财政政策进行比较，探究其异同及其原因，在中国大陆实施沿海经济发展战略的目前，这种比较研究无疑是大有裨益的。

韩国和中国台湾自20世纪60年代初开始采取"出口导向"经济政策以来，迄今已创造出令人赞叹的经济成就。1985年，人均国民生产总值，韩国2032美元，中国台湾3090美元，均以悬殊差额高于中国大陆的228美元（1984年）和上海的1194美元。他们所取得的成绩固然与"美援"分不开，但追根究底，应归因于正确的经济发展战略和与之相适应的财政政策。为了顺应"出口导向"战略，韩国和台湾当局因时制宜地制定了许多财政政策（包括税收政策、支出政策和公债政策），

[①] 此文发表于《研究生论坛》1988年第2期，财政部财政科学研究所研究生部主办。作者时任《研究生论坛》副主编。

调整出口产业结构，改善水、电、气、路、通讯设备，优化投资环境，在加强内部资金积累的同时，大力引进外资技术，注意人力资源开发，这些政策对"外向型经济"的发展和经济起飞起到了举足轻重的作用。

一、税收政策

韩国和台湾都非常重视杠杆的运用，进行了一系列有利于外销的税制政策，采取了鼓励出口和引进外资及先进技术的税收政策。两地当局运用税收杠杆，以调节征税对象，通过减税免税引导社会"稀缺资源"流向出口"先驱型行业"，进行产业结构调整，实现了工业化。韩国农业比重由1961年的47.4%降至1985年的15%，工业比重由10.5%升至33.4%。台湾农（林水产）业在国民生产总值中的比重由1953年的38.3%降至1981年的8.7%，而工业则由1953年的17.7%升至1981年的44.5%。但因两地区确定的出口产业重点不一样，因而运用税收杠杆调节的导向就不一致。韩国主要引导社会资金优先发展重化工业，而台湾则优先发展轻工业。在具体措施方面，两地的税收政策又各具特色。

韩国，1960年朴正熙上台后，开始走上以"出口导向"为特征的外向型经济发展道路，当年即着手制订《外资引进促进法》，其中有关鼓励输出与开发的政策条文，是当时税制改革的蓝本。（1）在税收政策方面，从对内对外两种税制对出口给予优惠。对内税制上的支持包括减免外汇所得的法人税、所得税、营业税和商品税等；对外税制即关税上的支持主要是减免为生产出口商品而进口的机器设备、原材料、元器件及零部件的关税。（2）对引进技术的消化和吸收给予支持。如对引进项目合同中向对方支付的费用，减免所得税和法人税，前五年减免，第六七年减半；对试验和开发研究（其中包括市场开拓研究）所需设施，实行50%的特别折旧。（3）政府运用税收杠杆，对经济进行主导型宏观调节，采用差别税率、控制税额和减免税等办法、引导产业结构调整，重点发展重化工业，加速出口工业化进程，使经济很快进入了高速增长的时期。

当台湾的经济发展决定向轻工业和出口方面发展时，当局便积极地利用税收政策去追求这一目标。利用关税有选择性地限制消费品的进口，而对外销事业所必需的生产设备及原料则予免课进口关税。同时经历了继"统一稽征"、"所得税改革"两次税制改革后的第三次财税改革——"奖励投资"阶段，通过让与税收优惠、允许高速折旧、自由汇出盈利以及外销返税和保税制度等，使得整个赋税制度对外销事业和吸引外资较为有利。台湾当局的租税奖励、补贴以及公用事业优惠费率对出口厂商之资助约占其附加价值的 20%—25%。

由此可见，韩国和台湾当局为了加强本土企业在国际市场上的竞争能力，促使新创企业或已有企业出口扩张的利润率得以提高，以吸引外资，采用了一系列税收优惠政策。台湾学术界将这一共同特点概括为税式支出。所谓税式支出是与财政直接支出相对称的财政范畴，它经由修改租税体系，以税式让与的利益诱导方式去达成经济目标。两地为实现出口导向目标的税式支出主要有：①免税；②加速折扣；③税额扣抵；④税负宽减；⑤优惠税率；⑥盈亏互抵；⑦税负分期缴纳。

二、支出政策

韩国和中国台湾当局在促进出口的财政支出政策方面有许多共同的特点。首先，预算支出参与达成出口扩张策略所需的国内投资和基本建设。其次，教育和培训经费支出在年支出中占有较大的比重，对国民教育予以最大限度地财力支持。由于劳动者获得了极好的教育训练，文化水平高，懂业务，因而教育投资获得了比所花代价大得多的效益。1985年，韩国的教育费用支出占财政支出的比重20.5%，在"四小龙"总仅次于新加坡，在世界上也处于领先地位。着力于提高劳工的技术水平，不仅使台湾的出口结构晋升至高附加值产品的阶段，而且有助于劳工福利意识的提高。再次，运用财政支出手段，调节总需求，缓和通货膨胀，稳定经济。1974—1979年，台湾都市消费者物价年上升率为13%，1980—1981年为17.7%，韩国70年代之前也曾出现过通货膨胀，有鉴于此，两地在 80 年代都采取了紧缩财政支出和稳定通货的政策，控制社会总需求，保证经济稳定增长。最后，在实施"出口导向"战略的初期阶段，都采用了扶持买办企业的财政支出政策，通过预算支出，进行有利于买办企业的收入再分配。台湾当局在战后接受日资企业后，除将一部分转化为民营外，大部分实行"国有化"，转变为公营事业。虽然以后台湾当局对公营事业进行了多次整顿，又将其中一部分转化为民营，但政府投资仍是重点行业公营事业的资本来源，因而尽管公营事业不多，仅占台湾企业总数的 1%，但实力雄厚，其资产额占该地区总额的 35.3%。韩国的买办企业在当局预算支出的扶持下，迅速发展，1960 年的买办企业仅有 200 家，1980 年超过 800 家。

尽管韩国和台湾的财政支出政策都以促进外向型经济的发展为指针，然而又各具特色。

其一是支出的资金来源不同。台湾以经常性收入为主，而韩国除经常性收入以外，还依靠大量举债，特别是外债。

其二是参与投资的重点不同。韩国着重投资于重化工业，"先工后农，先重后轻。"中国台湾则在注重农业投资的同时，优先发展轻工业以及与此相适应的基础工业（公路、铁路、电力、港口），实行农业→轻工业→重工业梯度发展。

其三是扶持国家资本的分寸不同。台湾在扶持公营事业的同时，为加速未来工业升级，积极扶持民间企业，以有利于企业家阶层的形成。而韩国由于长期实行扶持大商社和大企业的政策，使韩国经济的垄断达到惊人的程度。大财团的垄断使得小企业在竞争中处于不利地位，同时加剧了财富分配的不均。

三、公债政策

韩国和中国台湾都注重引进外资和先进技术。起初，都以国外借贷资本为主。韩国的特点是靠外债发展经济，用出口偿还债务，来促进经济发展良性循环。韩国利用外资以借款为主，外国贷款占外资的 95%

以上，而借款中又以政府债务为主。这项政策虽然使强行实行"资本密集型"重化工业化的初衷变为现实，但在债务高峰的1985年，韩国积累外债占GNP的53.7%，平均每人欠1000多美元的巨债搞经济建设，这种借款经济的脆弱性是显而易见的。

中国台湾虽然在引进外资的初期以债务为主，但很快转变为借款与吸收直接投资为重。前期侧重举债，而后逐步提高资金自筹率，但对吸收直接投资的方针始终没有变。1977年，中国台湾资金自筹率已高达90%，而60年代仅40%。

韩国和中国台湾通过举债，满足了发展外向型经济对资金尤其是引进先进技术资金的需要。加上公债政策各有千秋，较好地适应了不同出口重点行业发展的需要。

四、对我们财政政策如何推动沿海经济发展战略的启示

中国大陆以沿海十二个省、自治区和直辖市为突破口，实行"大进大出，以出保进"，发展外向型经济，以沿海地区劳动力优势和技术优势参与国际大循环，从而带动全国的经济起飞，这是综合分析国际经济形势和中国国情后的正确抉择。综观韩国和中国台湾发展外向型经济的战略方针及其财政政策，总体来说，是成功的。对我们实施沿海经济发展战略，既有经验借鉴，又有教训引戒。

第一，韩国和中国台湾的经验表明，要发展外向型经济，国家财政通过税收政策、支出政策和公债政策，对参加国际竞争和交换的地区及企业予以财力支助，以增强该地区和企业对外资的凝聚力和外销商品的国际竞力能力，是十分必要的。因此，在财政体制上引入承包机制，在保证中央财力稳定增长的前提下，给沿海地区各省、直辖市和自治区的地方财政以充分的财力自主权，如已经实行的对沿海最大城市上海实行财政基数包干，一定五年不变；"综合改革实验区"广东实行上缴财政递增包干，一定三年不变，既是对沿海经济发展战略的有力推动，又是通过在该地区投入资金，涵养财源，实现用财、生财、聚财良性循环的

契机。除此而外，还应提高国家预算支出中该地区的重点投资比重。发展严重掣肘外向型经济的能源、交通和基础设施；通过税式支出，为沿海地区参加国际交换的企业特别是进口替代性厂家调低税负，促进它们向"出口导向"升级；对"三来一补"企业和"三资企业"实行关税优惠，包括对为出口而进口的原材料、零配件免征进口关税、出口退税等，以提高产品的国际竞争能力。

第二，为了把沿海地区推向国际市场，参加国际交换和竞争，通过政府借债，引进外资，投资于该地区和与之联系甚密的内地的"瓶颈"部门建设，是十分必要且行之有效的。但必须学会两条腿走路，借债和吸收直接投资双管齐下、综合运用。今后应多注意吸收直接投资，对国外贷款因实际利率在不断提高以及受清偿能力的约束要采取谨慎的态度，即使是国外贷款也要以政府借贷为主，而中国目前地方政府、企业、社团纷纷向国外借款，最终还款风险仍然落在国家财政肩上，因而加强外债的财政统一管理势在必行。同时，要把引进的外资（包括政府借款及吸收的直接投资）用于建立出口导向基地，大力发展出口工业，增强出口产品的竞争能力，通过出口带动国民经济的发展，并依靠出口创汇来增强偿还外债和外资的能力。韩国依靠大量举债，发展外向型经济，用出口偿还债务，尽管其利用外资的效益尤为明显，借了600多亿美元巨债，因经济迅速增长，出口不断扩大，借债率从未超过警戒线，信用度仍居中上水平，然而，过度的外债和沉重的还本付息负担，使韩国经济被拴在飞驰的"借款马车"上，特别是70年代后半期至今，长期处于借新债换旧债的恶性循环之中，加剧了通货膨胀，这是韩国在举借外债方面留给我们的必须引以为戒的国际教训。

第三，适应沿海经济发展战略的财政政策仍然要加强"均衡"观念和"全局"观念。财政作为整个国民收入分配的枢纽，而且在目前价格严重扭曲的情况下，财政仍然是资源配置的主要手段，因此，正确处理好沿海与内地、出口与内需、生产与外贸、公平与效益的关系，是社会主义财政多重职能的要求。韩国和台湾都存在财团垄断、分配不均和地区之间、产业之间、生产力发展极不平衡的现象，这是当局长期一味扶持买办企业和实施产业突出倾斜政策所留下的后患。"覆车之鉴"告诉我们,在促成沿海经济起飞的同时,要加强对内地贫困地区的援助,增强其"造血"功能。财政政策应既有重点,又兼顾一般,防止经济出现突出的不平衡发展,实现整个国民经济稳定和均衡发展。

第四,实施沿海经济发展战略,人的因素是主要的。教育和培训一批既有文化知识又懂国际营销业务、既懂技术又会管理的经济人才,是发展沿海地区外向型经济、提高劳动生产率的当务之急,遵照韩国和台湾的经验,提高财政支出中教育经费的比重及教育经费中职业培训支出的比重,对推动沿海经济发展战略的意义是不言自明的。

论工资运行和价格运行的内在关联机制[①]

党的十三届三中全会公报指出:"不理顺价格就谈不上真正确立新经济体制的基础,但深化改革又不仅仅是一个价格改革问题,而是多方面的综合改革"。我们认为,价格和工资的配套改革是综合改革的重要方面。充分认识价格运行和工资运行的内在关联机制,则成为重点中的重点摆在我们面前。

一

马克思主义政治经济学是我们从理论上认识二者间运行关联的理论基础。在社会主义社会的初级阶段,一方面,我们要实行有计划的商品经济,社会产品仍然是价值和使用价值的统一体,凝结在产品中的活劳动和物化劳动也同样表现为价值,其中,活劳动部分与劳动者工资在质的规定性方面有着内在的派生关系。工资运行量的规定性应以劳动者付出的活劳动为最高限度。另一方面,商品价值的货币表现就是价格,即各类商品的价值与货币所代表的价值比例。在纸币代替金属货币并同金银脱钩以后,纸币所代表的价值取决于它的发行数量与商品流通对货币的需要。由此可见,工资运行和价格运行有如下两个层次的关联。其

[①] 此文原公开发表在《成本与价格资料》1989年第11期,中国社会科学院《财贸经济》杂志社出版。与周建萍、陈敦厚合作撰写。

一，工资既可以作为商品的内在价值从质的方面影响价格，又可以作为消费基金从量的方面（货币流通量）影响价格。其二，工资本身就是对工人必要劳动的补偿，体现劳动市场上的交换关系，从这个意义上说，工资属于价格范畴。工资量的变化应以必要劳动凝结的价值部分为基轴。同时，社会商品价格变动必然启动工资变化。因为商品的价值是由C+V+M组成，其中V是劳动者为自己劳动（即必要劳动）所创造的价值，是企业以工资形式支付给生产者的劳动报酬，其运行状况从两方面直接或间接地影响价格运行。一方面，工资作为产品价值内在组成部分——V的报酬，其变动影响成本价格，影响商品价值，从而影响价格。另一方面，工资作为消费基金的主要组成部分，工资总额（总是表现为一定的通货）的失控将会使货币流通量超过商品流通对货币的需要，即社会购买力大于商品可供量，从而造成需求拉动的通货膨胀，推动价格全面上涨。

从价格方面来看，商品价格的实现，既是价值的实现（必须指出，由于供求关系的影响，不可能对等实现），又是工资分配的前提。价格扭曲必然造成名义工资和实际工资的差距拉大，影响工资运行的公平和效益。同时，通货膨胀价格下的商品流通需要更多的货币流通量与之相适应，增发工资就是其表现形式之一。

二

内因是变化的根据，外因是变化的条件。我们在探讨价格运行内在关联的同时，还要把握好两种运行间的外部关联，即驾驭运行的主体归属问题。在经济体制由产品经济向有计划的商品经济过渡的过程中，工资运行和价格运行的主体也要同步换位，而同步换位的动因又是两者内部关联的对立统一体——市场机制。

综观社会主义经济建设的实际，在很长一段时间内，国家是价格运行的主体，也是工资运行的主体。实践证明，国家直接管理工资和价格，带有相当主观意志的色彩，很难使工资和价格符合劳动市场和商品市场的决定量。以致使价格不能很好地体现价值，工资分配亦不能很好地体现按劳分配原则，工资分配中的平均主义相当严重。所以，价格改革和工资改革都面临着共同的目标任务，那就是促使运行主体换位。目标模式是：价格运行主要由市场推动，工资运行在企业追求利润最大化、职工追求工资最大化的同时，由企业、工人在劳动市场上并在国家宏观调控下共同推动。事业单位的工资运行由国家和公务员共同推动。当然，完成两者运行主体的换位，不是一蹴而就的事，有待于企业经营机制的完善，有待于在此基础上的市场机制的形成。

合理的价格运行机制和工资运行机制，都以市场机制的形成和完善为内在前提。商品市场直接影响价格运行。这一点已毋需赘述。至于工资运行，它直接由劳动市场决定，同时又间接决定于商品市场。认识到这一关联对于缩小名义工资和实际工资的差距，对于缓解"体脑倒挂"意义十分重大。当然，市场在体现供求方面不是万能的。首先，它会因通货膨胀带来扭曲的价格信号，其次，它又受到供求弹性和需求弹性的制约。所以，有关国计民生的产品，其价格的运行仍然应当由国家充当主体。

综上所述，工资运行和价格运行都面临运行主体换位的任务。而转轨的实现却有赖于市场机制的完善。转轨的速度受市场发育程度的制约，价格改革和工资改革要摆脱"两难"境地，必须同步处理好换位问题以及创造好换位的市场环境，两者应齐头并进，不可偏颇。

三

本文第一部分从理论上分析了经典作家对价格和工资运行内在关联的阐述，在第二部分又简要地分析了工资运行和价格运行从传统模式向目标模式转化所面临的外部难题。在这一部分，将从总体经济运行的角度，分析现实经济生活中处于转轨时期的价格运行和工资运行所存在的弊端，并找出产生这些弊端的内在关联动因，从而得出构造良性内在关联的思路。

首先，从单个企业来说，如果这个企业真正是自主经营、自负盈亏的经济实体，那么工资运行和价格运行呈动态逆向。在价格一定的条件下，企业追求利润（机制将会阻止工资上涨）。所以，在工资一定的情况下，企业将会因追求利润的最大化，而接受市场决定的最大化价格。但是，现阶段因新旧体制犬牙交错，企业在逐步摆脱行政控制，得到更多自主权的同时，却没有建立起自我约束的机制，分配上的"大锅饭"仍未打破。一方面企业为了增加职工福利，殚精竭虑地多发工资和资金；另一方面国家调控不力，软预算约束现象相当严重。因此，不仅单个企业追求"提价增资"，而且就全社会来看，工资和物价轮番上涨，通货膨胀成为当今经济的严重问题。据有关资料反映，有人测算改革开始至1986年年底，每年物价和工资的相关系数为0.79。如果工资总额增长速度超过生产增长速度，就会导致消费基金膨胀，造成需求拉上的通货膨胀。国家为了不因涨价而影响职工的生活水平，必须提高职工的工资收入、提高工资（奖金、各种补贴）。而多发工资和补贴，又会造成财政的减收增支，被迫通过货币发行弥补财政赤字，这无疑会加剧通货膨胀，这种联环套关联最终导致物价和工资的螺旋式上升。

现阶段经济生活中，突出的问题是通货膨胀问题。弄清楚价格运行和工资运行在微观和宏观方面造成通货膨胀的机理，并在此基础上采取措施，微观方面完善企业经营机制。搞好企业改革，宏观方面整治经济环境，建立经济新秩序，不仅对保证两者运行的良性发展，而且对治理通货膨胀意义都十分重大。

其次，价格和工资的调节机制都是经济运行基本目标的实现机制。它们既是国民经济的核算工具，又是管理宏观经济的调控杠杆。工资运行既是社会劳动时间的合理分配和充分节约的具体途径和手段，又能最大限度地满足人民群众需要的实现。所以，它在经济运行的结构调节和总量调节中，既调节供给，又调节需求，从而调节体现供求关系的市场价格。同样，既能体现价值又能较好地体现供求关系的良性价格运行能够促进劳动资源的合理配置，提高活劳动的经济效益，确保工资运行的按劳分配原则。否则，价格的扭曲通过使企业有效劳动到社会实现劳动的转化带来严重畸变，以及通过对劳动者实际工资水平的影响来制约工资的合理运行，从而影响工资改革。

最后，既然工资和物价的轮番上涨是十分可怕的事，那么则要求我们回答：社会主义经济运行中，价格运行和工资运行能否形成"工资上升、价格下降"，从而避免价格——工资螺旋的理想机制？回答是肯定的。前提是：深化企业改革，使企业真正成为自主经营、自负盈亏的经济实体、宏观调控中的综合治理，在企业摆脱了传统体制束缚而微观机制还没有健全之前，要着重建立好转轨时期的新秩序；创造充分完善的市场环境。如果我们的工资运行能体现按劳分配原则，工资的多少不仅能够反映生产中消耗劳动时间的多少，而且能反映劳动的熟练程度和复杂程度，那么工资数额和活劳动创造的价值，应该是成正比例的。而且，计价工资的推行和奖金制度能真正体现奖勤罚懒，将既能硬性约束工资的上涨幅度低于劳动生产率的增长幅度，又能确保活劳动在得到较多报酬的同时，更多地为社会创造财富。商品极大丰富了，价格全面稳定和下降就指日可待了。

走出农业困境的财政对策[①]

一、问题的提出

以联产承包责任制为特征的农村第一步改革,为中国经济改革拉开了成功的序幕,取得了举世瞩目的成就。但是,我们不能不看到,自1985年以来,中国农业出现了一个低潮。在1985年转入以改革统派购制度为中心的农村第二步改革以后,虽然在乡镇企业发展、农村市场发育、农村产业结构调整、农业所有制改革等方面取得了相当的进展,但也出现了农业新的起伏徘徊的局面。1985—1987年,粮食连续三年未完成计划,也未恢复到1984年的水平;棉花供需差额所引起的"棉花大战";猪肉产量下降致使许多大中城市不得不恢复票证供应;蔬菜价格直线上涨所出现的菜篮子问题,给社会带来一些潜在的不安定因素。由于农业产出供应不足(当然还有其它原因)所导致的"丝绸大战"、"蚕茧大战"……说明中国农业确实面临着严峻的困境。

正当中国农村第二步改革步履维艰、处境极其困难之时,中央对农村又提出了新的要求。由于今明两年治理经济环境取决于农业的稳定增长,加上农村本身也要建立经济新秩序,从而使得农村形式更加严峻、

[①] 此文公开发表在当年极有影响力的大型期刊《改革》双月刊1989年第2期,重庆社会科学院出版,蒋一苇主编;《改革》杂志2004年在《中国人文社会科学核心期刊》排名列中国经济专业核心期刊第一位。

任务更加艰巨。当前,走出农业困境迫在眉睫。反思农业陷入困境的症结所在,最带有普遍性的观点,是强调财政对农业投入不足。我们认为,对这个问题要辩证地分析,既不要把农业生产特别是粮食生产的波动全部归咎于财政投入不足,大加鞭挞,而不寻求综合治理;也不要对财政应承担的责任闭目塞听,从而认识不到财政政策对帮助农业走出困境有所作为。在我国财政目前非常困难的情况下,要帮助农业摆脱困境,不能说对财政不是一种压力。从近期看,国家财政调整的收支结构,增加对农业和支农工业的投入,也许能够收到比较快的效果,但从长远看,如果财政仅从收收支支的表面做文章,而不是主动出击,从观念上、体制上以及与农业的分配关系上进行革新或调整,那么财政不仅不能帮助农业最终走出困境,而且自身的包袱越背越重,这就很可能导致财政体制复归的危险。财政如何在帮助农业走出困境,使之得到稳定发展的同时,以此为契机,克服自身的困难,理顺中央与地方、农业与其他部门的分配关系,即财政和农业如何以"改"求"出"并以改求进,走出"两难"境地,这就是本文所要论及的主题。

二、农业困境与财政困难内在关联的原因剖析

(一)国家财政对农业投资的减少是导致农业陷入困境的原因之一

国际经验表明,农业在国民经济中的地位越是重要,政府对农业的投资额在总预算中所占的比重则越大。在农业的起步和发展阶段,政府需用大量投资来促进农业的技术进步、资源开发、基础设施建设(大江大河的治理)和农业的教育、科研、技术推广以及农业资源大环境的利用和保护等,即,着重从物质方面支援农业。一旦农业达到了相当发达的水平,农产品供求出现了买方市场,政府对农业的投入则择向补偿性的保护政策,采取用财政资金作后盾的价格支持手段,缓解由生产过剩引起的农业危机。总之,财政的投入是农业发展不可缺少和不可代替的支持手段。

考察我国的农业现状,一方面,农业在国民经济中的地位,事实上

仍然是我国国民经济的基础。较之美国、日本1970—1975年农业产值占国内总产值的比重分别为3.3%和5.7%，我国农业占社会总产值的比重1986年和1987年两年分别是21.05%、20.26%。我国农业的发展尚处于起步阶段，农产品短缺现象十分严重。这些都说明我国国民经济对农业的依赖性非常强，加之农业发展的稳定性又比较脆弱，因此需要政府大量投资，以取得农业的稳定增长。另一方面，以农业为基础的国民经济各个部门的发展，是我国财政积累的基础。农业发展情况不良，势必对其他部门的发展造成影响，从而对国家财政产生影响，而且这种影响是带有根本性和全局性的。国家财政根据农业的战略地位和它对财政的影响，历来重视支持农业的发展。据统计，1952—1985年，财政用于农业方面的资金，包括农业基本建设拨款、支援农业生产支出、各项农用事业费、增拨农业企业流动资金和农村救济费等总额达2552.8亿元，占同期财政总支出的10.8%。这对企业的发展起了有力的促进作用。

但是，自1984年农业大丰收以后，由于对农村的形势估计有偏颇，财政对农业投入不足，相对数甚至绝对额均有下降。以国家支农资金中的农业基建投资来说，早在1984年之前就开始下降了。农业基建投资占基本建设的比例由"一五"到"五五"计划期间的11.5%下降到"六五"时期的6.5%。绝对数由"五五"计划期间的268亿元下降到"六五"计划期间的215亿元。"六五"时期的农业生产之所以能稳定增长，除了实行承包制之外，也是国家财政对农业长期投入的效应所致。国家财政对农业投入的减少与主要农产品产量的大幅度波动之间是存在着因果关联的。

（二）以税利包干为轴心的"分灶吃饭"财政体制，给地方下放了相当大的财力自主权，虽然给了城市经济体制改革一些支持，但却给农业带来了种种不利影响

城市经济体制改革远未达到使工业企业成为真正自主经营、自负盈亏的社会主义企业法人。财政包干这套办法，使城市工业企业越来越多地得到并非由于其本身努力所创造的利益。中央政府的权力和财力都下放了，最后也不能增加财政收入，连宏观调控能力也大为消弱，对农业

的支持越来越没有实力。

由于宏观调控措施不配套和财政包干体制利益机制的驱使，阻碍了资源、资金、技术按照规模效益流程在大空间中的优化组合，各省拿走了中央的投资权及其额度，却不投向农业，而是集中发展可供地方财力自主的、利润高的长线加工业，与此同时，又强化了行政壁垒。这就造成了农业水利设施基础薄弱、种子退化、土地减少、土质退化，支农工业发展缓慢，更加强了二元经济结构。在与财政包干有特殊联系的农产品大战中，因为收购价随行就市，或虽由国家控制但因地方利益割据而控制不严，而粮食价格却被死死钉住，所以，种植非粮食农作物的农民，尽管在风云莫测的市场环境中有所损失，但其收益率远远高于粮农，这样势必抑制种植粮食的积极性，于是退粮还桑、退粮还麻的现象纷纷出现。

与财政体制相映成趣的外贸体制包干，因加工业产品和农产品换汇率和成本的偏差，使得非粮食农作物的生产、加工和出口成为财政包干体系中"块块"经济发展的支柱和宠儿，因此畸化了农村产业结构，直接威胁了粮食生产。

（三）农民自身投入减少

农民投资不足也有其深刻的经济原因。其一，承包责任制没有在明确经营权的基础上进一步明确所有权关系，产权关系不明晰，造成农民投资信心不足。其二，农用生产资料流通渠道不畅，层层盘剥使得农业生产成本不断增高，加上每个农户数量有限的农业年度收入在受到摊派等风吹雨打之后，所剩无几，无力进行扩大再生产。其三，农产品价格偏低所带来的农业收入低微现象，以及种粮的比较效益每况愈下，使得部分殷实的农民把资金转向了非农产业，如进城开办第三产业等。其四，通货膨胀不仅农民消费支出增多而减少积累，同时给财政收入带来了许多虚空因素，支出刚性逼迫财政增加支出，赤字又会加剧通货膨胀，这无疑会增大农民的"恩格尔系数"，导致农民投入减少。

综上所述，当前农业和财政双双陷入连环套式的困境：财政为农业发展所不断增加的超购加价补贴，总有一天会使财政的支付能力不堪承受；中央财政因价格补贴的包袱越背越重，加上包干体制的副作用，无力对农业追加大规模的投资，导致农业生产水平下降；农业生产特别是粮食生产由于比较效益低下，导致产量下降，其他生产乃至财政收入都会受到影响，而增加投入保护粮食生产又要增加财政支出，这又加剧了财政的困难。面对这种两难境地，可行性的抉择只能是改革财政体制，进一步理顺国家与农民的分配关系。

三、改革体制、理顺关系——针对农业困境的财政综合对策

依据以上分析，可以得出这样的结论：财政体制相对与农业经济发展来说，明显地不适应。财政体制的设计和变革必须首先考虑中国农业的现实，既不能滞后，也不能超前。农业发展尤其是在起步阶段，与国家财政特别是中央财务有着天然的依存关系，这几乎成为农业发展的一条规律。我国农业就生产水平和效率来讲，正处于起步阶段，它迫切需要国家财政的大力支持。我国目前的财政体制就很不适应这个现实。因此，适应农业发展的各阶段来调整中央财政与地方财政、中央财政与农业、中央财政与农民的分配关系，应当成为改革财政体制的出发点。

改革财政体制，总的战略可以概括为：弱化中间，分流两头，以农为宗，逐步推进。

（一）近期方案（1988—1990年）

根据中央确定的今明两年治理经济环境，整顿经济秩序对农业提出的期望，为确保农业的增产和丰收，财政必须集中部分财力加强对农业的投入。为了既要保证中央财政能集中相当大的财力对农业及国民经济全局进行统筹规划，又要避免财政旧体制的复归，两全其美的办法，就是除了对农业支出这一块从地方集中到中央统一控制使用外，还要对现行财政包干体制进行改革，对大包干、基数包干进行改进，实行收入递增包干、总额分成、总额分成加增长分成、上解递增包干、定额上解、定额补助等不同形式的包干办法。开辟若干农业投资稳定的渠道，如，

提取适当比例的预算外资金作为农业发展基金。在利用外资贷款中尽可能争取更多的农业开发项目和农用工业项目。财政要把集中到的财力以适当比例用于支持农业，特别是支农工业。当然，这一步骤只是应急的权宜之计。要保持农业长久稳定增长，必须进一步改革财政体制。

（二）中期方案

财政体制在维持适当集中的同时，着重处理好国家与农民的分配关系，促使农民克服短期行为，增加对农业的投入，并从体制上在近期方案已经适当集中省级财权于中央财政的基础上，再适当分权省级、地级预算管理权于接近于农业的县级（以及相当于县级的市、区。下同）、乡级财政。中期方案的起止时间为1991年至主要农产品除满足国内需要外，还要大量出口，农业占国内总产值不超过10%之时为止。

1. 处理好国家与农民的分配关系。要保证农业生产稳定，除靠国家财政的投入外，关键还要清楚农民对土地所有权与经营权上存在的疑虑，搞好土地制度改革，进一步明确农民与土地的关系，并在此基础上理顺国家与农民的分配关系。如何搞好土地制度改革，理论界众说纷纭。笔者赞同实行土地国家所有、农民个人占用的主张。即国家拥有对土地的最终所有权，而每一块耕地又有具体的占有人。农民可以长期占有、使用土地，可以继承、出租、转让。由于国家是土地的最终所有者，因此农民作为土地占有者在占有使用土地时，就要受到一定限制。诸如农民不得把耕地私自转卖给非农业用地者或外国人，不得把农业用地变为非农业用地等。这样既保证了土地公有制的性质，又可以打消农民在土地所有权和使用权上的种种疑虑，有利于克服短期行为。

一家一户的分散经营方式并不是改革土地制度的目标。现代农业的特点，必须是由规模效益体现出来的规模经营。因此在明确土地所有权与使用权的关系之后，还必须引导农业逐步由分散经营转向适度规模经营。这也是国家财政正确处理国家与农民分配关系的内容之一。引导方式必须是循序渐进、因势利导，切忌贪速求快、行政命令。国家可以考虑制订《农业规模经营法》，对不同地区的规模经营在量的规定性方面明确定义，并以此为衡量标准，对实行规模经营的予以奖励。国家财政除了要处理好与分散经营农户的分配关系之外，还必须处理好与农业规模经营企业（即农场或农场主）之间的分配关系。

国家要凭借政治权力向农民（或农场主）征收农业税、耕地占用税、农林特产税。考虑到农业税由于长期稳定负担的指导思想，农民税赋比较轻，而各项摊派却多如牛毛，因此可以提高农业税率，加大农业税中县、乡财政的分成比例，或者完全在县与乡财政之间分成，以取消摊派，增强财政与农民之间分配关系的规范性。国家作为土地的最终所有者，还必须以所有人的身份取得农业地租。考虑到目前价格体系不合理所带来的不可靠的货币、价格手段，地租必须以折实的形式上缴。同时作为土地等资源的所有者，为了保证土地的利用与复垦，还必须向全社会土地使用者征收土地使用税。

2. 处理好中央财政与地方财政的分配关系。从农业的发展及经济改革考虑，预算管理权应该择向两头，即交给中央和县级财政，其中以中央财政为主导，效果最好，副作用最小。过去几年，片面强调调动省级的积极性，扩大省级的自主权，导致了"地方割据"，强化了"二元经济"结构。实行"择向两头，中央为主"的体制，中央财政除了能对国民收入分配格局进行调整，进行有利于农业的再分配之外，还能确保自身的宏观调控能力，便于对非农产业的发展、固定资产投资规模的控制、产业结构的优化及城市经济体制改革进行调节和支持。县级财政因面临农业第一线，熟悉情况，能对所辖地农业进行因地制宜的投入和调控，这既可弥补中央财政对农业宏观投入之不足，又不易形成明显的地方割据。为此，要改变目前县级财政实际上是"吃饭财政"甚至是"要饭财政"的状况，增加县级财政的自主财力。"分灶吃饭"后许多省对县实行包干，实际上是变相的统收统支，因此要把县级预算从省级预算中独立出来，与省、地的预算总收支完全脱钩。县财政负责征收所有地方税种，并且把区域内社会经济文化的发展与地方税的收入挂钩，以收定支，自求平衡。省、地级预算只负责本级支出及少量有关的收入，不再与本地企业收入发生联系。

3. 改革中央财政支农资金的经营方式。财政在扶持农业走出起步阶段，走向发展阶段的同时，应当逐步改变支农资金的经营方式，以便有更多的资金发展非农产业。因此中央财政在项目上对农业的投入，应该侧重于宏观方面，即农民和县、乡级财政无力进行投资的项目。如，投资于大江大河的治理、农业工业（化肥、薄膜、农药、农机）的发展、农业基地的建设等。在经营方式上，要逐步变部分项目无偿经营为有偿经营。在这一方面，日本为我们提供了可资借鉴的经验。日本对农业的财政投资除少部分直接用于兴办农林水产事业外，大部分是采用补助金及长期低利贷款的形式发放给农民的。这种投资起到了利用财政资金有效地带动大量民间资金投入农业的作用。对支农资金的管理，在总体上要搞好综合平衡，在具体项目上要实行跟踪监督，坚持支农资金预算和决算的审批制度。支农资金的预算和决算必须分别提请全国人民代表大会审查通过和批准执行。

4. 财政要配合农产品价格改革。既要在增加供给的同时确保农民的利益，又要在城市企业制度改革和职工工资制度改革取得实质性进展的前提下，确保农产品消费者分担一定的财政负担，消化农价上涨的后果，实现农价改革"三方负担"的原则。

（三）远期方案

农业发展在财政的支持下出现了买方市场，工业企业在经过改革之后真正成为自主经营、自负盈亏的经济实体，这时，以"弱化中间，择向两头，中央为主"为特征的财政体制宣告终结，开始实行真正意义上的分税制。比较研究表明，分税制能较好地适应商品经济高度发达的实际。笔者之所以认为到那时才实行以分权为主流的分税制，并不是基于重农主义学派狭隘的考虑，盲目歧视非农产业的发展，而是基于农业的发展具有"产品贡献"、"市场贡献"和"要素贡献"而成为商品经济发展的基础，发展农业的着眼点在于发展有计划商品经济。而农业的发展以及城市经济体制改革，都必须有略呈集中性的财政体制作后盾。我们不能越过这个阶段，急于求成地趋向理想的分税制，关键在于如何缩短这个进程。

最后要强调指出的是，走出农业困境，光有财政的综合对策还远远不够，还必须同步搞好农产品购销体制和价格体系的改革、农村商品流通和资金融通体制的改革、农村基层经济组织建设、乡镇企业制度建设，等等。

不唯书　不唯上　只唯实[①]
——读《读报随想》的随想

左春台先生用笔名"唐生"撰写的《读报随想》系列杂文,在《财政》杂志上以专栏形式刊出以来迄今已有 17 篇了。每每拿起新到的一期《财政》杂志必先寻找《读报随想》栏目。自从《读报随想》刊出以来,我就养成了这样的习惯。《读报随想》的文章题目开宗明义,内容恢弘丰富,文风清新明快,读来脍炙人口,引人入胜。这里借用陈云同志的一句名言作为这篇学习体会的题目,谈谈经济学学风、文风以及经济建设的指导思想问题。

左春台老师（右四）、宋新中老师（左三）、姜维壮老师（左二）、
陈穗红老师（右一）

---

① 此文原公开发表在《财政》1990 年第 8 期,中国财政杂志社出版。

杂文这种被人称为"带刺的玫瑰"和"匕首、投枪"的文体,以短小、活泼、锋利、隽永独秀于文坛,世上多用于揭微显隐,痛心针砭,或饱含深情,讴歌新风,但用于论道财经问题的却不多见。左春台老师以杂文作为议论财经问题的武器,除了《读报随想》系列外,还包括《量力而行,循序渐进——当前财政工作中的若干问题》和《量力而行与综合平衡》两本专著中收录的财经杂文。这些杂文,或总结牢记教训,提出建议;或针砭时弊,一针见血,催人警觉;或讴歌新风,弘扬正气,催人奋进。比如《读报随想》(十一)《过犹不及》篇,文章通过南斯拉夫轮流坐庄的"集体领导"体制不得不吞下"各自为政"的苦果这一事实,阐发了财经工作的辩证法。办事情应该达到什么程度,过了不行,不及也不行。南斯拉夫"过分集权是不好的,但分散到轮流坐庄就过分了"。作者接着指出:"我国三十年经济实践中,'过犹不及'的教训也是不少的。今天仍然值得警惕。"文章认为,当前财力分散、预算外资金即将喧宾夺主,就是财政方面的过犹不及。最后得出的结论是:听取"过犹不及"这句古训的劝诫,保持清醒的头脑,对我们的工作将是有利的。像这样的文章,有古训,有外鉴,有哲理,有分析,还有对症下药的妙方。再看看《令行禁止,领导要带头》一文中的一段精彩阐发:"'吴王好剑客,百姓多创瘢;楚王好细腰,宫中多饿死。'何也?上有所好,下必甚焉。现在用公款请客之风屡禁不止,固然是有人请客,重要的是有人吃请。"(见《读报随想》之二)寥寥数语,却引正气迎面扑来。一针见血,不唬人,却有说服力。这类文章读时通俗易懂,读后发人深省。如果我们的报刊能有这样更多更好的财经杂文,那该是多么好啊。这是我读《读报随想》的第一点感受。

《读报随想》从总体上看,既能提出问题,如《我国还处于社会主义初级阶段,而吃喝风却达到什么阶段呢?》(之一)、《西洋化并不等于现代化》(之五)等,又能分析问题,如《"副作用研究所"和"不可行性论证"》(之三)、《经济环境和经济秩序是怎样被污染的》(之九)等,还能提出解决问题的对策,如《令行禁止,领导要带头》(之二)、《敢于实事求是,善于择善而从之》(之七)、《不要图快,不要怕差》(之十一）等。而且，作者在议论问题的时候，"嬉笑怒骂"皆能立足中国的国情，在分析问题的时候，娓娓而谈皆能做到深入浅出。由此使我联想到当前经济学界有些"言必称希腊"，故弄玄虚，兜售洋学的文章，块头很大，语言晦涩，滥造新名词，读后如猪八戒吃人参果，不知其味。《读报随想》与此形成鲜明对照。我倒不是企望经济理论工作者都写杂文，而是希望经济学界多写一些立足中国国情，短小精悍，有思想见地，实事求是的通俗文章。邓小平同志多次指出，我们的现代化建设，不是别的现代化，而是"社会主义的四个现代化"。如果我们的经济理论界，能够真正把马克思主义基本原理同中国实践相结合，总结历史经验，面对当前实际，而不是照搬别国的模式或经验，那么，我们的理论研究将是另外一番景象。艺术大师罗丹说过："不要扮鬼脸，作怪样来吸引群众。要朴素率真！"经济秩序要整顿，经济学文风是不是也应整顿和改造一下呢？回答是肯定的。这是我读《读报随想》的第二点感受。

系统地通读一下《读报随想》，就会发现"量力而行，综合平衡"和"经济工作中要坚持辩证法"是贯穿其中的两条红线。为什么作者一直为这两个问题鼓而呼呢？深究下去，恐怕我们的经济建设和体制改革还未真正地贯彻"量力而行和综合平衡"的指导方针，还存在贪大求快、急于求成的心理。作为一名参与新中国财经建设的知名财经专家，对于建国以来几次急于求成使国民经济付出的惨重代价，其亲身体验和感受是常人难以比拟的。作者一再倡导要记住经济建设中的"欲速不达"、"骄兵必败"的惨痛教训，与其说是痛定思痛的历史总结，不如说还有十分迫切的现实针对性，从而达到警醒未来的目的。毋庸讳言，近年国民经济一度比例失调，财政赤字居高不下，被迫进行第三次经济调整，与几年前《读报随想》不幸而言中的"急于求成、急功近利"的思想是分不开的。令人欣喜的是，治理整顿已经初见成效。但是，如何在法律和体制方面建立起制约图大求快、急功近利的机制，避免反复折腾，真正克服"急与骄"的弊病，仍然是摆在决策界和理论界面前的重大课题。我想，这也是作者苦口婆心的用意所在。不能再打摆子了！这是我读《读报随想》的第三点联想。

《读报随想》专栏刊出的杂文，大部分写于当时党的领导人不重视思想政治工作、资产阶级自由化极度泛滥的时期，对于当时出现的种种贬低社会主义的言论，尽管来势凶猛，都无所畏惧，予以痛击。《西洋化并不等于现代化》批判了那些以生产力标准为由，凡是不问"姓社"还是"姓资"的观点，再用事实说话的基础上，得出"效率和私有制没有必然联系"的结论。要知道，在当时的环境下作这种论述，没有一定的胆略、勇气和信念，是做不到的。文如其人。新中国成立以后，左春台先生在重要经济部门工作，对财政经济的宏观调控积累了丰富的经验，对党的事业和国家的经济发展倾注了火一样的热情。在改革的过程中，他多次对深化改革、稳定经济提出过精辟的建议，对出现和将会出现的偏差提出过中肯的、直言不讳的批评。在他的著述和《读报随想》中都能找到这样的轨迹，我的最后一点感想是：祝愿左春台先生身体健康，用自己的笔，在《读报随想》论坛上继续纵横捭阖！

永远仰望的灯塔与丰碑

——怀念左春台先生

左春台先生是我的硕士研究生导师。20世纪八十年代，财政部科研所研究生部师资雄厚，大师云集，泰斗授徒。众多大家中，能被尊称为"老"的仅有三位：许老（许毅先生）、左老、杨老（杨纪琬先生）。左老能堪此殊荣，一方面是因为他是实干家，从抗日根据地为八路军筹集粮饷的基层理财工作者——"司库"，到新中国成立后国务院财贸办（在陈云、李先念老一辈革命家直接领导下，与著名财经工作领导人段云、李成瑞共事），"文革"后主事财政部办公厅、任职综合计划司顾问，最后在第六届全国人大财政经济委员会顾问任上离休。左老忠于党的财经事业，勤于思考，善于钻研，兢兢业业，实干苦干，具有强烈的革命事业心和政治责任感，为新中国的财贸管理、财金政策、财经出版、财政宣传、财政科研和教育培训献出了毕生精力。左老参与了新中国成立后到"文革"期间一系列重大财经政策的起草制定，硕果累累，其中，最名垂青史的当属"七千人大会"上党中央的纠正"大跃进"错误，对国民经济实施调整的最重大决策——《财政银行双"六条"》即由左老负责起草，昼夜即成。曾经担任国务院总理办公室副主任（周恩来总理秘书）、国务院财贸办公室副主任的段云同志赋诗赞左老曰："妙笔著文章，犀利格自高。谂知三十年，肝胆相与抛"。

另一方面，左老又是理论家，身兼中国财政学会副会长、《红旗》杂志和《求是》杂志评刊人（财政部唯一）、《财务与会计》创刊人（首任总编辑）、《中国财政》杂志总编辑，著书立说，见解独到，直面问题，解困济惑，且著述颇丰，既有按工作要求不署名的《人民日报》社论和评论员文章（改革开放初期（1978—1984年），以"社论"和"评论员文章"形式出现的有关中央财经政策的重头文章基本出自左老之笔），也有署名的"大部头"，其中著名的有《社会主义的银行工作》（1978年，与李成瑞合著）、《左春台财经杂文选》、《中国社会主义财政简史》（与宋新中合著）《量力而行与循序渐进》。因此，左老赢得了"财政部大秀才"的美誉。20世纪80年代后期，财政部党组决定编写《当代中国财政》，用宏篇巨制向建国四十周年献礼。左老领衔作为主力参与其中，并与郭代模老师一起负责起草《〈当代中国财政〉结束语》，字字珠玑，洋洋洒洒，行云流水，已成绝唱，现在拜读仍脍炙人口。"当代中国财政36年光辉又曲折的战斗历程，说明了什么呢？"、"当代中国财政36年的历史给我们以怎样的启示呢？"。时隔近三十年，重温《结束语》问答，仍感理论高屋建瓴，文风恢弘大气，让后辈高山仰止："当代中国财政36年的历史，是中国共产党和人民政府运用财政的分配、调节、监督等职能作用，在贫穷落后的基点上，逐步建立社会主义公有制的经济基础，并不断巩固和完善以公有制为主体的社会主义经济的历史；是讲究包括生财、聚财、用财在内的理财之道，不断支持和促进国民经济有计划、按比例发展，并在这个基础上尽可能满足人民日益增长的物质生活需要和文化生活需要的历史；是通过财政体制自身改革和配合其他方面体制改革，不断促进和推动社会主义制度自我完善和发展的历史。一句话，这是一部把马克思列宁主义的普遍真理同一个摆脱半殖民地半封建社会不久的东方大国的国情结合起来，经过艰苦卓绝的斗争，建设有中国特色的社会主义的理财史和创业史。"

"心于智长，优与心成"。左老是陈云同志关于国民经济综合平衡理论的探索者和践行者。通过对邓小平、薄一波、李先念、张劲夫等老一辈财政部长的理论思想进行深入总结，开创性地探讨财政平衡和国民经济综合平衡问题，系统性地探索财政分配结构与社会经济结构的关系，标准化地建立社会主义国家初级财政理论体系。他提出，"坚持财政收支的自身平衡一级财政同信贷、物资、外汇的综合平衡，是实现国民经济有计划、按比例发展的基本方法,是保证国民经济协调稳定发展的根本条件。在国民经济的发展中,比例、速度、效益都是至关重要的,但三者都离不开平衡这个条件,都要受平衡的检验和制约。即:用平衡检验比例(按比例一般都是平衡的,平衡了就大体是按比例的),用平衡制约速度(速度必须建立在平衡的基础上才能持久),用平衡实现速度和效益的统一(按比例平衡地发展是最快的速度,也是最好的效益)。从平衡到不平衡,再到新的平衡,这是事物发展的客观规律,不是自觉地组织和保持平衡,就是盲目地经过波动或危机达到平衡,别的路子是没有的。坚持财政、信贷、物资、外汇的各自平衡和综合平衡,这是中国经济发展的最好的经验总结,也是符合客观规律的高度的理论概况,在四大平衡中,财政平衡具有举足轻重的地位。财政的充裕和平衡,也是提高人民生活水平的基本保证。"这些真知灼见和理论革新,在百废待兴的新中国成立初期弥足珍贵,贡献巨大,无愧为一位杰出的财经理论家和思想家。

谚语说得好:"一位好老师,胜过万卷书"。古人又云:"亲其师,行其道"、"善之本在教,教之本在师"。左老就是一位亲师、善师、尊师、严师、明师。多年劳累致使左老晚年体弱多病,长期住院。因其子女均在国外学习和工作,跑医院等琐事自然就落在我这位学生身上。友谊医院高干病房的医生和护士问我是否为左老的儿子,左老含笑,未置可否。"明师之恩,诚为过于天地,重于父母多矣。"正是在这种信念的感召下,定时准点上医院照料左老,已成为我二年多的自觉行为。师生情谊历久弥深。经常贴身接触左老,能有幸聆听左老关于做好学问、写好文章、干好工作的教益,听老人家讲述革命和建设时期风云激荡的财经生涯,使我受益匪浅,终生难忘。

"桃李不言,下自成蹊"。因身体原因,左老生前仅带过四位研究生,但直接或间接领受老人家教益并脱颖而出的年轻人不计其数。任职财政部综合计划司顾问期间,左老慧眼识才,招募一位刚从中国人民大学毕业的学生为助手,视其为弟子。在左老的言传身教和大胆使用下,该学生参加工作不久,即与左老联名在《红旗》杂志上发表了关于财政改革的文章，中央领导同志批示，轰动一时。由于自身的高素质和优秀表现，加上左老的赏识与举荐，这位初出茅庐的大学生在财政部各级岗位上成长很快，已在正部长级岗位上为国家奉献着自己的力量。左老在综合计划司工作的几年里，该司人杰地灵，人才趋之若鹜，人才辈出，不要说处长、科员成长很快，单说当时的司长、副司长后来也走上了财政部长和国家税务总局局长的领导岗位。

"春蚕到死丝方尽，蜡炬成灰泪始干"。1990年10月19日，恩师左老永远地离开了我们。10月29日，遗体告别仪式在八宝山革命公墓礼堂举行。党和国家领导人李先念、姚依林、田纪云、王任重、王丙乾、陈慕华、张劲夫送花圈。田纪云、王丙乾在百忙之中与财政部数百名干部职工一起送左老最后一程。告别仪式结束后，左老家人、挚友、还有我们四位学生抬护着灵柩走向火化室，一直在淡定操办仪式的宋新中老师（曾任财政部预算司司长、左老几十年的战友）突然嚎啕恸哭，声嘶力竭，老泪纵横，情绪失控。这一幕宛如昨天，永远地印刻在我的脑海中。

2016年2月于香港

外贸经济自负盈亏与财政对策[①]

第一部分 自负盈亏：在外贸经济中的特定内涵

马克思主义哲学原理告诉我们：共性寓于个性之中，个性与共性相联系而存在。外贸自负盈亏与一般自负盈亏的联系也体现了这一点。因此，弄清社会主义经济核算与企业自负盈亏的一般性，是认识外贸企业自负盈亏的特殊性的前提。

一、社会主义经济核算与企业自负盈亏

（一）社会主义经济核算是质和量的统一

"每一个生产过程，从经常的联系和它不断更新来看，同时也就是再生产过程"[②]。社会主义再生产，或者由于投入较多的资金，以求得外延的扩大；或者由于提高现有资金的利用效果，以求得内涵的扩大。这两个原因造成的生产逐年扩大，都要求在生产中实现节约。马克思把节约表述为"真正的经济"，他提出的"真正的节约（经济）＝节约劳动

[①] 此文为作者1990年硕士学位毕业论文。
[②] 马克思：《资本论》第1卷，人民出版社1975年版，第621页。

时间＝发展生产力"的公式①，深刻地说明了节约与发展生产之间的依存关系。

企业是我国社会主义经济的细胞，是执行生产和流通等职能的基本环节。企业应当实现以内涵为主的扩大再生产来促使自身的发展。这就需要不断地提高自己的经营管理水平。由于我国实行在公有制基础上的有计划的商品经济，还存在着商品生产和商品交换。因而企业经营管理水平的提高，既有赖于加强和改进社会主义计划管理，又取决于利用商品货币关系，力求反映价值规律的要求。综合上述条件，社会主义的节约，必须具体化为对企业生产经营的要求，这就是：每一个社会主义企业，应当用尽可能低的资金占用，以尽可能小的资金耗费，取得尽可能大的经营成果。经济核算就是实现节约要求的有力武器。

在社会主义再生产过程中，国家是全体人民的总代表，社会主义全民所有制采取了社会主义国家所有制的形式。但是，全民所有制企业不可能由全体人民经营，一般也不适宜由国家直接经营，因此，国家、企业与劳动者彼此结成了一种不以人们意志为转移的关系。在国家与企业之间，是国家的统一领导、统一计划，实行所有权与经营权分离和企业的相对独立经营相结合；在企业相互之间，是分工协作和等价交换相结合；在企业与职工之间，是各尽所能和按劳分配相结合。这种关系必然规定了：社会主义企业是相对独立的商品生产者和经营者；企业在社会主义国家（企业资产所有者）政策和计划所允许的范围内有经营自主权。承担与权力相当的经营责任，并享有与权责相适应的物质利益。

以上所说的，以企业为中心的，企业与国家、企业与企业、企业与职工（劳动者）之间的经济关系，称为经济核算关系。它是社会主义特有的经济范畴，也是经济核算的质的规定性。

经济核算关系基本上属于社会主义商品货币关系，体现经济核算关系的经济活动，基本上可以定量。那就是，运用价值指标，主要借助于会计这个以提供企业财务信息为主的经济信息系统，对企业的经济活动

---

① 《政治经济学批判大纲（草稿）》第3分册，人民出版社1963年版，第364页。

经常地、不间断地、全面地和系统进行计算、记录并加以分析，从而能比较准确地向有关各方提供如下的信息：为正确处理各种经济核算关系所必要的数量界限；为掌握和控制经济核算要求（尽可能低的资金占用，尽可能小的资金耗费和尽可能大的经营成果）实现情况与完成程度所必不可少的资料。这就是经济核算的量的规定性。

（二）企业实行自负盈亏，是社会主义经济核算的起码要求

通过对社会主义经济核算进行质和量两个方面的考察，可以发现，社会主义国营企业决不是国家所有制经济的一个简单的附件，而是一个具有相对独立的经济权益的经济自主体。各企业为了完成国家规定的任务和实行各自的经济权益，必须实行独立核算、自负盈亏，成为十足的商品生产者。因此，社会主义国营企业本来就应该拥有自身的经济权益，对生产资料有使用权，即经营管理权，在生产成果上有占有一部分剩余产品的权利。从这一方面讲，社会主义国家所有制就不是纯粹的全民所有制，而是带有一定程度的集体经济因素，可以说是社会主义初级阶段的一种特殊形态的国家所有制。自负盈亏的经营管理形式，正是这种所有制内部关系和经济核算的必然要求和反映。

社会主义经济核算要求在企业的经营成果与企业的经济利益之间建立起直接的联系：（1）企业要以商品价值形式来核算生产成本，比较企业收支，衡量与确定盈亏；（2）保证企业和劳动在得到合理的经济利益，根据盈亏指标的悬殊，承认相应的经济利益的悬殊。因此，自负盈亏就成为社会主义经济核算的出发点和归宿。

为了改变国营企业经济管理体制上长期存在的国家集权过多，企业吃"大锅饭"的弊病，在党的十一届三中全会以后，开始了扩大企业自主权的试点，在此基础上，又进一步对某些企业实现了"在国家计划指导下，独立核算、国家征税、自负盈亏"的制度。实践表明，这种新的经营管理制度克服了过去体制的弊端，有着巨大的优越性。它一方面使企业真正对人财物，产供销全面负责，有了内在的经济动力，努力提高经济效果；另一方面使国家能够有效地克服官僚主义、瞎指挥，集体精力搞好宏观经济的指导，并能稳定地可靠地增加财政收入。由此可见，

实行经济核算，改革统负盈亏，实行自负盈亏，是我国国营经济管理体制改革的必由之路。

二、外贸经济活动的特殊性决定了外贸企业自负盈亏的特定内涵

在社会主义初级阶段，国营企业必须自负盈亏，这是就经济核算和企业的共性而言的。外贸企业的自负盈亏具有相对的性质。这是由对外贸易的特殊性决定的。

（一）国际贸易与国内贸易的比较分析

国际贸易与国内贸易。两者在性质上既有共同之处，又有区别；在业务上也是既有相同之处，又各具特点，而且一国的对外贸易和国内贸易之间还有着密切的联系。

国际贸易与国内贸易的共性：

1.两者都属于经济活动中的流通过程，两者的资金运动都是按照"G—W—G"这一公式进行的。交换作为流通过程是把生产和分配、消费联结起来的中间环节，不论是国内交换（国内贸易）还是国际交换（国际贸易），这个作用是相同的。

2.在生产和交换的关系上，生产决定交换，交换也对生产起反作用。不论国际贸易还是国内贸易，情况都是如此。

3.价值规律在国内交换和国际交换上都起调节作用。

国际贸易与国内贸易的区别：

1.国内贸易的基础是国内的生产条件、国内的社会分工和专业化；国际贸易的基础是国际生产条件、国际分工和专业化。世界各国在生产条件和生产要素（自然资源、土地面积、劳动力、资本、技术等）组成的情况上各不相同，带来了生产成本和产品价格上的差异。各国执行不同的对外贸易政策，存在着关税、其它进出口限制措施及移民法令的限制。各国生产要素的流动还受国家疆界的限制，即使在实行自由贸易政策国家之间，这些限制也不可能完全取消。而在国内贸易方面，一国国

内生产要素相对来说可以自由流动，因为在同一个政权管辖之内，政策是一致的，不存在关税和其他贸易限制，通过竞争和市场调节，价格可趋于一致。

2. 各国使用的货币不同。因此，国际贸易的参加者不能各自要求用本国货币来计价和支付，买卖双方只能采用国际货币或双方共同接受的货币来计价和支付。由于各国货币币值不稳定、外汇汇率浮动和若干国家实行外汇管制，因此国际货币的供求情况、国际收支状况和外汇汇率经常影响一国的对外贸易。

3. 国际贸易的买卖双方往往远隔重洋，因此，外贸交易中要对运输、交货地点和时间、运输途中的风险和保险责任、商品品质、数量的检验等按照国际贸易的习惯作明确的规定,这些规定要比国内贸易复杂得多。

4. 各国的法律不同，尤其是涉外经济立法的不同，使国际贸易在缔结协议和合同时比国内贸易要复杂得多。

5. 各国语言文字不同、气候环境、风俗习惯、生活水平各异，是国际贸易和国内贸易的一种重要区别。当进行国际贸易时，要使用国际上通用的语言。要掌握商业通用的惯用语,用语不当往往使双方发生误解，影响国际贸易的进行。

6. 对外贸易企业经营的进出口业务，具有同国内贸易一样的"货币→商品→货币"这一资金运动形式，但由于经营进出口商品是国际间的商品流通，面临国内和国外两个市场，使用着两种或多种不同的计价货币，因而在购进和销售过程中，各存在一个资金融通环节。这就是在出口销售时，将出口商品换取的外汇按规定牌价卖给中央银行；在进口商品需要外汇款项时，以本国货币向中央银行购买外汇偿还国外贷款。这就是对外贸易中资金运动的特点。

综上所述，对外贸易是受许多因素制约的特殊流通活动，其内容和资金运动形式都有别于国内商品流畅。因而在考核外贸企业的经济效益时，不能照搬适用于国内流通企业的办法，必须综合考虑影响外贸企业盈亏的多种因素。

（二）外贸盈亏问题的因素分析

按我国的出口收购体制：

$$外贸盈亏额（元/美元）= 汇价 — 换汇成本$$

其中

$$换汇成本（元/美元）= 出口成本 \div 出口收汇$$

而

$$出口成本 = 收购价 + 费用（出口商品流通费、加工费、包装费等）$$

出口收汇由国际市场价格决定。由此可见，影响出口贸易的基本因素有3个：（1）国际市场价格；（2）国内收购价；（3）汇率。而经营管理的好坏、出口退税的多寡、管理体制的优劣，都会有直接或间接地作用于以上三个因素，影响出口盈亏。

上述三种因素，同样地影响进口盈亏，这是显而易见的。这里有必要强调关税政策对进口盈亏的影响。不论是关税的财政政策，还是关税的保护政策，不论是优惠关税，还是差别关税，进口关税的税负承担者首先是进口商。如若实行自由订价，进口关税的税负则有可能转向消费者。在我国，由于实行价格管制，重大生产资料和消费资料由国家订价。因此关税成为影响进口盈亏的又一重大因素。

下面，以出口贸易为侧重点，具体分析影响外贸盈亏的几个因素。

1.经营管理。出口产品的国际市场价格是由国际价值或国际生产价格决定的，也就是说。用于国际交换商品的价值，是由生产该商品所耗费的世界必要劳动时间决定的。若一国改善经营管理,提高劳动生产率，就会使该国生产的国际交换商品的国内必要劳动时间低于世界必要劳动时间，那么，该国在此种商品的国际贸易中就会取得有利地位，获得绝对利益或比较利益。

2.价格。价格是价值的货币表现。对同一商品而言，就存在国内价值和国际价值两种不同的尺度。为了保证我国社会主义经济的独立自主和经济建设不受资本主义周期性经济危机的影响和侵袭，顺利执行国民经济计划，新中国成立以来很长一段时间，我国采取国内价格与国际价格分割开的方针。具体说来就是：进口商品无论在国外市场以何种价格买进，均按国内同等产品价格或调拨价格，拨交国内订货、用货部门；出口商品不管在国际市场实际销价如何，在国内外贸部门一律按收购价向供货单位支付货款，由国内外价格差额形成的进出口的利润或亏损均由国家承担。这在一定历史时期里对稳定国内市场物价、安定社会秩序、保证人民生活起了积极作用。但是也有其副作用。其一，它使我国的生产企业缺乏来自国外竞争的压力，不利于迅速提高劳动生产率，改善企业管理，提高产品质量和改进、增加花色品种，从而影响我国经济发展的规模和速度；其二，不利于国家财政收支平衡，尤其在国内价格严重偏离价值的情况下。两种价格差价产生的亏损需要国家财政补贴。差价越大，补贴越多，财政支出负担就越重。这种政策性亏损内外贸都有；其三，由于政策性亏损不易考核外贸进出口实际经营效果，不利于发展对外贸易。其四，由于进出口商品结构，世界市场商品价格波动等因素的作用，政策性亏损随着对外贸易量的扩大而增加。据资料，1982年由于进口的商品国内外差价，仅此一项外贸亏损，即远远超过当年外贸的亏损总额。

我国外贸从1953年到1979年，总的来说是盈利的[①]。外贸企业累计上缴利润195亿元，交纳关税265.6亿元，共计460.6亿元[②]。但是，自1980年以来，外贸却一再亏损，有时甚至是双亏（进出口都有亏损），几乎到了国家财力难以承受的地步。为什么改革开放以来，外贸反而从盈利走向亏损呢？现在我们从价格的角度回答这个问题。

一个国家进口商品和出口商品的价格的比例关系形成这个国家的贸易条件。表明贸易条件的方式，通常是用一国在一定时期内出国商品价格指数与进口商品价格指数对比而得出的百分比。即：

贸易条件指数 = 出口价格指数 / 进口价格指数

贸易条件指数是考核外贸盈亏的一项非常重要的指标。它能从数

---

① 其间曾发生过三次亏损，第一次是1959—1960年；第二次是1962—1965年；第三次是1975—1976年。

② 见参考文献9，第12页。

量上说明进出口价格的变动带来的相对利益的损失。据《世界银行1987年年度报告》分析,1986年非石油初级产品价格比1985年下降了16%,若与1980年相比,贸易条件指数下降了34.5%。这就表示出口同等实物量的初级产品,比1985年少收汇16%,进口实物量比1980年减少34.5%。

纵观国际市场商品价格,进入20世纪80年代以后,由于资本主义经济危机再次爆发(1979—1981年),世界贸易萎缩,发达国家采用垄断价格和关税等对外贸易措施,向第三世界发展中国家出售其工业制成品,低价进口其初级产品,带来发展中国家贸易条件日趋恶化。在需求疲软的情况下,1985年非石油初级商品价格比1984年下跌约10%;金属和矿产品下跌5%,同时与1980年相比下降了约30%;1987年年底,非石油初级商品的实际价格仍然比1980—1984年初平均数低32%左右。非粮食农产品比1980年下降了约33%;石油价格自1981年起持续下降,1985年比1981年的最高价格低20%[1]。1986年再次暴跌,每桶平均价约为14美元,比最高价34.3美元低59%[2]。而我国出口商品一半以上和进口商品约三分之一都是初级产品。1980年以来出口商品随着国际市场价格的普遍下跌,很大部分换汇减少。尤其是石油出口的盈利的大幅度下降。因此,1982年我国出口量虽然增长了8.6%。但由于国际市场价格下跌等因素的影响,换汇额只增长1.54%。

以上分析只是说明了其中一个因素,即国际市场价格下跌对出口收汇的影响。下面,再着手分析国内市场价格的上涨又如何使出口成本上升,从而使换汇成本增大的。

党的十一届三中全会以来,国家对价格进行了六次大调查,三次大放开。调查价格的目的,基本上是为了给农民以较多的实惠。刺激原材料等基础产业和交通运输的发展,因而提高价格成为调整价格的主旋律。1986年与1979年相比,农副产品收购价提高1.2倍,采掘工业产品价

---

[1] 见《世界银行1983年年度报告》第37、41页;《世界银行1988年年度报告》第27页。
[2] 见《世界银行1987年年度报告》第45页。

格提高了55%,铁路运价提高了21.6%。放开价格的结果,因为社会总供给与社会总需求之间的严重失衡,造成计划外生产的商品和"双轨制"中的指导性计划的商品的价格,既有"需求拉动"又有"成本推动性"的上升。

这些产品价格的持续上扬,都直接或间接地导致出口产品收购价的普遍上升,最终使出口商品(如农副产品、轻纺产品、五金矿产品、机械产品、化工产品)的换汇成本迅速上升,甚至使原来盈利的产品陷入亏损或高亏的境地。

3. 税收。税收与外贸盈利有密切关系。税负的轻重影响外贸商品的换汇成本和对外竞争能力。有的出口商品,特别是轻纺工业品,由于生产、流通环节层层加利、道道征税,形成高税、高利、外贸高亏的三高情况。如我国主要的出口产品涤棉布。有纺、织、染三个环节,后一道在前一道的基础上再征税加利,共计征税1.8%。涤棉布出口使国家盈利,外汇收入增加,但表现在外贸部门却是亏损。这就需要国家在税利的分配上进行调节。即对这类出口商品采取减税让利的措施。

4. 汇率。在国际贸易中,汇率的影响占有举足轻重的地位。汇价的高低,对外贸进出口商品在国际市场和国内市场上的价格直接发生影响。从而影响进出口量的增减和贸易收支情况。在这一点上,浮动汇率较之固定汇率表现尤甚;正因为有了汇率,两国的成本就能进行绝对的比较。比较成本的差额变成了绝对成本的差额。因此,汇率的变化又对换汇成本的高低和外贸企业的盈亏产生影响。

我国由于实行外汇管制。国际和国内是两个平行市场。人民币对外汇价事实是官方订价的固定汇率制。人民币贬值,一般会产生以下作用:(1)以外币计算的出口价格可下降,由于出口盈利增加,刺激出口的扩大;(2)以本国货币计算的进口价格上升,盈利减少,则进口缩减;(3)出口生产扩大和进口替代的发展,将为国内提供更多的就业机会;(4)出口增大和进口减少打破了国内供需的均衡,将引起物价上涨。1984年人民币贬值31%,由1美元=2.2043元上升到1美元=3.201元。此后又调整到1美元=3.7128元。遗憾的是,这此贬值的总体效果,非但没能减少外贸亏损，反而增大了国家的负担，减少了国民收入。当然，这不是贬值措施本身造成的，而是由于一揽子政策互相抵销，以及适合于货币贬值政策的经济环境发生了相反的变化才形成了这种总体效果。毋庸讳言，汇率调整对单亏（如出口亏损）的下降有着直接的推动作用。致于单亏下降、总亏上升的现象，还必须探究进出口量变化等因素。

1989年12月16日，中国人民银行宣布人民币对主要国家货币的汇率下调21.2%。这是继1986年7月汇率下调之后又一次大的调整。这次下调是在几年来因内物价连续上涨，出口成本上升，出口企业亏损加重，以及我国临近还债高峰，国际收支逆差压力增大的情况下进行的。从总体上讲，这次汇率下调的作用是积极的，逐步解决人民币币值高估的问题是有利于我国的改革开放事业的，但是汇率的变动不能脱离我国现有的价格体制，两者应配套进行，当前应特别防止收购价格追逐汇率的行为。

5. 体制。首先是外贸体制改革与经济体制改革不配套、不衔接，经营管理不善，宏观调节失控，凡此种种，都是外贸亏损增大的重要原因。

现在我们分阶段来考察外贸体制的弊端。在改革初期的1979—1984年，就提出了外贸体制改革要先行一步，结果使外贸体制改革孤军深入、孤掌难鸣。不但没有解决旧外贸体制的四大弊病，而且还产生了单纯下放经营权带来的新问题。在外贸经营权分散下放的前提下，仍由外贸部统一核算盈亏、权责脱购、吃"大锅饭"，形成经营体制与财务体制的严重脱节，增加了外贸亏损。

1987年，外贸转入实行承包经营责任制的新时期，这在不触动所有制的前提下，是对外贸企业经营方面的一项行之有效的改革措施。它取得了巨大的成效（后文将详细分析）。但是，由其引致的副作用和弊端，也应该有足够的重视。其一，企业行为的短期化；其二，切块承包制不利于生产要素的优化组合，影响了规模经济效益。地区封锁、"诸侯割据"的局面，与现代化生产要求的跨地区、跨行业的专业化分工和协作有如南辕北撤；其三，由于宏观调控，协调不力，各地在有了较大的进出口自主权以后，出现了多头对外的混乱现象。各地进行抬价抢购、削价竞销的"出血性"竞争,"茶叶大战"、"羊毛大战"、"生丝大战"此起彼伏,导致收购价格上升,出口成本增加,"水货"冲击市场,亏损上升,使国家在经济上、声誉上蒙受损失。

其次是财政体制。财政体制与外贸体制在实际经济生活中是如何相左,以致影响外贸盈亏的,其内在联系有哪些,对此,我们将在第二部分详细论述。

(三)外贸自负盈亏的质的规定性

如上所说,造成外贸盈亏的原因甚多,既有宏观政策性的和体制上的,又有微观经营性和生产性的。有外部的原因,也有内部的原因。情况复杂,非指企业一端。因此说,外贸自负盈亏有其特定的内涵。

第一,对盈亏项目要有一个质的考察。不能唯盈增盈、唯亏减亏。有些冲击民族工业,不利于产业结构优化发展的贸易项目,即使盈利较大,也必须加以控制。而那些为国民经济发展所必需的进口物资,即使亏损,也必须继续贸易。国家必须成为这种政策性亏损承担者的主体。

第二,外贸经济中自负盈亏的主体,既是企业,又不单指企业,它是一种以企业为中心的,多重主体负盈负亏的经营机制。从微观上看,外贸企业必须拥有经营权并对各项经济指标(特别是盈亏指标)负责,同时使企业在此基础上享有一定的经济利益。只有把外贸企业推向自负盈亏的轨道,才有可能下放经营权,才能使放开经营,使工贸结合和推行代理制在一种健康的机制下进行。因此,外贸企业必须对盈亏承担经济责任。

由于外贸活动还很大程度上是在旧的计划体制下运转,我们还没有在政策和体制上形成一个有利于出口良性循环的经济机制,企业自负盈亏的基本条件还没完全建立起来,因而,企业自负盈亏的广度,也只能是经营性的盈亏。除此以外的盈亏,则必须建立一种宏观自负盈亏机制。这种自负盈亏的主体,是各级地方政府,客体是由各种体制和政策性的原因而导致的外贸盈亏。

这种分级负盈负亏的机制,既能够初步打破吃国家"大锅饭"的财务体制,又能够避免因把外贸企业自负盈亏绝对化,致使企业难以把主要精力集中到向外发展上，穷于应付内部补亏的问题。

第三，多重自负盈亏的另一层涵义，是指财政、计划、金融、物价、外汇、物资等部门各负其责，进行配套改革，为外贸企业最终走向自负盈亏创造条件。

第四，从国际范围来考察，外贸亏损和补贴，既是一个历史现象。又是一个国际现象。负盈自不必说，负亏则有赖于国家财政的支助。发展中国家在经济成长时期，由于外汇来源长期有限，为了维持由增长所需要的进口规模，必须强制地完成出口计划，否则进口就成为"无源之水"。出口具有强烈的强制特征，就必须采用财政激励手段，介入外贸盈亏分配。这是外贸经济有别于其它类型经济的显著特征。只不过运用这种手段的方式，怕招致国际社会因"不公平"和"竞价倾销"即给予的制裁，变得越来越隐蔽而已。这是一种客观存在。

第五，随着工贸结合和进出口代理制的全面推行，外贸自负盈亏的微观主体有趋同之势。也就是说，财务核算上的盈亏，由工贸挂钩，生产企业同样参与分担进出口盈亏，或者外贸企业只实行代理，盈亏完全由生产企业负担，以促使生产企业在世界市场上与同行进行较量。

第六，既要强调外贸企业的自负盈亏，又不能把它绝对化，这是外贸自负盈亏的辨证法，是外贸经济工作中的"游泳术"。

第二部分　统负盈亏：我国外贸亏损逐年增长的主要原因

一、改革十年来，外贸体制的变迁及其对国家财政的影响

外贸体制一般指经营体制，30多年来都是经营体制决定着财务体制，财务体制相随于经营体制。也就是说，外贸经营体制改变了，财务体制也必须相应改变，没有经营体制的变化，财务体制也不会改变。

从1979年起外贸体制开始改革。1979年到1984年进行了一系列

改革试点。这些试点包括：

（一）调整中央对外经济贸易的领导机构

1979年7月，设立外国投资管理委员会和中华人民共和国进出口管理委员会，统一组织协调和管理有关部门的对外经济贸易工作。国家进出口管理委员会与外贸部的关系，由开始的协调关系，变为后来的领导与被领导的关系。这种增设机构，分头管理，不但增加了层次，而且工作中重复交叉现象严重，效率降低，是一种失败的尝试。1982年3月，合并以上部委，再加上对外经济联络部，重新组建成对外经济贸易部。

（二）扩大经营渠道，下放部分经营权限

将原来由外贸部门独家经营，改变为主管生产部门经国务院批准也可以经营。又对出口商品实行分级管理分类经营，扩大地方经营权。这就调动了地方和部门经营外贸的积极性，开辟了新的贸易渠道，有利于产销结合、技贸结合。

（三）外贸专业进出口公司开展代理业务，建立海外贸易机构

外贸专业公司在完成国家进出口计划之外，逐步对部分产品出口改为代理制。组织出口联营，并在主要出口市场设立贸易公司代表处。在一些国家建立了一批合资经营、独立经营、合作经营的企业或公司，主要开展出口推销、进口订货、市场调研，建立与客户的联系，办理委托事项等工作。

（四）举办"经济特区"

1980年8月开始试办"经济特区"。通过经济特区的特殊政策和灵活措施，吸引外资、引进设备、先进技术、管理经验和人才，增加外汇收入，扩大劳动就业。

成立的特区，继深圳、珠海、汕头、厦门以后，又扩大到十四个沿海港口城市，后来中央批准成立了海南省特区，实行特殊政策，扩大它们的权力。

以上改革试点，由于是在中央统负盈亏的范围内改动，政企不分，"大锅饭"现象依然存在。责权利不统一。从中央和地方的关系来看，本位主义、分散主义的倾向滋长，自相竞争，肥水外流。从国家和企业的关

系来看，企业仍然缺乏生机和活力，对出口商品盈亏没有经济责任，不注意经济核算。从宏观上看，外贸的经济效益下降，亏损逐年增加。

1984年9月开始至1987年，针对上述弊端，围绕着给企业以生机和活力这个中心，开始全面改革外贸体制。着重从以下四个方面组织实施。

1. 政企分开，加强对外贸易的宏观管理。最大限度地减少各级经贸行政部门对外贸企业的行政干预，给企业应有的自主权。经贸部和下属机构专司行政管理。为了维护国家的利益，对外贸易必须实行统一领导和归口管理。既要充分调动各方面的积极性，又要用行政手段和经济手段制止"地方、企业得小利，而国家受大害"的倾向，坚持统一对外的原则。

2. 简政放权，充分调动外贸企业的经营积极性。各类外贸公司（专门的、部门的和地方的）都要逐步从原属的行政部门独立出来，成为经济实体，向专业化、社会化方向发展。这是改革的重点，也是搞活外贸的基础。

3. 实行进出口代理制，改进外贸经营管理。

4. 改革外贸计划体制，简化计划内容。缩小指令性计划，扩大指导性计划。给生产企业和外贸企业以更大的经营自主权。

这次改革的主旋律，是与经济体制改革中放活企业的改革步骤相呼应的。企业逐渐有了活力。单从进出口贸易看，1987年比1982年翻了一番，比改革前的1978年翻了整整两番。

还应该看到，我国外贸的经济效益，尽管经历了上述两阶段的外贸体制改革，仍然没有得到改观，亏损企业个数还在增加，亏损额逐年猛涨。大大高于外贸增长速度。再加上第二阶段从1985年起，开始按国际上通用的办法，退还出口商品的税款。对出口退税后仍有差额的出口商品，国家给予定额扶助，这一措施增加了出口商品的竞争能力，同时也增大了国家财政补贴。如何看待这一时期财政负担和外贸亏损呈连环套式的增长？本文第一部分的"盈亏因素分析"已经涉及到这个问题，下面着重从财务体制和财政体制的角度，分析"统负盈亏"所带来的影响。

（1）在国家与企业的关系上。从1979年开始，一直在小步子地改。

但基本上局限于中央统负盈亏的范围内改动。比如从1979年开始，从经贸部统一经营、统负盈亏（实际上中央财政统负盈亏）的体制下，逐渐地分离出一些工贸公司，如：中国机械设备进出口公司、农机公司、冶金进出口公司等十多个公司。这些公司在计划管理（指出口计划）上仍然归经贸部计划局负责规划和下达指标，财务上脱离经贸部的管理，直接与财政部挂钩。财务上的挂钩，通过财务计划的批复确定年度的出口成本、盈亏指标的控制数，月份财务执行情况的检查以及决算的批复都由财政部直接对各工贸公司负责。经贸部所属的公司由经贸部汇总管理，财政部只对经贸部一家。

从这几年执行情况来看，工贸的结合不够理想，仍然存在工是工、贸是贸，工贸相分离的情况。具体表现在，财务核算上工贸不结合，工业仍然处于供货阶段，盈亏不挂钩，盈亏仍由工贸公司统一负担，向财政部报帐；信息反馈上虽然有所进步，也仍然存在脱离的情况；对工贸公司供给的原料及辅助材料不能保证优先供给出口产品，尤其在这几年国内价格出现一些失控现象，外销不如内销，工贸公司的货源得不到保证。

（2）中央与地方的关系也进行了一些改革的尝试。主要是1981—1983年广东、福建试点。根据中共中央50号文件的决定，对广东确定上交外汇9.93亿美元，超过的部分上交中央30%，地方留70%。超基数增加的出口亏损，按中央、地方出口外汇分成比例分担。广东当时由于换汇成本低于2.8元，中央不补贴。福建上交外汇1.9亿美元，超过的部分前三年全部留省，第四年开始上交中央30%，基数为每美元补贴0.22元。两省执行了三年，由于国际市场上的变化，港币贬值，虽然中央给了适当的补贴，地方仍然承受不了。因此1984年两省回到中央统一核算，实际上是财政统负盈亏。

外贸体制在这几年的改革，一直在中央统负盈亏的圈子里徘徊。同时，国家财政又通过一系列利润分配制度，使外贸企业的财权不断扩大，留利增加。1985年，对外经济贸易部和各工业部所属外贸企业共提取企业基金、降低出口成本和利润留成5.88亿元。这对于调动企业的积极性、扩大出口，起了一定的积极作用。但是，由于这些行为是在中央统负盈亏的背景下进行，因此从收支两方面增大了国家财政的压力。

中央统负盈亏，实际上就是对进出口进行补贴。从1981—1987年，仅国家财政对外贸进口的粮食、棉花、砂糖、化肥和农药等商品亏损的补贴就高达275.66亿元。就稳定居民生活和减轻成本上升的压力而言，这些补贴是有好处的，但是弊病可能更多：（1）不利于回笼货币；（2）加重了财政负担；（3）总需求没有因补贴而减少；（4）与价格体制和外贸体制改革的总方向不协调。既不利于外贸企业自负盈亏，又不利于建立市场机制。至于出口补贴，至少可以从理论上作出如下推断：出口补贴是将换汇成本的一部分从外贸企业转向国家财政，既不利于外贸企业建立硬约束的、自负盈亏的经营体制，又加重了财政负担（见表1）。

表1　　　　　　　　五种进口商品亏损补贴情况

年份	进口额（万美元）	折算进口额*（人民币亿元）	补贴额（亿元）	补贴额占折算进口额比重（%）
1984	408439	114.36	41.00	35.85
1985	287705	92.07	17.59	19.11
1986	204679	76.14	13.34	17.52

注：①折算进口额＝（用美元计算的进口额/10000）×当年汇率（年末中间价）；②这五种商品是粮食、棉花、砂糖、化肥、农药。

为了走出进出口规模越大，亏损越高，财政补贴越多的恶性循环，外贸企业开始实行自负盈亏的试点。根据国务院1987年90号文件，从1988年开始，轻工、工艺、服装三个行业实行上交中央外汇30%，70%用于公司弥补亏损。同时，1987年外贸企业实行承包经营责任制，年初将出口额、出口成本、亏损总额三项指标包给企业，实行超亏不补、减亏留用，这对外贸企业扩大出口，加强经营管理有一定促进作用。1987年外贸出口346亿美元，比上年增加71亿美元，亏损控制在230亿元之内。即使是这样一个数目，也占去了当年财政支出中"国家财务物价补贴支出"的75%左右，1988年外贸亏损补贴仍然居高不下，达220亿元，成为国家财政的沉重负担。

二、外贸与财政关系的一般理论总结

历史的经验告诉我们：外贸发展效益的好坏，都会直接或间接地反映到财政上来；外贸发展离不开财政的支助，因而又受国家财力状况的制约。

1. 国际收支平衡是国民经济综合平衡的重要组成部分。其平衡与否会直接影响到财政平衡。贸易收支在国际收支中占有举足轻重的地位。贸易收支的动态变化，是影响国际收支平衡的关键。因此贸易收支在结构和总量上的均衡与失衡，都会影响到财政平衡。

2. 外贸与内贸属于流通过程，是把生产和分配、消费联结起来的中间环节。一方面，商品交换的实现为国家财政提供了可进行分配的资金。外贸的盈利为国家提供了积累；另一方面，财政分配又为交换提供了持有货币的购买力。可见，财政与外贸相互为对方提供实现的前提和条件。

3. 一定类型的外贸发展战略必须有相应的财政发展战略作为财力保证。前者的特殊性决定后者的针对性，而且，前者受到后者的制约。财政发展战略和外贸发展战略同属经济发展战略，它们之间相互联系、相互作用。外贸发展战略的目标（包括数量和效益两方面）、步骤（速度）、政策措施，必须同财政宏观调控发展战略、财源发展战略、财政收支结构与管理发展战略、财政体制发展战略、区域财政发展战略协调一致、形成合力，二者之间不能超前和滞后。前一时期，外贸经营权力分散，而分配上由财政统负盈亏，两者相左所导致的外贸效益低下，就是一个发人深省的教训。

4. 一定模式的外贸体制决定和需要相应模式的财政体制。社会主义国家外贸体制模式，就主要特征而言，有苏联的国家垄断集中型外贸体制模式、南斯拉夫自由化分散型外贸体制模式、匈牙利具有较大灵活型的国家垄断制模式三种形式。与此相适应，三国的财政体制及其外贸财务体制模式分别是统收统支（统负盈亏）、地方分散（自收自支）、集中分权（适当补贴）形式。外贸体制是经济基础和上层建筑中与对外贸易相关部分的一个结合形式,包括国家管理和企业经营两方面,而财政部门和财税杠杆是国家实行经济管理的重要部门和手段。因此,外贸体制必须求得财政体制的支持、调节和管理。

5. 对外贸易形式的抉择,不仅影响出口创汇,而且对财政政策的外贸支持手段以及财政收支也产生影响。反之,财力状况的承受力又制约贸易的形式及其内容。例如,由于第三世界国家的国际收支恶化,外汇储备短缺,加上国际市场上的剧烈竞争,特别是西方国家保护主义的贸易壁垒,造成第三世界国家出口困难,缺乏外汇无法进口急需的商品。这样,易货贸易便成为第三世界国家摆脱这种困境的行之有效的对外贸易形式。出口国可通过易货形式对出口商品变相贴补或变相降价来扩大出口,这就是与易货形式相适应的财政支持手段。

6. 财政对外贸经济的调节,具体措施体现在以下几个方面。

(1) 税收政策的调节。一是出口退税,目的是为了增强出口商品在国际市场上的竞争能力;二是建立有目的、有重点、符合产业政策的关税体系;三是积极参与国际间避免双重课税的协作,从中取得优惠,扩大贸易的广度和深度;四是为外商提供税收优惠,吸引外资,开展对外经济技术合作,设法使我国产品打入国际市场。

(2) 支出政策的调节。预算支出参与达成出口扩张策略所必需的国内投资和基本建设。财政运用贴息、优惠贷款以及建立"扶持生产基金"、发展出口商品基地等措施,扶持和鼓励出口贸易的发展。

(3) 公债政策的调节。为了使我国的产品和企业最终能参加国际交换和竞争,通过政府借债和引进外资,是十分必需且行之有效的,但必须学会两条腿走路,借债和吸收直接投资双管齐下,综合运用。即使是国外贷款,也要以政府借款为主。而我国目前地方政府、企业、社团纷纷向国外借款。最终还款风险仍然落在国家财政肩上。因而加强外债的财政统一管理势在必行。财政管理债务,是借、用、还三个环节上的动态监督和管理。

借——借债规模的警戒线是20%左右的偿债率,而一个债务管理机制不够灵活的国家,即使外债偿债率低于20%,也可能发生债务危机。

控制国外借款的规模，主要是为了还款，财政部应该在控制国外借款的规模方面发挥自己的作用。

用——要把引进的外资投向瓶颈产业，建立出口导向基地，增强出口产品竞争能力。

还——财政建立国家债务管理基金，作为国家偿债后备基金。

财政部必须加强对外债的管理，这不仅是克服当前对外贸易中外汇管理和人民币管理相互脱节的需要，而且也是国际收支综合平衡中外债与外贸的相互依存关系所决定的。外债的清偿，有赖于外贸出口创汇的增加；外贸的展开，也可通过借债和引进外资渠道取得购买力和占领市场。因此，财政公债政策的调节，必须联系外贸的情况，审时度势地进行。

三、外贸发展战略中的财政制约——兼评"国际经济大循环"理论

经济决定财政，财政反映经济，财政制约经济。在我国，财政是国民收入分配的枢纽，在目前价格严重扭曲的情况下，财政仍然是资源配置的主要手段，因此，财政政策应既有重点，又兼顾一般，不能攻其一点，不仅其余。也就是说，正确处理好沿海与内地、出口与内需、生产与外贸、公平与效益的关系，是社会主义财政多重职能的要求。

当前，由于财力分散，中央财政紧张，不能企望国家财政拿出更多的财力对外贸予以支助，因此，外贸发展战略的制定，必须首先考虑国家财政的实际困难。排除了国家财力制约因素的外贸发展战略，必定是无源之水，无本之木。"国际经济大循环"理论的提出人及其追随者把它上升为外贸发展战略，笔者不敢苟同，在此略加评述。

"由于每年用于积累的资金有限，就出现了工业结构高级化与农村劳动力转移争夺资金的矛盾"，解决矛盾的最佳选择是"把农村劳动力转移纳入国际大循环，通过发展劳动密集型产品出口，一方面解决农村剩余劳动力的出路，另一方面在国际市场上赚取外汇。外汇代表一切资源的供给，有了外汇就可以取得重工业发展所需要的资金和技术，从而

通过国际市场的转换机制,沟通农业与重工业之间的循环关系,为矛盾的解决提供转化条件"①。这就是"国际大循环"理论的简要论点。国际大循环采取以规模扩张为特征的"出口带动"战略,是具有很大风险的。下面,仅从财政角度来说明该理论的不现实性。

1. 劳动力是劳动者一切素质的综合反映,不是人口的简单量化。国际大循环理论把作为经济资源的劳动力比较,变成了抽象的人口比较。其实任何一种单项资源,不论是原料或劳动力,除了极少量的要素出口以外,都要综合配置各种资源,实现劳动力与生产资料的结合,才能把富余劳动力转化为现实劳动。财政投资就是实现这种转化的必要条件,这是因为生产要素的分配成为生产的前提和条件。这几年,由于经济过热、体制分散,促使资金、财权日趋分散,动摇了财政作为国民经济分配环节中的主导地位,财政面临着严峻的困难。财政收入难以保障经济建设和多项事业的发展对财力的需求,财政收支难以平衡,财政赤字严重。十年改革,九年赤字,其中中央财政累计赤字770多亿元,如再加上债务收入,高达1900亿元左右。且不说国家财政短期内无力拿出多少资金来促成农村富余劳动力与生产资料结合,从而走上国际舞台,单说劳动力培养这个出口导向的首要前提的财力保证——文教卫生支出,近几年国家财政花费了巨大力气,使其增长高于财政支出的增长幅度,但仍然满足不了教育事业的需要。可见,发挥劳动力资源优势将是长期的、艰巨的任务,不能一蹴而就。

2. 由于价格、汇率、体制等因素没有理顺,"大进大出"的结果只能是随着创汇规模的扩大,边际创汇成本提高,企业亏损扩大。

3. 我国传统产业的劳动密集型产品,其资源稀缺性及其制造优异性并无明显国际优势,因而出口产品创汇能力小,过多出口必然引起国民收入外流。据分析,1987年国民收入外流额约在140亿元左右。国家财政的分配对象被断送给他国,间接导致国内国民收入超分配。

4. 国际大循环容易造成依赖型经济结构,不利于产业结构高级化。

---

① 王建:《选择正确的长期发展战略》,《经济日报》1988年1月5日。

实施"国际大循环"必然将国民经济割裂出一块"飞地",由产业倾斜转向区域倾斜,自我循环以适应世界市场的需要。这就容易在不同的地理位置上形成不平等的投资环境和生产环境,加剧了地区之间和自然生态的矛盾和冲突。强化了财力分散结构,激化了国家财力紧张度。因而对整个国民经济的长期稳定协调发展产生不利的影响。

第三部分 改革体制、理顺关系:构造外贸自负盈亏机制的财政政策

一、外贸体制改革的理论依据

对外贸体制改革和其它体制改革一样,必须要有一定的理论为依据,使改革建立在科学的基础上,这样就可以使改革措施在出台之前有各种思想准备,减少失误。因此,探索外贸体制改革的理论,并对每项外贸体制改革措施从理论角度予以论证,意义是非常重大的。

(一)马克思的国际价值论是指导我们制订外贸体制改革的理论依据

依据马克思的国际价值理论,国际价值是各国国民价值的平均值。这就是说,由于各国经济发展水平的差异,有些国家的国民价值低于国际价值。另一些国家的国民价值高于国际价值。而国际间的商品交换不可能是按一国的国民价值进行交换。而是依据国际价值进行交换。这样在国际分工和国际交换中有些国家获得较多的好处,另一些国家吃亏或获利较少。根据这一理论,我国的外贸体制改革应当是有利于我国在国际分工中能够日益处于有利的地位,我国一切外贸体制改革措施都要为实现这一目的服务。

(二)系统工程论应当为我们的外贸体制改革和处理内外贸关系上提供科学的指导思想

现代的系统工程是组织管理系统的规则、研究、制造、试验和使用

的科学方法,是一种对所有系统都具有普遍意义的方法。我国的整个国民经济是一个大系统,对外贸易是这个大系统中的一个子系统,因此对外贸易体制改革必须和整个经济体制改革相互配合,不能超前和滞后。今后应注重从系统工程方法论上探索外贸体制改革措施和经济体制改革相互之间的关系,以及如何相互配合、相互促进的问题。

(三)要用协同理论推动外贸承包经营责任制、工贸结合、技贸结合和外贸代理制

"协同论"是现代化大生产出现后的新科学,它阐述一系统中各元素的协同作用,可以保证其总量效果比这些元素单独活动效果之和为大,因为协同活动可以形成一种群体效益,这一理论适用于一切事物。从自然界的蜜蜂协作直到各种经济活动的协作都可适用。马克思很早就注意协作产生的效益,认为可以"由许多力量结合为一个总力量而产生的新力量"。依据"协同论",经济单位之间的协作必须根据互利原则、自愿原则和订立有章可循的法令协议或合同。

外贸体制改革的某些措施,如工贸联营、技贸结合和出口代理制等,都应始终贯彻"协同论"的精神,如果在工贸关系上,工厂不诚实公开它的生产成本,外贸不坦诚公开它的外销价格,地区之间的横向联合没有诚意,这就违反了"协同论"的基本原则。

(四)根据耗散结构论克服外贸承包责任制引发的地方封锁局面

耗散结构论认为宇宙中各个系统都与外界环境有着互相依存和互相作用的关系,当一个物质体系不与外界接触,就不能获得本身生存发展所需的能量而致亡。我国对外开放政策取得大成就正是证实了这种理论应用于一个国家对外关系上的效果。但自从我们推行承包制以来,各地方为着完成自己的承包任务,对于本地区的资源、产品实行自我封闭。它们只须完成本地区的出口任务和创汇指标,而不顾及经济效益上对国家整体的损失,这种做法就是违反了耗散结构理论。虽然我国推行的外贸承包责任制已取得某些成绩,但在这一措施出台之前没有考虑到会引发地区间的相互封闭的局面,不能不承认这是我们工作的失误,我国对外开放的成功和国内各地区之间反而互相封锁,从而带来扩大出口的困

难,从理论上看是矛盾的,今后应重视和解决这种地区封锁的问题。

(五)根据规模经济理论,提高出口产品生产的经济效益

规模经济理论是现代化大生产的一个重要科学理论,根据这个理论,每个产品的生产会因产品数量的增加而使生产成本递减。直到该行业的最佳规模生产成本最低。超过最佳规模又会使生产成本递增。因此,我们在调整产业结构时,要注意规模经济的效益。必要时保留少数骨干企业,对另一些不具备条件的企业组成集团,甚至关停并转。只有这样按规模经济理论进行产业结构调整后,才能使生产产品能在国际市场上创立有信誉的名牌拳头产品。

(六)依据动态比较优势理论,在国家干预下对产业结构和商品出口实行倾斜政策

动态比较优势理论是在修改静态比较优势论基础上建立起来的。战后日本等国的经济和贸易迅速发展,在理论上就是以动态比较优势理论为指导的。动态比较优势理论是在按"经济增长和国际竞争"要求下制订长远的产业政策和出口政策。对产业结构和出口商品结构做不断的调整以优化产业结构和出口商品结构来适应经济增长和国际竞争的要求,而静态的比较优势理论只是孤立的、片面的,在国际交换中进行短期、静态分析,只期望达到静态的比较利益。另外,动态比较优势理论强调国家的干预,国家为能获得经济增长和国际竞争而采取种种经济的、行政的和立法手段对产业和出口商品实行倾斜政策,对经济增长和国际竞争关系重大和有发展前途的产业和产品集中力量予以扶持。我国在对外贸易体制改革中,有必要对某些产业和产品实行倾斜政策,以期达到经济增长和国际竞争的要求。

二、究竟是国家垄断还是放开经营

对我国外贸体制改革目标模式的选择,有两种尖锐对立的观点。一种观点针对目前外贸放权所带来的乱得过头的现象,提出外贸体制还是计划集中型好,主张实行国家垄断;另一种观点认为,集中型外贸体制

已不能适应我国对外经济发展的需要，为了适应瞬息万变的国际市场，应鼓励外贸企业自由竞争，因而主张放开经营。笔者认为，这两种观点都具有片面性，我国外贸体制目标模式的抉择，应是二者的对应统一。

　　国家垄断同过去所说的统一对外、统制贸易基本上是一致的。对于过去我国长期实行的国家垄断外贸体制的实际效果，应做实事求是的分析。第一，从发展速度看，1950年至1980年，我国出口值增长32倍，按贸易量说每年递增8.4%，高于美国、印度、新加坡，要知道这个速度是在帝国主义敌视、孤立和封锁禁运，苏联的背信弃义、撕毁合同，"大跃进"的失误和林彪、"四人帮"的干扰破坏等背景下取得的。第二，从经济效益方面看，从1953年到1979年27年外贸企业上交利润195亿元，缴纳关税265.6亿元。在费用水平和资金周转次数上也取得了较好成绩，目前的数据还没达到过去的水平。第三，引进技术和进口物资打下了社会主义工业化的初步基础。第四，对外步调严格一致，外贸信誉好。用实践这个检验真理的唯一标准来考查，不能否认取得的成绩是巨大的。如果在适当时候再下放一些经营权给地方，实行毛主席提出的"大权独揽，小权分散"的原则，我国的外贸工作取得的成绩会更大。因此，国家垄断制虽然有统得过死的毛病，但就其集中领导、统一对外这一点来说还是取得成功的。也正因为统得过死，才有放开经营的必要，所以国家垄断和放开经营是互补的、辩证的。在当今外贸改革的过程中，不能割裂开来，走两者的极端。

　　如何做到两者的辩证统一？我同意"适当集中、合理分工，权责统一、加强管理"的主张。也就是，外贸体制目标模式应该取向计划市场协调型模式，真正实现党的十三大提出的"自负盈亏、放开经营、工贸结合、推行代理制"的指导思想[①]。

---

① 实际上还有一句话，就是"统一对外"。对外公开讲"统一对外"，怕形成贸易保护主义印象。实际上指导思想是21个字。

三、对1988年外贸体制改革的评价

外贸体制改革决不是空中楼阁，它的基点是现实的经济体制，因此，分析一下1988年外贸体制改革得失、利弊，对于下一步改革的进行，无疑是大有裨益的。

（一）1988年外贸体制改革的主要内容

1988年外贸体制改革是1987年改革的深化，其主题都是外贸承包经营责任制。承包经营责任制的基本内容是核定出口收汇、换汇成本和盈亏总额三项指标，由经营企业承包。在此基础上实行奖励与三项指标完成情况挂钩，超指标收汇大部分由企业留成（1987年为倒三七，1988年为倒二八），在已核定的换汇成本和盈亏总额的限额内，超支不补，减亏留用。承包经营责任制自1987年起试行，由各外贸总公司向经贸部承包，各省分公司向总公司承包。1988年决定在轻工、服装、工艺三个出口行的外贸体制自负盈亏改革试点的基础上，加快和深化外贸体制改革，全面推行外贸承包经营责任制。国务院1988年12号文件规定：全面推行对外贸易承包经营责任制，主要由各省、自治区、直辖市、计划单列市人民政府向国家承包出口收汇基数、上交外汇额度基数、出口收汇基数内人民币补贴基数、外汇额度挂帐数额，超过出口外汇基数的外汇收入实行分成，自负盈亏；少数商品由外贸工贸进出口总公司承包并统一经营。不下放的部分工贸总公司仍由其承包经营。各外贸进出口总公司和部分工贸进出口总公司的地方分支机构与总公司脱钩，作为企业法人，下放地方管理，财务上与地方财政挂钩。

（二）成效

在评价外贸承包经营责任制时，首先应该肯定，其取得的成绩是巨大的，令人瞩目的。从统计数字来看，尽管国内物价上涨较猛，1988年我国外贸进出口总额仍达794.19亿美元，比上一年增长16.6%。其中外贸出口达到401亿美元。这意味着我国创汇额在1978年的97亿美元的基础上翻了两番多，提前两年超额完成了"七五"计划规定的1990

年出口达到380亿美元的指标。作为全面推行外贸承包的第一年,这应该说是一个良好的开端。

1. 初步打破了吃国家"大锅饭"的财务体制,大大调动了地方出口创汇的积极性。长期以来,由国家统收统支、统负盈亏的"大锅饭"财务体制,一直是我国外贸体制的主要问题。改革外贸体制,其前提和关键则是自负盈亏。只有把外贸企业推向自负盈亏的轨道,才有可能下放经营权。做到放开经营,工贸结合和推行代理制才能在一种健康的机制下进行。在外贸领域推行承包责任制,就是通过签定承包合同,明确规定国家、企业各自的经济责任、经济权力和经济利益,使承包经营企业具有经营权并对承包的各项经济指标负责,同时使企业在完成国家承包指标的条件下享有一定的经济利益。这就打破了过去完全由中央财政统负盈亏的"铁饭碗",使外贸企业在逐步走向自负盈亏、自主经营方面迈出了重要的一步。因此可以说,由"吃大碗饭"向自负盈亏过度,这是外贸承包经营责任制的一大功绩。一年多来的实践表明,由于承包后实行自负盈亏,大大调动了各地出口创汇的积极性。地方领导加强了对外贸工作的领导,认真研究,贯彻落实承包的各项措施。普遍注意挖掘本地的资源,发挥本地优势制定出口生产计划,千方百计地保证出口任务的完成。对企业来所,承包使企业有了压力和活力,使企业普遍改善了经营管理,建立起行之有效的企业内部机制,从而提高了经济效益。

2. 责任制使外贸专业公司从过去只搞单纯的直接出口业务转变为以出口创汇为主,同时开展易货贸易、内销业务、代理进口、代理出口、工贸联营、中外合资、三来一补等多种经营方式。促使企业的领导,管理人员边学边干,在实践中增长了才干,提高了业务素质。这对培养一大批外贸专业人才有深远的意义。

3. 有利于政企职责分开,使企业逐步走向自主经营。政企不分,企业作为政府行政机关的附属物,没有经营自主权,这是我国外贸体制方面的另一主要弊端。外贸实行承包经营以后,通过国家和企业签订承包合同,这就运用法律的形式把国家和企业的责、权、利确定下来。从政府来说,承包以后,国家管理外贸的行政机关就可以从企业的具体事务中解脱出来，把主要精力放在加强宏观管理。即用方针政策、许可证和配额进行管理，用价格、税收等经济杠杆进行调节，加强政府协调、管理、服务的职能。而企业则通过承包国家的几项经济指标，换取了较大的经营权和相对的经济利益，得到了调配人、财、物等生产要素和企业福利基金等的权力，增强了企业的活力，达到了"微观搞活"的目的，从而有利于把企业变成自主经营的真正的商品经营者。

（三）问题

外贸实行承包取得的成效固然应予以充分肯定，但是，在成绩面前我们更应该保持清醒的头脑，对承包以后出现的问题必须进行冷静的分析，对其引致的副作用和弊病应有足够的认识，切不可把现行承包经营责任制的弊病估计过高。

1. 外贸实行承包经营的一个较突出的问题是企业行为的短期化。由于受到承包期限和经理任期的制约，许多企业都缺乏中长期投资和开发新产品的积极性，个别严重的甚至实行掠夺式经营，出现拼资金，拼设备，注重眼前利益。不少企业为了在有限的承包期内多创汇，宁可转产附加值低但能很快出口的、换汇成本低的产品（即资源型，原材料的和初级产品）。这势必加剧我国目前各省、市已存在的产品结构雷同化形象，同时也导致整个国家外向型企业结构的低级化。此外，承包后虽然强化了企业的动力机制，但是缺乏一种自我约束机制，在此情况下，承包企业获得了资金、利润等的支配权后，容易出现滥发钱物的现象，这亦助长了消费基金的膨胀。

2. 承包指标的核定尚不尽合理。现在的三项承包指标实际上是以1986年实绩为基数的。国际市场商情复杂多变，竞争激烈，同一商品昨畅今滞，价格涨落交替；同时承包制本身要求国内要有一个相对稳定的经济环境，它在本能上对价格、利率、税收等经济杠杆具有一定的排他性，因此说，以某一年的实绩作为承包基数，对不同的企业，不同品类的商品来说，完成承包任务的难易程度是不一样的。而且基础年工作成绩越好，往后的承包任务就越重，鞭打了快牛。

3. 目前实行的外贸切块承包责任制不利于生产要素的优化组合，影响了规模经济的效益。各省、市分别向中央承包出口任务后，必然更多地考虑自己局部的利益，重新出现了"小而全"的状况。有些省、市为了增加本地出口，制订了出口货源不准外流的规定，使一些历来供应原料的产地也改为自己出口或加工后出口，这样势必切断地区之间原来的经济联系，不利于生产要素的合理流动和优化组合。由此，就出现了一方面原有的一些生产能力因停工待料而被闲置，另一反面各地又竞相重复上马各种出口生产项目的怪现象。造成生产力的极力浪费，加剧了生产资金的膨胀以及能源、原材料等的短缺。这种地区相互封锁，"诸侯割据"的局面与现代化生产要求的跨地区、跨行业的专业化分工和协作有如南辕北辙。

承包经营后中央相应下放了外贸管理权限，各地有了较大的进出口自主权。但由于宏观调控、协调不力，出现了多头对外的混乱现象。各地进行抬价抢购、削价竞销的出血性竞争，"茶叶大战"、"羊毛大战"、"生丝大战"此起此伏，导致收购价格上升，出口成本增加，"水货"冲击市场，使国家在经济上、声誉上蒙受损失。

4. 以地方为主的切块承包制与目前"分灶吃饭"的财政体制结合在一起，有可能使原来的"大锅饭"变成"中锅饭"。此外，由于切块承包是由各省、市的地方政府向中央承包后，再把各项计划指标分别下达给下面的企业单位，这样，地方政府就扮演着所有者与经营者的双重角色，从而不利于政企分开和两权分离原则的真正贯彻。

5. 竞争条件不平等。这体现在多方面：

（1）原与中央财政挂钩的外贸专业公司与其他各类外贸公司之间存在着政策待遇不一致。随着对外开放的不断深入，各类外贸企业将越来越多。在众多的创汇大军中，无疑各专业进出口总公司仍是一支主力军，它们承担着国家收汇任务的重要部分，它们的承包基数也订得高。如1987年浙江省13个专业进口公司出口收汇11.78亿美元，占全省出口总额的90.8%，而省里核给这部分公司的收汇指标却占全省指标的94%。经过努力，仅超过省定指标3.5%。与此同时，其他各类外贸公司核定的指标只占全省总数的6%，执行实绩超指标63%。超计划幅度大，留成外汇多，运筹和调剂的余地就比前者大得多，就有了争货源，争市场的实力。另外，后者自有流动资金多（如省地方外贸公司有1000万元，为一般专业公司的几十倍），经营商品限制少，活动余地大。福利待遇标准也不一致等等。这些都反映不同类型的外贸企业中，由于国家和地方间利益分配的不平等所带来的竞争条件的不平等。至于少数公司有后台，享受种种特权，就更不待言了。这些都在客观上伤害了占创汇力量大多数的专业外贸企业创汇的积极性。

（2）出口配额和许可证的发放办法不尽合理。某些市场敏感商品、大宗传统出口商品和部分经济效益好的商品，国家通过发放许可证和实行配额制等方式进行宏观管理。但具体发放办法不很合理，有些口岸配额用不完，有些口岸却有货有客而没许可证没配额。有配额的生意好做，经济效益好；反之则业务难开展，经济效益差。这也是一种不平等竞争。

（3）商品经营分工带来的效益差别。现在各专业外贸公司是按经贸部规定的经营范围来分工的。有的企业（或科室）经营品种繁多、规格复杂、批量小、金额少而工作量却很大，有的经营经营大宗商品、品类单一、交易量大而工作量却相对小些，这样工作量与效果不成比例、权责利脱节、苦乐不均。

（4）经济特区享受着政府给予的种种优惠政策，使它们有实力向内地多方进军，而内地公司在这样的冲击下往往无力招架，在竞争中处于劣势。

四、财政的统合对策

财政与外贸经济的关系，一要支持，二要制约。就外贸自负盈亏而言，财政一方面要处理好中央财政和地方财政的利益关系，另一方面要理顺国家与外贸企业的分配关系。由于外贸自负盈亏是一项长期的、艰巨的系统工程，既有赖于外贸体制本身改革的深入，又有赖于外部经济体制的配套改革，而这些变革都会直接或间接地反映到财政上来，通过财政收支的增减，依靠财政提供财力保证。因此，财政对此必须做出反映、参与、协调、制约其整个过程。

（一）逐步完善外贸承包经营责任制

根据以上分析，外贸体制改革的关键是自负盈亏，只有自负盈亏解决了，放开经营和推行代理制方能在一种健全的机制下进行。这次推行的外贸承包经营责任制，承认企业在有定额补贴的条件下自负盈亏，由于有了这个前提，各地、各总公司就可以放开经营，促使经营部门认真核算，改善管理。这次外贸体制改革虽然没有彻底打破"大锅饭"，实行真正的自负盈亏，但却为企业今后实行真正的自负盈亏打下了良好的基础。承包制尽管不如人意，但仍不失为旧体制向新体制过渡的桥梁和中介。它的弊端固然不能忽视，但也不应因出现一些问题而轻易否定，而应趋利避害，使之进一步完善。

1. 改善承包制的外部环境。实行承包制后出现的一些问题，客观地说，并不能完全归咎于承包制本身。就企业行为的短期化而言，也要作具体分析，因为这里有一个承包期限的约束。事实上现在不仅是企业，整个社会行为都有短期化的趋向。就股份制来说，如果搞得不好，也会出现以提高红利的形式把企业积累分而化之的现象（事实上这种情况已不是一种假想了）。实行承包两年来，地方外贸亏损大量挂账，就是典型的案例。过去几次外贸体制没有走通，出现上收下放、下滑上收的反复折腾，虽然在当时历史条件下是不得以而为之，但对这次承包责任制的推行产生了不良影响。造成外贸体制还会"上收"的错觉，出口是地方的，亏损是国家的，因而出现挂账。我们认为，要解决短期化行为，必须综合治理。其中首要的一条，是政府的决策要做到科学化，改革的方案不要朝令夕改，使我们的政策具有稳定性和连续性。其次，令行禁止，中央财政和地方财政要严格按承包制的规范办事，中央财政给地方财政、地方外贸吃颗"定心丸"，不负担地方外贸亏损。对于定额亏损补贴，地方财政要尽力弥补。又如，在双轨制条件下，实行承包制的企业免不了总要受到或多或少的行政性干预，这当然难于真正做到政企分开；不合理的价格体系，必然促使企业争相抢购那些资源型、原料型产品，这就难于杜绝各种大战的产生，不利于产业结构和产品结构的提高；

权力下放后出现多头对外的混乱现象，亦与我们的宏观失控有关。

因此，我们认为，要避免和消除承包制的弊端，从根本上来说，有待于整个国家各项配套综合改革，有待于增强中央政府的权威以令行禁止，有待于国家运用行政、经济、法律等多种手段加强管理，特别是对"大战"等混乱现象。当务之急是要运用行政手段，加强思想政治工作，完善宏观法律，既给"红牌"，还要"判罚"，大力整顿外贸企业公司，砍掉一批。

与外贸关系密切的商检、银行、保险、运输、包装部门均应配套改革，打破目前易产生官商作风的独家垄断局面，用竞争出优质服务，用竞争出高效率，以促进外贸体制的深化。

2. 承包制本身的进一步完善。

（1）改革外贸人事制度，引进竞争机制。目前，承包者的权、责、利三者尚不协调。作为外贸公司经理，受权有限，不能与承包者肩负的重任相适应。首先，在人权方面，领导班子是上级任命的，单位人员是既定的，企业没有进人出人。其次，是财权，目前外贸专业进出口公司自有资金严重不足，低于内贸企业。为了协调上述矛盾，外贸企业经理、科长均应采取双向选择、双向考核的办法产生；个人提出承包方案，由群众讨论、选择，再报上级审批任命。先是"兵选将"，后是"将点兵"，优化组合，定员定任务。奖金按效益不按人头，多余人员组织开发新业务，限期出成果。

政府应下决心提高外贸专业进出口公司自有流动资金比例，其数额应与经营规模大体相当。在外贸企业上缴国家外汇的同时就应下拨亏损额，不得拖欠。

（2）承包指标体系的完善和科学化。承包指标应从数量和质量两个方面加以完善。数量方面的指标，包括各种基数的外汇数额指标，这些指标的制订应尽可能做到科学化，以改变现行外贸承包指标造成"苦乐不均"的状况。质量方面的指标包括出口产品的档次、层次和各种商品的比例。通过质量指标的硬性约束以及国家产业政策调控，引导出口产业结构逐步升级和合理化。

确定承包指示时，应以前二至三年实绩的平均数为基数，使之相对合理，又使经营者有超额完成的可能。

（3）承包方式可考虑由现在的切块承包改为由企业在平等的条件下直接向国家竞争承包，即由企业作为承包的主体。①实行企业直接承包后，地方一级政府机关主要行使对本地区外贸企业的承包经营进行监督和管理、协调的职能，从而有利于政企分开和使企业走向真正的自主经营、自负盈亏。②通过企业之间的竞争承包，可以在同目标的平等条件下把竞争机制引入企业，从而有利于提高企业内部的经营管理水平。③通过企业之间的竞争承包这种优胜劣汰的争夺，使那些有较强竞争力的企业获得法定的出口经营权。这样，既有利于形成以拳头产品为龙头、以骨干企业为依托的跨行业、跨地区的大型企业集团，又有利于克服多头对外而产生的混乱状态。④绕过地方政府由企业直接向国家承包后，有利于打破地区之间的相互争夺、割据和封锁，有利于生产要素的合理流动和优化组合，形成专业化生产，提高规模经济效益。

（4）在企业内部管理上，除三项指示以外，还应考虑内销盈亏、联营企业的工作量和经济效益、代理进出口的收入、资金占用比例、出口商品难易程序、工作量大小、基地建设和新商品开发等等多种因素，使考核指示尽可能确切反映劳动量的全貌，并防止忽视基础建设的短期行为。

（二）全面推行增值税，完善"出口退税"制度

从1985年4月起，我国对外贸进出口商品实行"进口征税，出口退税"的制度，从1988年起又对出口商品按"征多少，退多少"的原则实行彻底退税办法。这都是近几年通过运用税收杠杆调节对外贸易方面迈出的重大步骤和采取的重大决策。实行出口退税措施以来，对鼓励企业多出口多创汇，减轻换汇成本缓解亏损压力，起了极大的推动作用。

目前，按对报关离境的出口商品实行"征多少，退多少"的彻底退税原则，对照国务院批转财政部关于出口产品退税的有关规定，在实际执行过程中还存在不少问题，影响到企业自负盈亏，其中矛盾突出的有以下几个方面：

第一，政策不合理。外贸体制改革以后，经营出口商品除各外贸专业公司和其他国营、集体企业外，还有外商投资企业（即"三资"企业，下同）和私营企业以及个体户（它们除交售产品给外贸企业出口外，还委托外贸企业出口），但现行"出口退税"的政策只限于对各外贸专业公司和其它国营、集体企业，而对外商投资企业自行出口或委托代理出口的商品，只是免征最后一道生产环节流转税（即工商统一税）；对私营企业和个体户则没有给予享受出口退税，这就不能贯彻公平税负，促进竞争的原则，造成退税不彻底的局面。

在进口方面，实行产品税的产品，进口所征的税只是产品最后一道环节的税。实际税负大大低于国内同等产品的税负，这种对进口产品征税不足的现象，不利于国内产品在同等税负基础上开展竞争。

第二，退税不合理。对征收产品税的出口商品，尽管按核定统一退税率计算退税，但由于核定统一退税率是按现行生产该产品平均生产环节进行核定的，因此，对专业化程度较高的产品，产品税征收环节就越多，最终产品缴纳税款越大。按核定统一退税率计算退税必然产生不平衡，即专业化程度较高的出口商品有部分已缴纳税金还是得不到退还。而对专业化程度较低或全能厂生产的出口商品则多退了部分税金。不利于产品向高、精、尖方向发展；少征多退，容易造成财政财源流失，国民收入外流。

解决以上问题的设想是：

1. 随着经济体制改革的深入，财政应抓住时机，在商品生产的流转环节以及劳务领域全面征收增值税，从而在整个商品经济领域消除税负随经营环节增多而阶梯式递增所造成的税负失平现象，为企业发展创造同等税负的鼓励竞争的外部环境，为实现税制执行的严肃性、扣税的统一性、出口退税的彻底性以及为建立统一的发货票注明税款的制度，有效地控制减免税和偷漏税，提高财政收入的稳定性和可靠性创造条件。

2. 全面推行"出口退税"制度。按照鼓励出口的原则，对我国生产经营出口商品的所有企业（不论什么性质的）或个人，一律实行出口商品退税办法，对凡已报关离境的出口商品均退还产品生产时已实际缴纳的流转税。对外商投资企业生产经营的出口商品亦应按"出口退税"办法退还出口商品已实际缴纳的工商统一税,以便鼓励所有企业参加国际交换和竞争。

3. 扩大出口商品退税范围。按照我国现行税种设置,根据出口商品退还流转税的原理,对所有出口商品(除国家限制出口外)在生产环节上已实际缴纳的属于流转税的各种税收,都应在商品出口后予全部退还。现行对煤炭、金属矿产品和其它非金属矿产品征收的资源税,实质上属于流转税的一种特定形式,要么给予出口退还,要么合并产品税征收,因为依同一销售收入额征收两个税种,这样的税种设置对生产的发展是不利的。

(三)发展出口企业集团,改善外贸出口组织结构

外贸企业自负盈亏在经营上的保证,就是要确保外贸企业在国际竞争中占有优先地位。长期以来,我国产品出口都是以单个企业同国际企业集团进行竞争,在单个企业中,又以中小型企业为主,大型企业进入国际市场还是少数。这种出口企业结构,势单力薄,竞争能力低下,不能适应扩大产品出口的需求,因而也不能确保企业自负盈亏。许多国家的对外贸易中,一批企业集团往往成为本国的主导出口力量,这些企业集团具有很强的科学研究和技术开发能力,完整的生产体系和完善的管理系统,有强大的金融资本支撑,在国际市场上形成了灵活有效的商情系统和健全的销售、技术服务网络,在国际竞争中处于优势地位。例如,日本的三菱、本田、日产、丰田、夏普等20多个企业集团的出口贸易额通常占日本出口总额的40%以上。由此可见,为了实现人力、技术、资金等生产要素的重新优化组合,从而形成群体优势,达到增强国际竞争能力的目的,发展出口企业集团是客观的必由之路。

1. 要解放思想,转变观念。为此,应摆脱"大而全、小而全"自然经济思想的束缚,抛弃"宁当鸡头,不为凤尾"的小农意识,打破由条块所有和局部利益形成的本位主义观念,增强规模经济意识,树立利用世界资源、参与国际竞争、开拓和占领世界市场的新思维。

2. 确保企业集团应有的权益,使之享受从事对外经营活动的法人资

格，具有谈判权、签约权、结汇权、留成外汇使用权等等。

3. 政策上给予优惠。从目前看，除了外汇留成体制需要改变外，主要结合出口创汇实行信贷优惠（包括外汇贷款）和进出口配额许可证上的优惠，如创汇达多少亿，有什么样相应的信贷优惠。南朝鲜应有这样的一套鼓励办法。同时，还应把许可证配额的发放和创汇实绩挂钩，鼓励创汇大户企业，扶持它们发展得更快一些。财政支出政策和贴息手段更是有所作为。

4. 发展横向经济联合。一方面要防止强拼硬凑，另一方面不能用统一模式规范所有企业集团，而应针对不同的情况，采取不同的联合形式。但是不论何种形式，都要遵循企业之间的内在联系，也就是应当生产的、技术的、资金的纽带，把不同的企业联系起来，形成企业集团。

（四）全面推选出口代理制，走出进出口越大，财政补贴越多的恶性循环

进出口盈亏由生产企业负担，外贸只是代理，促使生产企业在世界市场上进行较量。

（五）加强进出结合，改善配额许可证管理

进出结合是实现外贸自负盈亏的基本前提，当前在进口管理上问题较多，一是进口许可证批文很大程度是按行政块块照顾分配多、缺乏公开性经济竞争，结果造成用汇和进口批文脱节，抄卖许可证批文现象严重。二是审批环节多，进口周期长。由于很多基础原材料进口都要经中央批，审批进口周期往往要半年以上，使整个进出口的资金周转发生困难。由于上述影响，1988年上半年广东三个试点行业的留成外汇有70%—80%都直接进入外汇调节中心，而不是搞进口。

改善进口管理的办法是：

1. 一般性进口许可证采取每年两期定期公开分配制。部分商品由政府部门制定一明确的分配原则，按一定条件定期公开分配，部分商品逐步过渡到由行业协会协商分配。

2. 对高盈利的进口商品采取公开招标的办法，应标者要相应承担一定的社会和经济责任。

3. 为了维护在进口上的统一对外，一些国际市场上价格较敏感的大宗原材料、原器件的进口权应继续适当集中给少数专业公司，其他公司在获得进口许可证后可委托其代理。

主要参考书目（省略）

后 记

这篇论文是在许多师者和前辈的帮助下完成的，因此也集中了他们的智慧。我的导师左春台先生在医院的病榻上几次审阅写作提纲，指明了写作方向；在论文的修改过程中，宋新中研究员提出了许多指导意见；财政部商贸司副司长严伟华老师为使我的论文更加严密、更加切中实际，提了许多修改要点；国家税务总局流转税司副司长张立中老师就"出口退税"的问题同我进行了使我深受教益的讨论；于中一副研究员在我调研、搜集资料的过程中，给予了热心支持和指导，谨向他们表示真挚的谢意！

黄　鑫

1990年5月

国有企业经营评估的典型方法（节选）①

我们现在讨论系统评估的第二个方面，即内容。很快就会发现，有些企业的评估相当容易，而有些企业的评估则很复杂，这是因为它们各自经济特征的性质不同。其中一些非常重要的特征值得注意，以便可以把问题的焦点都放到对每个特征的基本要素的识别上。就评估机构而言，每个特征都需要特别注意。

正是从这一角度出发，可以提出企业特征的一般类型如下（见表1）。我们并不说这个表已很全面，但是，它已经包括了所提到的主要方面。此外，虽然所列特征显然是经济与组织方面的，但它们也适应于与企业运行有关的其他一些性质。

还应注意到，表中所概括的特征并不是相互排斥的。

具有着重记号（·）特征的企业比不具备这一特征的企业在评估时要复杂得多。若一个企业具有许多带着重号的特征，则评估工作就确实很困难。

---

① 译著《国有企业经营评估》，1991年3月东北财经大学出版社出版，周品、王秩豪、黄鑫翻译，徐静之校对。该译著为《国有经济管理比较译丛》大型丛书分册之一，蒋乐民、李贤沛任《国有经济管理比较译丛》编委会主任。本文为译著之节选部分，原作者为伦敦工商管理学院著名教授V.V.拉马南蒂哈姆。

表 1　　　　　　　　　　国有企业特征的一般类型

特征	备注
1. 组织结构	复合体 / 自主体 / 联合体 / 部门型 / 多部门型 / 集合型
2. 规模	大 / 小
3. 产品结构	单一产品 / 多种产品
4. 资本的产出 / 劳动比率	高 / 低
5. 研究与发展	先进 / 简单
6. 区位	单一 / 分散 / 落后地区
7. 垄断	高 / 低
8. 市场组织	国有部门调节 / 其他
9. 外界因素	重要 / 不太重要——结构内 / 公共利益
10. 财务能力	大 / 小 / 负数
11. 特殊因素	重要 / 一般

我们现在来讨论第一特征的具体含义。

一、组织结构

这一名称包含的意义很广，其中以下五点值得高度重视：

（一）如果企业是个复合体，则在评估过程中需特别注意以下问题

1. 控股公司组织的过度集中和其他因素是否抑制着管理的系统性效率？并且，在这一过程中经历的全部行为是否受到了不利的影响？

2. 在诸如以下各方面中：变换定价、获取资本、计划成本 / 利润目标，以及分摊固定成本等要素之间是否存在着公开或隐秘的相互补偿呢？这些现象使得我们根据会计账簿上的结果所做的推论复杂化吗？为了对企业的个别要素及企业本身的结果在评估的任何一级（A 至 D 级）作出可靠的结论，需要对会计与其他领域作出仔细的判断吗？

3. 如果混合型企业只在一个部门中经营，那么，它就会倾向于垄断；否则，若它是由多个部门组成，则这种趋势可能就不那么强烈。（关于垄断作为一个特征的进一步讨论，可看本节第七部分内容。）

(二)如果企业有一系列生产过程(无论是向前还是向后联系),那么,有三个问题需要特别注意

1. 在各过程之间转移定价。

2. 定价决策可能有这种效果:即对从事这些过程的某些方面的其他单位展开不公平的竞争。

3. 严格查究与集合经济有关的争论。例如,就规模经济来说,集合过程是怎样平衡的呢?

(三)如果企业具备垄断寡头结构,那么,与内部组织的效率有关的问题就很值得评估

兹引证最近的一个例子:垄断寡头尼泊尔电力公司,到目前为止,仍对管理行为实行高度集中,只是到了现在,才对一些总经理级以下的地方化行为予以考虑。这种过程结果有多高的效率呢?对于这一点,在评估这种企业时是很值得考虑的。

(四)组织结构的另一个方面与企业的所有权状态有关,对于股份公司来说,评估必须关心以下问题

1. 经理(或董事)的安排有利于极大地发挥能力吗?或者说,政府的介入是否很难对付,以致降低了管理效率吗?

2. 与C级评估特别有关的是,联合企业在收入分配方面是否有意想不到的后果?此外,若是与外资联营,那么,企业经营可看作是外国控制民族经济的一种可接受的媒介吗?广义地说,问题在于私人行业是否正利用国家所有权为他们谋利。

(五)在发展中国家,大多属国有企业的一个共同特征,就是缺乏管理发展计划,这应当引起高度注意,尤其在混合型组织中更应重视

二、规模

企业规模与其效率及实绩密切相关。实施评估时,应当留心以下几点:

1. 企业的扩大真的是有效扩大吗?大型企业(国有部门中的许多企业都是大型企业),通常是过度运行,因此,对其规模经济需作严格审查。

发展中国家出于要保存各种资源(包括管理资源),以及基于协作的需要,总是力图加强企业的过度运行。供应体制中的多余资源,如果确实证明在很长时间都是一种浪费,那就值得加以抑制了。

2. 是否存在能力过剩的要素?如果有的话,那么,对于它们的成本费用,以及在定价时所作管理决策的合适性,都需加以仔细研究。

3. 评估机构必须提出的一个主要问题是:在可能无异于缩减基本规模的各种情况下,怎样通过内部的重新组织才能使企业运行达到最大的节约?企业内部的重新组织着重于识别正确运行的水平以及成本与利润目标。

4. 规模巨大能隐含相互补偿。这些情况对消费者有影响,此外,它们还可在企业范围内试生产中把某些方面的低效率加以掩盖。

5. 在某些情况下,企业过小会导致生产效益差。譬如,印度邦政府一级的企业就是如此。找到这方面的确切的证据,将与评估有着极为密切的关系;不仅在A级是这样,在D级亦如此。

6. 在提到很有发展潜力的部门时,评估最应考虑的是:是应当力图扩大现行企业呢,还是应当建立新的企业并允许其进入这一领域?

三、产品结构

产品结构有三个方面值得重视。

1. 企业应尽量使其产品结构多样化,极大限度地利用它所获得的各种投入资源,保证其自身避免依赖于单一产品市场的风险。

2. 从事经营多种产品的企业,是否是产品之间相互补偿呢?这样做是否为社会所许可?对从事这些产品生产的竞争者是否有不利影响?

3. 如果产品结构在工艺上是随时可以调整的,譬如邮政服务产品与电信服务产品之间,那么,要在各种活动大致明确的区域内确定各自的财务目标,这样做的困难有多大呢?即使不能加以确定,实际评估中也必须有一部分是对这个问题的探讨。

四、资本的产出/劳动比率

在这里,评估所要做的,很显然地就是要检查:就生产与(或)劳动的投入来说,资本的利用程度有多高?在资本相对稀缺而劳动力十分充裕的国家,以及在资本投入的大部分来自国外的国家,资本对于产出与劳动的比率有着特别重要的意义。检查这种比率的价值也许可从这样一个事实中得到肯定:即在许多发展中国家,国有企业一贯都倾向于资本密集与低效率用。这些多余的担保资本是个很有潜力的因素,因为这种情况一旦加以改进,其结果就成为实际效益的一个方面。

同样有趣的另一个方面,便是资本与劳动之间的可替代的程度,从而尽可能地节省更稀缺要素的投入。当然,考察这个问题时,绝不要忘记对于技术效率的长期需要。技术效率不应当假适当技术之名而化为乌有。

五、研究与发展

评估中特别有趣的,也许是调查企业的研究与发展、技术革新与技术吸收等的记录。对于技术进步正好是使生产经营活动具有长期竞争力的一个重要的必备要素的部门来说,以及对于被政府看作是使国家技术发展的动脉的国有企业而言,这一特征最为重要。此外,在市场压力不太明显,而垄断程度又高的地方,企业在这一管理或发展领域是否显示出了充分的活力?这也是评估应予考虑的。

六、区位

这一因素像最初的投资决策中的某些其他方面一样,对企业经营有重要影响,甚至可能是永久的影响。据考证,几乎各级都有影响。当有意将企业区位选在不发达地区时,则影响更甚。例如,将糖厂选在无充足甘蔗供应的地方，钢厂建在既无生铁又无矿石的地方。在这样的决策中，总是有社会补贴的，评估必须是这种补贴的程度或范围明确地显示出来，一边对这种企业的经营情况以及对通过这种企业来寻求一定的社会目标的利弊得失等，作出最恰如其分的结论。区位问题的另一个方面是，几个主要的国有企业，其所属工厂分布很广，如英国钢铁公司、印度重型电器有限公司、印度煤炭有限公司等。这些企业不仅庞大，而且对于以下问题还需评估机构引以注意：

1. 生产的区位决策可否极大限度地调整？即是说，那些最省钱的区位与工厂可否满足生产的各种条件？在有必要时进行紧缩时，这些最经济的区位或工厂是否能率先消减生产？或者说，生产计划的制订是否可以不考虑生产成本与销售，而着眼于保住效率很差的现存单位？

2. 对工业间各种关系的影响，其地方性或全国性的程度如何？工资是否适合于工厂间普遍的生产率与收入水平？或者说，是否所有问题都产生在国家决策这一点上？主要影响带有地方性的一个有趣的例子，就是在南斯拉夫，在那里，占绝大部分的是工会的（很小的）基层组织。此外，地方工厂对工资事务的影响在英国钢铁公司的一种最新趋势，也值得引用。而与此形成对照的是，在印度的主要工业领域，工资报酬几乎具有全国性。

七、垄断

这在许多国有企业中是个常见而又不大变动的特征。因此，评估可以有目的地探讨以下问题：

1. 企业是否一直在行使垄断权力以影响生产规模、质量与供货条款、价格、销售收入、革新与增长？

2. 这样的影响与社会偏好之间有无关系？如果有呢？

3. 垄断行为是否隐匿了任何一种及任何一级的企业经营活动的低效率呢？

毋庸置疑，这些问题是最基本的。因此，在英国评估活动主要是垄断与兼并委员会（M-MC）对国有化工业事务的调查。这个问题的更详细的内容可参看第五节。不幸的是，很少有其他国家（包括印度）作过类似的关于国有企业垄断情况的调查。

八、市场组织

值得评估机构注意的一个紧密相关的问题是企业的市场组织。与顾客组成主要地由政府或国有企业来支配相比较，则定价可看作是垄断、专买或家庭交易的产物。而有关的成本条件及过剩生产需求等，也许不会得到适当的注意。

九、外界因素

外界因素构成了国有企业作为一个独立组织的基本支柱之一。可以想见，企业以外的各种优先权，可以令其内部化。然而，并非国有部门中的每一个企业都同等地受其影响。因此，任何评估中的一个主要问题是：准确识别社会对于企业的各种优先权。这里，企业不仅同社会接触，而且还进一步顾及社会偏好对它的经营状况的影响，以及根据公众的期望来检查它的任务完成情况。在这方面所产生的技术性问题是：

1.通过企业经营所取得的成果，其真实性如何？相对地是，社会偏好成问题吗？

2.对业已引起了内部化的企业行为，其偏差有多大？

3.企业怎样偿付这种内部化的财务后果？如果全部转移的话，又是怎样转移给消费者的？

4.财务后果问题是否像经理们所声称的那样，是否包含有他们为低效率寻找借口的成分呢？

就增长及社会公平来说，有些企业，譬如公用事业性质的企业与从事基础设施领域生产的企业，一般都认为具有极高的社会收益潜力。这些企业应当促使评估机构来特别探讨上述问题。

十、财务能力

一般有这样一种感觉，即企业的财务盈余高，则表明其经营好；企业的财务收入低，则表明其经营差。除了严格限制以外，政府已开始关心国有企业的亏损了；而经理们也经常遭到指责。评估的任务将是对亏损情况，从众多的原因中分清哪些应归咎于经理的，哪些是经理的能力所不及的。此外，还必须追查政府进入董事会与卷入管理所应负的责任。毫无疑问，财务能力的水平也许引起注意，但是，评估机构必须把它当作以上所述企业各个特征而显示出来的最终结果。

十一、特殊因素

这里的"特殊因素"，系指一具体企业拥有的某一特性的任何特殊表现。例如，管理不当或由于以往私营经理的蒙骗；长期以来部门间的关系很差；或是从私营部门接管过来的长期萎缩的单位，等等。凡是这样的企业，都有特殊因素。在这种情况下，评估必须包括与企业有关的那些特殊因素。

显然，对于不同的特征，企业所显示出来的复杂程度就不同，这一点可用表2来说明。该表中所列企业，分别选自英国、印度、肯尼亚和巴基斯坦。符号A表示极度复杂，C表示最不复杂，B则是居中状态。可以有趣地看到，英国铁路局有七个A，而木米亚糖业公司则有六个之多的C（所标符号是我判断的结果；由别人来处理，虽结果会有所不同，但没有根本的差异）。

通过考察，我们可以对这部分分析作出结论：整个这一届所讨论的评估的基本内容，与以下两个方面密切相关：

什么问题最适于重点考虑？

在每一种情况下，采用哪种分析较合适？

就评估系统来说，这两个方面都需要有高度的技术能力。

表2　　　　　　　　　　所选企业的评估复杂性

特征	英国		印度		肯尼亚		巴基斯坦	
	英国钢铁公司	英国铁路局	国家电力局	现代面包有限公司	工业与商业发展公司	木米亚糖业公司	巴基斯坦工业发展公司	卡拉奇电力供应公司
1. 组织结构	A	A	A	A	A	C	A	C
2. 规模	A	A	A	B	A	B	A	C
3. 产品结构	C	A	B	C	A	C	A	C
4. 资本的产出/劳动比率	A	A	A	C	A	C	A	A/B
5. 研究与发展	A	A	B	C	A	C	A	C
6. 区位	A	A	A	A	A	C	A	C
7. 垄断	C	C	A	C	A	C	A—C	A
8. 市场组织	C	C	C	C	B	C	B	C
9. 外界因素	B	A	A	C	A	B	A	A
10. 财务能力	A	A	A—B	C	A	A	A	C
11. 特殊因素	C	C	C	C	C	C	B	C

中国证券市场走向之我见[1]

一、现 状

中国证券市场从 19 世纪中后期萌芽到 20 世纪后半叶的发展，其间经历了一个痛苦、艰难的历程。新中国成立后，对早期证券市场又采取了利用、限制和逐步否定的态度。只有在改革开放以后，证券市场才得以重新出现并迅速发展起来。

随着经济体制改革的深入和商品经济的发展，我国融资体制发生了深刻的变化。发行有价证券已逐渐成为国家和企业筹集资金的重要方式。以公有制为主体的证券市场开始萌发，并得到稳步发展。从证券市场的发行主体来看，既有政府，又有企业；从经营主体来看，各级财政、银行、信托投资公司和其他金融企业经营证券的已有几百家之多，为各级证券发行人自主筹集建设资金奠定了基础；从发行和经营载体来看，有价证券的品种也从单一的国债发展到国债、企业债券、公司债券、股票和重点建设债券、特种国债、保值公债、金融债券等多种系列几十个品种。截至 1990 年底，我国国内有价证券发行余额已达 1700 多亿元，其中国债和各类公债占 90% 多，且有相当数量在市场转让。同时，还建有股票交易所、证券公司、证券营业部等证券交易机构，初步摸索了证券交易的经验。由此可见，一个新兴的证券市场正在逐步形成。

---

[1] 此文公开发表于《财政研究资料》1992 年第 16 期，财政部财政科学研究所出版。

二、问 题

我国证券市场发育形势总体上是好的，但是也存在一些值得注意、需要研究改进的问题，主要是：

1. 思想认识还不够统一。目前，对发展证券市场有两种截然相反的态度。一种认为搞证券市场会滑向资本主义，因此在发展证券市场问题上，缺乏热情，优柔寡断，收效甚微。另一种认为中国证券市场不是发展过快，而是过慢，应极力发展股票市场，并主张西化。思想认识不正确或不统一，势必带来行动上的不一致，并导致地区间发展不平衡。

2. 政策制度还不够完善。由于证券市场发展过快过热，出现诸如场外交易、黑市交易等混乱现象。其原因一方面是政府对证券市场的管理、预见性不够，出台的政策措施不配套，缺乏整体性。对非法发行、场外交易、非法流通等问题，虽然都认真纠正和严肃制止，但由于法规没有颁布，无法可依，靠临时性行政措施，往往陷入"头痛医头，脚痛医脚"的被动局面。另一方面是证券交易中各个证券商分散经营，没有形成集中交易的统一规范化市场。

3. 管理机构还不够健全。为了加强证券市场管理，近几年来，经国务院和有关部门批准，先后成立了加强证券市场管理的领导机构和行业自律性组织，如，现有股票市场办公室、证券协调领导小组、证券交易研究设计中心、中国国债协会和中国证券业协会。这些组织虽对制定证券交易方针政策、建立证券交易规章制度、加强证券市场管理、协调证券交易活动及培训证券交易从业人员起了积极作用，但是，从目前情况看，这些单位在证券交易方面的分工还不甚明确，相互配合还不够紧密。此外，证券业的组织、制度建设还没有跟上，虽然多数证券业干部与员工能廉洁奉公、勤奋工作，但由于制度不健全，也有少数证券从业人员违反"公开、公平、公正"的原则，徇私舞弊。

三、设 想

1. 要提高对发展证券市场的认识。建议证券交易主管机关通过新闻媒介,大力宣传发展证券市场对于国家、企业筹集资金、方便群众投资变现、促进经济发展的重要意义,以不断提高对证券交易市场的认识。

2. 努力完善集中交易与过户的新体制。为了克服分散交易难以形成统一规范化市场的弊端,在证券市场管理方面应建立交易所、过户登记公司与证券商三点一线的互相制约的运行机制。

3. 健全证券交易领导机构。(1)财政部应当管理证券市场。日本东京证券市场交易所的所有上市证券,在接受东京证券交易所的上市审查后,还必须在取得大藏大臣(财政部长)的认可之后才能上市。目前,我国在理论和实践上对证券市场管理认识不一、管理不力。财政部是国家债券发行主体,国家债券是证券市场上的商品主体。从东京证券交易所的上市审查来看,结合我国的实际情况,为了保证国家债券的信誉,保持其发行、转让和兑付的整体性,财政部应当管理证券市场。(2)建议在国务院领导下,由国家体改委、财政部、人民银行等有关单位组成一个证券市场管理委员会,统一管理证券市场有关事宜,以推动证券市场健康发展。

4. 根据经济发展的需要,逐步扩大债券市场和股票的发行,创造新的多样化金融工具。我国证券市场虽有一定发展,但总的来说,发行量在整个金融资产中的比重还比较小,而且品种比较少,不仅总量上供不应求,而且在品种上也不能满足公众的不同选择要求。因此,今后五年,随着居民可支配的积余货币的增加和对金融资产选择要求的提高,适当分流一部分储蓄,扩大证券的发行,适当提高证券在金融资产中的比重,是符合我国有计划商品经济发展和深化金融改革需要的,也有利于改善宏观金融调控作用。为此,今后除了扩大国债发行外,还应相应开发其它新的金融工具及扩大其发行量。一是扩大企业债券发行,适当分流储蓄资金,由企业特别是大中型企业自筹用于技术改造。同时,根据不同的筹资要求，开发一些新的债券品种，例如，住房债券、单位投资基金债券、信托受益债券、各种金融债券等，充分利用证券吸纳游资。二是开发外币投资基金的试点。三是配合搞活大中型企业和组建企业集团，选择一部分新建大中型企业和企业集团，通过发行债券、转换债券和股票等方式筹集建设资金，组建企业集团。

5.逐步扩大国债承购包销份额。自1981年我国恢复发行国库券以来，每年发行的国债都是由财政部组织，银行、财政、邮政等多渠道办理。这种做法虽能保证了发行任务的完成，但是手续繁琐，带有摊派性质。为了改变这种情况，国家进行了承购包销试点，收到了很好的效果。这样一手交钱，一手交货的做法，使发包方免去了卖货之苦、退货之忧，为国债发行机制注入了新的活力。建议国债主管部门尽多采用承购包销方式，逐步扩大承购包销份额，以致逐渐取消国债的行政发行方式。

6.逐步放开证券交易价格。近年来，不少地方证券交易价格逐步放开，完全按照市场供求状况，随行就市定价，受到了群众的欢迎。但是，目前仍有少数地方实行证券交易由主管机关行政限价的做法，群众有些意见，也不利于证券市场的发育。因此建议这些地方进一步调查研究，积极创造条件，逐步推行市场价格，以促进证券市场的发展。

在整顿和改革中加强财政投融资职能[①]

一、在市场经济体制下必须强化财政投融资职能

市场经济从它诞生之日起,"一只无形的大手"的作用与威力,曾引发无数古典经济学家顶礼膜拜。然而,自20世纪30年代全球性经济危机以来,几十年经济发展的经验与教训,使诸多有识之士达成共识,即:市场经济只有在国家的宏观调控下,才能比较顺利地发展。这在建立社会主义市场经济体制的过程中也不例外。这是因为市场经济的基本机制是通过价格、利率风险和收益等引导资金流向和优化资源配置的。而单靠自发的利益机制引导企业及个人的经济行为,并不能充分、有效、合理地配置和利用经济资源。因此,利益机制只有与国家对经济的有效调节相结合,经济资源才能在总量、结构和流向等方面达到合理配置,从而促进经济健康有序地发展。

财政是对社会主义市场经济进行宏观调控的有力手段和杠杆之一。在市场经济条件下,如何发挥财政职能、加强财政的宏观调控作用是当前财政系统亟待解决的重大问题。研究强化财政投融资问题,解决有关的一系列理论、体制、制度、措施等问题是加强财政宏观调控的关键之一。

随着改革的深入发展,在建立社会主义市场经济体制的过程中,国家各级财政的资金筹措方式和筹措渠道发生了很大变化,有偿聚集和使

[①] 此文于1993年8月入选《中国经济体制改革与实践研究优秀论文集》。

用财政资金的数额持续上升，财政投融资活动逐步扩展。但是，前进中还有很多问题和困难。例如，多年来财政界与金融界对财政投融资问题各抒己见，对某些问题的看法分歧较大，对投融资问题缺乏系统、深入、全面的研究，具体执行中存在着追逐高利的行为。毋庸讳言，这些行为造成了一定的失误和偏差，带来了一定的消极影响，这是当前整顿金融和财税秩序的同时必须正视的一个问题。但是又必须看到，这些失误和偏差仅是个别的现象，不能因噎废食、以偏概全，从而否认财政投融资职能的作用，改变加强财政投融资职能的方向。总之，财政投融资的发展远没有跟上形势发展的需要，只能强化，不能削弱。

从国外经验来看，财政投融资是国家调节市场经济的有力政策，而单靠以税收为基础的财政经常性收支活动，并不能充分发挥政府对经济的调节、控制和管理职能。例如，成立于1953年的日本农林渔业金融公库，公库基金由政府财政拨款，目前资金总额已达1812亿日元，是日本政府支持农林水产发展的政府金融机构。1990年，其融资余额达到52913亿日元（约折合人民币2190亿元），比成立之初增长了90倍。又如，日本的中小企业信用保险制度，就是通过设在全国的52个地区信用保证协会，为向金融机构借款的中小企业提供信用担保，同时由中央政府出资经营的中小企业信用保险公库，为信用保证协会的担保提供保险的制度，既畅通了借款渠道，又减少了金融机构的压力，确保了资金安全性。由此可见，财政投融资不仅弥补了经常性预算调节的不足，还能与资本市场、银行信用及财政经常性预算共同构成社会资金运行的有机调控系统。

二、建立具有中国特色的财政投融资体系

（一）财政投融资的原则

财政投融资与国有银行的商业性融资关系是互相促进、互为补充的协调关系，是一对可以转化的矛盾。通过相互协调、互为补充来推动整个社会经济的向前发展。同时又不能将财政投融资与财政经常性预算混

为一谈。总的原则是：资本市场与银行信用主要服务于盈利企业，满足它们的资金需求；财政经常性预算则主要保证那些具有社会效益，而没有或少有直接经济收益事业的资金需求；财政投融资则处于二者之间，即服务于那些有社会效益、有经济效益，但通常收益率低于平均利润率的长期性、政策性、风险性的资金需求。根据中国的国情，财政投融资重点应该是扶植农业、加强基础产业以及开发高新技术产业和支持不发达地区的经济开发等方面。

（二）财政投融资的运作内容

1. 发行国家债券，筹集建设资金。改革开放以来，我国政府发行了数以亿计的国库券，为国家重点建设工程筹集了大量资金，其用途和意义是巨大的、深远的。但自1992年以来，国债市场走向低迷状态，这种状况必须加以改变，以维护国库券作为"金边债券"的地位。首先，要加强资本市场管理，通过法规、制度等控制、引导和优化社会资本的总量、结构与流向，使财政投融资的资金筹集、资金投向计划比较顺利地实施。其次，改革国库券本身发行体制，财政部不仅负责国债发行的政策，也负责国债发行的操作，使拍卖逐步成为国债发行的主要方式，并向完全采用无券的记账方式过渡。

2. 地方政府发行地方财政债券。它属于地方财政信用的范畴，其目的在于筹集建设资金，用于地方基础设施建设和解决地方"瓶颈"制约问题。

3. 财政向企事业单位贷款、投资。这种贷款和投资必须首先服务于那些有社会效益、有经济效益，但通常收益率低于平均利润率的长期性、政策性、风险性的资金需求。一是管好"拨改贷"，提高预算内投资的经济效益。二是在外延上扩大建设性预算的覆盖面，运用贷款、投资、租赁等信用手段，促进短线产品的生产。财政要承担起政策性贷款的职责，并为政策金融提供财力保障。当前，要抓紧成立从事这方面业务的机构，如国家输出入银行、农业保险公司等。三是积极参与股份制经济改造，确保国有资产的保值与增值。

4. 财政为企事业向银行贷款提供担保。担保能为企业发展带来启动资金，但担保是很有风险的。为此，建议以财政部为主，成立高科技风险担保投资公司，不以盈利为目的，在把资金引向生产和高科技开发方面是大有作为的。

  5. 财政对企事业单位的银行贷款进行贴息。贴息是财政运用利率杠杆调节经济活动的有力手段。尤其是在农业投入方面，既能为农口企事业单位减轻利息负担，又能确保资金运用部门的正当收益。

美国金融业值得借鉴的几点管理经验[①]

应美国 J. P. 摩根银行和美国华登国际投资集团的邀请，由朱福林同志任团长的中国财政投资公司高级管理人员培训班一行 30 人于 1994 年 10 月 6 日至 10 月 30 日赴美进行了培训和考察。

美国是世界上最发达的资本主义国家，拥有成熟的市场经济管理体制，尤其是发达的金融市场及管理经验，值得我们很好地研究。通过本次学习和考察，大家觉得在建设社会主义市场经济的过程中，必须重视学习西方国家的先进技术和先进管理模式，并结合我国实际情况加以运用。要学习借鉴美国银行，建立起自我纠正系统、信息反馈系统、法律保护系统、人才培训系统、风险防御系统、数据分析系统、内部管理系统、特殊资产处理系统和统分结合的决策系统，现提出来供研究参考。

一、要把发展高新科技产业作为产业政策的重点来支持

美国是经济大国，更是科技大国，其金融也特别重视支持高新技术产业的发展。投资新兴产业尽管风险大，但收益也高，同时高新技术产业的高回报率又使银行业资产急剧上升。我们亲身感受到，美国硅谷的崛起，金融业功不可没。回过头来再领会邓小平同志关于"科学技术是第一生产力"的论断，更深切地体会到国内发展高新技术产业的迫切

[①] 此文公开发表在《国外财政考察与借鉴》（1994 年集），财政部国际合作司编，中国财政经济出版社出版。中国财政投资公司高级管理人员赴美培训班供稿，黄鑫执笔。作者参加了本次赴美培训班，任副秘书长。

性、重要性和必然性。在国内资金普遍紧张的情况下，金融贷放总量要向高新技术产业倾斜，贷放结构要引导社会资金流向新兴技术产业。华登投资公司介绍了许多投资于高科技产业获得成功的事例。例如，华登国际投资集团投资 170 万美元（股权 10%）设立新加坡创业科技公司，1992 年 8 月在美国上市后，股权由 170 万美元升值溢价为 47000 万美元，获利 27 倍，从而从美国吸引大笔资金投入到新加坡高新技术产业。

二、政府对企业管理要向间接调控过渡，重点依靠法律事务所、会计事务所等社会力量进行监控

我们在美接触到的公司、财团，没有一家是属于政府某个部门的，但是它们在开拓业务的过程中，离不开政府提供的外部政治、社会、经济环境，离不开法律保障系统。一句话，政府和企业互相依存、相得益彰。我们在进行经济体制改革的同时，还要进行政治体制改革。政府职能要从具体的事务中跳出来，代之以法律手段管理宏观经济和基础设施建设，主要依靠市场导向引导企业生产方向，减少政府的行政干预，确保企业依法经营、依法纳税。美国的大银行和金融公司，在各项业务活动中，非常强调按照政府的法律办事，讲求职业道德，不搞歪门邪道，甚至进行交易的各种协议等文件都要请律师起草，以便以后遇有经济纠纷时能够胜诉。

三、充分重视、稳步发展金融市场，适当运用金融新产品、新工具

美国金融市场出现的衍生产品，例如，外汇期约与期权、利率期约与期权、股份期约与期权，在 20 世纪 80 年代初刚刚兴起，80 年代末蓬勃发展。1989 年，美国国内期货交易总量约 3.1 亿张，而芝加哥期货交易所期货交易量占全美交易量的 70%，并通过路透社在世界 118 个国家装有的 10 余万部终端机让全球经销商去做股票、债券、外汇与贵金

属的期货、期权与调期交易。十年时间日新月异，展望90年代还会有新的拓展。多元化的金融新产品、新工具，拓展了资金来源渠道，为投资者增加了投资机会，增大了投资弹性，促进了金融资产的多样化。

四、重视信息管理

摩根财团规定其全球的分支机构必须在每天下午四点半以前向总部报出各地的经营信息，使总部对全球的市场行情一目了然。信息竞争是市场竞争成败的关键因素之一，我们要在市场竞争的海洋中站稳脚跟，就必须重视信息管理，建立同样的信息反馈系统，开拓信息源，搞好信息资源的综合利用。

五、重视人才

摩根银行董事局副主席瓦格拉先生说："作为公司的领导，我们最重视的首要问题是人才问题。"瑞格斯银行的年度人才培训计划长达70页，可见美国公司对人才的重视程度。美国华登国际投资集团副总裁戴国伟先生，原是美国一家大投资银行最年轻的副总裁，华登公司为了聘请他，和人才搜索公司一道，花了两年多时间，投资了大量财力，终于聘请到了这位高级专门管理人才。美国同行对人才的重视程度由此可见。在学习和考察过程中，我们发现，美国同行年轻人居多，且大多担负有重要责任，精明强干，这除了他们的内在素质之外，还应归功于公司领导善于发现人才、培训人才和大胆使用人才。

六、实行严格的自律性企业管理

美国著名的大公司都有独立于行政之外、隶属于董事局的内部审计委员会、风险管理委员会，他们对公司从事的各项业务活动进行内部审计和风险评估，并向公司的最高领导层提出报告，通过建立行之有效的自我纠正系统来保证公司的业务发展方向，避免漏洞和偏差。

七、金融企业要办出有特色的金融业务

美国的投资银行和商业银行有着严格的区分，而每一个投资银行、商业银行都有自己的特色，有自己的看家本领，有的以经营风险投资基金见长，有的以收购或兼并业务见长，有的以衍生产品见长，有的以经营互助基金见长，平等竞争，各显其能。我国金融企业比较单一，在资金供求市场严重失衡、主要是借方市场的前提下，基本上还是以信贷业务为主。随着社会主义市场经济体制的建立和发展完善，金融企业将主要靠优质服务争取客户，靠业务专长取胜。为此，金融企业要在开展多元化的金融业务的同时，着重发挥本身的专长，办出特色，以质取胜。

八、更新观念，树立新的经营思想

在学习和考察中，有如下观念对我们的启发很大。

（一）人才观念

人才问题一直摆在美国同行决策者的首要位置，他们认为人才是无法估价的宝贵财富，是一本万利的无形资产。基于这种认识，才能真正发现人才，培训人才，用人所长，用人不疑。

（二）风险观念

传统的风险观念认为，贷款或投资发放出去之后，能如期收回本息或取得预期回报，就没有风险。现代金融业的发展需要对传统风险观念在广度和深度方面加以革新。从广度上来说，美国金融企业有专门的风险管理委员会，总裁亲自兼任主席，负责全球风险管理。从深度上说，风险又划分为内部风险和外部风险两大类。外部风险分为信用风险、市场风险及合作伙伴带来的联带风险三种。内部风险则细分为行业风险、结算风险、科技风险、安全保卫风险四种。而且不是就风险论风险，而是结合回报，即结合利润率来确定风险率，并千方百计地降低风险，运

用数据模型的准确定量分析来控制风险,将风险率降低到最低水平,确保决策对风险的判断有绝对(99%)的把握。为了避免风险,在选择贷款或投资项目时往往是深入调查和严格选择,百里挑一。

(三)团队观念

在讲座和研讨中,美国金融企业也多次强调一个企业的"团队精神"的重要性,多次提到"团队精神"一词。所谓"团队精神",实际上就是我们一贯提倡的集体主义精神。由于美国金融业节奏快,反应迅速,所以不提倡个人主义,鼓励协同攻关。集体主义应是我们的长处,是我国制度的优越体现,我们在金融企业管理中要扬我所长,不鼓励个人奋斗,但承认个人价值,培养客户至上的职业道德,发扬发奋工作的敬业精神,使个人价值在团队集团主义精神中得到体现。

(四)时效观念

在美培训期间,有34家大银行、大公司举办了58次讲座,还组织了十余次的研讨、考察活动,有时一天有十家公司举办十几次讲座,为使讲座办得成功,主讲人都带有几名助手,图文并举,没有一家公司超过规定时间、出现延误讲座的情况,时间误差几乎不超过一分钟,这是我们实地耳闻目睹了美国的时间观念、效率节奏。"时间就是效率、时间就是金钱",我们还应进一步提倡守时高效的工作作风。

21世纪国际资本流动十大特点[1]

国际资本流动是国家政府组织和企业的资本跨境循环与周转的总称,是全球资本运动的宏观表述,具体表现为国际贸易资金流转;资本输入、输出;政府主权债务;进出金融市场的石油美元及游资的大规模跨境流动等。几个世纪以前,亚当·斯密在《国富论》第二章就对资本的国际流动进行概述,认为货币,尤其是银币,是其循环系统中流动的血脉,润滑着生产与交换的轴轮。"货币周游世界,推动地球旋转。"经过几个世纪尤其是20世纪末的发展,国际资本流动无论在内容与形式、作用与特点方面,都发生了翻天覆地的变化,随着历史的车轮驶入21世纪,呈现出以下十大特点。

全球化:又可称为资本流动的国际化。它是指分散的国家的微观资本流动超越国界及货币差异直至在一定程度上超越国家管制,形成整体运动状态的过程。21世纪,这一特点呈现加速态势。首先,经济全球化、金融全球化决定了资本流动的全球化。其次,现代技术和信息革命为国际资本流动提供了物质基础。最后,金融创新为国际资本流动提供了更广阔的空间。总之,经济全球化是一个不可逆转的趋势,资本跨国流动也是一个不可逆转的趋势。

自由化:21世纪,贸易自由化将继续成为世界经济的一个重要特征,它不仅促进世界经济一体化的发展,而且有力推动国际资本在世界贸易

---

[1] 此文原公开发表在《中国财政》2001年第5期。

领域的有序流动。随着中国加入世贸组织，国际资本流动的自由化特征在广度和深度上都会有更大的体现。在虚拟经济方面，以自由化政策为导向，各国普遍取消和放松金融管制，打破国内金融领域各个不同部门间的限制壁垒，扩大国内金融市场对外国同行的开放度，使得外国银行在本国的资产迅速增加，证券、保险、信托、基金等各类投资机构进入国际市场的空间明显扩大，离岸金融中心竞相崛起，国际资本流动游刃有余。

信息化：计算机技术和电讯业互联网的发展，消除了因市场之间交易信息传递中的时间差而形成的不利于国际资本流动的障碍，全球电脑联网使世界范围内的即时交易成为可能，各金融交易所通过电子化技术交换台同、清算交易，地理上的距离几乎被消除。

全天化：国际资本流动信息化的结果，导致国际资本能在全天24小时连续不断地在全球流转，此起彼伏，循环不止。

虚拟化：国际金融市场全球化、一体化的发展，使得区域间的金融渗透不断扩大。同时，大量适应跨国界投资的金融商品应运而生，围绕这些证券化资本的跨国交易量和流动速度非常惊人，结果导致国际资本进出中实物经济与虚拟经济的比例发生更大变化。目前，全球股票市场资本总额已达20多万亿美元，全球外汇交易额同世界贸易额的比率从20世纪80年代初的10:1跃升到目前的60:1，21世纪国际资本流动的虚拟化特征将愈来愈明显。

多元化：进入21世纪，国际资本流动随着新经济的发展、新工具的采用，呈现出丰富多样的形式：不仅有贸易流转，还有直接投资；不仅有跨国兼并，还有游资冲击；不仅有实物经济形式，还有虚拟经济形式；不仅向新兴市场流入，而且还会向发达国家回流。

投机化：国际资本流动大潮中的"游资"，即流动性很强的短期资本，为追逐较高或最高利润，常在国际金融市场之间调入调出，这类庞大的资金不愿投入周期长、收益慢的生产和流通领域，专门出入一些高风险、高回报的市场，房地产、外汇、股票、期货乃至邮币卡等市场都成为它们追逐的目标。

隐蔽化：巨额游资是一种游离于银行之外的资金，从某种意义上讲，它不属于以银行为中介的间接融资，可以在一定程度上躲避银行系统管制，在市场上独来独往，难以管束。同时，巨额游资又是一种难以稳定的资金。它总是隐蔽一旁，窥测时机，一有机会，短时间内大量出现，释放强大能量，给市场造成巨大冲击。而当管理层觉察到了问题，准备采取措施时，它早已带着巨额利润隐身而退。如何监测国际资本流动大潮中的这股"暗流"，是21世纪国际组织和国际市场必须破解的难题。

多极化：在全球化大潮冲击之下，许多国家感到难以依赖单干应付新的挑战，因而组织起来，以区域经济联合为依托，提高自己的竞争力和对全球化风险的抵抗能力。21世纪将形成北美、西欧和东亚三大世界经济板块。欧元竞争优势的提升，东亚"10+3"合作机制的实质启动，美国金融优化主导的趋势被弱化，从而打破国际资本流动中的不均衡格局，美元的主导性明显受到冲击和牵制，国际资本流动的载体（货币）和流向呈现多极化特色。

政治化：在国际资本流动大潮高歌猛进时，我们发现"劳动陷入了困境，民主陷入了困境，国家陷入了困境"，何也？是因为国家资本流动优势主导国将资本作为政治工具，推行强权政治，维护霸主地位。"攻城掠地的不再是帝王、将军和士兵，而是资本，它是全球化的开路先锋。"资本主义的本性则是通过虚拟的经济范畴开辟资本市场上的争夺战。先进的通讯手段使"调兵遣将"来得更灵活自如，这使国际资本流动的形成有了土壤与条件，于是国际资本的流动方式就足以构成某种威胁，演变成震撼全球的金融危机。回想1998年，当美国对冲基金接二连三失利后，美联储急忙策划由银团出面拯救长期资本管理集团（LTCM），又破天荒地在20天内第二次将短期利率调低1/4厘，从这一事件不难看出，对冲基金不仅是一个经济概念，同时也是政治范畴。美国在国际收支方面保持平衡，实际靠的是国际透支及全球的资本流动，例如，美日之间的外贸逆差尽管巨大，然而美国依靠金融资本在两国之间的差异性对流来弥补这种逆差。1993年以后，欧洲许多国家的货币大幅贬值，引起欧洲向美国流动的货币大循环,正是这种暗渡陈仓的资本转移方式存在,是美国保持其巨大的资本金融市场投机活动的意义所在。21世纪,我们在对外开放以及加入资本国际流动大潮时,切勿忘记国家主权安全和经济安全,应时刻保持警惕。

简议国际资本流动的理论趋势及研究方法①

一、选题的目的与意义

1998年是我国历史上不平凡的一年。这一年,洪水肆虐,天灾不断,一场"人祸"——亚洲金融危机又给我国经济带来严重负面影响,致使这一年成为了罕见的未完成年初提出的奋斗目标的年份。残酷的现实深深地震撼我的心灵:为什么亚洲金融危机爆发在他国,而对我国影响如此至深?中国经济与世界经济的依存度如何?中国经济走不走、如何走全球化、一体化之路?带着这些疑问,当在1998年荣幸地成为财政部财政科学研究所攻读博士学位的研究生之际,我就把研究国际资本流动作为学术课题。在于中一导师的指导下,以此为切入点,开始为期三年的探寻全球化、一体化的经济规律的艰难旅程。

三年来,中央和政府对全球化趋势越来越关注,历次重大会议都强调要重视全球化外部因素,指出经济全球化趋势已经和正在给各国经济发展带来深刻影响,面对新的机遇与挑战,一定要增强紧迫感。同时,中国加入世贸组织的步伐逐步加快,国际资本流动日趋活跃。最近江泽民总书记提出要培训一大批精通国际事务的专才。这些可喜变化更加激发笔者进行深入研究的信心,同时也为选题符合时代潮流而欢欣鼓舞。

---

① 本文源自作者2001年博士学位毕业论文《论国际资本流动》的前言部分。

二、基本框架与主要特色

本篇论文分四篇十六章进行论述，共约15.8万字。

导论篇采用理论实证研究方法，概括抽象出国际资本流动的理论前提——范畴、概念、定义和判断，侧重探讨国际资本流动的规定性、历史渊源和时代特征。

第一章，主要讨论如何准确地定义、说明国际资本流动的基本内容。探寻国际资本流动形成与发展的历史进程，指出国际资本流动是既古老又现代的经济范畴，并对国际资本流动按照不同的标准，进行了目前在学术界较为完整和详细的分类，还着重剖析国际资本流动与国际收支、金融危机的内在联系，为后文的展开打下重要基础。

第二章，具体回顾了国际资本流动的发展变化及其影响，归纳出国际资本流动在历史长河中不同阶段的时代特征，总结出当今世界国际资本流动的十大特点，成为本文的亮点之一。

第三章，从国际资本流动管理的两大对立出发点入手，探讨控制国际资本流动的措施与手段，以及防范国际资本流动引发金融风险的管理层次及指标体系，从量的规定性方面阐述国际资本流动的管理理论。

本章较深入地探讨了国际资本流动的理论基础，并对国际上、历史上的国际资本流动进行了研究和分析，对国际资本流动概念作了较为清晰的内涵界定和外延界定。

理论篇采用叙述方式，按照对国际资本流动的分类进行理论回顾与反思，并对各门派进行比较研究。重点通过对西方传统国际贸易理论、西方国际贸易新理论、投资性国际资本流动理论、投机性国际资本流动理论进行比较研究，秉持批判与继承、借鉴与发展的学风，在深入学习和研究的基础上，得出重要结论：关于国际资本流动的理论必须随着时代的更替而更新、随着实践的发展而提高，没有终极的国际资本流动理论。尽管以现在的实践检验前人的理论，会发现前人的理论许多有失偏颇的地方，但前人的理论在当时的时代背景下，不失高屋建瓴，对国际资本流动实践有着不可估量的指导价值,至今仍有借鉴与发展的意义。面对丰富多彩的实践,探索、总结国际资本流动新理论是我们义不容辞的责任。

实务篇是在前两篇理论分析的基础上再回到实践,逐个分类地研究国际资本流动的主要类型。

第九章,贸易性国际资本流动尽管不是新课题,但中国加入世贸组织对贸易性流动的影响无论在双边还是在多边都是深远的。

第十章,探讨了债务性国际资本流动的主要运动形式及其内容,分析了债务性流动的币种结构、期限结构、利率结构、来源结构与偿债风险,论证了拉美债务危机的借鉴意义。

第十一章,深入系统地讨论了投资性国际资本流动的特点与影响,指出投资性流动的组织形式是跨国公司,投资性国际资本流动的主要内容是跨国并购。无论是跨国公司,还是跨国并购,对改革开放的中国而言,都是眼下必须迈的门坎,其现实意义不言而喻。

第十二章,投机性国际资本流动既是新话题,又是重要课题,它在亚洲金融危机中的破坏作用令人记忆犹新。本章的理论前提是:(1)投机性国际资本流动具有隐蔽化、虚拟化、衍生化和爆发力强、危害性大的特点,成为国际资本流动大潮中的暗流;(2)国际游资的形成与运动,使投机性国际资本流动进入到一个新阶段,给全球经济带来巨大负面影响;(3)对冲基金作为国际游资的重要组成部分,因其独特的投资理念与模式,加剧了虚拟范畴的资本市场争夺战;(4)应对游资冲击,研究之、防范之,变巨额游资为巨额投资,是中国必须破解的现实问题。

展望篇既是导论篇、理论篇、实务篇的研究总结和研究心得,又是对国际资本流动发展趋势及其管理的前瞻性研究。本篇属尝试性的探讨,许多内容在学术界首次提及,希望能抛砖引玉、不断完善。全篇分四章展开。

第十三章,国际资本流动的新动向。首先分析了国际资本流动结构的新形势,其次探讨了国际资本流动方式的新策略,再次总结了国际资本流动筹资技能的新发展,最后说明了国际资本流动技术的新突破。

第十四章，国际资本流动的风险防范。从可能性和必要性两个方面论证了国际资本异常流动危及国家经济安全，提出了资本流动全球化下的国家经济安全战略，并为防范国际资本异常流动的中国金融、中国财政的改革取向提供决策参考意见。

第十五章，全球资本流动的国际管辖机制。本章倡导构建多极协调的国际管辖机制。首先要建立国际经济新秩序——一体化、多极化，在此基础上，建立贸易性流动的协调机制、国际货币体系与汇率协调机制及针对现代游资的多极协调机制即"第二个布雷顿森林体系"。

第十六章，国际资本流动中的中国潮。将"中国概念"的国际资本流动比喻为"中国潮"是本毕业论文的一大创意。中国潮的强大，喻示着中国国力的强大。21世纪，增强综合国力是中国潮的原动力，加入WTO会使中国潮奔向世界，应对跨国并购又会使中国潮浩荡而来。但是参与国际资本流动一定要符合中国的国情，遵循两缺口理论的风险警示，既不能排斥国际资本流动，又不能盲目参与，掉进陷阱。为此，提出了一系列的政策建议。

本篇是从再实践、再认识的认识论角度出发，从多方面综合讨论了国际资本流动的制度环境，并且根据中国的国情特点，对国际资本流动中的中国潮进行了创新型探讨，提出了做大中国潮的现实政策选择，为国际资本流动的国际、国内决策提供了参考意见。

三、作者的认识与思考

20世纪最后几年，随着全球经济一体化步伐的加快，国际资本的跨国流动日趋活跃，一时间全球化一词似乎成为一切立论的前提，而资本及其流动又仿佛成为人类走出局限、约束、贫困，奔向富裕、自由、文明的希望之径。

我们处在一个全球化的时代、一个资本时代。但是，全球化并未使地球村成员平等地成为"一体化大蛋糕"的受益者，反而要承受"双刃剑"的痛苦；资本流动也不是一路欢歌，它能生产一切，亦能毁灭一切。

正如国外评论所说:"攻城掠地的不再是帝王、将军和士兵,而是资本,它是全球化的开路先锋。"就在资本高歌猛进的时候,我们发现"劳动陷入了困境,民主陷入了困境,国家陷入了困境",在国际资本流动面前,一切民族国家的大门向它敞开,处置不当的国家陷入危机之中。由此可见,全球化和资本流动已经成为世界大潮,浩浩荡荡,顺之者昌,逆之者亡。

对于民族国家而言,无论是全球化还是资本流动,参与竞技的目的是为了获益,为了发展。获益与否,绝不取决于那种全球化中希望收益均等化的浪漫主义情怀,而是一定要顺应潮流,敢于和愿意从经济层面和非经济层面参与全球化,加强自己的竞争力量。的确,以往中国经济与世界经济的融合程度不是很高,我们可以"关起门来制定政策"。现在中国经济市场化程度提高,总供求关系已由卖方市场转变为买方市场,迫切需要进行经济结构调整,在此之际,如果我们的视野只局限于国内,看不到世界经济发展的大潮流,我们的经济结构调整和经济发展会因此而付出更高的时间成本和资源代价。

对于全球化和国际资本流动的世界大潮,我们既不能等闲观之,置之度外,也不能乱了方寸,掉进隐蔽经济战的陷阱。首要的是要弄清国际资本、世界金融和全球经济的发展规律。资本及其特殊载体——货币,其天性是流动,只有资本的不断流动,才意味着商品、劳务的不断生产与交换,才意味着投资、消费的周而复始。反之,如果资本静止如水,抑或只在民族国家内运动,其功能就不能正常发挥,整个世界的生产经营和流通消费就不能有效进行,经济功能和社会福祉就难以正常实现。正是基于以上认识,笔者从提交攻读博士学位开题报告的那一天起,就把研究国际资本流动作为关注全球化趋势的切入点,历时三载,倾注了大量兴趣和心血。

国际资本在流动中做功,利率、汇率是特殊的杠杆,流通和交换是特殊的支点,杠杆和支点成为影响资本流动方向、进程和力度的重要因素。有了一个极特殊的杠杆,有了一个很得当的支点,国际资本流动就能印证古希腊学者阿基米德的名言:撬起地球。这里套用古典经济学大师的名句:"货币周游世界,推动世界旋转",期望能达到表明笔者对国际资本流动的认识高度的目的。

四、前人的成果及本文的创新

笔者经过三年的学习研究,发现关于国际资本流动的论述,大都见诸于"国际金融"或"世界经济学"的部分章节,全面完整地研究国际资本流动的专著几乎没有,在外延上又基本上界定在狭义的投资领域或金融市场。责任感和自信心促使笔者开始系统探讨国际资本流动理论,力图填补这一领域的空白。

毋庸置疑,从分析研究的角度来看,国外在国际资本流动某些领域的研究成果处于领先地位,如跨国公司理论、金融市场理论、期货期权理论、对冲基金理论以及数理模型分析,令笔者难以望其项背。但我站在前人的肩膀上,对国际资本流动在分类的基础上进行综合分析,取其精华,扩充了外延,丰富了内涵,如系统地对贸易性、投资性、债务性、投机性流动进行分析、综合、总结、比较、概括,使国际资本流动不再是单纯的金融范畴,而是涵盖贸易、金融、投资、政治、外交、军事等领域的综合性学科,由此得出一个全新的结论:国际资本流动是全球化的急先锋,是隐蔽经济战的杀手锏,是21世纪的主战场。

总之,本文的研究成果既有对老师和前辈的继承和引用,也有本人的发现与创新。

五、研究思路和方法

本文试图采用研究方法与叙述方法相统一的研究思路。首先立足于历史史料和统计数据的运用,并以此为基础抽象出一系列概念和判断,为进一步的理论分析做好准备。然后在上述提炼出的基础上,通过因素分析和逻辑演绎,建立起一定的理论模式。再将理论还原到现实的经济生活中去。最后根据理论与实践相结合的原则,提出管理国际资本流动的方针政策选择。

本文试图综合运用一系列的经济学研究方法。(1)理论与实践相结合的方法。全文研究与叙述是遵循马克思主义的从实践到理论,又从理论回到实践的认识论展开。(2)矛盾分析方法。既有综合判断,也有分析判断。(3)比较分析方法。注重区域间、国际间、纵向间的比较,使理论分析具有广阔的视野。(4)理论实证研究方法。通过实证分析概括出一些基本的理论前提假说,然后进行推论,使结论逐步接近于现实。

附:1.作者博士学位毕业论文答辩委员会

主　席:汪建熙　教授

委　员:何振一　教授

　　　　黄菊波　研究员

　　　　刘尚希　研究员

　　　　杨照南　研究员

评议人:何振一　黄菊波　刘尚希

2.博士学位论文《答辩决议书》

附件：

答辩决议书

在全球化趋势已经成为不可抵挡的历史潮流的今天，作为全球化的急先锋——国际资本流动，愈来愈引人关注。黄鑫同志的博士学位论文《论国际资本流动》，借鉴国内外经济金融研究成果，通过实证分析与规范分析、定性分析与定量分析、静态分析与动态分析，致力于国际资本流动的理论探讨和实践总结，系统地对贸易性、投资性、债务性、投机性国际资本流动进行分析、综合、总结、比较、概括，使国际资本流动这一经济范畴外延得到了扩充，内涵得到了丰富，不再是单一的金融范畴，而是涵盖贸易、金融、投资、企业管理、国际政治、国际外交的综合性学科。论文选题具有重要的理论与实践意义。

论文系统地考察了西方国际资本流动传统与新理论以及实证研究成果，通过对各门派进行比较研究，廓清了理论是非。在实践方面，对国际资本流动的发展趋势、风险防范、国际管辖机制进行了前瞻性研究，提出了一系列中国因应全球化和国际资本流动的改革建议。论文不乏新意，有作者的独立思考和独到见解。论文对两缺口理论与中国现实的分析还有待深入。

综观全文，理论联系实践，思路清晰，观点明确，论据充分，逻辑性强，资料翔实，文字流畅，已经达到博士学位论文水平。

在答辩中，黄鑫同志很好地回答了各位委员提出的问题。经答辩委员会评议和无记名投票，全票通过黄鑫同志的博士学位论文，一致建议授予其经济学博士学位。

答辩委员会主席：汪建熙
2001 年 6 月 20 日

构筑应对游资冲击的财政防火墙[①]

所谓"游资",英语叫"Hot Money",常译作"热钱",更确切地说应叫"短期资本"。它包括现金、银行活期存款、短期政府债券、短期信贷、商业票据、金融衍生产品和期货期权合约、各种基金以及其他流动性很强的资产。也有人形象地称之为"金融鳄鱼"。这些过分活跃的短期资本流动,既能满足20世纪90年代中期东南亚等新兴国家经济持续高速增长对外资的渴求,成为世界上最有活力的地区,以至于1993年9月世界银行发表的一项研究报告称东亚、东南亚所发生的巨大变化为"东亚奇迹"。同时,也能乘人之危、兴风作浪、冲击汇市、打压股市、抽逃资金,造成股市暴跌、银行挤兑,经济陷入严重衰退。从"东亚奇迹"到金融危机,游资作为外在诱因,难辞其咎,也引起全世界学者、官员的关注和思考。

展望21世纪,我国以加入WTO为标志,将以更加开放的姿态,参与国际经济竞争与交流。面对21世纪高科技信息社会和全球经济一体化,我国资本市场也会出现前所未有的新变化,不可避免地面对国际资本流动问题的挑战。短期资本作为国际资本有机组成部分,一方面利用好了会有助于我们推进经济一体化浪潮,获得国际分工的巨大好处;另一方面,由于其数额庞大,处理不好,负面效果强,其巨大的潜在风险会影响到国家经济安全。因此,游资问题不仅是涉及货币市场、资本

[①] 此文公开发表于《财政研究》2001年第3期,财政部财政科学研究所出版。

市场基本面的金融问题,也是危及财政收支结构及其体系,进而导致社会再生产不能正常进行的财政问题;既是经济问题,也是政治问题。本文侧重于财政角度进行探讨。

一、资本流动自由化是大势所趋游资是一把"双刃剑"

信息技术的发展、金融创新和经济一体化,既为资本的自由流动创造了条件,同时也提出了资本自由流动的要求。随着我国入世进程加快,人民币资本项目可兑换既是市场经济发展的需要,也是市场经济发展的必然结果。

既然游资的流入流出已经成为不可回避的事实,那么,让我们分析一下游资的特点。回顾过去20年中世界上发生的几次金融危机:20世纪80年代初发生的拉美国家的债务危机;80年代到90年代初美国储贷银行的危机;90年代的日本金融危机;1994年的墨西哥金融危机和1997年发生的东南亚金融危机,这五次危机发生的原因、方式、过程、结果各不相同,但却都有一个共同的特点:即这些国家的金融危机都与国际资本流动有关。由此,我们看到游资的第一特点是金额庞大、隐蔽性强、危害强烈。据有关资料统计,国际金融市场中的游资总额高达数万亿美元,远远超出各国外汇储备的总和,而这些资金一旦游动起来,会产生巨大的杀伤力,有"影子世界政府"之称。第二,游资没有国界、行业之分。它属于无数个集团和个人所拥有的巨额闲散资金,专以嗜利为生,为追逐较高或最高利润,常在国际金融市场之间、国内金融市场之间流入调出,专门出入一些高风险、高回报的市场。房地产、外汇、股市、期货乃至邮币卡等市场都成为它们追逐的目标。第三,巨额游资是一种游离于银行之外的资金,在一定程度上躲避银行系统监管,独来独往,难以管束。第四,巨额游资是一种难以稳定的资金。它总是隐蔽在一旁窥测市场时机,当捕捉到时机时,便会在短期内大量出现,释放强大能量,对市场造成强大冲击。第五,巨额游资流动的利益是双向的,不仅我们需要寻找外资,外资也在寻找能增值的市场。只要我们在金融和资本市场逐步与国际惯例接轨的道路上,加强对游资的监管,因势利导,趋利避害,驾驭和驯服"金融鳄鱼",对外资结构和流向加以调控,保证资本有序流动,在全局上对我国经济发展与稳定还是有利的。

二、财政政策与财政监管:金融自由化过程中"无形杀手锏"的有形盾牌

全球金融市场的主要特点是规模大、流动快和风险增多。宏观监管和风险防范机制必须跟上金融开放化进程。利用外资如果处理不好,可能引发巨大的风险,这种风险发展到一定程度,就会影响到国家的经济安全,爆发国家金融风险,即一个国家遭受机构投资者的打击而爆发金融危机和宏观金融风险,它产生的客观基础是国际资本的自由化,内部原因是有关国家的内部经济的失衡。索罗斯说:"我只能一再对盲目信任市场的魅力发出警告,市场中留有投机的空间是政府的错误。"如果一个国家或地区没有明显的缺陷,机构投资者要发起投机攻击要冒极大的风险,这本身对游资冲击就是一种抑制,而宏观财政政策、货币政策的作用就是要消除经济缺陷,维护经济的健康发展,其中主要内容是金融风险的防范和银行业的重组,不仅仅是金融监管当局要加强金融监管,而且财政政策和措施也要走上前台,发挥财政在抑制投机、缓和金融风险的盾牌作用。

(一)做好金融机构资产、财务监管和外国政府贷款管理工作

金融机构资产和财务监管不仅涉及一般的财政收支,而且关系到金融体系的安全稳健运行。外国政府贷款管理工作不仅关系到外资的利用,还涉及国际间的经济及外交关系,关系到国家的对外信誉。因此,这两项工作要成为防范金融风险的财政措施的着眼点。

1. 充分发挥地方财政部门的职能作用,积极参与地方整顿金融秩序,防范和化解地方金融风险工作。采取有力措施,抓紧抓好资金清收和资产变现以及相应的管理工作,尽量缩小兑付资金总缺口,减少地方财政的债务负担。借助社会中介机构的力量,定期或不定期地对地方金融机

构执行国家财经纪律和财务会计制度的情况进行检查,发现重大风险隐患,要及时向政府和监管部门报告,提前采取措施,防范金融风险。设立专项再贷款专户,加强对专项借款的使用管理和监督检查工作,积极筹措还款资金,确保足额偿还。

2. 要加强外国政府贷款管理,积极清理偿还外国政府贷款欠款。(1)根据经济发展的需要和建设公共财政框架的要求,参与制订外国政府贷款规划,控制财政的债务规模;(2)对贷款项目进行可行性审查;(3)建立健全外国政府贷款统计制度,动态掌握债务情况,优化债务结构;(4)从维护国家信誉出发,提出逾期贷款清欠工作方案,提出分年偿还欠款的计划,并协助安排借款单位与转贷机构重新签订贷款偿还协议。

3. 要加强对融资担保工作的指导和管理。融资担保是解决中小企业特别是高新技术企业融资难的一项重要措施,国务院已明确财政部门是担保行业的管理部门。各级财政部门要切实加强对担保机构的监督管理,推动投融资体制改革和社会信用体系的建设。

4. 要按照建立公共财政的要求,合理确定国外贷款的承贷转贷管理模式。政府举债实际上是财政资金的提前使用,因此,必须根据贷款项目的性质采取不同的转贷、管理模式,改变过去的错位、缺位、越位状况,即对属于政府行为或最终要政府负责的项目贷款,财政部门作为政府的债权债务代表人,负责承贷转贷,实行全面管理。对一般市场竞争性的项目贷款,财政不承贷转贷,不担保,只对国家或国外融资方式进行推介,参与管理,对贷款进行统计监测,行使政府统一管理外债的有关职能。

5. 要建立外债还贷准备金,努力化解财政风险。各级财政部门已经承担了比较沉重的、与可用财力不相适应的偿债责任,一旦项目单位、财政都不能按时偿付到期债务,就会引发债务危机,需要有应付风险的资金准备。通过财政预算安排和从项目单位实现的收入中提取、建立并不断补充还贷准备金,化解和避免财政风险。

(二)尽早推动并介入银行不良资产重组

目前,金融业的重建与再生——银行业不良资产的重组已经成为

21世纪许多国家和国际社会正在实施的一个稳定金融体系的关键工程。各国的经验和教训表明，银行不良资产的重组越主动、进行得越早，不良资产重组的难度就越小，成本也越低，反之，对国民经济的拖累就越大，不利于金融业参与开放与竞争。

由于体制与历史原因，国有商业银行的巨大不良资产已经成为我国经济运行的重大隐患，货币信用危机的风险成为压在中国——即将加入世贸和经济正在转轨的国家——头上的"达摩克利斯"之剑。它的形成与特定的财政货币政策有着直接或间接的关系，是转轨时期的制度性风险、体制性风险，因此在风险的防范、化解方面，除加快制度性变革，逐步消融金融风险产生的制度性因素之外，在很大程度上还是得依靠制定适当的财政货币政策与应急措施。

1. 立足国企改革，重组银企债务。国企的不良债务与银行的不良债务，实际上是同一问题的两个方面。无论是债权转股权、成立金融资产管理公司托管银行债务，还是资产证券化，归根结底，必须建立机制，全面推进企业的机制转换，在国有独资商业银行不良贷款剥离给有关金融资产管理公司后，要按现代银行制度对国有独资商业银行进行综合改革，派出监事会，加强监督；制定国有独资商业银行经营业绩考核评价指标体系，对各级银行行长实行严格的经营责任制和离任审计制；实行谨慎会计制度。通过发行金融证券增加附属资本，使国有商业银行满足资本充足率要求。在此基础上，将某些有条件的国有独资商业银行改造为国家控股的股份制商业银行。

成立资产管理公司解决国有商业银行不良贷款资产，在通货紧缩的条件下，财政辅之以铸币税来冲销不良贷款的数量，不失为现时较为理想的选择。但要防范三种倾向和风险：一是要防止资产管理公司在处置不良资产过程中与债务企业串谋套取财政补贴（或中央银行贷款），使每年应补亏损越来越大。二是要防止国有商业银行一边把不良贷款划给资产管理公司处置，另一边又不断产生大量新的不良贷款。三是要防止国有企业的"道德风险"使贷款债务约束更加弱化。道德风险的蔓延将危害无穷。

2. 财政银行各司其职，既相互支持，又要防止信贷资金财政化、财政资金信贷化。当前，财政支持银行方面，一是建立银行资本的注入机制，增强银行防范风险的能力，如发行特种国债补充国有独资商业银行的资本金。二是健全银行的财务制度，各类金融机构必须按有关规定提足呆坏账准备金，并与财政配合，定期冲销呆坏账损失。三是财政应出资共同建立中小金融机构的存款保险机构。

（三）优胜劣汰，推进金融机构重组

最近几年，我国中央银行责令有关金融机构停业整顿、破产清算的案例屡见不鲜。我国财政在金融机构市场退出或重组方面大有可为。第一，通过注资，实现再资本化。例如，发行特种国债补充国有独资商业银行资本金；地方政府为地方性金融机构增资扩股。第二，债务转股权，挽救危机中的金融机构。第三，出于公共利益的考虑，动用财政资金支持金融业兼并与重组。第四，中央财政偿付被关闭金融机构的外债。第五，地方财政对地方金融机构破产后出资偿付自然人的存款债务，动员地方国企注资有问题的金融机构，予以税收减免，鼓励本地企业以优惠条件收购金融机构的不良资产。

（四）化解财政自身风险，打造宏观基本面

防止外来金融冲击，构筑财政防火墙。框架是金融，但基础和设计还在财政本身。没有强大的国家财政作基础，就无法建立起一个能抵御风险的金融体系。防范和化解财政自身风险与解决国家金融风险，双管齐下不能偏废。

财政风险可分为直接显性负债、直接隐性负债、或有显性负债和或有隐性负债四种。财政风险成因比较复杂，概括地说，是国民经济深层次矛盾的综合反映。特别是经济转轨国家和新兴市场经济国家，由于市场缺乏透明度和市场体制不健全，财政风险更大。虽然财政风险是伴随经济运行特别是财政分配始终的客观存在，但风险可以预防和转化。通过借鉴国际上财政风险管理的基本做法，建立社会主义公共财政框架，财政平衡稳定运行的目标是可以达到的。

1. 树立正确的财政风险意识。深刻认识目前财政领域内客观存在的风险，加大防范财政风险的宣传。财政报告中应包含公开、透明的财政风险信息，即包含政府债务、或有债务、承诺三个会计指标。

2. 建立强有力的中央预算管理机构，全面负责财政风险管理。加大财政支出和预算外资金管理力度。同时，各支出部门也应对其负债和财政风险承担责任。财政部负责汇总和监测财政风险的总体情况，安排风险准备金，制定严格的风险承担标准和承担限额，并对担保标准统一管理。

3. 用创新手段管理财政风险。财政应建立3—5年的支出预算框架，对所有财政收入、支出及风险的评价具有前瞻性，还可借鉴私人部门管理财务风险的做法，如使用远期合同、期权合同、调期合同或购买保险等方法来分散市场风险，在政府资产负债管理方面，运用调期、购买再保险以及提供风险准备金等方法，减少由于利率、汇率和商品价格波动而带来的不利影响，将部分风险转移给私人部门分担。

4. 重视和防范地方财政风险。在很多国家，有部分公共服务都由地方政府提供，但地方政府由于缺少监督约束，地方经济有时无法正常运行，中央政府实际上不得不对地方政府提供隐性担保。在我国，受需求不足大环境的影响，地方经济发展遇到了前所未有的困难与挑战。因此，中央政府应加强对地方政府的财政风险监管。一是建立风险预警指标体系，如地方政府的赤字、债务水平、逾期借款需求占政府收入的比例，以及对这些指标的中期预测，以衡量地方政府的债务风险和其他风险。二是健全地方财政报告制度，提高财政报告的真实性，扩大覆盖面，提高信息透明度。三是通过法律体系，实施对高风险政府的干预。如美国俄亥俄州的《地方财政紧急状态法》对地方财政危急给予了明确定义，包括债务违约时间、工资拖欠时间、要求额外转移支付情况、赤字规模和现金短缺等方面的规定。根据不同情况，州政府采取不同的介入方式。四是明确政府间财权和事权关系，特别是应明确向地方政府提供紧急援助和贷款的标准和程序。

5. 正视隐性养老金债务风险。人口老龄化给各国的养老金体系造成了很大冲击，隐性养老金债务和资金缺口在不断增加。为此，许多国家都在进行养老金制度改革,逐步建立复合型养老制度。

管理隐性养老金债务风险的主要措施有:(1)通过各种方式减少隐性养老金债务。例如,通过减少养老金和提高退休年龄来缩小旧体系规模;发放退休时可兑现债券;在新的体系中保留现收现付方法。(2)开辟专门收入渠道,包括使用社会保障盈余、使用国有企业资产变现资金、提高社会保障费征缴率、扩征增值税、个人所得税和举借国债。

伞形创投：投不出去的风险更大[①]

——从"中生北控"如愿上市和"康比特"被横刀夺爱谈起

投资是人类最伟大、最深刻、最广泛的运动，从三峡大坝到神州飞天，从细胞克隆到网上交易，从股市疯狂到金融恐慌，投资无处不在、无时不在。对于专业投资公司而言，投资更是北控高科扩大生产经营、提高盈利能力、增强企业实力的重要途径。然而，近期以来，北控高科的投资工作却止步不前，甚至出现好项目被其他创投企业抢亲的现象，作为投资工作的具体负责人来说，首先难辞其咎。应从知识结构和主观能动性方面查找原因。除此之外，内部体制、外部环境和决策程序方面也有值得深究的地方。公司决定召开投资工作务虚会，在关键时刻研究关键问题，意义深远。本人愿意借本次务虚会的东风，从良好的愿望出发，就投资工作现状、困境及出路发表一些不成熟的意见，以就教于全体同仁。

一、安于现状：过去创造的收益还能吃多久

六年来，北控高科的 PE 投资遵循孵化→发展→产权→交易→资金退出→再投资的循环原则，先后投资控股或参股了 15 个项目，动用资金 2.4 亿元，实现总投资收益 1.1 亿元，年平均收益率为 18.3%。与同时期同行业相比，用出类拔萃、效益翘楚来形容过去的业绩一点也不过分。问题是，随着"秦昌玻璃"股权出让给"联想投资"、"中生北控"

[①] 此文是作者在 2005 年北控高科投资公司"投资工作务虚会"上的演讲提纲。

上市之后，如果投资跟不上，企业发展后劲乏力就无法避免，更何况现阶段投资环境出现了如下新变化：

（一）外部挤——大量资金找不到好项目

1. 全球流动性泛滥。由于美联储保持了两年的低利率政策，宽松的货币政策放出了很多钱，如对冲基金的发展、黄金价格冲高、印度和中东股市上涨100%。

中国也不例外。首先是16万亿元的居民存款；其次是9万亿元的企业存款。

2. 同业竞争对手不断涌现，且素质越来越高。国外的有创投基金、私募基金、产业基金；国内的有社保基金、保险、信托、证券、银行、担保、产业财团。

3. 创投的外延与内涵也发生了变化。从行业来看，除房地产、股票外均可。从来源来看，不仅取消了资本金投资比例，而且还可融资来投。

（二）上面压——上市公司的盈利要求

北控作为注资性上市企业，对旗下企业尤其是投资项目有盈利要求，只许成功、不许失败。北控高科通过创投获得的下属企业的股权经常被北控作为资本运作的筹码，以顺应北控投资者的兴趣。因此说创业难，守业更难。

另外，"主业"与"副业"之辩，也是不容忽视的瓶颈。

（三）下游抗——受资企业货比三家

"下游"即指我们拟投资的目标企业。跟以往不大相同的是，受资企业不仅可以挑投行、创投或投资公司，只要是好项目，还可拿到国家开发银行贷款、财政贴息、科技三项费用、科委国家创新基金、中小企业创业基金，这些政策性贷款和补助，林林总总，不胜枚举，不仅成本低廉，而且还为企业争光，好企业乐此不疲，置投资公司于不顾。

二、居安思危："常胜将军"的辉煌与重负

前面说过，北控高科的投资与退出，取得了巨大的成功，为快速成

长为高水平、上规模、专业化的投资公司打下了良好的基础。荣誉是属于过去。如不能再接再厉，就会墨守成规，坐吃山空。

1. 在投资时点的选择方面，前移不够，后撤过头。

2. 在资金使用比例方面，投入不够，退出过头。

3. 在项目决策观念方面，承担不够，担心过头。这里着重谈谈本人对风险及承担的理解。我认为，过分强调降低风险，就会削弱盈利性。风险贯穿于财务活动的全过程，不同的筹资、投资和分配活动的风险是极不相同的，投资的必要报酬率是由无风险报酬率、风险报酬率和通货膨胀贴补率构成。风险报酬率是投资交易风险进行投资获得的超出时间价值的那部分额外收益率，它是人们对可能遇到的风险的一种价值补偿。企业一味强调降低风险或不冒风险，就不能获得风险报酬，势必降低投资报酬率，削弱企业的盈利性，同时也不利于企业的创新和理财家的进取；反之，高风险的投资可为企业带来高收益，但损失的可能性将增大。因此，降低风险也有一个合理界限的问题，应以盈利性来权衡，否则，在投资场合，企业既面临高风险，而收益并未相应增加，投资意愿肯定不强。或者既承担低风险，又要求多付收益和报酬，受资方就不愿意接受投资。康比特项目失利，就能现实地注解这一论点。

4. 在投资产品结构配置方面，组合拳不够，单打一过头。PE投资（财务投资）、创业投资、基金投资、债券投资、股票投资、委托投资、信托产品都是不错的选择。

三、毅然前行：科学投资，独立潮头

以上分析，不难发现，北控高科确实到了面临新问题、迎接新挑战、取得新突破的尖锋时刻。只要始终坚持积极的发展战略和审慎的论证、投资原则，就一定能够将北控高科打造成回报一流的专业化投资公司。

（一）优势更清新

1. 优秀的团队；

2. 精干的人才队伍；

3. 完善的机构设置；

4. 良好的发展基础（财务基础、制度基础、组织基础）；

5. 优秀的企业文化氛围。

（二）观念须更新

雨果说"没有哪支队伍能抵挡正合适宜的思想的力量"。

1. 对待风险的观念；

2. 对待民企的观念；

3. 对待失败的观念；

4. 对待筹资的观念；

5. 对待行政机关的观念。

（三）体制待创新

1. 变部门事业制为企业考核制，需要松绑，以释放和调动积极性；

2. 决策体制"收"与"放"的矛盾，以及产生的利弊得失；

3. 建立奖罚与纠错机制。

（四）决策要革新

1. 提高管理者的投资决策能力；

2. 谨慎从事多元化投资。

结　论：马克思有一句著名的论断认为"从商品到货币是惊险的一跃"。我认为,投资则是从资本→企业→产品商品货币的更为惊险的"三级跳"。每一次飞跃都充满了风险，一旦投资失误，将会造成难以挽回的损失。人类已经跨入了一个更辉煌、也充满着更多变数的投资新时代，"科学投资"的脚步正踏实地朝我们走来。

作者在北京百奥药业有限公司2006年年会上演讲。该公司是一家专注于生命科学和生物技术领域的新型科技企业，由北控高科和中国科学院生物物理研究所出资组建

上市公司私有化做法与案例[①]

上市公司私有化（privatization），是指对上市公司（目标公司）拥有控制权的股东（持股30%或以上）或其一致行动人（如其全资子公司），以终止目标公司的上市地位为目的，通过向目标公司的独立股东（控制权股东或其一致行动人以外的少数股东）进行要约收购使得目标公司的股权分布不再符合上市要求，或者通过对目标公司进行吸收合并并将目标公司注销，或者基于资本重组考虑而通过计划安排（a scheme of arrangements）注销公众股东所持股份等方式，所进行的上市公司并购活动。

私有化要受《公司条例》、香港证监会《公司收购、合并及股份购回守则》以及香港联交所《主板上市规则》或《创业板上市规则》等相关条款的规管。

一、私有化退市的好处

1. 公司不再会有上市公司面临的一场严苛的业绩压力。对于公司的管理者来说，股东和投资人给予的业绩压力往往是短期的、直接的，而对于一个私有化企业来说，公司能够按照管理者的意图进行长期经营，实现企业良性发展。

---

① 2007年6月于香港信德中心。

2. 精简架构：拥有多个上市公司的财团可精简架构，清晰业务。同时，退市后可节省行政开支、降低成本。一家上市公司每年支付给香港联交所、核数师事务所以及举办各种必需的活动，需花费约300万港元。如果不进一步集资，维持上市地位可能得不偿失。就像买票进公园而不玩，不如退票出场。更重要的是，对财团而言，过多的"壳"是有害的，这会分散集团财务资源。

3. 财务重组：当企业坐拥庞大现金，可透过收购或私有化行动，重新分配资金，债务和业务都可重新组合，从而提升边际利润。

4. 低估资产回归：当资本市场对上市公司资产严重低估时，私有化可将资产的隐藏值逐渐反映在股价上。尤其是层层控股的地产股系列，地产股股价本身已较资产净值折让，将控股的公司私有化，便可降低一重折让。

5. 提高决策效率：毋须再向联交所及公众公布，提高公司决策的效率与私密性。

6. 解决一司多股：部分发行A、B股的公司，股份交投疏落，难发挥上市公司应有的功能。香港有部分早期的英资上市公司同时发行A、B股（香港A、B股是两种面值不同，但投票权相同的普通股，类似内地的A、B、H、S股。）。

7. 顺应行业周期：近年，地产行业在香港股市有两个特点：一是成功退市案例集中于地产行业；二是成功的IPO上市很少而买壳上市较多。主要原因是地产公司的资产与财务模型特点已不适应香港投资者的需要，尤其是国内民营企业还要受到资产折扣和土地证的挟制。

二、私有化的几种做法

（一）通过附先决条件的要约收购实现私有化

控制权股东或其一致行动人（以下统称收购人或要约人），可以通过向目标公司的全体独立股东发出收购要约，将上市公司私有化。鉴于该等要约是以终止目标公司的上市地位为目的，因此通常附有一个重要的生效要件，即于要约到期日，未登记预受要约的独立股东所持公司股票量低于上市标准所要求的最低公众持股量。收购要约的生效条件除包含类似上述有关收购将使得最低公众持股量低于上市标准（见香港联交所《主板上市规则》第 8.08 条以及《创业板上市规则》第 11.23 条）的要求以外，通常还需以独立股东通过特别决议批准目标公司终止上市地位为条件。

根据香港联交所《主板上市规则》第六章、《创业板上市规则》第九章有关终止上市的规定，以及香港证监会《公司收购及合并守则》规则 2 的相关规定，独立股东批准目标公司终止上市地位的决议需符合如下条件方获通过：(a) 出席会议的独立股东所持表决权的 75% 或以上同意；(b) 就该决议所投的反对票不超过全部独立股东（包括未出席会议者）所持表决权的 10%；(c) 对于未接受要约的独立股东所持股份，收购人有权行使并正在行使强制性收购（compulsory acquisition）的权利。根据《公司收购及合并守则》第 2.11 条的相关规定，收购人取得强制性收购权利的条件是：收购人通过要约而受让的股份数及最初要约发出后 4 个月内收购人所陆续购买的股份数之和达到全部独立股东所持股份数的 90%。对于前述条件，鉴于（c）项要求的实现对于收购人而言不确定性风险非常大，因此实践中收购人通常会请求香港证监会执行人员豁免该项要求。例如，中石油在其对吉林化工的收购中即取得了该项豁免。取得该项豁免后，收购人可以在不享有强制性收购权利的情况下（即要约收购股份尚未达到全部独立股东所持股份 90% 时），即可使得 H 股独立股东通过批准目标公司终止上市地位的决议，只要前述（a）（b）项条件同时获得满足。

（二）通过吸收合并实现私有化

除上述附先决条件的要约收购以外，控制权股东或其一致行动人还可以通过吸收合并目标公司，实现该公司的私有化。例如，中石化对北京燕化（0386.HK）以及对镇海炼化（1128.HK）的私有化即是采用这种方式。

通过该等吸收合并进行的私有化通常需要进行如下特别程序：(1)

控制权股东或其一致行动人（以下统称合并方）与目标公司（被合并方）签署公司合并协议以及目标公司编制资产负债表及财产清单；（2）股东大会通过特别决议批准公司合并；（3）合并决议通过后，目标公司向其债权人发出通知，并作出相应公告；（4）目标公司注销全部已发行股份。

根据《公司收购及合并守则》第 2.10 条的规定，合并决议需要获得独立股东的批准，而且该批准需要同时满足如下条件：（a）出席会议的独立股东所持表决权的 75% 或以上同意；（b）就该决议所投的反对票不超过全部独立股东（包括未出席会议者）所持表决权的 10%。

《股份购回守则》第 3.3 条明确规定了类似《公司收购及合并守则》第 2.10 条有关批准合并之决议的条件，即该等股份回购决议需要同时满足如下条件：（a）出席会议的独立股东所持表决权的 75% 或以上同意；（b）就该决议所投的反对票不超过全部独立股东（包括未出席会议者）所持表决权的 10%。另外，《股份购回守则》第 3.3 条还进一步规定，在为实现私有化而进行股份回购时，如果目标公司的董事及其一致行动人持有目标公司的股份，则该等人员将不属于目标公司的独立股东，应与合并方一样需要回避表决。

相比由目标公司进行股份回购而言，通过合并方收购独立股东所持股份然后注销该等股份相对更为简单。例如，在中石化对北京燕化的合并协议中就约定，由合并方通过银行直接向同意合并的独立股东的证券账户支付合并对价，然后该等同意合并的独立股东所持股份即视为注销。该等方式下，只需要就合并方案进行表决即可，无需再就股份回购决议表决。而且，在就合并方案进行表决时，也并未如同表决股份回购决议时那样要求目标公司的董事或其一致行动人回避。

不论是由合并方收购或由目标公司回购，对批准公司合并的股东大会特别决议持有异议的独立股东，通常有权要求目标公司或合并方以公平价格收购其所持剩余股份。但是，如果既不同意合并也未于合并决议通过后要求目标公司或合并方购买其股份，该等股东所持剩余股份将会被换成合并方的股份或股权，因为为私有化而进行的吸收合并需要注销目标公司的全部股份。该等兑换通常是由合并方按前述剩余股份所占目标公司的净资产额增加合并方的相应注册资本金,然后将该等新增注册资本金登记于前述独立股东名下。

(三)通过计划安排实现私有化

除上述两种主要途径外,在港股市场,上市公司有时还可以根据《公司条例》第166条的规定通过一种协议或计划安排(a scheme of arrangements)来实现私有化。例如,2003年进行的中粮香港对鹏利国际(原0268.HK)的私有化以及投资团(多家BVI公司)对太平协和(原438.HK)的私有化,均是通过此种计划安排的方式实施的。该种安排通常是在一种特殊的市场环境下进行的,即目标公司股票市价相对于公司净资产出现大幅折让,而且公司股票日均成交量非常低。2003年前后的香港地产股便遭遇如此市场环境,因而出现多宗私有化案例。

在上面所提及的特殊市场环境下,上市公司的控制权股东或其一致行动人(主要股东或建议提出方)通常会根据《公司条例》第166条提出一项通过计划安排实现目标公司私有化的建议。而该等建议,(a)对于建议提出方而言,其诱因是有机会以折让价买进资产;(b)对于其他股东(计划股东)接纳建议而言,其诱因在于可以获得高于市价之溢价。该项计划安排的核心是,主要股东通过向计划股东支付注销价而注销计划股东所持股份(计划股份),然后相应削减目标公司的注册资本。如果计划生效并得以执行,目标公司将成为由主要股东全资拥有的子公司,目标公司因不再符合上市标准所要求的最低公众持股量而申请终止上市地位。

适用的主要规则是《公司条例》第166条及削减注册资本的相关条款,以及《公司收购及合并守则》第2.10条有关计划之批准的规定。该等计划安排的通过通常需要取得三项批准:(1)在高等法院就此专门安排计划股东召开的会议(法院指令会议)上获得通过;(2)在紧接法院指令会议之后召开的目标公司股东大会上获得通过;(3)高等法院批准该等计划(有可能会修订计划)并确认拟削减的公司股本数额。对于前述第(1)项批准,综合《公司条例》第166条及《公司收购及合并守则》第2.10条,该计划需要满足如下条件:(a)出席法院指令会议的计划股东所持表决权的75%或以上同意；（b）就该决议所投的反对票不超过全部计划股东（包括未出席会议者）所持表决权的10%。而对于前述第（2）项批准，则只需获得出席股东大会的股东（包括主要股东）所持表决权75%或以上通过即可；于该项表决，主要股东（建议提出者）并不需要回避表决，也未规定反对票不得超过特定比例。

三、香港证券市场私有化案例

李嘉诚帝国的五次私有化案例分析。TOM在线的下市已经是李嘉诚财团第五次对旗下公司进行私有化了。每次私有化倒叙如下：

第五次：TOM在线

TOM在线2004年3月香港上市时每股招股价为1.5港元，而后一直徘徊在招股价格以下，即便是其无线业务收入排名中国第一的时期也是如此。

2006年6月中旬，中国信息产业部部署了"治理和规范移动信息服务业务资费和收费行为专项活动"。TOM在线的SP业务也受到一连串打击。2006年7月7日，以TOM为首的各SP公司又接到中国移动的政策调整通知。TOM股价在政策公布后两日内股价已下跌28%，到7月18日，2006年以来累计跌幅已达40%。

2006年第四季度的财报TOM在线该季度总收益为3362万美元，较2005年同期减少28.5%。无线互联网服务，即SP业务收益为2960万美元，较2005年同期减少32%。

于是，TOM集团选择一个市场对TOM在线估值的低点将TOM在线进行私有化，避免因独立上市而带来的短线压力。

TOM集团同时也称，如果该私有化计划最终未能获批，TOM在线将继续经营现有的业务，即无线增值业务。

第四次：和记环球

2005年5月4日，和黄旗下的和记电讯国际（2332.HK）宣布对和记环球电讯（0757.HK）实行私有化，当时联合公告称，和记电讯将以每股0.65港元收购和记环球（较前一收市价0.475港元溢价36.84%）其他股东全部股份，或以2股和记电讯（收市价7.4港元）换购21股和记环球股份进行交易。

和记环球是2004年1月29日借壳中联系统上市的。和黄对中联实际控股达85.8%，之后，和黄将中联改名和记环球。市场当时的心理是，以为和黄借壳后会不断将电讯资产注入到和记环球，不过没想到除了香港固话被注入外，后面就没了动静，因为最后有观点认为，和记环球借壳上市是为了"捞一笔"，给和黄的3G业务输血。

2004年10月，和黄将旗下非3G业务打包为和记电讯国际上市，筹资270亿港元。和记环球则成为和记电讯子公司。

2005年7月12日，私有化和记环球电讯的计划获最高法院批准。和记环球的进退成为李嘉诚长和系的第四次私有化操作。有分析者认为，当时的私有化运作使得投资者对中联系统的投资缩水27.7%。这也成为业内提及的"高卖低买"的一个案例。

第三次：嘉宏国际

嘉宏国际是李超人私有化运作的第三家上市公司。资料显示，嘉宏国际是1987年从李嘉诚的另一家公司——香港电灯集团分拆出的上市公司，主要业务包括石油投资和地产等，是李嘉诚长实集团的骨干公司之一，到1990年6月底，嘉宏市值达90.75亿港元，资产值44.57亿港元。但是，进入20世纪90年代，嘉宏的盈利增长开始缓慢，投资回报率不理想。

1991年2月4日，和黄集团宣布以每股4.1港元价格将嘉宏收归私有。但证券界当时估计嘉宏资产值在每股5到6港元的水平，认为收购价比较低廉，中小股东可能不会同意收购，其后事情发展果然如此。

一年后，和黄再次出手。1992年7月10日，嘉宏股东会议通过了私有化建议，赞成的人数比例达96.7%。最后，和黄以5.5港元收购小股东36.6%股权，共动用资金50.84亿港元。当日，嘉宏收市价5.4港元，升0.05港元，和黄17.40港元，升0.2港元。

分析者后来认为，嘉宏国际资产净值高出收购价不少是和黄私有化的关键所在,事实上还是一种逢低吸纳的方法,简化机构等原因只是一个借口而已。

第二次:青洲英坭

青洲英坭私有化是重新包装上市的一个典型例子。资料显示,青洲英坭创立于1887年,原是老牌英资公司,主要业务是生产及销售水泥等建筑材料,20世纪80年代初,青洲英坭还拥有80万平方英尺的临海土地,这两点对当时进军房地产的李嘉诚具有相当大的吸引力。随后他迅速出手,成功地购入该公司达36%的股份,入主董事局并成为主席。接着长江实业与青洲英坭达成协议,开始合作发展青洲英坭所拥有的诸多土地。业内知情者介绍,青洲英坭在同李嘉诚旗下其他企业联合发展房地产后,土地储备几乎耗尽,而且还由于经营不当将经营房地产所得的资金投入到当时几近夕阳产业的船运行业,导致公司业绩下降。

1988年10月,长江实业宣布将青洲英坭私有化,每股作价达20港元,较市价溢价13%,亦获顺利通过。紧接着不久,李嘉诚又将其业务整顿后再注入其他业务重新上市,这就是后来的长江基建。

第一次:国际城市

国际城市是李嘉诚私有化的第一次尝试。1984年,中英就香港前途问题草签后,香港投资气候转晴,股市开始上扬。当年10月,李嘉诚宣布将国际城市有限公司私有化,每股出价1.1港元,较市价高出一成,亦较该公司上市时发售价高出0.1港元。

市场人士当年分析指出,国际城市发展的城市花园项目已经完成,倘要再发展其他项目,则需购入土地,李嘉诚为避免国际城市与旗舰企业长江实业重叠,于是将其私有化。

由上面的几次事件不难看出,在私有化的操作上李嘉诚的长和系不乏运作经验,有的操作很顺利,如国际城市、青洲英坭,有的也费了不少周折,如嘉宏国际,但归根结底最后都达到了私有化的目的,当然也许私有化本身不是目的,业务重组、二次包装上市或是其他更高层的战略可能才是最终的目标。

结语

私有化是由上市公司控股股东提出的,而不可避免地必须获得监管机构和独立股东的同意。从上述案例看,影响独立股东投赞成票的重大因素是出价是否有吸引力。

追求与积累[1]

与红馆结缘，源于收购某高端乡村俱乐部的项目发展报告。那一次合作给我留下了深刻的印象，相信未来还会有更多合作机会。

一个本土地产策划代理公司对旅游项目能够有多深刻的见解？这一点在一开始我并没有太高期望——尽管我的同事们不止一次地跟我提及这是个"有追求"的公司。

观念的改变从一开始就发生了，在前往珠三角多个知名高尔夫项目考察的旅途中，与红馆掌门人的深入沟通，越来越增添了我对高端旅游项目发展的信心，不少想法不谋而合，思路也逐渐清晰，通过与红馆这样的本土专业机构沟通并增进了解，我开始关注本土公司。

后续的工作是在不断的碰撞和协作中完成的，这是个值得尊敬的企业，充分体现在两个方面：一是专业度，能够迅速理解项目并且从长远的战略高度把握项目发展方向，给出符合项目实际的执行策略；二是钻研度，红馆在连续两周高强度加班甚至连续熬夜通宵的情况下，研究了国内及本地众多典型高尔夫项目，为该项目的发展给出客观的判断。

当我第一次看到完整的提案报告时，触动很大。仅仅是两个星期的时间，红馆交了一份出人意料的满意答卷。后来我的同事私底下问过红馆人，如何在这么短的时间内，完成一份看似与房地产并无太多直接关

---

[1] 此文应红馆创始人刘峥嵘先生之约，2009 年 5 月为该集团专著《七年之痒——个小企业的地产行业行思录》所做的序言。

联的"跨界"提案。得到的答案是：追求与积累。

一个企业的前景，可见一斑。

值此红馆七周年之际，谨以此序，道贺红馆！

附件：

拍住上
——写在黄鑫博士新专著出版之际

2008年，红馆与九洲控股集团第一次合作。

当时的九洲控股集团正积极增扩产业品类，彼时的红馆也是个单纯的地产匠人，舞着"广告"、"产品"、"销控"三把大斧一心"为行业输出价值"。

八年过去。

九洲控股集团，"上山、下海、请进来、走出去"，轻资产扩张、重管理营运、大品牌输出，南蓝（蓝色海洋）北绿（绿色生态），潜心缔造食、住、行、游、娱、购、商、养、学、闲、情、奇的完美旅居产业链……多点开花，风生水起，"山海经"唱得令人心醉。尤其近年相继开发了翠湖香山·九洲绿城、西湖湿地公园等高品质旅游地产项目，连续刷新珠海城居标杆，引得坊间争相抢购，一时传为美谈。

与此同时，红馆也在2015年正式扩张为"红馆国际"。作为珠澳代理行业的一面旗，服务范围从二级市场延伸至一级市场、后房市场；服务内容从顾问、代理销售扩大至资产运营托管、金融服务……业务触角不仅深入横琴、西区、高新区等珠海各重点区域，未来还将向广州、深圳等珠三角城市延伸。

好朋友，拍住上。

行业发展一刻不停，唯有不断变化以谋进步。

祝愿九洲控股集团越走越好，以骄人之姿迎接下一个八年。

红馆国际　刘峥嵘
2016年2月于珠海

关于发展珠海游艇消费服务产业的思考[①]

随着经济发展和居民生活水平的提高,游艇正成为风行世界的公司、家庭和个人高级耐用的新消费品。国际、国内市场潜力巨大,游艇业成为快速发展的朝阳产业。目前,世界平均每171人拥有一条游艇,像挪威、新西兰等国家,每8人拥有1艘游艇,美国为14人拥有1艘游艇,作为内陆国家的瑞士69人拥有1艘游艇。

富裕起来的中国人不再把高端消费品和高端休闲活动局限在豪华汽车及高尔夫运动上,而是逐渐与发达国家进一步接轨。游艇已成为经济发展的一个热词,游艇消费正从富人的专属消费走入中产阶层。特别是珠三角、长三角、渤海湾等沿海经济发达地区,乘私家游艇出游或邀请客人到自己的游艇上度假,正在一部分人中取代驱车出游等传统休闲方式,成为最健康、时髦和体面的休闲、社交活动。珠海发展游艇消费服务产业是社会经济发展的大趋势,需采取有利措施,把握公众消费需求和市场机会,推动此项产业落地。

一、珠海发展游艇消费服务产业具有独特的比较优势

作为毗邻港澳的经济特区和经济发达滨海城市,珠海几乎具备了发展游艇消费服务产业的一切优势条件。

[①] 作者时任珠海九洲控股集团公司总经理、珠海控股投资集团公司行政总裁。

九洲湾游艇帆船公共码头港规划图。未来游艇港的 3/2 消费是在岸上的餐饮、购物和旅游等方面

气候和地理优势。珠海市属低纬度亚热带海洋气候,空气品质良好,年平均气温 22.3℃,每年至少有 10 个月气温保持在 15℃以上,为游艇消费服务提供了最适宜的温度和环境。

作为广东省最大海域面积的城市,珠海领海基线内海域面积约 6000 平方公里,海岸线长 731 公里,地势平缓,200 多处海湾和宽阔的滩涂,146 个岛屿分布于南中国海,海岛总面积 236.9 平方公里,素有"百岛之市"美誉。这些海岛距市区均在 30 海里左右的海上交通圈内,岛岛相距 7—15 海里,这为开发游艇消费服务项目提供较为便利的地理条件。

区位优势。珠三角地区是全国经济最为活跃、经济发展总体水平最高的区域之一。珠海毗邻港澳,背靠珠三角。以珠海为原点,以两小时车程距离为半径的扇形区域内,囊括了 11 个大中型城市,这些城市人均 GDP 已超过 6000 美元,拥有庞大的、极具游艇消费能力的群体。

交通优势。港珠澳大桥、高栏深水港、珠海机场、广珠城轨、广珠铁路、沿海高速、江珠高速、广珠高速西线等交通基础设施将珠海构成为直通国内外的海陆空立体交通网,奠定了珠海作为粤西中心城市和交通枢纽的地位。

产业优势。游艇制造是珠海游艇产业发展的立足之本。目前,平沙游艇产业基地除了有太阳鸟、江龙、先歌、杰腾等 20 多家知名游艇制造企业，还有 ZF 船用推进系统、南国游艇俱乐部、南国游艇零配件交易中心等游艇相关配套企业 30 多家，总投资 3 亿多美元，已成为国内设立最早、规模最大、档次最高的游艇制造基地。根据《广东省游艇旅游发展规划》，平沙未来将建设成为国内第一个"游艇城"，这将为珠海发展游艇消费服务产业提供良好的产业基础。

政策优势。作为落实 CEPA 的前沿城市之一，珠海既享有开放港澳地区游艇旅游的先行试验政策，又有扶持发展游艇产业的相关配套优惠政策。根据《关于促进珠海市游艇产业发展的意见》(珠府〔2008〕155 号)配套出台的《珠海市加快发展游艇产业若干政策》(珠府办〔2009〕75 号)，珠海市对游艇制造、游艇服务、游艇俱乐部等都有相关的扶持规定。

二、珠海游艇消费服务市场现状

目前，珠海游艇制造业虽然取得了快速发展，成为了国内最大的游艇制造基地，但下游的游艇靠泊服务、游艇俱乐部、游艇会展、游艇维修保养、游艇培训等相关消费服务产业仍处于起步阶段。游艇休闲运动和游艇旅游也未能形成规模，特别是至今没有一个专门的公众游艇码头，外来的游艇无法安全靠泊，很多有能力也有兴趣购买游艇的人因为缺少提供各种游艇服务的安全可靠游艇靠泊码头和专业的游艇服务、管理机构，从而放弃了购买计划。

三、珠海发展游艇消费服务产业的意义

1. 贯彻落实党的十八大及习总书记视察广东及珠海的重要讲话精神。党的十八大明确提出更多依靠内需，特别是消费需求拉动、更多依靠现代服务业和战略性新兴产业带动等"五个更多"的新经济发展方式，习总书记在广东及珠海视察中也对广东及珠海改革开放和发展现代新型经济提出了殷切期望。珠海发展游艇消费服务产业既是贯彻落实党的十八大精神和习总书记视察广东及珠海重要讲话精神的重要举措，也

是实施"蓝色珠海,科学崛起"的发展战略、因地制宜着力推进"三高一特"现代产业体系建设的重要内容之一。

2. 满足社会发展及城市竞争的迫切需要。游艇消费作为经济发展、生活水平提高的新消费方式,已不可逆转地进入了国民的消费意识中,游艇消费服务产业作为现代高端服务业已作为沿海、沿江、环湖经济发达城市的产业发展方向之一。远的如长三角、渤海湾等地区,近的如广州、深圳、中山等周边城市,游艇码头、游艇俱乐部的规划与建设正发展得如火如荼,作为发展条件较为优越的区域中心城市,珠海的游艇消费服务产业实际发展明显落后,需要抓紧时机加快发展。

3. 刺激消费,促进经济发展。游艇消费对相关产业的带动相当惊人。国际上的权威统计是:1美元的游艇消费带动其他产业的经济发展为10美元(1:10)。发展游艇消费服务产业不仅能为珠海游艇制造业和游艇零配件生产业提供发展动力,同时更可吸引大量中高端消费群体,由此带动休闲、度假、会展、商贸、房地产等相关产业,推动珠海经济的发展。

4. 增加税收,促进就业。一艘私人游艇对税收的贡献主要有奢侈品消费税、增值税、车船税等。据有关方面统计,使用期限内各种税费差不多是购入价的43%。与此同时,游艇消费对住宅、餐饮、酒店、娱乐、交通、公共服务、游艇码头、游艇会展、水上娱乐、维修保养等上下游配备产业具有带动作用,并有助于优化水上旅游业的结构,提供大量的就业岗位。

5. 增加城市特色,提升城市品味和品牌形象。珠海发展游艇消费服务产业不仅能够与珠海游艇制造业相配套,更是珠海发展特色海洋旅游的新亮点。动感靓丽的游艇、高端的水上休闲娱乐,与美丽的海岸线、浪漫的情侣路、高品质的陆上建筑相得益彰,必将大大提升城市品味和品牌形象。

6. 丰富旅游资源。海洋、海岛、温泉、高尔夫、赛车、游艇使珠海这座美丽的滨海城市既宁静休闲又动感活力,既健康和谐又优雅别致。各种旅游资源互相弥补,共享客源。

7. 有利于游艇产业管理。通过发展游艇消费服务产业,将游艇的靠泊、旅游、展览、补给、维护、培训、保管等规范经营，在珠海游艇制造、销售急速发展的同时，构建珠海完整的游艇产业结构链，使游艇产业形成良性循环，从而推动整体经济发展。

四、珠海市内游艇岸线规划和功能定位

根据《珠海市游艇港口岸线专项规划》，从横琴至唐家沿海岸线及沿河线至少可建设7个游艇码头，主要有：

1. 横琴东北（十字门）游艇码头。功能定位：公共需求型游艇港，发展30—150英尺游艇泊位，实现会议商展核心功能，发展滨水休闲购物中心，并提升旅游休闲、文化娱乐等功能。

2. 湾仔游艇码头。功能定位：公共需求型游艇港，发展30—200英尺游艇泊位，建设游艇综合配套服务区。

3. 前山水道游艇码头。功能定位：公共需求型游艇港，发展20—150英尺游艇泊位，兼顾水上运动和内河旅游功能，沿岸楼盘可建设游艇停泊点。

4. 九洲港游艇码头。功能定位：公共需求型游艇港，满足客运、旅游功能，发展30—200英尺游艇泊位，建设游艇综合配套服务区。

5. 香洲港游艇码头。功能定位：适当保留客运码头和渔船停靠功能的同时，发展公共需求型游艇港，发展30—200英尺游艇泊位，建设游艇综合配套服务区。

6. 大浪湾游艇码头。功能定位：依托香格里拉酒店，发展公共需求型游艇港，发展30—200英尺游艇泊位。

7. 唐家湾游艇码头。功能定位：公共需求型兼顾住宅配套型游艇港，发展30—200英尺游艇泊位。

五、九洲控股集团发展公众游艇消费服务产业的优势

珠海九洲控股集团有限公司（以下简称九洲控股）作为市属国有的

海上客运、旅游会展的主体经营企业，在发展公众游艇消费服务产业方面具有诸多的优势：

1. 丰富的船舶和码头经营管理经验。九洲控股从事海上客运、旅游已有30多年，拥有全国最大的高速客运船队和水路客运口岸，经营管理的客运旅游船舶达31艘及3个专业的客运旅游码头，有专业、规范、科学的船舶和码头经营管理体系，管理水平和经验在全国同行业中屈指可数。

2. 强大的游艇驾驶及操作人才储备。九洲控股旗下企业拥有240多名各种客船船员，全部具备游艇驾驶或游艇操作资格。与此同时，九洲控股旗下企业还拥有近200名客运旅游码头营运及操作人员，均可作为游艇码头的营运及操作的人才支持。

3. 较强的游艇维护保养技术人才队伍。九洲控股旗下港航企业拥有将近50名船艇维修、保养技术人员，可提供多方面的游艇维修、保养服务。

4. 较强的会所及会展管理实力。九洲控股旗下度假村酒店、南油大酒店、高尔夫球会等企业，均有丰富的高端酒店、会所及会展管理经验，对营运游艇俱乐部及游艇展览具有相对专业的优势。

5. 拥有全市最大的两个水路客运口岸。九洲控股旗下企业经营九洲港口岸、湾仔口岸往返香港、澳门的客运航线，有境外航线客运码头经营管理和良好的口岸联检单位合作基础，对未来为港澳地区游艇提供消费服务极为有利。

6. 具备游艇营运及游艇码头建设管理方面的探索经验。近十年来，九洲控股不断探索公众游艇消费服务产业，主要体现在：(1)购买了两艘游艇对外开展游艇休闲旅游业务；(2)九洲港客运码头将个别客运泊位对外开展游艇停泊和管理服务经营;(3)作为游艇俱乐部及游艇码头，九洲港南码头已完成了建设施工设计、环境评价、建设报批、水域使用权等一切建设手续。这些都是对游艇消费服务产业进行的有效探索，积累营运和建设管理经验。

7. 较好的对外合作和融资实力。九洲控股旗下珠海控股投资集团有限公司（以下简称珠海控股）是珠海市在香港上市的窗口公司，通过资产整合提升盈利能力，及注入更多的优质资产等，目前已具备较好的融资实力，股票价格也创新高。与此同时，国内外多家较具实力的企业也向九洲控股提出合作发展游艇消费服务产业的意愿，如广东省航运集团、国内第一家上市的游艇专业制造商——太阳鸟游艇股份有限公司，等等。

8. 具有良好的公众服务意识和社会责任。作为国有企业，九洲控股一直以来将服务公众、服务市民，积极承担社会责任作为企业使命，在珠海市内乃至全国同行业中拥有良好的商誉。

九洲控股具备以上的优势，完全有条件、有能力成为珠海市发展公众游艇消费服务产业的主体企业。

六、九洲控股发展公众游艇码头的措施及思路

基于珠海市游艇制造业和海洋经济特色，九洲控股将立足于公用事业，以为公众提供游艇靠泊及相关配套服务，大力发展海上旅游为基础，重点发展公共需求型游艇港，通过合作方式兼顾发展住宅配套型和景区配套型游艇港。近期发展游艇码头的措施及思路主要有：

1. 湾仔游艇码头：可作为市内公共需求型游艇港的试验基地，具有投资少、见效快的特点，由九洲控股旗下九洲邮轮公司投资建设的首期15个游艇泊位即将动工，预计于2013年上半年可投入使用，短期内满足珠海市公众游艇靠泊和管理需要，远期50个泊位视珠海市游艇消费市场需求逐渐实施。

2. 九洲港游艇中心：按照原来的设计，初期36个公众泊位可马上启动建设，后期72个泊位视市场需求逐渐实施；在九洲港货柜码头搬迁后，可将九洲港游艇中心纳入到九洲港区域整体规划中，可建设300个游艇泊位，成为珠海市乃至华南最大的游艇母港，陆域有酒店及干仓等游艇综合服务配套设施。

3. 前山河水上运动及水上旅游基地及沿线停靠点：可由九洲控股在前山港建设游艇、水上运动、内河游船的停靠码头，前山河沿岸大型的

高档楼盘如需要可建设游艇停靠点及中途游船停泊点,让珠海的母亲河焕发青春活力、动感浪漫。

4. 香洲游艇码头:九洲控股与万山区就合作建设陆岛客运码头和游艇码头等事宜正在深入商谈中,将在达成一致的合作意见后,按计划分步实施。

5. 开展合作,发挥优势,发展其他游艇码头:九洲控股将进一步加强与各方沟通合作,积极参与十字门中央商务区、香格里拉酒店、格力海岸等游艇码头项目,发挥各自的优势,合作建设及经营管理相关的游艇码头。

2013 年 3 月于珠海

发展帆船文化和发展地方经济的关系①

2012年,党的十八大报告明确提出:"坚决维护国家海洋权益,建设海洋强国",对中国全面走向海洋的国策指明了方向。2013年9至10月,习近平主席提出"一带一路"的经济发展理念。发展"21世纪海上丝绸之路"的合作发展理念和倡议,旨在借用古代"丝绸之路"的历史符号,高举和平发展的旗帜,主动发展与沿线国家的经济合作伙伴关系,共同打造政治互信、经济融合、文化包容的利益共同体、命运共同体和责任共同体。

一、国外帆船文化的总体情况及发展范例

西方很多国家因大航海时代而崛起,帆船文化自然在其民族航海文化中占有重要地位,小孩在6—7岁时便接受有系统的培训,驾帆船出海是普通家庭的休闲生活方式,帆船领域上有成就的航海家及运动员被视为民族英雄,享有如球星及演艺明星一样的尊贵社会地位,帆船文化因为吸引巨大的群体带来经济效益。

(一)美洲杯帆船赛

世界有名的帆船赛为主办城市带来巨大的经济利益,利用游艇港带

---

① 此文节选于珠海九洲控股集团《珠海市帆船文化五年发展规划》,作者是该课题组牵头负责人。2015年6月。

动旅游业发展最成功的范例当推西班牙的瓦伦西亚（Valencia）。基于由冠军队选择举办地的传统，瑞士在2003年赢得第31届美洲杯帆船赛后，把这项国际赛事成功带回了欧洲，但无奈瑞士是没有海岸的国家，当时为争取成为美洲杯帆船赛的举办场地，西班牙承诺在瓦伦西亚建一个专用的美洲杯游艇港（Port America's Cup）。2007年，第32届美洲杯帆船赛的举办空前成功，在四年内为瓦伦西亚带来了60亿欧元的经济效益。其中20亿欧元直接用在基础建设、市场推广等方面，创造了6万个岗位。单在旅游业方面，就为西班牙带来了1.9亿欧元的利润，创造了4160个岗位。第34届美洲杯在旧金山举行时吸引了70万人次游客到来参与，产生了约3.64亿美元（29亿元人民币）的经济效益（America's Cup，2013）。

（二）旺代单人环球帆船赛

游艇港促进社会经济发展的例子，例如，法国的莱萨布勒—多洛讷（Les Sables-d'Olonne）。它本是一个仅4万多人口、默默无闻的海边小镇，只因举办了举世闻名的旺代单人环球不停站帆船赛（Vendee Globe）而声名大振，一跃成为热门的旅游胜地。一个仅仅12个参赛者的比赛吸引了170万人次观众到来，产生经济效益达3900万欧元（Boyd，2010），其吸引游客的源动力是爱国主义、英雄崇拜及节日气氛。

（三）泰皇杯帆船赛

亚洲国家举办的比较成功的帆船赛事是泰皇杯帆船赛，竞赛始于1987年，泰国国王普密蓬·阿杜德是快艇和风帆好手。现在普吉（Phuket）定期举办东南亚的大型赛舟活动——泰皇杯赛舟会，时间为每年12月的第一周。因为由国王赞助，帆船竞赛由专门的组织委员会组织，并由皇家俱乐部、泰国游艇协会、泰国皇家海军和普吉省共同支持赞助。

此项赛事是亚洲游艇巡回赛的重要部分，为期一周，在美丽的布吉岛度假胜地举行。2014年，共举办了150场帆船比赛，其中123场龙骨帆船赛，27场小帆船赛。参赛的帆船来自世界各国，比赛后顺便在布吉岛度假，也有赛队到泰国租赁当地帆船参加比赛，泰皇杯的比赛特点是不跑远航，日间在美丽的水域小岛之间比赛，最让水手们回味无穷的是每个晚上的派对。其吸引游客的源动力是美丽的度假环境、舒适的日间比赛、每晚的派对气氛。

（四）游艇港与经济

国际航运协会（PIANC）2015年的年会在比利时的布兰肯贝赫（Blankenberge）举行。该地游艇港有泊位745个，1871年建成渔港，选址有严重泥沙淤积的问题，渔港设计利用当地潮差较大的特点，以水池在潮涨时储水及在潮退时放水冲刷以保持通航水深，因二战损坏及渔业枯竭原因曾经有人建议把港池填平作房地产，但政府禁止回填并把港池发展成为游艇港，以人工疏浚取代储水池冲刷的方法维持航道水深，平均每个泊位每年需要投入4000欧元疏浚，游艇港交由三家公益性俱乐部运营，但市场价格原因俱乐部收取用户的泊位年租金仅1500—2000欧元，政府投入疏浚的费用根本不能从泊位租赁处回收。政府是利用游艇港缔造一个旅游的优美环境，吸引游客聚集消费，受惠的行业不限于水上，更多的是在地面上的酒店、餐饮、旅游、文化、房地产等产业。政府从经济税收中平衡港池疏浚投入的费用。

根据ICOMIA调研的数据（ICOMIA彼得·严信博士，2014），游艇港内的消费只有1/3与船艇有关，其余2/3是花在附近的地方经济中；游艇港每增加1个岗位便造就了9个间接工作岗位，每100艘游艇停泊便造就了44个直接或间接的工作岗位，同时直接及间接创造了200万欧元的经济效益。例如，西班牙有4500个游艇港的直接岗位便间接造就了4万个间接工作岗位。游艇港对社会经济的贡献，除了造就工作岗位及带动经济效益以外，最大的贡献是能推动高品质的旅游业。

二、国内帆船及游艇产业的发展情况及趋势

自从举办奥运会后，青岛市便对推广帆船运动不遗余力，曾经主办"市长杯"、"国际帆联世界杯帆船赛"、"国际极限帆船系列赛青岛站"等；厦门市举办的有"海峡杯帆船赛"、"新年帆船赛"、"中国俱乐部杯帆船挑战赛"等；深圳市举办的有"中国杯帆船赛"、"大鹏杯帆船赛"等；

三亚市举办的有"司南杯大帆船赛"、"环海南岛国际大帆船赛"等。部分城市的帆船发展走进了强调"洋气"、"专业"、"贵族"与"船大"的误区，与一般老百姓的生活水平距离越拉越远。

中国杯帆船赛是中国历史上第一个国际性大帆船赛事，亦是唯一以"中国杯"命名的大帆船赛事。曾经于2008年、2009年连续两度荣膺"亚太地区最佳帆船赛事"，2010—2011年，中国杯帆船赛被正式列入国际帆联（ISAF）大帆船赛事的日历，是国内第一个进入国际帆联历程的大帆船赛事。自2007年开始，每年十月在深圳举办，迄今为止已成功举办过七届。2015年第八届中国杯帆船赛比赛时间为2015年10月30日至11月2日，历时4天，8场比赛，设港深拉力赛及场地赛和环岛赛，有100条帆船、约30个国家和地区的队员参赛，包括中国、中国香港、美国、德国、法国、新西兰、以色列、澳大利亚、南非、韩国、新加坡、俄罗斯、哈萨克斯坦、乌兹别克斯坦、爱沙尼亚等。

由于是商业运作，中国杯帆船赛活动中的商业氛围比较浓，2014年之前的竞赛是委托香港游艇会代为运行。

三、珠三角地区帆船及游艇产业发展现状

（一）游艇港开发及泊位供应量分析

泊位供应量方面，根据2014年《海之蓝》杂志调研的数据显示，全国有23%的游艇俱乐部在广东省。在计划兴建的游艇泊位中广东省占11580个，为全国37000个的31%，其中珠海计划兴建2195个泊位，占全省的19%。现有全国游艇俱乐部已经投入使用的水上泊位超过10000个，岸上干仓泊位约2700个，其中广东省以超过1200个的干仓泊位占全国的40%以上（《海之蓝》杂志，2014）（见图1）。

船艇方面没有一个比较可靠的统计数据，原因是部分船艇没登记，部分游艇登记为渔船，而且没带发动机的帆船更少登记记录，但总体估计全国帆船及游艇共计不到3000艘，广东省最多占达34%，其中帆船也是全国最多。

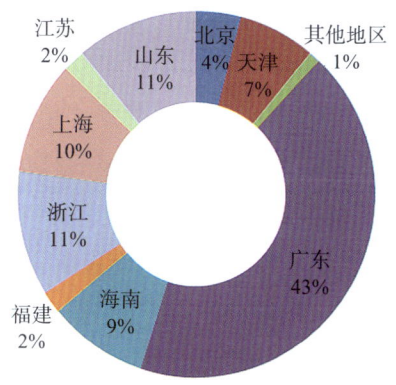
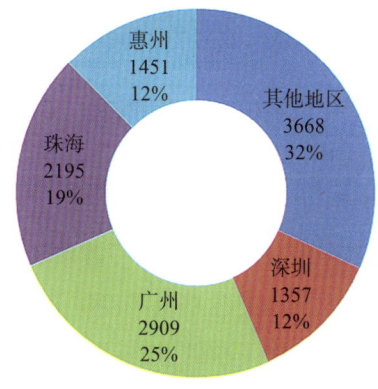

2014年全国已经投入使用泊位　　　2014年广东省计划建设游艇泊位数量（单位：个）

图1

从以上统计数字可见，全国泊位供应量严重过剩，原因是绝大部分泊位是由房地产商建设，目的是用作衬托房地产的销售，因此，大部分泊位都被包装成"奢华"的俱乐部所垄断拥有，这些俱乐部建设费用高昂。为了平衡投资及抬升房地产价值，一般都设较高的入会门槛，收取较高的会籍费，金额从30万元到100多万元不等。这类俱乐部及泊位对推广中产休闲型的帆船文化贡献不大。

推动中产游艇产业发展需要不收取会籍费用的"公共码头"或收费很低廉的俱乐部，广州番禺的意桥岛、广州亚洲国际游艇城及在建的广州长洲岛游艇港都是这种类型的公共码头。此外，深圳的七星湾及巽寮湾的中航帆船俱乐部都有入会费低廉的会籍。

（二）游艇产业现状

珠海的平沙镇是广东省四大游艇基地之一，也是中国规模最大、档次最高、集聚度最高的游艇产业基地，至今已吸引全球28家游艇和相关配套企业落户，正朝着游艇"世界制造工厂"方向发展，知名企业包括先歌、佳航、太阳鸟、杰腾等游艇公司专注高端出口游艇的生产，是国内最大的FRP新型船艇生产制造基地。由山东潍柴动力集团入股的意大利法拉帝集团、扬子江船业集团、嘉盈丰科技（深圳）有限公司共同投资1亿美元入股杰腾造船，正在平沙打造具有现代化、国际先进水准的法拉帝游艇亚太制造基地。平沙已初步形成了游艇产业链，产生了良好的产业集聚效应，被命名为"广东省（游艇）技术创新专业镇"。然而在整个游艇业产业链中，制造是利润最薄的一个版块，根据《2012—2013中国游艇产业报告》显示，珠海平沙游艇与休闲旅游区虽然在游艇制造业辛苦耕耘整整13年，成为中国最大的游艇生产基地，2012年游艇产值仅20亿元，税收仅5000万元左右，相对总规划面积40平方公里的土地资源来说其经济效益未如理想。解决的唯一办法是加快推动游艇产业链下游的经济，普及水上休闲的生活方式到社会中产阶级，联动其下游文化、体育、旅游的巨大经济链条。外国经验证明，游艇帆船所带动的下游产业链能产生6—10倍游艇业本身的经济效益。

（三）珠三角的帆船工业

珠海佳航游艇有限公司是澳大利亚投资的外资公司，地址位于珠海市金湾区平沙镇，厂房面积7500平方米，员工120多人，专门制造高科技的竞赛型帆船，是国内最先进的高科技帆船制造厂之一，其产品包括代表中国参赛美洲杯的帆船、沃尔沃环球的70尺帆船、奥运女子对抗赛的6米帆船，及世界闻名的三体游艇ADASTRA号。

法诺游艇成立于2008年，是国内少数生产大型龙骨帆船的公司，地址位于深圳龙岗区，占地面积170000平方米，厂房面积10000平方米。员工200人，技术人员30人。公司拥有国内优秀的船舶设计制造精英，聘请了国外船舶技术专家，是一家集科研、设计开发、生产制造、销售和售后服务及游艇管理为一体的高性能玻璃钢、碳纤维船舶及制品的生产厂家。其产品包括40—50多尺长的单体龙骨帆船，在环海南杯帆船赛中被广泛采用，此外，工厂也生产50—70尺长的双体帆船。

东莞市珂尔福风帆制造公司于2009年在香港成立，由德国专业风帆研发者威尔福博士创立，早期致力于国外知名品牌的船帆设计及产品研发，2010年在东莞建立生产基地，工厂占地4000平方米，世界各地不少名牌船帆由其代工，国内不少竞赛中都看见他们的产品，例如"中国杯帆船赛40.7统一级别"、"环海南岛杯"等的广告帆。

四、帆船文化对珠海社会经济效益作用

（一）帆船游艇类型与经济效益

帆船的产业类型涵盖范围很广，从基本性质可以分为四大类：

1. 奥运的专业运动小帆船（Dinghy Racing）：包括青少年的OP帆船、双体及三体帆船、滑浪风帆、风筝滑板等，基本上都是从沙滩或干泊位码头下水，船艇价值低廉，适合社会休闲、培养入门玩家及提升社会的航海文化，但是除了举办大型赛事短暂期间吸引观众游客外，日常消费不高，经济效益比较低。

2. 休闲巡航帆船（Yacht Cruising）：包括存放在游艇港的大型舒适帆船，有生活设施完备的船舱及发动机，长度10米以上的单体或双体帆船，船艇价值高，可以整艇包租出游，长期需要雇员打理，年维护费用高，旅游客人消费高，经济效益高。

3. 竞赛的龙骨大帆船（Yacht Regatta）：包括存放岸上干泊位的小龙骨帆船、有船舱及发动机的大龙骨帆船、越洋竞赛的专业帆船等，长度12米以上的都停泊海面泊位，船艇价值比较高，每周的联赛会吸引消费人群定期聚集，年维护费用高，船主都有不断改进至胜出比赛的欲望，经济效益高。

4. 航海旅游（Nautical Tourism）：包括以出海为主要目的之旅游项目（如包船休闲巡航及海钓），或旅程中部分行程在海上（如海岛旅游）的项目；世界上参与航海旅游的人群巨大，其住宿、交通、餐饮等消费金额高，全球年增长率高达8%—10%，是经济效益最高的产业类型（ICOMIA 彼得·严信博士，2014）。

（二）游艇帆船文化产业更进一步完善平沙产业链

珠海平沙镇努力耕耘了13年，已经成为现今国内最大的游艇生产基地，但因为游艇制造是利润很薄的一环，至今还未能为珠海带来满意的经济回报。原因是帆船游艇业有如经济的催化剂，其本身产能价值不太高，但真正的经济效益是其带动巨大的下游产业链，包括文化产业及

旅游业的下游产业链是游艇业本身的6到10倍。珠海已经走出了启动制造业耕耘的一步，接下来需要建造大量廉租的公共泊位，鼓励中产乐海的生活方式，出台政策引导航海旅游的发展，便能产生巨大的经济效益，据欧洲统计的数据显示，每100艘游艇停泊，年产生的直接及间接经济效益达200万欧元（ICOMIA彼得·严信博士，2014）。而且由于产业都是以当地中小企业为主，其经济效益保留在地方运转帮助当地社会蓬勃发展，由此可推算珠海游艇停泊数量达到1000艘时，按平均每艘游艇年消费6万元人民币计算，其年直接及间接经济效益保守估计达42亿元人民币。

（三）帆船赛的经济效益

第34届美洲杯在旧金山举行吸引了70万人次参观，制造了3800个就业岗位，产生了5.5亿美元（约44亿元人民币）的经济效益，平均每人的效益约为6280元人民币（America's Cup，2013）。帆船赛对经济的贡献在于吸引游客数量及高质素人群的消费能力。由此可见，吸引大量高消费能力的游客到珠海参加帆船比赛，才最具经济上的意义；吸引游客到来参与竞赛的重要元素有：英雄名人、国家民族感、娱乐性、节日气氛。珠海举办的竞赛类型必须把握以上几点重要元素，便能带来巨大的经济效益，举办国际的竞赛会带来消费力高的外国观赛游客、媒体、参加人员的家属等，珠海策划举办"大使杯"15国驻华领事馆友谊赛的"帆船嘉年华"，估计会吸引3万多人次到来参观，产生直接及间接的经济效益达1.5亿元。除了国际竞赛外，还能举办其他竞赛，例如，港珠澳竞赛、大企业竞赛、院校之间的竞赛、俱乐部之间的竞赛等，全年在节日举办多个竞赛带来游客6万—8万人次，旅游的经济效益约3亿元。

五、帆船文化对社会及环境的贡献

（一）提升地方品牌

推动帆船文化早期最容易达到的效益是提升地方品牌，所以不少地方都用帆船文化来抢占品牌效应，例如，"环海南岛帆船赛"、"厦门号环球"、"三亚号"参加沃尔沃帆船赛、"青岛号"单人不停站环球等。也有不少地方举办游艇展来提升品牌，但游艇展在国内近年来太过于泛滥，厂家疲于奔命，社会观众不多，经济效益不大。珠海帆船文化的发展，应举办具有民族特色的帆船文化活动，例如，"珠海号"中式帆船环球航行，或举办中式帆装的国际帆船赛，与其他城市的帆船活动差异化，同时具有中国民族特色的航海活动更能提升地方品牌。

（二）增加就业岗位

每个帆船俱乐部或游艇港的落成过程，从建设到运营管理都需要大量的人力资源投入，主要岗位包括船长、水手、维修人员、餐饮人员、帆船教练、管理人员等。根据国际游艇联合会（ICOMIA）的数据，游艇港内每一份工作就造就了9个间接工作岗位，每100艘船停泊便造就44个直接和间接工作岗位（ICOMIA彼得·严信博士，2014）。

（三）低碳环保的旅游业

旅游业是现今世界上最庞大的产业，占全球GDP的11%，适合珠海开发的航海旅游有休闲渔业、潜水、帆船体验、游览船、海岛度假等游艇业下游产业。海钓等渔业旅游让渔民以环保的方法获取经济利益，用以取代破坏环境的商业捕鱼。中国经济经过改革开放的30多年，汽车在一般中产家庭已经很普遍，而且被用于休闲活动，现今每遇上长假期国内的高速公路都严重堵车，不但耗费大量燃料，还产生大量碳排量污染环境，部分城市雾霾问题严重。对比之下，帆船是利用风能为主的低碳环保交通工具，碳排量远比汽车自驾游低，而且海洋旅游容量巨大，因此应该大力提倡发展中产的帆船旅游。

（四）培养航海人才

党的十八大呼吁"建设海洋强国"，习近平主席又提出"一带一路"的经济发展理念，需要大量航海人才，但由于中国自明代郑和以后经历600多年的海禁，"欺山莫欺水"的怕海传统根深蒂固，要支持走出海洋的国策必先根除怕海的思维，培养亲海的民族性急不可待。利用社会休闲航海的生活方式，能培养出丰富的各类航海人才，例如，造船、制帆、通讯、轮机、航海等，为国家的发展战略储备及输送大量热爱航海的人才。帆船游艇业的兴起可以制造大量各种与航海有关的岗位，要培养年轻人亲海的生活方式，有发展前途才能吸引年轻人加入行业，在实践中培训出各类的航海人才。人才是创业的核心。帆船港可以为社会提供优良的发展平台，让人才汇聚，培育充满生气的中小企业，产生蓬勃发展的集从效应。

作者向时任澳门中联办副主任郑振涛先生汇报推动澳门游艇珠海自由行工作

珠海开发帆船文化旅游 SWOT 分析[①]

珠海位于珠江口的西岸,拥有漫长海岸线,海岛众多,外岛的海水清澈,拥有得天独厚的海洋资源。邻近深受西方海洋文化熏陶的澳门及香港,其中香港的水上运动文化已经有近 166 年的发展历史,帆船文化普及到社会各阶层,而且产业链内人才丰富。香港游艇会(前皇家香港游艇会)多次在亚洲游艇行业大奖中获选为"最佳游艇帆船俱乐部",此外,香港也孕育出奥运帆板冠军李丽珊。

珠海离香港最远的游艇港是白沙湾,航行距离约 50 海里,是帆船一天的航程,最近的是黄金海岸,航行距离仅约 24 海里,是帆船半天的航程,机动游艇一小时的航程。

帆船文化涵盖范围很广,其中包括休闲生活、航海旅游、民族文化、专业竞技、贵族社交等。中国的帆船运动始于奥运会运动员的培训,因此国内的帆船发展偏重于"专业性"的竞赛。国内帆船运动比较普及的城市有青岛、厦门、深圳、三亚等,这些城市已经举办过知名的国际性帆船比赛,但部分城市的帆船发展落入专业竞赛及"高大上"的贵族奢华误区,脱离了社会群众的基础,成为普通老百姓只可观赏羡慕的城市包装。

珠海市的帆船文化起步较晚,要追上并超越其他城市,最佳定位为

[①] 此文节选于九洲控股集团《珠海市帆船文化五年发展规划》。作者为该课题组牵头负责人。2015 年 6 月。

"帆船文化生活之都",把帆船文化普及成为一般老百姓都能参与的健康、低碳、休闲、旅游、文化的生活方式,以提高民族自豪感的中华航海文化为源动力,带动巨大的旅游经济效益。

一、优势

(一)浪漫的都市水岸

珠海市岸线总长894.7公里,其中大陆岸线长395.9公里,海岛146个,市区直接滨海,而且水岸绝大部分是城市休闲用途,其中情侣路全长达28公里。海上运动可以展现在城市风景线上,让全市民观看,吸引大量群众的眼球。珠海的城市规划有前瞻性,预留了浪漫的绿色都市水岸,已经被公认为是一座浪漫的生态城市。对比深圳市区滨海岸线已经不多,而且绝大部分被工业物流所占,中国杯帆船赛在深圳虽然举办了多年但只有极少数深圳居民曾经参与。

(二)丰富的海岛资源

珠海有外岛146个,而且大部分离市区很近,如三角岛距离九洲港不到9海里,是机动船半小时的航程。东面的外岛大都水清沙细,海底有珊瑚等多样生物,适合海钓或潜水等运动。此外,海岛能用作帆船绕岛竞赛,因为群岛上岛屿众多,可供设计各种不同距离的帆船竞赛航线。

(三)完善的帆船产业集丛

珠海平沙是国内最大的游艇生产基地,其中有技术能力特别强的帆船生产厂家,能代表中国生产参加美洲杯帆船赛的高科技赛船。此外,在深圳及东莞都有帆船及帆的生产厂家,国际品牌的索具代理也在深圳,对发展帆船文化很有帮助。比如,帆船赛过程中损坏的帆可以连夜修补,翌日送到赛场继续比赛。平沙或深圳生产的帆船运送到就近的珠海费用低,买家可省却昂贵的运输费用。

(四)乐海的群众

"欺山莫欺水"的传统怕海理念在中国家庭中根深蒂固,父母亲及老一辈的长者成为发展水上运动的阻力。但珠海曾经有大量水上居民,这些俗称为"疍家"的水上人家世代代居住在海上，部分是上岸的渔民，现在虽然已经定居楼房，但骨子里充满海洋的情怀，很多都选择与海洋有关的工作。珠海南屏一带的洪湾、广生、广昌等沙田地区居住的，很多是已经上岸定居的疍家人，他们是比较容易接受水上运动的社会群体，也是发展帆船文化的理想人才资源。

（五）海洋文化旅游资源

珠海具备充满中国特色的海洋文化，也拥有珍贵的海洋旅游资源，如万山岛、淇澳岛等供奉妈祖的天后宫、疍家人的美食、歌谣、赛龙舟的活动、特色的鱼排生活、理想的海钓环境等。现在斗门"装泥鱼"的习俗还荣登国家非物质文化遗产名录。

（六）香港的帆船文化

香港的帆船文化源于约166年前英国人大航海时代的传统，至今已经发展非常成熟，有体系的培训及人群享受休闲的生活方式。珠海发展帆船文化能从香港取得各方面的支持，包括帆船上的材料、配件、安装技术、培训、组织赛事经验等。例如，中国杯帆船赛的早期竞赛管理都是委托香港游艇会代为举办的，青岛号等国内的帆船都是先运送到香港安装然后驾驶回国的。

二、劣势

（一）泥沙淤积问题

珠海位于珠江口的西岸，珠江带下来的泥沙顺着地球向东转沉积在珠海的东岸，泥沙在水流平静的海湾便沉淀下来，这泥沙运动把珠海所有东面的海湾都填上，让游艇港选址比较困难。现有的香洲渔港及九洲港都是依赖长年疏浚来保持水深，平均每年每平方米水面清淤费用5—7元，是个长年无法节省的硬性经营成本，游艇港水面因为有桩柱及浮码头等障碍物不能使用大型疏浚设备，工程效率比无障碍物的物流港及渔港都低，疏浚费用因此更为提高，而且是个年复一年的永久性的经营负担。带泥沙的水在安静的港池沉淀，因此在泥沙运动活跃的水域，利用防波堤往水深处延伸的游艇港，也很难避免日后淤积的问题。经常清淤的费用增加了帆船港的经营成本，严重者甚至无法正常经营，需要长年硬性投入大量资源疏浚的游艇港，其市场竞争力比无需清淤的游艇港低，因此国际航运协会计划2015年出版的《游艇港防淤设计指引》指出游艇港最佳防淤积的方法，就是避免在泥沙淤积的岸线建港。

（二）平沙游艇产业问题

珠海平沙2002年起步，在游艇制造方面发展了13年，成为国内游艇产业的龙头。但是因为大部分配件还依赖进口，利润比较薄弱，所以2012年游艇产值20亿元，其税收仅5000万元左右（中交协邮轮游艇分会，2014），产值及税收与其257平方公里的占地面积不成比例。

（三）海岛矿场问题

珠海的一些无人岛过去曾经是石矿场，采石料供应给香港及国内的工程，采矿活动严重破坏了岛屿的生态，留下难看的巨大地质疤痕，需要化腐朽为神奇的美化工程才能发展为旅游景点，而且发展海岛需要投入大量船艇交通资源。

（四）渔业问题

曾经响彻全国的口号"工业学大庆、农业学大寨、渔业学万山"，其中的万山就是珠海的万山岛，但现今海洋生态破坏严重，渔业资源持续衰竭，珠江口已成为国内第二大河口污染区，海底荒漠化、垃圾化、重金属污染趋势严重，伶仃洋大部分海水和海底因陆地人为排污已严重污染，水质综合污染指数达到重污染级水平（珠海市文体旅游局，2012），产自横琴新区、金湾区、高栏港区的生蚝均存在一定程度污染，渔民目前对休闲渔业发展认识不足，海钓品牌和产业有待进一步开发。

三、机遇

（一）海洋的国策

2012年党的十八大报告明确提出："坚决维护国家海洋权益，建设海洋强国"，习近平主席又在2013年提出"一带一路"的经济发展理念，发展"21世纪海上丝绸之路"的合作发展理念。国家需要大量的财力人力物力来推行这宏图大业，珠海这个位于海上丝绸之路的海洋城市有责任支持发展相关的文化产业、培育航海人才，在巨大经济效益中蓬勃发展。

（二）广东省经济蓬勃发展

2015年第一季度广东省GDP以14948亿元排名全国第一，这意味着广东省人民的消费水平增加。根据游艇杂志《海之蓝》作的《2014中国游艇会数据调查报告（第二版）》调研，广东省是全国游艇保有量最多的省份占34%，比排第2名的海南省19%多出了15%，印证了这种消费现象，广东省有条件成为全国游艇业最发达的地区。

（三）珠海横琴自贸区的发展

2015年3月24日，中央政治局通过了珠海横琴自贸区享受"一线放宽二线管住"、"境内关外"、"特区中的特区"的优惠政策，横琴游艇及旅游业的发展将会非常快速，协同澳门往国际旅游休闲、商务服务、金融服务、文化创意、中医保健、科教研发和高技术方向发展。香港或澳门登记的游艇将来可以停泊在横琴，对珠海游艇帆船的发展有直接的帮助。

（四）港珠澳大桥的开通

澳门2014年人均GDP世界排名第4位，香港排名第25位，计划于2017年通车的港珠澳大桥把三个经济体系连成一体，把三地连接在1—2小时车程距离内，珠海是三地之中可发展空间最大的地方，发展国际旅游前途一片光明。

（五）被忽略的帆船生活方式

由于中国的帆船运动起源于参加奥运的小帆船，青岛发展帆船的城市名片也始于2008年被选为奥帆竞赛中心，参加帆船竞赛的人员大多是退役的运动员，在此背景下，国内帆船赛中的胜负及专业性被过度重视。龙骨大帆船不是奥运竞赛项目，中国社会对这方面认识不深，举办活动及采购帆船时往往受商人推销与"土豪思维"的影响，强调帆船的"大"，把龙骨帆船赛包装成为"高大上"的贵族时尚运动。在"专业"与"大"的错误观念下，中国的帆船文化脱离了群众，普通市民误以为帆船是高不可攀的富豪玩物，这正好给珠海一个巨大的发展机遇。

珠海应把帆船文化发展成为一个全民参与、消费低廉、环保、愉快、旅游娱乐的生活方式，在中国的帆船界独树一帜。

（六）民族航海文化之旅

水密隔舱、船舵、多桅杆等都是中国人发明的，中式帆船在国际上很有地位。近年来，不少外国人把自己的西式帆拆掉改插上中式帆装，但国人对这方面知之甚少，大都向往西方帆船。这恰好给珠海提供了发展民族帆船文化的空间，激发起海洋文化方面的民族自豪感。实际上，东方的航海文化是外国人来亚洲旅游最希望探求的事物，例如，越南及泰国就已经成功用中式帆船开发旅游产品，而且极受欢迎。珠海发展中式帆船旅游必能吸引国际游客。

四、威胁

（一）澳门经济下滑

澳门与珠海是两个紧挨的城市，其经济有唇齿相依的紧密关系，自2014年澳门幸运博彩月毛收入冲上历史最高点后便一直断崖式下滑，据估计，2015年澳门博彩业收入将下跌30%以上，对博彩业一业独大的澳门经济来说，这将带来致命的打击。中国内地反腐、宏观经济回落、房地产增速放缓、银联卡管制、甚至禁烟，都被认为是澳门博彩业下跌的原因。

实际上，澳门是一个有文化、有历史底蕴的地方，它历经葡萄牙400多年的统治，中西文化已经碰撞出一种自身的文化特质，只是它经常被掩盖在博彩业的阴影之下，赌博业下滑反而会让其他旅游文化事业更有发展空间，游艇业便是其一。

（二）其他城市的竞争

国内很多城市的游艇港都比珠海多，例如，邻近的深圳便有好几个游艇港，附近惠州的巽寮湾也落成了几个游艇港，深圳、青岛、三亚、厦门等城市的帆船运动都比珠海早起步，而且部分城市有政府政策的大力支持。珠海要从后赶上需要多方面努力，一方面把握发挥自己的优势，另一方面要找到突破的缺口，在其他城市没有发展的领域投入资源开拓快速发展的空间。

五、SWOT 分析总结

所谓"知己知彼，百战百胜"，珠海应该利用自身优势结合机遇来克服本身劣势及应付外来威胁，以长补短、变废为宝、因地制宜的方法解决问题。

（一）巧用浅滩

大自然的力量巨大，淤积是很难抗拒的，而且发展基层的帆船文化资源有限，与其花费资源长年不断地疏浚滩涂来维持游艇港水深，不如善用泥沙淤积的滩涂，开发适合浅水的帆船及水上运动，例如，使用一些能上沙滩的双体帆船，用作发展旅游及发展社区体育运动；木质的中式船艇自古以来都适宜在滩涂上使用，可以开发中式木船的旅游项目，比如在拱北湾恢复"艇仔粥"的平民水上休闲文化，或使用珠海典型的木质"罟仔"中式帆船作海岛旅游接待；利用浅滩水浅的特点作龙舟、划艇、风筝滑板等运动。

（二）海岛矿场变废为宝

把矿场工业感的个性揉入创意文化产业，提供给艺术家使用为工作室的 LOFT，或配合澳门及横琴发展娱乐的旅游方向，仿效地中海伊比沙岛，开发豪迈放任的音乐文化岛，吸引外国及香港的个性化游客群到来度假，成为一个结合现代电子音乐岛、北京 798 艺术区及香港兰桂坊的新型游艇帆船旅游度假岛，吸引港澳的游艇帆船到来消费。

（三）两杆经济拉动平沙游艇内需

游艇业发展的瓶颈在于欠缺廉租的公共泊位，在香洲港及合适地区大量开发廉租的干泊位及系泊，适合钓鱼艇及小龙骨帆船聚泊，加上珠海外岛适合海钓及帆船旅游的优良条件及港珠澳乐海的人口，发展休闲渔业，以桅杆及钓竿的两杆经济拉动游艇产业链的下游市场，为平沙游艇业制造内需，为珠海的渔业、旅游业及制造业创造三赢的办法。

打造特色海洋运动休闲旅游示范岛[①]

近年来,随着全球经济的快速发展,海岛旅游正在向休闲化、多元化方向发展,旅游产品不断丰富,成为最能够体现休闲意义的旅游形式。旅游业在有效促进海岛地区的经济、文化和社会发展的同时,也提高了海岛当地民众的生态环境保护意识。因此,科学发展海岛旅游业是海岛地区发展经济、传播文化和促进生态保护的重要抓手。

一、珠海在海岛旅游开发方面有着得天独厚的优势

(一)资源优势

珠海海岛自然资源丰富,东澳岛、桂山岛、万山岛、外伶仃岛、三角岛等岛屿各具特色,有阳光、海水、海湾、沙滩、礁石、岩岸、山岭,丰富的水产资源和海鲜产品,生态环境极佳,渔家风情浓厚,具备开展海洋旅游必备的阳光、沙滩、海水三要素,是开展海洋观光旅游、休闲度假、户外运动、游船环游的理想场所。

(二)区位优势

珠海海岛位于广东省中部沿海,是内地经济改革开放最具活力的地区之一,消费力量惊人,是国内南北航线和国际航线进出珠江口两岸和

[①] 此文是作者在 2015 年 12 月 21 日召开的"广东省海岛开发与旅游管理会议"上的演讲。本次会议由广东省海洋与渔业局、广东省旅游局联合召开。

快速连接粤港澳城市圈和万山群岛

港、澳港口的必经之地，如此独特的地理位置，是发展特色旅游的天然条件，国内任何其他地区都不具备的，区位优势非常明显。

（三）开发机会

近年来我国的海洋事业得到迅猛发展，海洋经济在整个国民经济中所占比例迅速提高，在国务院批准并印发的《全国海洋主体功能区规划》中，珠江口要重点发展高端旅游产业，加强粤港澳邮轮航线合作，积极培育海洋主题公园、海岛旅游等新兴旅游业态，重点发展休闲渔业、海上运动休闲旅游等项目。而珠海万山群岛又是离珠江三角洲最近的海岛旅游区，珠江三角洲已经成为其最大的旅游高消费客源地。未来港珠澳大桥的通车，桂山岛联系香港的对外口岸开通，必将会扩大万山群岛与周边区域乃至全国其他地区的经济联系，促进珠海海岛旅游业的发展，为珠海海岛旅游带来广阔的前景和历史机遇。

九洲控股集团作为珠海市重要的大型国企集团，在三十多年发展历程中，因海而立，也因海而兴。三十年前，九洲人披荆斩棘，将九洲滩发展成九洲港，依靠"海上动车"、"海上穿梭巴士"的高速客轮公司，经营珠海至香港、蛇口以及万山群岛航线，使九洲港成为全国沿海最大客运港口枢纽。三十年后，九洲控股集团取得了九洲港片区的一级开发权，今后会重点规划把九洲港发展成为九洲湾，将九洲湾打造成为珠海的航海文化中心和珠海的门户港口，成为推动九洲控股集团缔造完美旅居产业链的新引擎。

山海相拥、陆岛相望，九洲控股集团正依托珠海这一独特的优势资源，围绕"上山下海、南蓝北绿"的企业发展战略，念好"山海经"，特别是珠海的"岛经"，进一步推进珠海万山群岛旅游开发，这不仅是对海岛旅游建设上升为国家政策的一种自觉回应，更是履行国企社会责任、为珠海打造世界级旅游目的地的一种积极作为。

二、九洲控股集团对珠海海岛旅游开发的理念与思路

（一）交通先行，陆岛联动

发展海岛旅游产业，离不开海上发达的交通网络，也离不开港口的基础支撑。海岛旅游交通建设网络不仅影响着海岛旅游开发的规模，更决定着海岛旅游开发的安全和经济效益。对于海岛旅游交通的发展，九洲控股集团以发达、便捷的港口网络为基础，安全、高效的高速船队为纽带，立体、多样的出行方式为补充，使得海岛旅游交通发展有一个质的提升。

为保证旅客安全、顺利出行，九洲控股集团持续加大投入，以"旅游化、便捷化、多样化"为方向，大力推进陆岛交通、岛际交通网络建设。积极探索以水上飞机、直升飞机、水陆两用车等为代表的新型岛际接驳方式，推动海岛旅游从原来的海上交通出行模式向海陆空一体化的旅行模式转变，配合珠海市相关部门推动粤港澳游艇自由行和邮轮航线合作，实现海岛旅游出行模式的新突破；结合旅游岛屿开发建设和旅游线路设计，加快游艇码头、帆船驿站新建、升级，大力优化港口岸线资源，完善海岛旅游交通集散系统和水陆交通联运网络。目前，九洲控股集团旗下的珠海高速客轮公司已成为全国范围内"客船最多、航线最广、安全最好、服务最优、效益最高"的粤港澳经济圈"海上巴士"营运商，每年安全运送旅客超过400万人，安全运营航班近2万航次。最近高速客轮公司还以高标准、高要求新造新型高速船舶：海琴号、海璟号、陆

续还会有更多新型、豪华、舒适的船舶投入运营。

在未来，九洲控股集团将全资或合资拥有九洲港、香洲港、湾仔港、桂山岛、东澳岛、外伶仃岛、万山岛等12个优质客运港和公用型游艇母港以及"一带九湾码头链"的客运港集群，在区域性港航业务与中高端休闲旅游业务形成完整的旅居产业链，为海岛地区发展旅游业奠定交通基础。

（二）科学规划，生态开发

九洲控股集团不是简单地做海岛开发，而是始终把海岛生态和环境保护作为中心任务，在保护中合理开发，在开发中有效保护，坚持保护优先、适度开发的原则，合理开发海岛旅游资源，引导游客开展低碳旅游，促进人与海岛、人与自然相互和谐，使海岛成为城市和游客的共同财富。在省市相关领导的关心支持下，目前正在规划论证的珠海三角岛开发项目，完全贯彻了这个思想。在省海洋局和省海洋发展研究中心的指导下，九洲控股集团已启动并逐步开展了海岛生态环境保护与海岛生态恢复的前期工作。水电、排污、岸线、绿化都有对应的保障措施，并且在省海洋局指导下做成了指标规划，通过这些指标和规划，合理确定海岛不同主体的功能，科学规划海岛开发，规范开发秩序，提高开发能力和效率，无论是海岛基础设施建设，还是垃圾和污水处理，无论是兴建酒店，还是规划游艇码头，均以"保护性开发"为根本原则，实现可持续开发利用，构建陆海协调、人海和谐的海岛空间开发格局，促进珠海海岛旅游经济的发展。

2015年起，九洲控股集团将重点打造两个示范性海岛：一个是无居民海岛——三角岛的整岛旅游开发项目，还有一个就是桂山岛幸福渔村与航运综合体建设项目，通过示范岛的打造，创新保护性开发模式，不断丰富海岛旅游资源和旅游项目，在全省乃至全国海岛旅游开发中起到很好的领头示范作用。

（三）文化引领，弘扬品牌

九洲控股集团积极开拓蓝色海洋旅游，围绕海岛独特资源优势，开发别具特色的旅游产品，深挖海洋文化和航海文化，重点打造珠海"百岛千帆,激情万山"水上运动品牌,在2016年,九洲控股集团将会承办全国帆船锦标赛——珠海站的赛事,以此为契机,推动"运动嘉年华"等形式的休闲体育赛事发展,举办海洋休闲体育竞赛项目。通过发展群众广泛参与的嘉年华休闲体育赛事,增添城市动感,提升城市旅游品牌,促进万山群岛旅游发展,逐渐将原有的"食、住、行、游、娱、购"为一体的服务平台,拓展为"商、养、学、闲、情、奇"等六个新鲜要素的高端文体旅游服务平台。

九洲控股集团不断开发相配套的相关文化产业、文化品牌以及现代化的观光资源,按照市委市政府和万山区的要求,以群岛游规划为引领,通过提升和完善万山群岛陆岛配套,开发海洋海岛旅游资源,全面提升游客接待能力,与其他开发主体合力将珠海万山群岛打造成世界级群岛旅游目的地。

（四）板块协同,产融结合

九洲控股集团一直致力于打造完美旅居产业链,业务涵盖海上客运、港站管理、酒店服务、旅游地产、城市公用、主题景点、旅游观光、高尔夫、赛车运动、商贸服务、体育赛事、金融等领域,拥有全国最大的高速客轮船队和优秀的港航业务管理人才,拥有星级酒店及大型旅游景区的开发管理团队,在海岛开发的过程中,九洲控股会充分利用自身优势,整合企业内部价值链,着重于优势方面,发挥各个板块协同作用。

2015年九洲控股集团旗下的九控投资和万山区政府合作的海洋产业发展基金正式启动,这是全国首家以海洋产业为投资方向并由政府参与出资的产业基金,预计投资分三期,首期投资额达5亿元,总投资额约50亿元。随着该海洋产业发展基金的项目启动,将有力地推动万山群岛海洋产业项目资金主体的多元化、投资形式的多样化和融资手段的多元化,激发珠海万山群岛海洋产业的金融活性,解放万山群岛海洋产业发展的资金瓶颈,使企业能够从间接融资变为直接融资,也让投资者实现在海洋产业优质项目的投资对接,成为市场资本、政府资本进入海洋产业投资领域的桥梁。

百舸争流千帆竞,乘风破浪正远航!

九洲控股集团在省海洋部门和旅游部门的正确引领下,锐意进取,用心打造,始终保持时不我待、只争朝夕的工作热情,全力推动珠海万山群岛旅游开发,为珠海万山群岛成为广东乃至世界级的旅游休闲目的地做出更大的贡献!

新常态下国企人力资源管理新实践

高效的人力资源管理机制有助于企业保留、吸引和激励人才，推动企业发展战略的实现，是建立现代企业制度、完善法人治理结构的一个重要环节。多年的大型集团企业管理者从业经历，促使笔者对集团企业的人力资源管理从理论的层面、实践的纬度做了大量的思考、探索和实践，也取得了一定成效。本文试图从深化干部人事制度改革、法人治理结构与人力资源管理的融合、打造高素质人才队伍、构建人力资源管理体系等方面，对新常态下国有集团企业如何在人力资源管理方面进行改革与创新做一些阐述。

一、深化改革，建立满足现代国有集团企业需要的干部人事制度

建立现代企业干部人事制度是国有企业改革的重要方向和内容。在市场经济体制下，国有集团企业作为重要的经济力量，与时俱进地深化干部人事制度的改革，促进体制创新，对国有企业改革及发展具有重要的意义。

1.建立健全集团企业干部选拔任用机制。建立健全集团企业中层管理人员选拔任用管理暂行办法。办法应对集团企业管理干部选拔任用的基本条件、方式及程序、任期与交流、纪律与监督等方面做出明确规定，使中层管理干部的选拔任用有法可依、有章可循。

2. 建立健全集团企业干部绩效考核机制。规范对下属企业绩效考核的管理，客观评价管理干部的工作绩效。以业绩为导向，建立健全绩效管理制度，完善绩效管理体系。绩效管理体系可将下属企业目标分解为短期目标和长期目标，即年度目标和经营层三年任期目标，以年度薪酬与奖励作为短期激励，以任期奖励作为长期激励。以此为依据，与下属企业每年签订绩效合同。绩效合同应包括岗位的主要考核方面及关键业绩指标、权重和工作目标设定；关键业绩指标的评分方法及衡量标准；考核结果与奖惩挂钩的约定等方面的内容。绩效考核机制的建立为实现集团企业目标，不断提高和改善下属企业干部工作能力与工作业绩，确保为集团企业可持续发展提供制度保障。

3. 建立健全集团企业干部管理与监督机制。把人力资源管理工作与纪检监察工作紧密联系在一起，把干部的选拔任用与作风建设、廉洁从业要求有机结合在一起，从制度的设计和机制的建立入手，强化对干部的管理监督。一是落实两个责任。即集团企业与下属企业签订党风廉政建设责任书、中层管理干部填报个人事项报告、签订廉洁自律承诺书，将党风廉政建设年度工作任务分解到企业、分解到人，层层传导压力，明确董事长和总支（支部）书记是落实党风廉政建设的第一责任人，领导班子成员根据工作分工履行"一岗双责"，级级落实责任。二是完善配套制度。出台企业负责人履职待遇管理办法，对一般性费用支出、公务接待、差旅费、公务用车、办公面积、办文办会等方面提出了具体标准和要求；完善干部选拔任用程序，中层管理干部拟任人选要经集团企业党委研究把关，考察和公示无异议后，再履行聘任手续。三是强化监督检查。首先，"干部开放式接受监督"，即根据上级纪委党风廉政建设的要求，在集团总部和各企业非监控区域设立意见箱，收集投诉意见。其次，开展专项清理。根据中央要求，抓住重要节点，开展公车私用、公款吃喝送礼、公款旅游、出入私人会所、违规打高尔夫、办公室清理、党员领导干部"八小时以外"活动监督管理、违规兼职等专项清理活动。最后，建立纪委、监事会、审计部门共同监督机制，强化职能部门监督职责，对下属企业开展专项监督、专项审计。

二、顶层设计，将国企党建与人力资源管理有机融合，从完善法人治理结构的高度提升人力资源管理层次

新形势下，要强化顶层设计，将企业党组织的政治核心作用融入人力资源管理体系，从完善法人治理结构的高度提升人力资源管理层次。

1. 促进党管干部与董事会、经营班子依法行使用人权相结合。在集团企业中层干部的任免上，坚持党管干部与董事会、经营班子依法行使用人权的统一。在用人的问题上，党政主要领导事先交换意见，人力资源管理部门考察，通过民主测评、个别座谈等途径，广泛听取员工意见，再提交党政联席会议集体讨论，取得多数同意后统一任免。如管理岗位出现空缺，可采取公开竞聘上岗的方式，在企业内部公开选拔。

2. 实施"双向进入，交叉任职"，建立党组织发挥政治核心作用的工作机制。在逐步建立和完善现代企业制度的过程中，根据《公司法》和党章规定，不断探索党组织发挥政治核心作用的途径和方法，尝试把党组织的政治核心作用写进企业章程。同时，可按照"双向进入，交叉任职"要求，逐步调整充实企业党组织领导班子、董事会、经营班子、监事会。在"交叉任职"的企业，四套班子重合度较高，在运作中，可实行党委会议制度、党政联席会议制度和领导班子议事制度，建立党组织发挥政治核心作用的工作机制，为党组织参与企业重大问题决策提供制度保证。

3. 党组织参与企业重大问题决策。包括参与集团企业的战略规划、年度生产经营计划、年度财务预算、投资决策、经营目标等重大事项的决策。集团企业重要人事安排及内部机构的设置调整，应经人力资源管理部门考察，党组织研究提出建议和意见，最后由董事会和经营班子依法行使用人权。慎重研究涉及企业职工切身利益的重大问题决策，维护企业职工的合法权益。

三、内部培养、外部引进，开发"第一资源"，打造具有国际视野的人才高地

实施大培训的人才资源战略，加强人才培养，创新育才机制，实行优秀人才优先培养、重点人才重点培养、紧缺人才抓紧培养。通过多渠道、多层次、全方位的内、外培训，使人才满足集团企业经营管理和项目发展的需要，并实现人力资源不断增值的培训目标。

1. 抓专门人才培训，探索与高等院校联合办学。实施定向培养人才的新办法，选择质量好、信誉可靠的高职院校作为人才后备基地。高职院校根据企业关于人才素质的要求和目标，制定教学大纲。教学大纲经企业确认后，开展教学活动，实行定单式培养。企业需要什么样的人才，高职院校就培养、输送什么样的人才。学生毕业后达到企业对人才的素质要求，遵循"双向选择"的原则，直接安排到对口的集团下属企业就业。

2. 有效开展干部教育培训。着眼于集团企业发展大局和干部队伍建设需要，可与国内知名高校联合办班，有针对性地对干部进行轮训，引导干部牢固树立新时期五大发展理念，提升新常态下推动发展的能力；建立集团企业总部和下属企业之间、下属企业相互之间干部轮岗交流机制，同时指导下属企业内部进行管理人员轮岗交流，从不同的岗位锻炼和培养干部。

3. 建立人才后备队伍。储备人才、建立后备人才队伍，是集团企业人才战略的重要组成部分。一是通过年度考核，挖掘政治素质好、业务能力强、有发展潜质的年轻管理人员和专业技术人员，在内部发现人才，建立人才库，在此基础上，动态考核，优胜劣汰，不断增减；二是从校园招聘应届毕业生培养。

4. 建立干部市场化、职业化机制。随着市场竞争的日益激烈，具备高素质、高技能、高创新的复合型职业经理人才队伍在发展壮大。国有企业对现代化的企业经营管理人才的需求也日益迫切，建立与市场相适应的人才选拔机制成为国有企业人才建设的重中之重。为此，首先，应对管理

岗位进行明确的工作分析，对任职所需的知识结构、专业水平、技能要求及相关要素进行界定，建立清晰透明的对外选聘流程，制订公平、公开、公正、择优录取的原则，为市场化选聘人才提供制度保障。其次，采取直接从市场招聘、通过中介机构和猎头公司物色、行业或院校专家推荐等多种途径，从外部引进能与市场接轨、具有国际化视野的职业经理人。

四、引进优秀管理理念，推进管理改革，完善人力资源管理体系

对一个大型集团企业的发展而言，人才是关键，干部是核心，法人治理结构是保障，人力资源管理体系是基础。引进外脑、推动改革，实现由传统人事管理向人力资源管理转变，由行政式管理向企业管理转变，这是国有集团企业新形势下必须解决的问题。

1. 梳理组织架构，明晰岗位职责。梳理集团企业组织架构，完善董事会、经营班子、职能部门等组织架构，编制岗位说明书，界定各个职能部门和各个岗位以及下属企业高级管理人员的职责。在此基础上，把集团企业总部及下属企业的管理层级划分为四个——高级管理人员（包括董事会成员、经营班子成员）、部门负责人、主管或业务骨干、基层员工，组织架构清晰、简洁、偏平，极大地提高了管理效率，激发了员工工作热情和激情。

2. 实施宽带薪酬。集团企业薪酬改革可引入宽带薪酬，其含义是：同一个岗位设置多个薪酬档位，以反映同一岗位不同等级的差别。通过将薪酬与员工的能力和日常工作表现结合起来，延伸和拓宽员工晋升通道。

通过岗位评估确定岗位之间的相对价值，并根据岗位价值确定基本薪酬水平，最大限度地降低薪酬的主观性。薪酬体系的设计坚持按岗定薪、激励、公平、适时更新调整的原则。"按岗定薪"即以事定岗、以岗定薪；"激励"即通过建立合理的薪酬体系，充分调动员工的积极性，提高员工的工作效率及效果，以最大限度地利用公司的各项资源。"公平"即内部公平及外部公平。"适时更新调整"即根据市场薪酬水平及集团

经营情况，调整集团薪酬水平。

同时，考虑绩效因素，拉开差距。不同绩效水平对应不同的薪酬水平，拉开差距，切实体现酬报员工对公司贡献的理念，并采取向重要岗位和特殊管理、专业人才倾斜的薪酬政策，更有效地吸引和保留人才。

3. 建立健全绩效考核机制。建立健全规范化、制度化、程序化绩效管理办法。通过员工绩效目标的设定和评估、反馈和沟通，使员工了解自身绩效及发展与集团业务发展之间的关系，从而促进员工充分发挥自身潜能，促进员工和集团企业的共同发展。绩效考核管理办法应注意以下问题：一是指标个性化。即不同部门、不同岗位设定不同的绩效指标和目标，以体现不同部门和岗位的关键业务领域。二是员工绩效与部门绩效相一致。即员工的绩效指标由部门的绩效指标分解而来，员工的绩效与部门的绩效相匹配，以引导员工关注部门绩效和集团整体绩效。三是考核结果与薪酬、岗位调整挂钩。即依据员工的工作表现和对部门业绩的贡献，员工绩效奖金的发放、岗位调整与考核结果紧密相联。四是签订绩效协议。绩效指标和目标既需要达成业务发展目标，又兼顾员工的事业发展和自身愿望，并必须经考核人和被考核人双方同意签字。

五、结语

深化国有企业改革，人力资源管理改革是关键，也是难点。无论是理论还是实践，都将面临诸多新难题、新情况。但如果把现代企业制度与国有企业人力资源管理，特别是把党组织的政治核心作用与人力资源管理结合起来研究、探索，并付诸实践，实际上已从时代性的深层次上提出了问题。这种研究和探索不但必要，而且紧迫。

改革和转型中的集团化国有企业由于规模庞大涉及的产业多而复杂，必然产生集团企业对其成员管控难的问题及对各层级人力资源管理如何定位的问题。思维决定结果，在新常态下，我们积极探索、大胆尝试和努力实践，必然会走出一条光明大道。

2016 年 3 月

我们能为珠海市智慧旅游业发展做点什么[①]

九洲控股集团是珠海市旅游产业链较为齐全的大型国企，本人作为该集团的董事长、总经理，通过长期的从业实践积累，结合珠海的实际，对珠海市旅游业的发展提出以下几个方面的意见与建议。

一、总体战略方面，推进珠海全域旅游发展

2016年1月，国家旅游局局长李金早在全国旅游工作会议上提出，推动我国旅游从"景点旅游"向"全域旅游"转变。

珠海生态环境优美，山水相间，陆岛相望，气候宜人，是全国唯一以整体城市景观入选"全国旅游胜地四十佳"的城市。2016年1月29日，珠海又成为全国首批7个生态园林城市之一，是广东省唯一入选城市。应该说，在向"全域旅游"转变方面，珠海比其他城市具备更优越的发展基础与条件。

建议珠海市政府以及各相关部门，积极响应国家旅游局的全新旅游发展思路，把全域旅游作为新时期珠海市旅游发展的总体战略，并积极推动相关工作的落实。例如，全域旅游是把一个区域整体作为功能完整的旅游目的地来建设，也就是说，我们在做城市规划时，就应当有意识

[①] 此文为作者以珠海市旅游总会会长的身份在2016年2月珠海市文体与旅游局召开的"全市旅游工作座谈会"上的发言材料。

地把珠海整个城市当做一个大景区、大旅游目的地来谋划与思考。

二、旅游发展战略方面

旅游目的地的营销上有一个说法，就是"差异产生吸引力"。珠海市区位处于珠三角城市群，需要进一步深度挖掘旅游资源潜力，加强对旅游资源优劣势的再认识。例如，相比广州、韶关等城市，毗邻港澳以及拥有众多的海岛资源就是珠海市的独特优势；而劣势则在于缺乏名山大川，自然形成的旅游资源禀赋相对薄弱等。建议在此基础上实施差异化、错位化的发展战略。具体做法上需要"找唯一、做第一"，突出差异化，避免与其他地区的同质化以及珠三角区域内的同质化，做到"人无我有、人有我优"。

三、旅游发展策略方面

珠海市不能仅仅依靠一两个特大型旅游项目打天下、打所有的市场，而是应该形成"多层次的产品供应体系"，给游客带来"多元化的深度体验"。从时间分布来看，珠海市的旅游产品或节庆活动应涉及一年四季。在产品功能上，应当是观赏、休闲、娱乐等不同体验形成互相补充互相促进。

建议珠海市发展旅游应注重"市场分层，产品分级，服务分档"，也就是说要注重针对各个细分的市场，推出分级的旅游产品与服务，大体上是高端、中端、大众；"开发分时"就是建议开发推出旅游新项目最好有一定节奏，形成持续有新项目推出的局面。例如，既要有大众化的乡村旅游，也要有中产的主题公园、高尔夫、赛车；既要有小众的私密海岛，也要有小资的游艇和帆船。打造多个主题为中心的旅游产品，最终形成复合型发展的"大旅游"格局。

四、旅游发展的空间布局方面

珠海市旅游发展总体呈现"中心城区强、其他区域弱"的特点，中心城区的长隆、渔女、情侣路受到游客普遍欢迎。每逢周末或节假日，市区多地就会出现塞车，拱北、情侣路、横琴等地尤甚。从全市旅游发展的布局来看，中心城区拥有渔女、情侣路、圆明新园、梦幻水城等、横琴拥有长隆，金湾拥有海泉湾，不同程度上具备了"龙头效应"。

建议进一步优化珠海市旅游发展的空间布局，下一阶段重点推动万山区的海洋海岛旅游、斗门区的乡村旅游的发展，吸引多种类的投资主体开发经营旅游。对促进珠海市各区实现均衡发展意义重大。

五、旅游发展市场主体方面

现在，"80后"现在已经是旅游市场消费的主流，再过几年，"90后"、"00后"也将开始进入市场了。这些年轻人对旅游的看法、需求与"60后"、"70后"差异化较大，完全是全新的一代，是消费主义的一代，这和总体概念完全不同。例如，新生代比较注重个性、参与和体验、娱乐化、追求舒适等。

建议珠海市旅游部门、旅游企业立足当下，着眼未来，重视新生代市场主体，高度重视并研究新生代的需求和年轻人的旅游市场。

六、产业资金方面

旅游产业资金或旅游专项扶持资金对旅游业发展具有积极意义。旅游产业资金具有较强的引导作用，可通过产业资金扶持的手段，引导旅游企业升级转型或发展发挥珠海市特点的项目。前一段时间，珠海市开展过几年的旅游产业资金运行的工作，后来取消，但文化产业资金尚存。建议恢复旅游产业资金，并重点发挥其资金扶持、政策导向的作用，引导珠海市旅游有序发展。

七、营商环境方面

旅游企业在从事旅游开发、经营时，会遇到各种各样的实际问题，存在与多个相关部门协调的诉求，例如，旅游路牌、开发建设用地指标调整等涉及公路、交通、规划、建设、国土等部门。建议旅游部门帮助旅游企业积极协调相关部门，牵头解决旅游企业的实际困难或问题，为旅游投资、开发建设、运营管理创造更好的营商环境。

八、旅游宣传推广方面

珠海的旅游宣传定位在过去的一段时间，分别使用了"浪漫之城"、"海上云天、天下珠海"、"幸福珠海"等多个口号，由于变化较频繁，不易给社会、游客以及其他受众留下清晰而深刻的印象。

建议珠海的旅游形象应当有一个清晰的、相对固定的定位，并持续对外宣传，保持宣传的力度和频度，会取得更好的宣传效果。

九、区域旅游合作方面

由于得天独厚的地缘优势，珠海、澳门间存在较强的差异性和互补性。相对于深港旅游合作，由于深港皆为都市型旅游，珠澳旅游合作的互补性就强得多，游客大可在澳门观光、购物而在珠海休闲、度假。

建议加强与澳门的沟通合作，将珠海市与"广深珠"、"珠中江"的区域合作逐步转变为重点打造"珠澳合作"，"联澳共建"休闲旅游目的地并联合推广。

十、争取便利化通关政策方面

随着港珠澳大桥建成通车的到来，珠海将成为中国大陆唯一一个与香港、澳门特区陆路相连的城市，由于香港、澳门都是国际化程度较高的旅游城市，吸引了大量外国人到访，珠海如何承接入境客流以及港澳地区的辐射，并延长入境的外国游客逗留时间值得关注。

建议珠海市积极争取港珠澳大桥开通后的通关便利政策制订，例如，对通过港澳地区进入珠海的游客实行免签、落地签、个人144小时免签证，构建真正意义上的"珠港澳旅游圈"。

十一、重点项目保障方面

1. 2016年全国帆船锦标赛已确定落户珠海，预计将于11月正式举行。珠海国际海洋文化中心暨帆船赛事保障中心现已开工，九洲控股集团旗下的珠海市九洲航海文化有限公司正在全力打造这一影响力巨大的赛事项目。

珠海市已经拥有航展、马戏节、马拉松等具有国际或全国影响力节庆、展会活动。但在水上赛事、海洋文化方面还是空白。九洲控股承办的全国帆船锦标赛在提升城市品牌、影响力方面具有重要意义，对增加珠海城市旅游吸引力、拉动珠海旅游发展方面作用巨大。但赛事项目也耗资巨大，因此建议市旅游部门、财政部门根据赛事的需要，从政策上、资金上重点扶持、保障2016全国帆船锦标赛成功举办。

2. 根据市委、市政府对"环珠澳海湾游"有关工作的具体部署，"环珠澳海湾游"整体品牌将按照"差异化、资本化、品牌化、国际化"的高度去打造，水上旅游项目目前还没有成功申报国家5A级旅游景区的先例，建议珠海旅游部门根据项目的需要从政策上、资金上重点扶持，并积极支持探索把"环珠澳海湾游"作为创新项目申报国家5A级旅游景区。

十二、智慧城市旅游补强方面

"智慧旅游"是一个全新的事务。它是一种以互联网、物联网、云计算、智能数据集成等技术在旅游产业发展、旅游消费与体验、城市管理中的高端应用,是服务于公众、企业、政府,面向未来的全新旅游业态。

1. 要申请加入"国家智慧旅游试点城市"。2012年6月,北京等18个城市入选首批"国家智慧旅游试点城市"。2013年,国家旅游局又公布了15个第二批"国家智慧旅游试点城市"。珠海均榜上无名,因而也得不到相应的政策资助及技术支撑。必须后来居上、迎头赶上。

2. 要加强智慧城市建设。智慧城市是智慧旅游的物质基础,将智慧城市理念应用在旅游领域,对于建立公共服务体系,更好地服务旅游业乃至全社会,对于降低公共管理成本,为智慧旅游搭建智慧平台,从而引领旅游产业的转型升级具有强烈的现实意义。

3. 要加快推进宽带增速降费。智慧城市建设的载体是宽带信息网和移动互联网,其中,宽带网络是国家战略性公共基础设施,建设高速畅通、覆盖珠海城乡、低价服务便捷的宽带网络基础设施和服务体系,既有利于壮大旅游信息消费、拉动旅游领域投资,还能促进珠海新型工业化、信息化和城镇化同步。(1)重点主攻高速宽带网络建设,推进全光纤网络城市和第四代移动通信(4G)网络建设;(2)提升骨干网络容量和网间互通能力,深入推进电信基础设施共建共享;(3)推动电信企业降低网费收费标准;(4)有序开放电信市场,提升公共服务水平;(5)配套完善各项支持政策,发挥财政资金的引导作用;(6)全面保障宽带网络建设顺利进行。

4. 要正确把握智慧旅游发展趋势。当旅游信息建设把握住智能化、应用化、多极化发展趋势之后,就会促使多种技术、多种信息、多种产品渗透到旅游业的各个方面。特别是互联网、物联网、云计算时代的智慧旅游,其市场会具有更高的自由度、更强的个性化、更新的协同化,使传统旅游从纸质、人工升级到电子旅游(纸质、计算机、局域网),

再升华到数字旅游（电子化、互联网、宽带网），最后迈向智慧旅游（智能化、云计算、物联网、全运用、体验式、互动化）。

十三、新型旅游机构筹建方面

2015年12月，国家旅游局数据中心成立。国家旅游局相关负责人指出：数据中心将从根本上结束中国旅游业统计体系缺失的历史，改变旅游统计严重滞后于国家旅游发展战略的格局，同时也从根本上结束我国旅游统计数据无法与国际接轨的历史。

旅游数据中心发展定位是旅游统计工作平台、旅游数据分析平台、涉旅决策支持平台、相关产业引导平台和国际交流合作平台。现阶段，旅游大数据对一个地区的旅游发展的重要意义不言而喻。对于旅游企业来讲，在珠海旅游投资、运营的决策与执行都离不开大数据的支持。

最后，建议珠海市旅游部门紧跟国家旅游局步伐，积极筹建珠海市旅游数据中心。

2016年2月

践行"一带一路"的国家战略，2015年9月19日，九洲控股集团与马来西亚林木生集团在马六甲签订合同，相约在珠海和马六甲两地兴建旅游文化中心。广东省省长、马六甲州元首、州长见证签约

关于国企党建与法人治理结构有机融合的探索与实践[①]

一、前言

2015年6月，中央全面深化改革领导小组第十三次会议通过了《关于在深化国有企业改革中坚持党的领导加强党的建设的若干意见》（以下简称《若干意见》），这是党的历史上第一次就深化国有企业改革党的建设发出的重要文件，强调坚持党的领导是我国国有企业的独特优势，国有企业党组织要承担好从严管党治党责任，要把加强党的领导和完善公司治理统一起来，明确了国有企业党组织在公司法人治理结构中的法定地位。30多年来，国有企业开城市经济改革开放之先河，经过了放权让利、承包经营、转换经营机制到推行公司制股份制、建立现代企业制度等艰辛曲折、波澜壮阔的改革历程。党组织在国有企业中的作用与地位，也经历着从"党管企业"到建立公司法人治理结构的转变。国有企业的深入改革与发展给中国经济注入了活力，国有企业党组织又为国有企业的改革发展提供了重要保证。

如何站在时代的前沿高度认识和把握党组织在现代企业制度条件下的地位与作用，是建立现代企业制度、完善公司法人治理结构的重大课题，是深化国有企业改革、加快国有企业发展的必然要求。九洲控股作

[①] 此文为九洲控股集团"关于国企党建与法人治理结构有机融合的探索与实践"课题组课题报告。作者为该课题组牵头人。

为一个有着30余年发展历程的国有企业集团，随着企业的稳健发展和自身产业链的日益完善，在推进建立现代企业制度过程中，始终在积极研究、探索和实践着如何发挥国有企业党组织政治核心作用，并在为促使两者的有机结合而不懈努力。

二、重要性、紧迫性与艰巨性

作为中国改革开放的前沿阵地和窗口，珠海在国有企业的改革与发展、建立现代企业制度的进程中始终走在前列。作为珠海市国资系统的龙头企业，九洲控股集团多年来一直保持稳健增长的发展趋势，特别是自2013年以来，九洲控股集团卯足干劲，攻坚克难，以全球视野、本土雄心谋划战略，改革机制，推动本土主业投资和品牌输出，企业突破了发展瓶颈，产业集群集约化优势效应凸显，夯实自身完美旅居产业链。在这过程中，集团公司党组织在促进改革、推动发展、维护稳定、加强思想政治工作和精神文明建设中，发挥了重要的作用。但是，面对时代新形势、新要求、新局面，如何进一步完善现代企业制度与充分发挥党组织在国有企业中的政治核心作用，则是摆在九洲控股集团改革发展过程中的一个重要、紧迫而又艰巨的课题。

1. 重要性。《若干意见》强调，要把加强党的领导和完善公司治理统一起来，明确国有企业党组织在公司法人治理结构中的法定地位。当前，国有企业的改革方向是建立中国特色现代国有企业制度，这是现代企业制度的重大理论创新和实践创新，其核心就在于党组织是公司法人治理结构的重要组成部分，这是国有企业必须坚定的立场，这关系到社会主义基本经济制度和党的执政基础的巩固，关系到中国特色社会主义制度的完善与发展。这是课题研究的重要性所在。

2. 紧迫性。国有企业改革处于改革前沿，直接影响到建立现代企业制度、推进股份制改革的进程。因此，要尽快形成一套与之相适应的党组织发挥政治核心作用的体制机制和方式方法。特别是随着经济全球化与一体化进程加快，面向国际市场的国有企业在越来越激烈的竞争中，如何利用企业党组织所具有的理论政策优势、组织纪律优势、党员队伍优势及群众工作优势等政治优势形成独特的核心竞争力,以更好地适应以及参与国际化竞争,就成为一个迫在眉睫的问题。这是课题研究的紧迫性所在。

3. 艰巨性。国有企业党组织的政治核心作用与国有企业领导体制密切相关,不仅仅是纯经济属性,也带有政治属性。现代企业制度下,研究如何发挥政治核心作用就必须了解国有企业领导体制的演变历程以及党组织发挥作用方式的演变历程,分析并吸取党组织发挥作用方式的经验和教训,结合新的历史条件,研究党组织发挥政治核心作用的方式和途径。这是课题的艰巨性所在。

三、探索实践

九洲控股集团是珠海市市属国有企业集团,以"立体交通、休闲旅游、公用事业"+"现代金融、互联网"为业务板块,以打造广东省内最大的旅游国企为目标,拥有珠海唯一在香港上市红筹股——珠海控股,业务覆盖珠、京、港、澳、深、湘、琼等地,属下企业72家,年接待量过1500万人次,总资产逾300亿元,员工5000余人。集团党委下设党总支2个,党支部18个,现有党员393人。九洲控股集团下属符合条件成立党组织的企业均按要求设立了党组织,做到"三同步",即:党组织与行政组织机构同步设立,人员同步到位,工作同步运行,保证党的组织和工作覆盖到每一个部门,实现了党组织的全覆盖,此外,在党组织的领导和指导下,大部分企业成立了工会和共青团组织。

为适应企业发展需要,九洲控股集团党委不断探索创新,抓顶层设计、抓制度建设、抓重要节点、抓队伍建设、抓文化建设,做了一些有益的探索和实践。

(一)抓顶层设计,发挥党组织政治核心作用

1. 确立了"党委会"的法定地位。九洲控股集团是首个把"党委会"作为重要章节写入公司章程的珠海市市属国有企业,把加强党的领导和

完善公司治理统一起来，使党组织成为法人治理结构的有机组成部分，充分发挥党建工作和公司治理两个优势。

2. 实行"双向进入、交叉任职"。九洲控股集团党委和经营班子实现了"双向进入、交叉任职"的顶层设计，集团下属企业党组织和经营班子也基本实现了相互融合和交叉任职，逐步建立起"一岗双责"为特征的党建工作机制。

3. 健全完善党群工作机构设置，充实配备人员。九洲控股集团现有专职抓党建工作的党委副书记，成立党群工作中心实施两块牌子一套人马，并配备了中心副主任和纪检专员，确保了党建工作有专人管、有专人负责的工作机制。

4. 坚持党管干部原则。九洲控股集团党委坚持把握正确的用人导向，把德才兼备、政绩、业绩突出的人才选拔到领导岗位。在选拔任用中层领导干部过程中，必须经过人事部门考察公示、党委会集体审查、决定任免等关口，避免了选人用人失察、失误等问题的发生；出台了《中层管理人员选拔任用、考核管理暂行办法》，推行竞聘上岗制度、动态管理制度和末位淘汰制度；签订和兑现《绩效管理合同》，增强企业经营者的市场意识、危机意识、竞争意识。

（二）抓制度建设，积极探索用制度管人、用制度办事的机制

为顺应企业发展的需要，发挥纪检审计的监督作用，九洲控股集团建立了"纪委、监事会和审计"三位一体的监督模式，重点参与实施经济责任审计、经济效益审计、财务收支和内部控制审计、工程领域专项审计，强化审计监督，规范重大项目运作和企业经营管理，实施风险管控，形成监督合力。建立巡视督查工作机制，定期对企业党风廉政建设情况进行督查，注重发现问题，切实加强对企业领导班子特别是主要负责人的监督。在廉政建设方面，集团公司注重发挥党委会、董事会、监事会的作用，探索建立完善党内监督、法律监督、职工民主监督、财务审计监督和舆论监督等监督体系。围绕"三重一大"制度，集团党委做到"四个坚持"，即坚持民主集中制、坚持群众路线、坚持依法决策、坚持责任追究的办事原则。

结合群众路线教育和"三严三实"教育活动的开展,九洲控股集团公司优化完善管理制度,出台企业负责人职务消费管理暂行办法,修改完善集团招投标管理办法,加强证照管理和外出报批制度的落实。

(三)抓重点领域和关键节点,防微杜渐堵塞漏洞

九洲控股集团公司对涉及经济来往频率较多、资金使用较大、工作结果影响较大的重点领域,进一步规范操作流程和制度建设,加强对权力的监督和制约,堵塞管理漏洞。狠抓中央八项规定的落实,对八项规定涉及的有关费用管理、职工薪酬福利、规范公车等问题重新进行了明确。在节日节点发送提醒短信,明令禁止公车私用、收受红包、有价证券、违规打高尔夫、奢侈消费等行为。落实上级纪委关于严禁党和国家工作人员违规打高尔夫球的通知,制定工作方案,明确分工职责,畅通监督渠道,确保了集团内无违规现象发生。

(四)抓队伍建设,为党组织发挥政治核心作用提供了前提条件

九洲控股集团党委注重在优秀员工中培养发展新党员,坚持做到成熟一个发展一个,不单纯追求党员数量的增长,而是注重党员素质的提高;结合建设"学习型企业"活动,鼓励党员学技术、练本领,不断提高技术水平和业务技能,努力造就一支政治强、作风硬、业务精的高素质党员队伍,切实在公司员工队伍中起到先锋模范作用;坚持政治思想、遵纪守法教育,引导广大党员、管理人员、员工树立正确的世界观、人生观和价值观,坚定共产主义信念。

(五)抓文化建设,拓展了党组织发挥政治核心作用的内涵

九洲控股集团组织搭建了企业文化建设管控平台,打造"品牌文化、服务文化、学习文化、绩效文化、安全文化、廉洁文化"六种文化;下属企业客运服务公司票务服务部被全国妇联授予"全国巾帼文明岗"称号,这是珠海市第27家"全国巾帼文明岗"集体,也是珠海市第一家取得该荣誉的企业;度假村酒店被评为"全国厂务公开民主管理先进单位,是全国唯一入选的酒店;高速客轮公司获评"2015年度全国企业文化建设先进单位"。这种把党建工作与企业文化建设相结合,使党建工作无论在内容上还是在形式上都别开生面,很好地发挥了企业党组织凝

聚人心、增强活力、促进发展、丰富员工生活、陶冶员工情操等等的优势和作用，已成为九洲控股集团党建工作的一道亮丽风景线。

四、存在问题

虽然九洲控股集团党委做了一些探索和实践，取得了一些成效，随着我国市场经济的发展和现代企业制度的逐步完善，企业党组织如何更好地开展党建工作，更好地发挥政治核心作用，也面临严峻、真切、现实的考验。通过对九洲控股集团党组织自身的深入探究及社会调研，我们发现国有企业的党建工作及党组织政治核心作用的发挥仍然存在诸多不足，有些甚至是深层次的问题。科学研究与探索始于问题。只有在不断发现问题并解决问题的过程中，才能不断提升党组织自身素质，提升参与企业经营管理、发挥优势和作用的能力。

（一）法律地位不明确

企业是一级经济组织，我国《公司法》对董事会、经营班子、监事会在企业中的责任、权利、义务、地位做了明确规定，但对党组织仅是规定："在公司中，根据中国共产党章程的规定，设立中国共产党的组织，开展党的活动。公司应当为党组织的活动提供必要条件。"很显然，我国《公司法》的规定与党组织在企业中的地位与作用不匹配。因此，在建立现代企业制度、完善法人治理结构的同时，也逐步出现了党组织与董事会、经营班子、监事会"两张皮"的现象，出现了党组织与企业经营管理活动不完全吻合甚至脱节的现象。特别是在经营效益比较差的企业，党组织几乎不开展活动，更谈不上发挥作用。

（二）党组织与法人治理结构的关系没有理顺

关于党组织与企业重大问题决策的关系，从现状看，由于交叉任职，在一些几套班子重合度较高，党组织委员进入董事会、经营班子、监事会的企业，党组织不同程度地参与决策，拥有一定的"话语权"。但是，要真正发挥核心作用，还有很多问题需要理清。例如，有的企业推行党委会议制度、党政联席会议制度和领导班子议事制度，但没有形成规则和规范的工作条例，随意性比较强；有的企业业基本没有党组织会议制度、党政联席会议制度和领导班子议事制度，党组织基本没有参与决策；在一些党组织书记、董事长和总经理分设的企业，党组织参与企业重大问题决策难以落实到位；一些"一肩挑"的企业，虽然"一把手"承担双重责任，但依然普遍存在重经营、轻党建的现象。因此，在企业领导体制上，党组织如何在重大问题决策以及经营管理活动中切实履行保证、监督的职责，还缺少应有的制度安排和操作规则。

（三）考核机制不健全，任务不明确

在现有国有企业领导班子考核体系中，经营业绩指标的权重偏大，对企业党建工作任务落实情况的考核指标权重偏小，而考核结果直接与个人的经济利益挂钩。考核机制的缺失，工作目标和任务的模糊，这也是导致企业党建工作和党组织发挥优势和作用难以真正落实到位的原因之一。

企业要产生经济效益，但不能唯效益；企业要谋求发展，但要全面发展、科学发展、持续发展。特别是国有企业，它们必须挑起国计民生的重担，负起维护社会稳定、促进社会和谐的责任。考核和对管理人员的任用是指挥棒。如果过分追求国有企业营业收入和经营利润的逐年增长，必然使企业背负沉重的数字压力。因此，完善考核机制，在考核的关键业绩指标中明确党建工作的任务，提高党建工作任务落实情况的权重，是发挥党组织政治核心作用的手段之一。这不仅是党建工作的需要，更是企业自身发展的需要。

（四）党管干部：现实和逻辑的难题

由于现代企业制度明确了企业的法人治理结构，党组织在国有企业中缺乏规范的工作条例，党管干部的原则缺乏有效的落实途径。如何管理干部？管到哪一级？管到什么程度？这些问题比较模糊，对企业党组织来说很难操作。我们强调党管干部，指的是党组织要在企业选人用人中发挥主导作用。因此，在某种程度上，我们探讨和研究在国有企业中坚持党管干部的问题在逻辑上可能与现代企业制度下的法人治理结构产生矛盾。如何建立党组织在企业选人用人中发挥主导作用的有效途径和办法，是一个现实和逻辑的难题。

（五）党务工作者：角色与素质的尴尬

改革开放以来，国有企业培养了一大批视野宽、党性强、懂技术、善经营、会管理的复合型党务工作者，其中的很多人本来就是企业经营管理的好手。但是随着改革的深化，有些企业党组织的专门工作机构被撤并，党务工作者兼职化、业余化。在一些同志中还存在党务干部"只懂党务、不懂业务"的认识，导致对党务工作者的作用重视不够、发挥不足，对党务工作者缺乏有效关怀。党务工作者处于"待遇低于人、提拔慢于人"的尴尬境地，存在着自卑、消沉、失衡等情绪。而党务工作者在逐渐被边缘化的同时，也逐渐游离于企业的经营管理之外，疏于思考和积累，自身知识、能力、素质也逐渐落伍。当然出现这一问题，不仅有制度的原因，也有主观上的原因。

企业追求偏平化组织，精简机构，高效运作，这是天经地义的事。但是精简组织机构不一定要关停并转党群工作部门和党务工作者。我们可以通过赋予党群部门更多的职能，通过党群工作与企业的经营管理工作相融合来解决这一问题。

五、对策与建议

通过对以上问题的阐述，我们深切感受到，无论是理论研究还是实际操作，国有企业党组织要发挥自己的优势和政治核心作用，必须与现代企业制度和法人治理结构的研究相结合。这是课题研究的基本前提。同时，我们必须准确把握和深刻领悟政治核心作用的合理内核。国有企业党组织不是一般的组织，它是国有企业独特的政治资源和人力资源，是国有企业核心竞争力的重要组成部分，是建立现代企业制度的本质特征，是实现国有企业科学发展的根本保证。因此，在推进现代企业制度过程中，企业党组织必须立足改革需要，积极探索出一条能够使党组织的制度、规则与公司治理机制协调运转的有效途径，建立有中国特色的现代企业制度和党建工作新模式。

(一)建立有中国特色的现代企业制度,把党组织纳入公司治理结构

在完善法人治理结构条件下,如何正确处理董事会决策与党组领导核心的关系,是需要认真研究的一个现实而紧迫、受到方方面面制约、非常复杂的一个课题。目前对这一问题的研究有三种基本思路:

一是不考虑党组织的合法存在及发挥作用的因素,完全照搬西方企业的管理体制模式,对国有企业建立完善法人治理结构进行克隆和复制。

二是将党建工作总体要求纳入国有企业章程。国有企业应当在章程中明确党建工作总体要求,使党组织成为公司法人治理结构的有机组成部分,使党组织发挥领导核心作用和政治核心作用组织化、制度化、具体化。

三是在现代中国,企业党组织与法人治理结构之间有着密切联系,但不是公司法人治理结构的法定机关,应该从独立于法人治理结构之外的组织体系上,研究在规范董事会条件下,党组织如何定位及发挥作用。

我们认为,第二种研究思路是比较合理的一种思路。它回答和解决了两个问题:一是党组织的地位、作用和职责;二是党组织发挥作用的途径和方式。九洲控股集团已先行先试,做了实践性探索,迈出了第一步。

(二)改革创新国有企业领导模式

按照上述思路探讨党组织与公司治理结构融合的模式,应既尊重企业公司治理的一般规律,又充分体现国有企业的"中国特色",区别对待不同属性企业中党组织的地位和作用,以改革创新精神加强和改进党对国有企业的领导。

1.对重要骨干企业、国有独资企业,应旗帜鲜明地明确党组织的领导核心作用。党组织发挥领导核心作用,并不是包办代替。"权出于法"。党组织也要在职责权限范围内活动。党组织发挥领导核心作用,主要是"引领、推动和监督"。"引领"是战略引领,就是引领企业发展战略方向、产业产品布局、重大投资决策、重要资本运营、领导班子及人才队伍建设、企业文化建设和党的自身建设等;"推动"就是通过深入贯彻落实科学发展观,凝心聚力,选好配强领导班子,推动企业既完成好当期经营任务又努力提升可持续发展能力,实现科学发展;"监督"就是要监督党

和国家的方针、政策在本企业的贯彻执行,保证企业依法合规诚信经营。

2. 对重要骨干企业、国有独资企业中已经建立现代企业制度的,应将党组织纳入公司治理结构。把党组织纳入公司治理结构,实现党组织与董事会高度融合,党组织通过董事会发挥对企业重大事项的决策作用,体现党组织的领导核心作用。

3. 对重要骨干企业、国有独资企业中部分未建立现代企业制度的,应坚持并逐步推行党组织书记与总经理分设,实行党组织行使董事会的主要职能,并由上级党组织明确党组织书记负责管理干部、人才队伍建设和企业文化建设工作;总经理对企业日常经营管理活动负责。同时,建立和完善内部制约与外部制衡相结合的治理机制。对涉及全局性重大决策、重大项目安排和大额度资金使用等事项,应按有关规定办理。

4. 对国有控股企业,应强调党组织的领导作用,但领导方式要适应现代企业制度的要求。党组织按照控股股权选派董事、推荐高管。对企业重大事项,先由党组织集体酝酿讨论形成决议,再交由在董事会、监事会、经理层中任职的党组织成员分别在治理结构层面表达,以体现国有控股股东的意志和党组织的意图,发挥党组织的作用,体现党组织的领导地位。对国有控股公司,应坚持国有股东派出监事会负责人,以保证和监督企业依法经营,体现国有股东意志,体现党的主张。

5. 对国有参股企业和其他企业,应主要发挥党组织的政治核心作用。通过公司章程明确党组织的合法地位,为党组织依法开展工作提供必要条件。党组织主要通过对工会、共青团组织等的领导开展工作,宣传贯彻党的主张,统一员工思想,团结凝聚员工,抓好企业思想政治工作和企业文化建设,依法维护员工权益,保证和监督企业依法经营。

(三)实现"党管干部"与法人治理结构用人权的结合

1. 从体制机制上推动党管干部与董事会依法管理经营管理者有机结合。在公司法人治理结构中,经营班子成员包括总经理由董事会聘任。这就要求在职责上规定党组织有和董事会参与讨论并决定经营班子成员任免的权力和职责。

2. 在工作内容上明确"党管干部管什么",进一步理解和把握党管干部的内涵、职责和外延。比如，党组织要负责企业中层管理人员（一级企业的部门正副经理、二级企业的董事会成员、经营班子成员及总支、支部书记副书记）的选拔与任用、交流与轮岗位；负责企业中层管理人员的考核与考察；负责指导、监督企业基层管理人员和业务骨干的选拔与任用、交流与轮岗位、考核与考察等等。

3. 坚持党管人才。党管干部的内涵还包括管人才。人才强企是企业最重要的战略。企业的竞争力来源于产品的竞争力，而产品的竞争力又来源于人才的竞争力。可以在一级企业尝试推行由企业党组织负责制订企业人才规划，根据不同行业、不同岗位的具体要求，统一招聘、录用、储备、培养人才。

4. 为了把党管干部、党管人才的原则落到实处，要在一级企业配置主管党务工作、人力资源工作和纪委工作的专职书记或副书记，从机构设置和人员配备上保证党管干部、党管人才原则不会成为空中楼阁。

（四）加强领导班子建设

组织和团队的作用是由这个组织和团队中的个体表现出来的。结合目前国有企业经营管理的现状，要抓好领导班子建设，主要应把握三个关键环节：

1. 选好"一把手"。加强领导班子建设关键是要选好"一把手"。要把政治素质和品行修养过硬、业务能力强、视野开阔、思想境界高的人选拔到企业主要领导岗位上来。

2. 按照现代企业制度的要求，改变管理理念，改善管理方式。无论是党组织发挥核心作用，还是以董事会为决策中心，搞好企业，让国有资产保值增殖，让员工物质和精神生活不断改善，让员工和员工之间、员工和企业之间和谐共处，才是我们的终极关怀。因此，要改变国有企业领导班子的管理理念、管理方式，创新管理理念、手段和方法，包括现代企业管理的许多内容，特别是战略管理、组织体系管理、人力资源管理和日常运作方式管理等。

3. 抓实党风建设和反腐倡廉工作。把领导班子作风建设和反腐倡廉工作落到实处，是加强领导班子建设的有力保证。在制度建设和民主监督方面，要突出预警机制建设，实行倾向性问题报告制度。要严肃查办各类违纪违法案件。党组织要切实加强对党风建设和反腐倡廉工作的领导，追究案件查处责任。

（五）完善党组织发挥政治核心作用的配套体系

1. 制订统一的《国有独资和国有控股企业党组织工作条例》（以下简称《工作条例》），并在法律上确定国有企业党组织在公司法人治理结构中的地位。《工作条例》要明确党组织的地位、职责、作用，规范党组织发挥政治核心作用的途径、方式和工作程序，确定党组织机构设置、人员编制、党务工作经费来源的基本原则。

2. 突出党建工作考核制度建设，结合企业经营业绩考核体系，制定准确体现企业党务工作者特点的业绩考核指标。考核内容应包括领导班子建设、经营业绩水平、党风廉政建设、精神文明和企业文化建设等基本方面，通过自我评议、员工评议、党员评议、上级党组织评议等多种形式，对国有企业党建工作和党组织发挥作用进行绩效考评。

（六）建设学习型党组织，创新党组织活动内容与形式，增强党组织活力与凝聚力

要在企业党组织营造崇尚学习的浓厚氛围。提倡向书本学习、向实践学习、向员工学习，优化知识结构，增强创新能力，使各级党组织成为学习型党组织、各级领导班子成为学习型领导班子；要通过改变形式、组织活动等手段使党组织活动与企业经营管理活动融合、互动，增强吸引力和魅力；要重视企业基层员工的思想政治工作，进一步发挥群众组织的桥梁和纽带作用。这是构建和谐企业的需要，也是企业自身发展的需要。

六、结语

随着法人治理结构的逐步建立与完善，探索与现代企业制度要求相适应的党建工作领导体制与运行机制虽然面临着诸多新难题、新情况，但我们今天把现代企业制度与国有企业党组织政治核心作用结合起来加

以研究实际上已从时代性的深层次上提出了问题，并试图解答它。这种研究不但必要，而且任重道远。但由于我们自身水平的局限，以及对国有企业党组织情况、国有企业改革发展的认识在深度和广度上仍然难以接近客观真理，很多问题本身就是一个大课题，因此，对国有企业党建工作问题的分析和提出的一些建议一定存在许多不足。我们期望通过探讨提高认知，通过交流达成互补，通过对课题的研究寻求解决问题的途经与对策。

2016 年 2 月

让"公共"大旗在游艇消费领域高高飘扬[①]

尊敬的郑会长、钟秘书长,各位来宾,大家好!

今天,高朋满座,群贤毕至。首届"中国游艇帆船公共码头发展论坛"隆重开幕,我怀着十分兴奋的心情对这一盛会表示衷心的祝贺。目前,正是金秋送爽好时节,各位不远千里,汇聚珠海,共同交流,探讨公共码头发展大计,给予游艇帆船产业最有力的支持,在此,请允许我代表主办方之一珠海九洲控股集团有限公司,向各位致以热烈的欢迎和真诚的谢意!

随着中国经济的发展和人民生活水平的提高,休闲旅游已经成为大众的普遍需求。而蓝色海洋将会成为我国经济的新领域。游艇帆船作为蓝色海洋旅游板块的重要组成部分,发展方兴未艾。伴随着游艇帆船产业的兴起,公共码头作为游艇帆船产业的配套承载也在不断成长。在这样的一个过程中,政府及时出台《国务院办公厅关于进一步促进旅游投资和消费的若干意见》,特别指出要推进邮轮旅游产业发展,进一步优化邮轮港口布局,形成母港、始发港和访问港组成的布局合理的港口体系,有序推进码头的建设,为我们在政策上指明了方向。中交协邮轮游艇分会在政府委托下不断促进邮轮游艇的健康发展,让游艇帆船游得起来、停得下来,带领行业不断地摸索公共码头的健康发展;企业则是摸

[①] 此文为作者在2015年9月30日"首届中国游艇帆船公共码头发展论坛"上所致的开幕词。该论坛由珠海九洲控股集团主办。

着石头过河，在实践中不断地探索公共码头在规划设计、功能配套、经营管理等方面的宝贵经验。

九洲控股集团有限公司是珠海市政府授权经营旅游会展板块的主体企业，集中了珠海市属国有旅游、海上客运交通的优质资源，拥有九洲客运港、高速客轮公司、海通船务公司等核心企业以及国际高尔夫俱乐部、国际赛车场、翠湖高尔夫球会及金湾高尔夫等关联合作企业，作为珠海旅游会展板块的主体经营企业，九洲控股集团有限公司有义务充分利用自身在旅游行业，尤其是蓝色海洋旅游板块丰富的经营资源、人才优势和社会资源，以珠海市九洲航海文化有限公司为中心纽带，为游艇帆船产业发展、公共码头研究创造良好条件。

珠海市九洲航海文化有限公司从成立开始，就明确了自己的定位，用经营实践，打造海洋蓝心生态圈。主办这次论坛就是该公司的成果之一。我们期待论坛成为一种固定的平台形式延续下去，同时还将利用现代信息技术，开发更多的沟通渠道，例如，应用网络进行即时、多维的沟通。朋友们，中国游艇帆船公共码头发展论坛是属于大家的，期待各位积极参与，建言献策，把它建设成一个思想活跃、组织开放的游艇帆船产业家园。

在中国经济发展新常态、新形势下，九洲控股集团有限公司将在珠海九洲湾竖起公共码头这面大旗，让游艇回归大众、回归自然、回归理性。首先，国家政策鼓励发展游艇旅游。2009年12月，国务院下发《关于加快发展旅游业的意见》，首次提出把旅游业培育成国民经济战略性支柱产业，并作为新兴产业和经济增长点加以培育扶持，这是新中国成立60年来国务院的文件中第一次出现"游艇"二字。其次，是基于中国的中等收入阶层家庭6年后将达1亿户，户均拥有资产62万元人民币。这1亿中产阶层家庭就是潜力巨大的游艇消费市场。在今后3—5年里，游艇休闲、运动将成为人们娱乐生活的重要选择，游艇海上运动将成为海洋旅游、个性消费和追求品味的新亮点。最后，是纵观全球游艇业，价格在人民币30万—50万元左右的钓鱼艇、帆船等中低档游艇最受欢迎。例如，2012年，厦门销售大小船艇158艘，其中，40尺以下的小型船艇占85%，40—79尺的中型游艇占12%，80尺以上的大型游艇只占3%；国产游艇占58%。CCYIA估算，如果租赁游艇的造价在50万—100万元人民币，每小时租赁费用按较为理想的水平500元至800元算，4小时就是2000元至3200元，分摊到每个人的费用仅几百元，还不需要承担日常养护等费用。这个消费水平，中国城市白领、中产阶层是完全有能力承担的。

游艇不是奢侈品。它是新的水上休闲生活方式，而公共码头则是游艇休闲发展的基础。九洲控股集团公司将扛起这面大旗，以此为起点，以星火燎原之势，将这项事业做大做好。

浩渺行无极，扬帆但信风！再次感谢郑会长、感谢钟秘书长，感谢各位专家、同仁精英的到来，最后，预祝本次论坛取得圆满成功。

浅谈境外中资企业如何应对涉外法律诉讼

境外中资企业在经营活动中经常涉及境内外法律。如何正确运用法律手段维护境外中资企业的合法权益显得尤为重要。笔者通过自身在境外中资企业涉外法律诉讼的亲身经历,谈谈如何通过中港法律诉讼收回项目诚意金,及涉外的法律诉讼应如何应对。

一、积极应对境内外诉讼,成功追回项目诚意金

在 2008 年 8 月,为了拓展公司业务,珠海控股集团与项目外方签订了收购珠海某旅游项目(以下简称珠海项目)的《股权收购协议》。珠海控股集团依约支付了 3000 万港元的项目诚意金,项目外方股东则将其香港 S 公司 80% 的股权(S 公司拥有珠海项目 100% 股权)抵押给了珠海控股集团,作为其返还项目诚意金的保证。收购协议签订后,珠海控股集团聘请了中介机构对该项目进行尽职调查。尽职调查过程中,珠海控股集团发现该项目存在重大法律瑕疵,为此,珠海控股集团要求项目外方补办该项目的有关法律手续或降低收购价格,但双方未能达成一致。在这种情况下,珠海控股集团按照收购协议规定,要求外方终止交易并退还项目诚意金。但外方以各种借口表示不会退回诚意金,并提出要向珠海控股集团追索赔偿。为此,珠海控股集团委托香港律师向外方发出了追款律师函,同时,珠海控股集团董事会和经营管理层高度重视此事,多次召开专题会议研究追款措施。

2009年6月，为尽快收回项目欠款，珠海控股集团在香港聘请了具有丰富的诉讼经验和较高的行业地位的G律师事务所担任法律顾问，同时，还聘请了具有丰富公司清盘、重组经验的B顾问公司担任该项目的接管人。珠海控股集团法律顾问和接管人在香港和珠海采取了以下追款的措施：(1)接管香港S公司，并依法变更了该公司80%的股权的股东和公司全部董事；(2)变更珠海项目的法定代表人以及全部董事会成员；(3)接管人在香港和珠海的报纸以公开方式出售抵押资产。

珠海控股集团采取上述追款措施后，项目外方向香港法院申请禁制令，企图禁制珠海控股集团的接管行动，同时，项目外方向香港法院提起了民事诉讼，要求没收珠海控股集团诚意金；又向珠海法院提起了行政诉讼，要求有关政府部门撤销接管人对珠海项目法定代表人和董事会成员的变更登记。对此，珠海控股集团采取了积极有效的应对措施。

珠海控股集团追款工作团队、法律顾问及接管人密切配合，积极应对项目外方挑起的中港两地的法律诉讼，与项目外方进行了激烈的交锋。在禁制令诉讼方面，珠海控股集团委托了知名的香港资深大律师，据理力争，成功使香港高等法院在2010年6月颁令确认了珠海控股集团接管行为的合法性，挫败了项目外方申请禁制令的企图。在诚意金诉讼方面，针对项目外方要求没收项目诚意金要求，珠海控股集团对项目外方提起了反诉，同时，接管人也启动了出售珠海项目的有关措施。项目外方在香港进行上述诉讼的同时，还针对珠海有关部门批准和变更珠海项目法定代表人的审批和登记行为提起了行政诉讼。珠海控股集团作为上述行政诉讼的第三方，依法提供了有力的证据，对珠海有关部门的依法行政行为给予有效的支持，使珠海法院分别在2010年6月、2010年10月、2011年1月、2011年5月以二审终审判决项目外方在上述行政诉讼中败诉。

经过四年多的漫长诉讼，2013年9月，香港高等法院终于在诚意金诉讼案判决珠海控股集团在全面胜诉，判决项目外方需返还珠海控股集团项目全部诚意金本息以及相关的法律费用。2014年1月，珠海控股集团向香港法院申请执行，成功收回全部项目诚意金本息及相关的法律费用近4000万港元，有效地维护了公司的合法权益。

二、境外中资企业涉外诉讼的几点思考

虽然珠海控股集团在上述追款诉讼中取得了胜诉，但该事项给珠海控股集团的经验和教训是十分深刻的。珠海控股集团作为境外中资企业，在发展过程中，不论是在企业管理、投资并购，还是项目融资等各方面，很多情况下均需要符合中港两地法律的要求。在香港这个法制社会，依法办事、依法维权对境外中资企业来说显得尤为重要。应充分运用法律武器进行合法经营、维护好合法权益。在发生法律诉讼时，境外中资企业应积极应对，坚持不懈，不能有侥幸心理，采取多种积极有效的法律措施来维护公司的合法权益。

（一）加强风险意识，事先做好风险防范措施

项目收购的过程中存在着法律、财务等方方面面的明确或潜在的风险。项目收购是项复杂的法律工程，并购成功与否取决于众多因素，因此，境外中资企业要加强风险意识，对项目收购做好风险防范措施。在上述案例中，由于珠海控股集团在支付项目诚意金前，已采取了相应的风险防范措施，将对方S公司的股权抵押给珠海控股集团，并办理了该公司董事变更的有关文件，为珠海控股集团成功追收项目诚意金提供了有利条件。

（二）出现法律诉讼时，高度重视，积极应对

境外中资企业由于各种客观原因，对于涉外法律诉讼往往不重视，有的甚至抱有侥幸，结果造成了不良后果。上述案例中，外方事先认为珠海控股集团是中资企业，不会重视法律诉讼，也不懂在香港应对法律诉讼，因此，外方对珠海控股集团返还诚意金要求不予理睬，甚至在中港两地挑起了多个法律诉讼，企图没收珠海控股集团项目诚意金。在这种情况下，作为中资企业积极应对，珠海控股集团依法提起反诉，并采取委托接管人、出售抵押资产等多种措施，有效地维护了公司的

合法权益。

（三）聘请强有力法律团队，采取多种有效措施

在境外应对法律诉讼，应该注意寻找熟悉诉讼事务的知名律师事务所。珠海控股集团在上述案例中，聘请的香港 G 律师事务所具有 40 多年的历史，是香港几大律师事务之一，其专长是应对各种法律诉讼，在香港多个知名诉讼案中均获得胜诉。经过多方考察、研究，珠海控股集团选定了该律师事务所为代表律师，采取了多种法律措施向外方追收项目诚意金。事实证明，为一个有实力的法律团队付出的代价是值得的，珠海控股集团在上述案件中获得了全面胜诉。

（四）充分利用境外法律的优势，努力争取主动

珠海控股集团在上述案件中，还委托了具有丰富公司清盘、重组经验的 B 顾问公司担任项目抵押资产的接管人。接管人制度是香港一项不同于中国内地的法律制度，接管人虽然是珠海控股集团聘请，但其代表的是被接管公司股东的利益，并不是珠海控股集团的代理人。但香港法律赋予了接管人通过控制被接管企业、处置抵押资产的权利。珠海控股集团在上述案例中，就是充分利用了境外接管法律制度的优势，通过接管抵押资产和珠海项目，并公开出售抵押资产等措施，在法律上争取了主动，有力地支持了上述的境内外诉讼。

（五）顶住压力，不畏困难，坚持不懈

珠海控股集团追收项目诚意金过程中，不可避免地要面临各种压力和复杂的局面。面对困难和压力，珠海控股集团追款工作团队，努力寻找合适的法律团队，拟定各种应对措施和应对诉讼方案。笔者也依法多次向法院提供誓章和证词，并出庭接受法官的聆讯和对方律师的质询。在积极应对各种法律诉讼的同时，追款工作团队还努力出售抵押资产，多次奔走于香港、澳门、珠海、广州、深圳、惠州等地，与多家潜在买家商谈珠海项目抵押资产处置事宜，为法律诉讼的胜诉提供了有利的条件。珠海控股集团坚持不懈的努力没有白费，虽然付出了不少时间、精力和费用，但最终获得了全面胜诉。

通过上述案例，可以看到涉外法律诉讼的难度、压力与复杂性，各

种法律程序需耗费大量的时间、金钱与精力。因此，境外中资企业应尽量避免在境外进行法律诉讼。若在不可避免的情况下发生涉外诉讼，中资企业应该高度重视，勇于应诉，聘请知名的法律团队，坚持不懈，充分运用法律武器维护自身的合法权益。

财务管理只有创新才能使企业走得更快更远[①]

在"一体两翼、投资控股、整分上市、跨越发展"战略思想的指导下,九洲控股集团已迈入了缔造完美旅居产业链的发展新时期。然而,目前的财务管理工作在人才储备、管理体系及制度建设等方面已无法与九洲控股集团的跨越式发展节奏相匹配,在实际操作中也出现了诸多问题,一定程度上制约了企业的快速健康发展。因此,需对当前的财务管理进行调整与革新,为下一阶段的跨越发展发挥更加重要的作用。

一、背景:集团企业进入跨越式发展新时期

(一)发展规模快速扩张,主要指标跨越式增长

依上数据,九洲控股集团资产总额由2012年的30亿元增长至2015年的175亿元,增幅480%;负债总额由2012年的15亿元增长至2015年的142亿元,增幅850%;营业收入由2012年的9亿元增长至2015年的25亿元,增幅180%(见图1)。

(二)融资规模超越百亿大关,风控管理及流动性保障工作至关重要

为了完成重大资源兼并收购及行业扩张战略布局,九洲控股集团近年来不断加强与各类金融机构的合作,充分利用金融工具和资本杠

[①] 此文是作者2016年3月在珠海九洲控股集团"财务管理改革创新专题会议"上的工作部署。

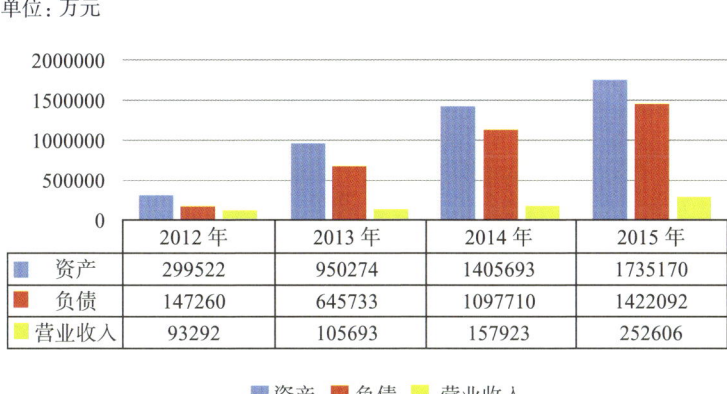

图1 2012—2015年九洲控股集团主要财务数据

杆助推业务发展。目前,对外融资规模已逾100亿元。因此,风控管理及流动性保障工作至关重要,这也对各相应工作提出了更加全面的要求。

(三)投资企业数量大幅增加,涉及产业多元化及行业综合多样化

目前,九洲控股集团正沿着"上山、下海、请进来、走出去"的战略发展道路,做强做优所属港航交通运输、公用事业及大宗商品贸易、综合旅游开发服务、金融及复合旅游地产四大板块。业务涵盖海上客运、港站管理、酒店服务、旅游地产、城市公用、主题景点、旅游观光、高尔夫、赛车运动、商贸服务、体育赛事、金融投资等领域,是具有较大规模综合性的集团公司;直接或间接控股、参股、托管的企业共有85家,并表企业70家,涉及行业日趋多元化,对集团公司的财务管理工作提出了更高的要求。

二、发展难题与成长烦恼:调整革新传统财务管理模式,适应集团企业新时期的快速发展

(一)当前的财务管理制度与模式难以适应集团公司的快速扩张

随着九洲控股集团规模的快速扩张,当前的财务制度与模式已经无

法适应其发展要求，并在实践中出现诸多问题。少数企业仍存在制度缺失、执行随意、流程不规范及管理不完善等问题。因此，亟待对现有财务管理的架构、模式和制度等多方面进行调整与革新，以适应集团公司新时期业务的快速扩张，为集团公司发展提供有力的支持与保障。

（二）当前的人才储备与队伍建设难以适应产业多元化与业务综合多样化的新要求

目前，九洲控股集团已进入产业多元化及业务综合化多样化的发展通道，相应的财务管理工作呈现出不断复杂化的趋势，也对财务人员的职业素养及专业水平要求日益增高。只有通过人才配套制度改革，从内部培养、外部引入及梯队建设等方面入手解决问题，使财务条线的人才储备与队伍建设工作跟上并适应集团公司发展新时期的要求。

三、财务管理创新纲领：顶层设计

财务管理创新的纲领是确立顶层设计方案。在九洲控股集团董事会及领导班子的领导下设立财务改革领导小组，集团公司财务会计部根据财务改革领导小组制定的改革方针负责具体工作实施（见图2）。

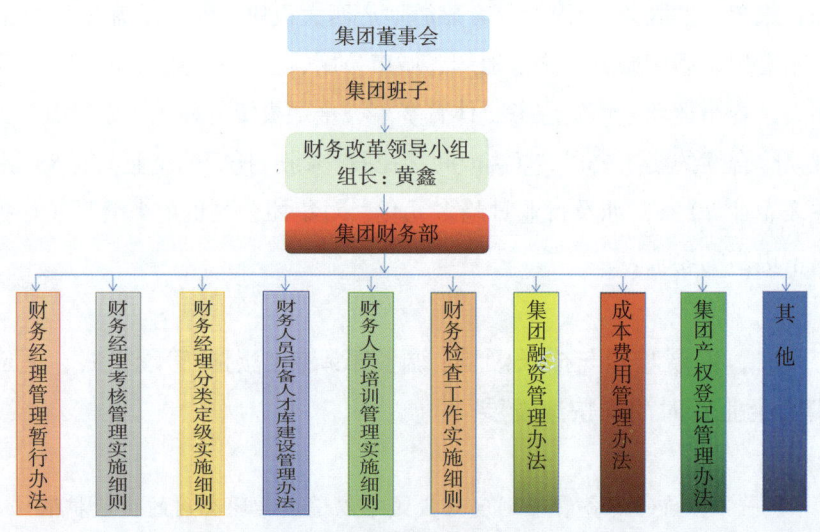

图2　财务改革领导小组工作图

四、财务管理创新核心：整章建制

财务管理创新核心是在顶层设计的理念下，全面完成第一轮整章建制工作。以此为据，纲举目张，从而实现全面、有序、有效推进各项改革工作的落地（见图3）。

图3　财务管理创新核心图

（一）财务经理管理暂行办法

明确财务管理一体化，规范委派财务管理人员的产生、委派、轮岗、职责、权利以及流动机制，促进财务管理工作规范化，建立委派财务人员工作的考核管理机制，客观全面评价委派财务人员工作表现，提升其绩效水平，鼓励财务人员积极做好本职工作，不断提升集团公司财务管理工作水平。

（二）财务经理考核管理实施细则

建立有效的财务经理绩效激励机制，规范对财务经理的客观评价，及时对财务经理工作表现进行考评，达到合理使用人才，激发财务经理潜能和工作热情的目的。

（三）财务经理分类定级实施细则

为规划财务经理分类定级及薪酬体系，确定以专业资格职称、工作经验、学历及年度考核为评分标准，增强财务经理荣誉和责任感，进一步促进财务经理管理能力提高。

（四）财务人员后备人才库建设管理办法

建立和完善财务人员后备人才库，有计划、有步骤合理开发和挖掘后备人才的潜质，建设一支高素质的财务人员后备人才队伍，为集团公司的高速发展提供必要的财务人才储备。

（五）财务人员培训管理实施细则

为适应集团企业业务不断扩展的需要以及财务管理的要求，确保会计信息质量，并更好地为企业业务发展服务，需要切实加强对财务人员培训。培训内容包括但不限于入职培训、岗位技能培训、投融资管理、税务筹划等方面。

（六）财务检查实施细则

加强财务核算管理，提高财务会计工作质量，防范财务管理风险，提高财务人员的业务管理水平，及时发现财务管理中存在的问题，提出可行的整改措施及建议，使企业规范化经营，确保国有资产保值增值。

（七）集团融资管理办法

有效实行集团化管理，规范集团公司和所属子公司的融资行为，整合企业金融资产，加强融资管理和财务监控，降低融资成本，有效防范财务风险，维护集团公司整体利益。

（八）成本费用管理办法

有效控制成本费用，规范成本费用管理，提高成本费用使用效益，加强成本费用控制，强化全员成本意识，严控不合理开支，增强财务约束能力，使财务管理工作更趋程序化、规范化、精细化和预算化。

（九）集团产权登记管理办法

根据《国家出资企业产权登记管理暂行办法》（国务院国资委第29号令）、《关于做好产权登记初始化工作的通知》（粤国资产权〔2013〕47号）、《关于做好产权登记工作的通知》（珠国资〔2015〕182号）等有关文件规定，进一步明晰产权关系，建立健全现代产权制度。

（十）其他

伴随集团企业业务的进一步发展、规模的不断扩张，及针对实际工作过程中发展的问题，建立各类规章制度动态、完善、调整、补充的工作模式。

五、改革工作推进时间表

第一阶段：确立财务管理改革顶层设计方案。

为全面推行财务管理改革，确立顶层设计方案：在集团公司董事会及集团公司班子的领导下设立财务改革领导小组，黄鑫董事长任改革小组组长，集团公司财务会计部根据财务改革领导小组制定的改革方针负责具体工作实施，该阶段工作于3月内完成。

（一）第二阶段：完成第一轮财务经理分类定级定岗工作

在第一阶段工作推进的同时，根据量化分类定级标准的原则，结合上年度财务经理全面考核结果以及新时期各企业业务发展的需求，在3月中旬完成第一轮财务经理分类定级定岗工作，并于3月底至4月完成全面交接。

（二）第三阶段：完成第一轮整章建制工作

为确保改革工作全面落地实施，需建立科学、完善的财务管理制度，以管理制度促发展，加快推进完善各财务相关规章制度修订工作。在改革的第三阶段完成第一轮整章建制，确保集团公司的财务管理能够全方位地支持企业的发展。该阶段工作于4月内完成。

（三）第四阶段：全面推进全员培训，建立各级人才库及建设后备梯队等工作

全面推进全员全面培训、建立各级人才库及建设后备梯队等各项工作，使财务条线各级人员全面理解改革意图、适应改革环境、跟上改革步伐，务求打造一支人才充裕、储备充足、梯队合理的财务条线队伍。该阶段工作贯穿全年。

(四)第五阶段：通过第一轮财务经理年终考核，结合实际，发现并整改问题，进一步夯实改革基础，全面确立九洲控股集团新时期财务管理体系制度框架，为集团企业的发展保驾护航！

2016年末是进行改革工作第一阶段过渡期的总结、反馈及整改完善时点，通过对财务经理的年终考核、对年度各项工作推进过程中发现的问题予以全面总结和整改，对各项制度进行调整完善，最终全面确立九洲控股集团新时期财务管理体系制度框架，结合动态调整工作模式，为九洲控股集团未来十年的发展保驾护航！

保持和提升研发能力是旅游企业立于不败之地的不二法门

—— 精品酒店新产品研发应为首要突破方向

旅游是我们的主业
构建完美旅居产业链，住是重要一环，酒店因此应该成为我们持续投资的一个行业！

酒店的产业特性我们已经很了解，重资产，回报期长，独立投资的要求很高。行业优点是现金流比较好。

鉴于此，因此我们问题主要是"投什么"、"如何投？"的问题

目录

1. 背景
2. 我们的运营模式
3. 如何打造精品酒店
4. 我们的工作计划

Chapter 1　背景

经济快速发展，高知、高收入、高压力阶层迅速增加，他们一般素质高，视野广，懂得欣赏好的东西，同时不拘泥于凡俗的形式，两至三天休闲度假游是他们的潜在需求。

《2014年中国酒店行业发展前景与投资战略规划分析报告》数据显示，目前国内精品酒店的数量已达**200多家**，主要集中于上海、北京、深圳等经济发达的沿海城市和丽江等知名旅游胜地。

在国内迅猛发展的高档酒店市场上，精品酒店正悄然成为一个重要的细分市场，出现了**市场井喷现象**。

▌松赞地貌博物馆　背景介绍

三江并流是指金沙江、澜沧江和怒江这三条发源于青藏高原的大江在云南省境内自北向南并行奔流170多公里，形成世界上罕见的"江水并流而不交汇"的奇特自然地理景观。

景点介绍

松赞香格里拉酒店

松赞梅里酒店

莫干山风景名胜　背景介绍

莫干山风景名胜区位于浙江省湖州市德清县，属天目山余脉，主峰塔山海拔758米。以竹、泉、云和清、绿、冰、静的环境著称，素有"清凉世界"之美誉，与北戴河、庐山、鸡公山并称为我国四大避暑胜地。

周边酒店介绍

裸心谷位于浙江省湖州市德清县莫干山脚下一片广阔的土地上,主张返璞归真、回归大自然。

菩提谷度假酒店坐落于鸬鸟镇太公堂村,酒店讲究环保,在原来房屋基础上改建,形成外观朴素、内饰优雅的酒店设计风格。

帐篷客运营模式

加盟和自建双轨模式

帐篷客酒店是轻资产投资运营,酒店的扩张目前已经签约了12家酒店,分布在不同的旅游城市,目标发展成加盟和自建双轨模式,并且是全覆盖和上下游产业链联动的发展。

| 其他

BLOSSOM HILL
HOTELS & RESORTS
花间堂

BANYAN TREE

依托国际投资基金支持的悦榕庄、安缦等等

Chapter 2 我们的运营模式

定位：小型精品酒店行业整合者

发展模式：

设立行业并购及投资基金
充分利用行业资源，通过自营、并购方式快速壮大基金规模
最终实现基金公开上市

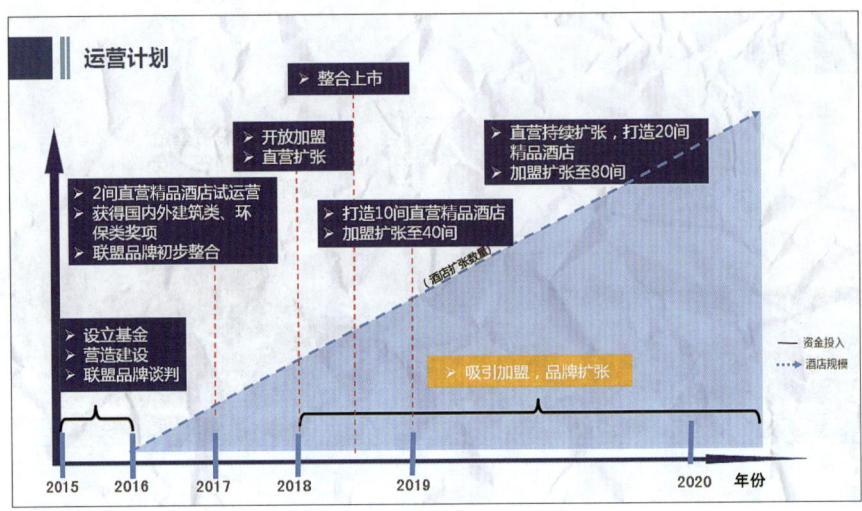

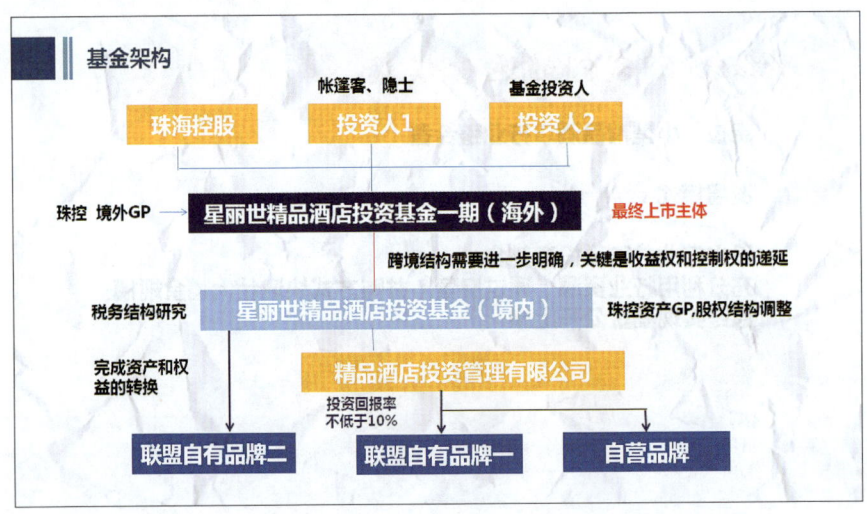

关于投资基金

1. 在香港设立基金公司，设立跨境海外架构于境内投资，最终以REITS或收益权信托方式上市

2. 和SLH签订战略合作协议

Small Luxury Hotels of the World™(SLH) 是一个无法超越的全球最优秀精品独立豪华酒店联盟。拥有遍布70多个国家的520多家酒店，这些各具特色的酒店可为顾客提供非凡的入住体验
SLH 总部设在伦敦，亚太总部在澳大利亚的悉尼。

立鼎世(The Leading Hotels of the World，LHW)。目前，该组织旗下450家酒店，在中国境内有5家会员酒店，广州白天鹅宾馆、广州星河湾酒店、上海璞丽酒店、Chateau Nouveau Pudong上海浦东、杭州富春山居；香港1家，Hullett House；台湾1家，台北西华饭店。

3. 和花间堂、隐士、松赞等洽谈合作，将其并入基金共同发展。

4. 在国际市场上展开基金并购（悦榕庄、安缦），达到50亿元规模后公开上市

Chapter 3 如何打造精品酒店

 精品酒店投资集团

模式：
在旅游度假资源（景观、或某个元素）突出、交通相对方便的地方，低成本取得开发权利，结合当地特色开发建设小型精品酒店不超过20间客房规模，3000万—5000万元左右投资通过5年左右经营，收回投资成本并获利。

特点：
单体酒店投资小，回收快强调设计感，每一间酒店都可以成为旅游目的地，管理环节高度互联网化，节约成本，开发流程标准化，投资合伙制（投资伙伴加盟可进入，实现快速扩张）基金模式投资，便于最终实现资产证券化

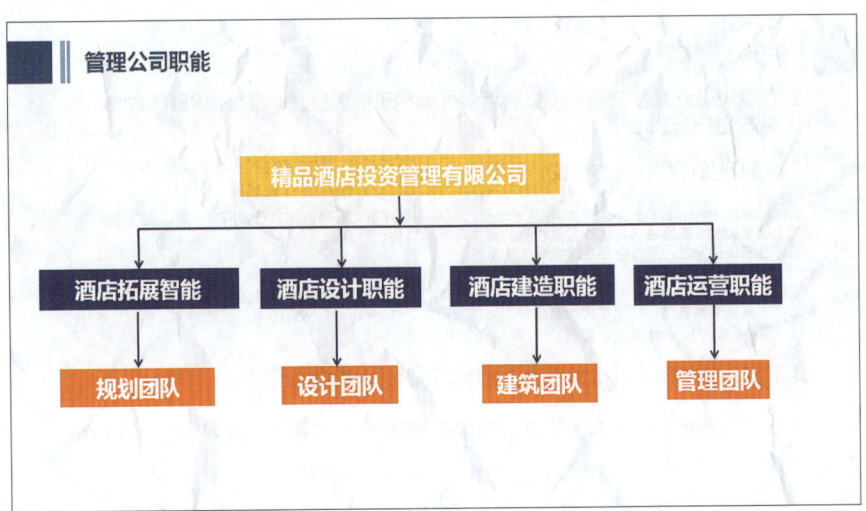

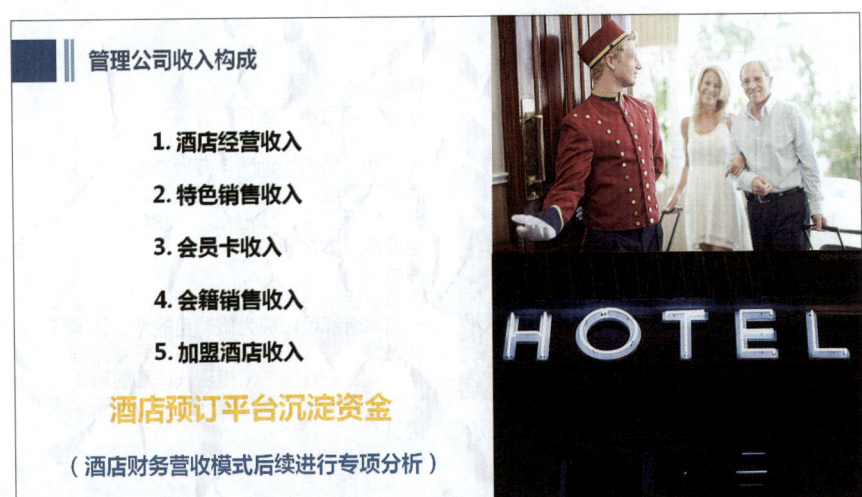

发展策略建议

活动宣传：
1. "最美地方"摄影大赛
2. "最美酒店设计"征集大赛
3. 合伙人征集

媒体宣传：
1. 微博媒体（中国最佳设计酒店）
2. 微信媒体（Feekr旅行、酒店设计、赞那度）

相关国际组织：
Interval International酒店联盟
SLH (Small Luxury Hotels of the World) 一个独立奢华酒店联盟，旗下有分布70多个国家的520余家经过精挑细选的酒店，为住客提供豪华贴心服务。

1 寻找最优秀的合作团队

全球顶尖的设计师

1. Tuttle
美国建筑师
设计作品：1988年普吉岛Amanpuri，1992年法国勒梅富赞安缦，1992年巴厘岛Amanwana，1997年印度尼西亚Amanjiwo，1998年美国Amangani，1998年摩洛哥Amanjena，2005年印度Amanbagh，2012年希腊Amanzoe

2. Kerry Hill
澳大利亚建筑师
设计作品：1992年巴厘岛Amanusa，2004年柬埔寨Amansara，2004年不丹Amankora，2005年斯里兰卡Amangalla，2005年斯里兰卡Amanwella，2009年新德里安缦，2014年东京安缦

3. Jaya Ibrahim
印度尼西亚建筑师
设计作品：北京颐和安缦，杭州安缦法云

国内顶尖设计师们

1. 王澍
中国建筑设计师
代表作品：中国美院象山校区

2. 马岩松
中国建筑设计师
代表作品：芝加哥卢卡斯叙事艺术博物馆

3. 朱志康
中国台湾建筑设计师
代表作品：成都方所书店

4. 马清运
中国建筑设计师
代表作品：曲水园边园

帐篷客设计团队

KCHANCE 奇创 为传奇而创造

奇创旅游规划咨询机构

奇创旅游规划咨询机构隶属于景域国际旅游运营集团（中国旅游集团二十强），是中国最具实战力及权威性的旅游策划规划全程咨询服务机构，具备国家旅游规划甲级资质，总部在上海，并在北京设立分支机构。旗下设有旅游产业发展咨询中心、旅游综合开发咨询中心、旅游规划设计中心、建筑与景观设计中心四大专业中心及负责先进技术研发的奇创旅游研究院。奇创目前提供包括区域产业总体规划、旅游区总体策划、旅游区概念性规划、旅游区总体规划、旅游概念性详细规划、旅游修建性详细规划、旅游专项策划、旅游建筑设计、旅游景观设计、全程顾问等十多项专业服务。十年发展历程，已积累千余项旅游策划规划项目实战经验。与众多政府部门及实力投资商达成战略合作关系。志在成为中国美好旅游体验缔造者。

世界顶级酒店管理集团

温德姆酒店集团
温德姆酒店集团是全球规模最大、业务多元化的酒店集团企业，总部设于美国新泽西州帕西帕尼，目前在六大洲68个国家经营15个品牌，近7,440家酒店，拥有638,300间客房。

洲际集团
洲际集团成立于1777年，是目前全球最大及网络分布最广的专业酒店管理集团。洲际酒店集团是InterContinental Hotels Group PLC (IHG)是一个全球化的酒店集团，在全球100多个国家和地区经营和特许经营超过4,400家酒店，超过660,000间客房。

希尔顿酒店集团
希尔顿全球控股有限公司，其前身为希尔顿酒店集团公司与黑石集团旗下附属公司，是一家跨国酒店管理公司。截至2013年12月希尔顿品牌在84个国家拥有4080家酒店，拥有超过671,000间客房。

万豪国际集团
万豪国际集团的总部设于美国首都华盛顿。万豪酒店管理集团连续六年被《财富杂志》评为100家员工最喜欢的公司之一，万豪在员工总数为10万以上的大公司中排名第三。

喜达屋酒店集团
喜达屋以房产管理公司通过并购成为大集团，后产以小吃大并购喜奈屋，喜奈屋在每国的资产只占总资产的30%。70%的资产分布在世界各地。在全球70个国家拥有400多家酒店。

凯悦饭店集团
品牌为凯悦、君悦、柏悦，以特许经营为主。在中国内地餐4座，委托管理，分区域管理全球的215家凯悦酒店。凯悦酒店集团分管美国、加拿大市场；凯悦国际酒店集团管理亚太区。

宏观调控探理篇

乐华

乐华,成都钓鱼台精品酒店乐华,拥有30余年的国际豪华酒店从业经验,曾为雅高、温德姆等国际连锁酒店集团效力多年,并担任过多家豪华精品酒店总经理,是一位资深的酒店管理人才。

卢先基

卢先基,抚仙湖希尔顿度假酒店总经理,卢先基先生是一位超过20年国际酒店经营管理经验的资深酒店"老将",他的足迹遍及全球。卢先基先生拥有多家酒店开业筹建经验。

刘志刚

刘志刚,颐和安缦酒店董事副总经理,中国文化艺术书院专家顾问,搜狐融旅荟理事。她在旅游酒店行业拥有近20年工作经验,曾分别在国有和外资酒店从事运营管理、品牌接管和筹建开发。

李国雄

李国雄,杭州洲际酒店总经理,原籍新加坡,拥有超过19年国际顶级奢华酒店集团的管理经验,先后任职于香格里拉、文华东方、洲际酒店集团等知名国际酒店集团品牌。

国际知名合作品牌——户外

- 始祖鸟(ARC'TERYX)
- 北面/乐斯菲斯(THE NORTH FACE)
- 沙乐华(SALEWA)
- 布莱亚克(BLACK YAK)
- 土拨鼠(MARMOT)
- 哈德威尔(Mountain Hardwear)
- 猛犸象(MAMMUT)
- 沃德(VAUDE)

国际知名合作品牌——豪车

◆路虎 揽胜
◆大众途锐 R5
◆奔驰G级 G55 AMG
◆Dartz Kombat T98

VS

◆ 世爵 D8 北京-巴黎
◆ 战士悍马
◆ 骑士XV 悍马
◆ 保时捷卡宴

知名合作品牌——野奢酒店

中国野奢度假第一品牌——帐篷客

　　身处绝美的风景，享受绝佳的美食，体验绝妙的风情。帐篷客度假酒店追求的是独特的风格、前沿的风尚、国际化风范；结合高雅的情调、异域的情趣，帐篷客缔造绝妙风情假体验。

宏观调控探理篇

2　设计最顶尖的酒店产品

水主题　　　山林主题

精品酒店大堂意向图

精品酒店客房意向图

精品酒店卫生间意向图

精品酒店阳台意向图

3 何谓出色的景点资源？

- 灵山
- 莫干山
- 松赞

灵山风景区　　背景介绍

无锡市区　约30km　灵山风景区

无锡市灵山景区位于江苏省无锡市的太湖之滨，集湖光山色、园林广场、佛教文化、历史知识于一体，是中国最为完整、也是唯一集中展示释迦牟尼成就的佛教文化主题园区。

宏观调控探理篇

▌景点介绍

灵山大佛，国家5A级景区无锡市灵山景区组成部分。坐落于无锡马山秦履峰南侧，1997年建造而成。大佛所在位置系唐玄奘命名的小灵山，故名灵山大佛。

▌周边酒店

灵山精舍，坐落于灵山梵宫东畔，古朴、精致、淡雅、山水丛林中，一抹粉墙黛瓦，别具一格的禅意体验。

灵山小镇·拈花湾，位于中国无锡云水相接的太湖之滨、秀美江南山环水抱的马山半岛。周边景点资源以宗教主题为主，如灵山梵宫和灵山大佛。

4 营造最极致的旅游感受

静心修禅，洗涤心灵

禅茶文化：举行茶会、禅茶讲座、品茶等活动，宣扬禅茶文化。
素食斋饭：偶尔吃素有利于身体排毒和健康，在心灵得到洗涤的同时，进行一次身体的释放。
地道美食：地道的食材加地道的做法，体验传统地方特色饮食文化。

▌亲近自然，天人合一

养身会馆：因地制宜开设深山瑜伽、静养、冥想、竹林太极等养生课程。聘请专业教练，在深山中做一次心灵洗涤。

星空温泉：独享温泉小池，若是碰上山里下雪，室外配备有劈柴生火的壁炉。还可以看着雪景泡温泉。

有机食物：酒店内食物全部自给自足，并且是绿色有机食物，同时还可以体验自己从食材采摘到下厨的乐趣。

▌体验风情，享受人生

骑马游览：在马背上享受自然景观，累了就拴马休息，躺在草地上感觉整个身体都酥了。

田园体验：一年四季，顾客可以免费参加山庄精心准备的每一个节日，春茶节、杨梅节、丰收节、鲜腊节……享受不同的风俗文化和田园活动。

登山远足：美景总在人迹罕见，绝佳视野之处，在登山途中游览绝佳美景。

Chapter 4　我们的工作计划

1. 按照前述方式组建酒店投资基金，市场化方式运作，力争三至五年上市
2. 投资示范性野奢酒店标杆（前期可以考虑结合金融平台运作）
3. 在精品酒店行业内展开并购及合作

我们的工作计划

其中：投资示范性精品酒店：

5000万元投资（低地价，含前期及设计），15间规模

5000元单房价，80%入住率，年营业收入2190万元，折旧前利润超过1000万元（2—3年可实现现金流回收）

超过20%的折旧前回报率，可以结合P2P平台做成12%的高回报金融产品，出售给投资人

这样，在运营半年后即可收回投资，同时享有8%差额的回报。

本文为作者主导的团队关于酒店类新产品的研发成果

微观管理求实篇

中国经济开发信托投资公司 1991 年鉴[①]

中国经济开发信托投资公司（以下简称公司）的前身是中国农业开发信托投资公司，是经财政部和中国人民银行批准于 1988 年 4 月 26 日成立的全民所有制金融企业。公司成立以来，随着业务的发展，经营范围不断扩大，不仅支持了农业项目，也扶持了工业、科技，还经营了证券、外汇业务，实际上已成为综合性多功能公司。为了更好地开拓业务，报经财政部、中国人民银行批准，1991 年 10 月 11 日更名为中国经济开发信托投资公司。

中国经济开发信托投资公司的宗旨是，根据国家有关方针、政策和法律、法规，以支持政府鼓励的开发性、示范性、服务性、关键性的生产经营项目为重点，办理人民币和外汇金融业务，为促进国民经济的健康发展提供服务。

一、有计划地发放农业信托贷款

1991 年，中国人民银行规定，为了有利于银行业和信托业的分业经营，要求信托贷款只收不贷，而当年各地农业生产资金又十分紧张。为了支持农业生产发展，经与中国人民银行有关单位多次商量，决定在

[①] 此文公开发表于《中国财政年鉴》（1992 年卷），由财政部组织编写，田一农主编，中国财政经济出版社出版。本文由中国经济开发信托投资公司供稿，黄鑫执笔。

上半年贷款余额中收旧贷新。为了把有限的资金用在"刀刃上",公司坚持了以下几点:(1)按照国家农业生产发展计划的要求,制定发放信托贷款计划;(2)贯彻国家产业政策,重点扶持种、养业,特别是扶持粮食生产发展;(3)对重点项目连续扶持,注意提高适度规模效益;(4)注意因地制宜,发挥地方资源优势;(5)坚持择优扶持,主要扶持对国计民生影响较大,经济效益、社会效益和生态效益都较好的项目;(6)对扶持金额较大的项目,逐个进行调查研究和认真的评估论证。据统计,1991年共发放农业信托贷款3.36亿元,比上年增长14%,共扶持了62个项目,年末农业信托贷款余额基本上与上年末余额持平。这些贷款的发放对促进农业持续、稳定、协调发展,发挥了积极的作用。

二、及时办理农业委托贷款

为了促进农业生产发展,适应农时需要,1991年对国务院农业综合开发办公室、财政部农业财务司和财政部地方预算司委托发放的贷款,坚持做到及时联系、及时签订合同、及时办理拨款、及时反映情况,较好地完成了委托贷款的发放工作。据统计,全年共发放委托农业贷款10.78亿元,比上年增长36%。由于委托农业贷款办理得比较及时,各方面均比较满意。

三、积极回收到期贷款

1991年,不少借款单位资金紧张,回收到期贷款十分困难。为了保证公司资金的正常周转使用,促成农业生产发展,在回收到期贷款方面采取了几项措施,因此较好地完成了回收到期贷款的任务。据统计,1991年,共回收到期贷款3.41亿元,为到期应回收贷款总额的91%。

四、积极开拓融资租赁业务

1991年,由于农业信托贷款规模受到收旧贷新的限制,各地要求增加融资租赁的项目。为了更好地开展这项工作,公司修改了《租赁办法》,把租赁费率调减到只比贷款利率略高一点,并适当简化了手续,有力地促进了这项工作的开展。全年共办理租赁项目11个,发放租赁款2275万元,比前几年累计发放额增长1.08倍。这些租赁款用于有一定规模的国营农业企业和乡镇企业的技术改造,对提高产品质量和市场竞争能力,扩大名、特、优产品生产,及企业经济效益和出口创汇能力,起到了积极作用。

五、坚持执行低利优惠政策

1991年,公司对发放的农业贷款仍然坚持执行低利优惠政策。对国务院农业综合开发办公室委托发放的农业贷款,仍不收取手续费;对财政部农业财务司委托发放的农业贷款,平均只收取月息2‰的占用费;以公司自有资金和吸收信托存款发放的一般种、养业贷款和粮食生产贷款,其利率按照银行规定的基准利率分别下浮10%—20%,其余信托贷款则按银行规定的基准利率执行。

六、新办了几个投资项目

在过去已办的几个投资项目的基础上,经过认真调查研究和多方分析论证,1991年,公司先后与广东粤财信托投资公司、广东惠阳县财政局合资兴办了华阳经济发展有限公司;与广西壮族自治区财政厅、北海市政府合资兴办了华海经济开发有限公司。这两个公司主要经营生产加工、房地产开发和边境贸易等。这两个项目当年我方的投资总额为630万元,预计效益也是比较好的。在此同时,还加强了对黑龙江中俄边境"华晖"、"华绥"、"华江"、"华宁"等原有几个经济开发有限公司项目的管理,帮助它们开拓业务、改善管理、健全制度,取得了较好的经济效益。由于对新上项目实行长短结合、以短补长的办法,并对老项目加强了管理,这一年投资分利 562 万元。公司还派人到浦东、深圳和图们江进行了实地考察,洽谈了合作意向,为下一步选定投资项目做了必要的准备。

七、证券交易业务有了新的发展

1991 年,公司积极开拓证券交易业务,在维护国债信誉、方便群众国债变现和投资、拓宽融资渠道、优化投资结构及提高经营管理水平等方面取得了可喜的成绩。除了搞好柜台业务外,北京证券营业部还先后同 16 个省市的 30 多个金融机构建立了长期业务联系。上海证券业务部为了提高资金收益率,降低成本,减少风险,采取了多元化投资策略。全国自动报价系统电脑交易部,自实行"做市商"制度以来,交易量也大幅度增加。公司证券业务呈现出蓬勃发展的良好势头,全年共完成业务量 11.55 亿元。

八、有步骤地开展外汇业务

1991 年,共发放外汇贷款 1760 万美元,支持了 28 个项目,所有项目均符合国家宏观经济发展战略的要求。为了扩大外汇资金来源,公司着手试办境外短期借款。目前已正式收到日本安田信托银行、日本东京银行和法国里昂银行等传来的授信协议。

中国经济开发信托投资公司 1992 年鉴[①]

1992 年,中国经济开发信托投资公司(以下简称公司)在全体同志团结奋斗、共同努力下,坚持公司宗旨,执行国家产业政策,转变经营思路,加强自身建设,积极开展信托投资业务,扩大经营范围,多方筹措资金,合理安排使用,重点支持农业、工业技术改造和高科技项目,以及投资项目的开发,为改革开放服务,为经济发展服务,为科技振兴服务,做了大量的工作,取得了可喜的成绩。1992 年年末,资本金达 9.3 亿元,比 1991 年增长 15%;资产总额达到 63 亿元,比 1992 年年初公司董事会确定的必保数超额 20%,比 1991 年增长 50%;利润额达到 9251 万元,比 1992 年初董事会确定的奋斗目标超额 16%,比 1991 年增长 1.2 倍。

一、组建公司董事会,充实了机构人员

1992 年,公司由中国农业开发信托投资公司(以下简称农投)改为中国经济开发信托投资公司(以下简称经投)后,服务领域拓宽,业务量和机构人员增加。为了确保工作的顺利开展,财政部决定成立以田

[①] 此文公开发表于《中国财政年鉴》(1993 年卷),由财政部组织编写,田一农主编,中国财政经济出版社出版。由中国经济开发信托投资公司供稿,黄鑫执笔。1993 年起,作者被《中国财政年鉴》编委会聘为特约通讯员。

一农同志为首的七人董事会，新调入三名司级领导干部，加强了对公司各项工作的领导。董事会成立以后，坚持定期召开董事会议，先后对公司的经营方针、发展战略、机构设置、干部配备、信托投资计划、财务收支计划、重大投资项目、向境外开拓业务和一些重要规章制度等，进行了认真的讨论，做出了明确的规定，有力地推动了公司工作的顺利开展。

为了有利于更好地开拓各项业务，公司下属机构由原五部一室改为十部一室，人员编制由30人增为155人。根据业务发展的需要，按照德才兼备、择优录取的原则，有计划有选择地调入和招聘了一批干部职工。到1992年底，公司共有人员106人，其中：正式工73人，聘任专家5人，临时工28人。在职工总数中，有司局级干部5人，处级干部13人，主任科员16人。按职称分，具有高级职称的12人，具有中级职称的21人，具有初级职称的25人。

二、努力回收到期贷款

为了使资金能够做到继续滚动使用，公司注重抓了到期贷款的回收工作。1992年，应回收到期贷款（包括逾期贷款）4.86亿元，实际回收3.57亿元，回收率达73.46%。其中，应回收到期信托贷款1.87亿元，实际回收1.80亿元，回收率达96.3%；应回收到期委托贷款1.75亿元，实际回收1.38亿元，回收率达79.43%；应回收到期财政支农周转金（包括逾期的0.4亿元）1.24亿元，实际回收0.38亿元，回收率为30.65%（如扣除逾期贷款为45.2%）。

三、吸收存款有较大幅度增长

1992年，全年共吸收存款17.73亿元，比1991年增长36%。其中委托存款14.12亿元，比1991年增长17%；信托存款3.61亿元，比1991年增长2.63倍。在存款总额中，农业存款12.87亿元，比1991年减少1.04%。其中农业委托存款11.3亿元，比1991年减少6.17%，农业信托存款 1.57 亿元，比 1991 年增长 58.06%。农业委托存款减少，主要是农业综合开发办公室存款略有下降，1991 年为 9.51 亿元，1992 年为 7.288 亿元，减少 24%。1992 年吸收工商存款 2.25 亿元，其中信托存款 1.04 亿元，委托存款 1.2 亿元。吸收科教存款 2.25 亿元，其中信托存款 0.64 亿元，委托存款 1.6 亿元。

四、贷款、委托投资和租赁有了新的突破

公司更名后，为支持公司拓宽业务，财政部决定："各业务司局的周转金要委托中国经济开发信托投资公司代理，支配权不变，项目、费率仍由各有关司局定。中国经济开发信托投资公司收取最低手续费。"为了贯彻财政部的决定，中国经济开发信托投资公司主动与各司局协商，争取他们的支持。除国务院农业综合开发办公室、农财司、农税局、国债司和地方预算司继续委托公司发放外，工交司、商贸司、文教司和教育司等也把一部分资金委托公司发放。与此同时，公司还努力开展了信托贷款和租赁业务，取得了可喜的成效。1992 年，发放委托贷款、信托贷款和租赁 22.75 亿元，比 1991 年增长 60.6%，共扶持项目 776 个。增长速度之所以如此之快，主要是因为公司在增加农业信托贷款和租赁的同时，新增了工商、科教贷款及租赁业务。其中，委托贷款 14.5 亿元，比 1991 年增长 30.96%，扶持项目 480 个；信托贷款 5.94 亿元（包括其他贷款 1 亿元，委托投资 1.24 亿元），比 1991 年增长 2.97 倍，扶持项目 209 个；租赁 2.3 亿元，比 1991 年增长 4 倍，扶持项目 77 个。这些资金的发放对优化产业结构、提高产品质量、提高经济效益及增加财政收入起到了积极作用。

农业是国民经济的基础。为了支持农业的发展，1992 年，公司继续增加了对农业的投入。全年共发放农业委托贷款、信托贷款和租赁 17.08 亿元，比 1991 年增长 20.58%，共扶持项目 547 个。其中委托贷款 12.49 亿元，比 1991 年增长 12.79%，共扶持项目 348 个；信托贷款 4.07 亿元（包括合作投资 0.37 亿元），比 1991 年增长 38.3%，扶持项目 177 个；

租赁 0.52 亿元，比 1991 年增长 1.64 倍，扶持项目 22 个。这对促进改善农业生产条件、改造中低产田、开垦宜农荒地、建立农业社会化服务体系、提高粮棉产量及增加农民收入都起到了推动作用。

公司在继续搞好农业信托业务的同时，还积极开拓了工商、科教方面的信托贷款和租赁业务。1992 年，共发放工商委托贷款、信托贷款和租赁 3.01 亿元，扶持项目 82 个。其中委托贷款 0.89 亿元，扶持项目 32 个；信托贷款 0.85 亿元（包括专项投资 0.55 亿元），扶持项目 17 个；租赁 1.27 亿元，扶持项目 33 个。1992 年，公司在发放工商信贷、租赁款时，结合企业改造，择优扶持高精尖项目，规模上注意适度，调低了租赁费率，简化了手续，效果比较好。例如，在工商企业方面扶持的"一汽"、"武钢"和江西德兴富家坞铜矿项目，规模都在 1000 万元以上。1992 年，发放科教委托贷款、信托贷款、租赁共 2.18 亿元，扶持项目 137 个。其中委托贷款 1.12 亿元，扶持项目 100 个；信托贷款 0.53 亿元（包括专项投资 0.315 亿元），扶持项目 17 个；租赁 0.53 亿元，扶持项目 20 个。科教方面扶持的都是应用国内外先进科技项目，其中 12 个属国家首创产品，10 个在国际领先。

五、新上了一批投资项目

1992 年，中国经济开发信托投资公司根据财政部确定的投资发展战略，在沿海、沿边、沿江经济开发区内，搞了合营、合作和参股投资 2.47 亿元，其中合营和参股投资 1.93 亿元，临时性合作投资 0.54 亿元。对原有海南"兴华"、广东"华阳"、广西"华海"等九个投资项目加强了管理，补充了合营、合作投资 0.65 亿元，其中合营投资 0.21 亿元，临时性合作投资 0.44 亿元。新上了"新上海国际大厦"、"经安投资公司"、"华春经济开发有限公司"三个较大项目，并对"国泰证券"、"万国证券"、"海南六和市场开发"等几个项目进行了参股投资、合作共 1.02 亿元，其中合营投资 0.92 亿元，合作投资 0.1 亿元。为了解决公司永久性办公用房，便于对外交往，用于兴建中国经济开发信托投资公司大厦 0.8 亿元。

六、证券业务进一步扩大

1992年,证券业务总量达到38.61亿元,比1991年增长2倍多。主要做法是:

1. 发挥公司和财政系统证券机构联系面广的优势,增加代理发行量,由柜台销售为主改为机构分销为主。1992年,代理发行国债8.3亿元,比1991年增长2倍。

2. 调整经营方向和投资结构,由以经营国债为主转为经营国债、股票并举,在股票经营中,以委托为主、自营为辅,使证券交易量大增,全年证券交易量27.28亿元(其中股票为16亿元),比1991年增长4倍多。公司在上海证券交易所的交易量为23.73亿元,在该所172家会员中排第6位,在132家外地会员中排第1位。此外,还代保管证券2.6亿元,开展了一些其他证券业务。

3. 新建了一些证券业务网点,完善了证券经营机构。1992年,参加了深圳证券交易所,在深圳设立了证券营业部;在上海证券业务部下设了证券营业部,扩大了股票委托业务;北京证券交易营业部选定了新址,为办理委托买卖上海、深圳证券交易所股票打下了基础。

七、外汇业务渠道进一步拓宽

1992年,共吸收外汇资金2500万美元,比1991年增长92%。其中,除吸收境内外汇存款1500万美元外,还先后从日本安田信托银行和东京银行引进短期商业借款1000万美元,条件都比较优惠,利率在Libor+0.375以下。连同使用的资本金在内,1992年共发放外汇信托贷款5640万美元,比1991年增长2.2倍,主要用于支持"三资"企业和外向型乡镇企业,共扶持项目60个。同时,还积极开展了外汇拆进、拆出和投资业务,先后拆入1620万美元,拆出3800万美元,投资850万美元。回收当年外汇到期贷款1367万美元,回收率达91.3%。公司为了引进中长期外汇借款用于扶持乡镇企业，经财政部报国家计委审查后，于 1992 年 10 月获准中长期外汇借款指标 5000 万美元。

八、坚持执行基准利率，并对农业实行优惠

1992 年，公司发放贷款的利率都是按照财政部和人民银行规定执行的，且大部分执行的是优惠贷款利率。对国务院农业综合开发办公室委托发放的贷款，不收取手续费；对农财司委托发放的周转金，执行分行业的差别利率，月平均利率只有 2‰；对其他司局委托发放的贷款，都按照各司局规定的比较低的费率执行。公司发放的信托贷款，除少量执行银行基准利率外，绝大部分执行优惠利率，用于一般种养业的优惠 10%，用于粮食生产的优惠 20%，实行优惠利率的贷款约占信托贷款总额的 80%。外汇贷款绝大部分是按中国银行规定的六个月浮动利率执行，没有任何附加条件，比一般单位贷款利率低，少量执行的是固定利率，这部分利率比六个月浮动利率略高一些。

九、加强资金管理和会计核算

随着业务的开展，资金来源渠道增多，使用范围拓宽，流量不断扩大。为了充分发挥资金使用效益，尽量满足各项业务发展需要，及时编制了年度、季度和月度计划，并进行了合理安排调度。与此同时，还对公司暂时闲置和暂时短缺的资金，及时进行了拆出和拆入，1992 年，累计拆出 14.78 亿元，拆入 1.63 亿元，这样不仅及时调剂了资金的余缺，而且提高了资金的使用效益。1992 年，进一步加强了财务会计工作，在核算业务量成倍增长的情况下，及时编制财务计划和各种会计报表，按季、按月分别各项财务指标完成情况，采取有效措施，努力增加收入，严格控制开支，坚持勤俭办公司，取得了较好的效果。随着公司各项业务的开展和增收节支任务的实现，经济效益有了新的提高。

十、召开了全国信托投资公司经理会议,参加了"金融改革成果展"

为加强与各省、市、自治区财政信托投资公司、基金管理局的相互联系,沟通情况,交流经验,开展合作,1992年11月,公司与海南省信托投资公司联合召开了第五届信托投资公司经理、基金管理局局长会议。会上,田一农同志作了总结讲话,大家相互交流了经验,畅谈了取得的成绩,分析了形势,研究了新情况、新问题,探讨了今后的努力方向,为进一步开展财政信托投资业务提出了很好的建议。

为了展示中国经济开发信托投资公司几年来的经营成果,扩大公司对外影响,1992年10月,公司参加了中国人民银行举办的"全国金融改革开放成果展览",为展览会提供了大量的图表、照片和部分展品,介绍了公司的宗旨、经营范围和经营方针,宣传了公司各项业务开拓情况和取得的业绩,派人进行了观摩学习,取得了比较好的效果,不仅受到了参观者的称赞,而且获得了中国人民银行颁发的"最佳效果奖"。

中国经济开发信托投资公司 1993 年鉴[①]

1993 年,中国经济开发信托投资公司(以下简称公司)在党的十四大精神的指引下,在财政部的领导下,遵循中国人民银行指导的业务方针,坚持公司宗旨,转变经营思想,积极开展信托投资业务,重点支持农业、工业技术改造和高科技项目,为改革开放服务,为经济发展服务,为科技振兴服务,各项业务有了长足的发展。1993 年年末,资产总额达到 95.9 亿元,为计划的 137%,比上年增长 50%;全年利润额达到 1.25 亿元,为计划的 104.2%,比上年增长 35%。

一、执行国家产业政策,圆满完成全年信贷计划

1993 年,中国经济快速发展,各方面都迫切需要资金。公司按照人民银行批准的信贷规模,积极而又稳妥地开展贷款和租赁业务,全年支持项目 799 个。截至 12 月底,委托贷款余额 57.04 亿元、信托贷款余额 13.1 亿元、租赁余额 3.62 亿元,分别比上年增长 51%、41%、46%。

1993 年,公司和各业务部在吸收资金方面做了大量工作,保证了业务发展。存款户增多,吸收存款额大幅度增长。截至 12 月底,全年

[①] 此文公开发表于《中国财政年鉴》(1994 卷),财政部组织编写,田一农主编,中国财政经济出版社出版。由中国经济开发信托投资公司供稿,黄鑫执笔。

新增委托存款19.6亿元，比1992年增长49%；新增信托存款5.09亿元，比1992年增长111%。1993年，公司在开展信贷业务中有以下几个特点：

1. 注重产业政策，支持重点项目。1993年，公司信贷资金的安排使用鲜明地体现了支农的特色。当年农业贷款总额为18.7亿元，比1992年增长13.29%。其中直接用于扶持种养业、农业产前产中和产后社会化服务业的贷款，占全部农业贷款的80%，有力地促进了农业生产的发展。如支持江苏东太湖开发项目，两年连续贷款800万元，配合当地有关部门进行资源的开发利用，发展水产、畜禽、林果等产业，取得了明显的社会效益、经济效益和生态效益。

公司在1993年发放的工商贷款和科教贷款，主要用于支持国有企业的能源、原材料、通讯等基础产业和填补国内空白的高新技术产业，如支持"吉化环氧乙烷"、有色金属总公司的葫芦岛锌厂热点系统改造工程、杭州水处理技术开发中心的"水分离膜产品开发项目"和北京市科学技术研究院r射线辐照技术应用项目等，均具有较好的经济效益和社会效益。

2. 既考虑项目的经济效益，又考虑项目的社会效益。对政策性贷款项目评估时，树立了项目本身效益和社会效益并重的观念；对商业性贷款，着重从项目本身的经济效益和资金回收的安全性来决定项目的取舍。

3. 在发放贷款和租赁放款的过程中，认真按贷款程序办事，严格等级担保，以确保资金的回收。

4. 严格遵守国家财政金融政策，认真执行中国人民银行总行批准的信贷规模，遵纪守法。在1993年上半年经济过热的情况下，公司没有出现违规拆借资金、乱集资现象，在整顿金融秩序中受到监管监察部门的肯定。

二、深化改革，转变经营机制，开拓新的业务

1993年，公司为适应加快建立社会主义市场经济的需要，抓住机遇，深化改革，拓宽吸收资金渠道，积极转换经营机制，开展多元化经营，

增强公司经济实力，促进资产的保值、增值。

1. 努力开拓外汇业务。根据国家计委批准的中长期外汇借款指标，公司积极开展境外借款工作，1993年先后与九家外国银行签署了四个先期贷款协议，完成了5000万美元的境外中长期借款。通过这几笔借款，使公司的知名度得到了提高。同时，也学到了国外银行金融经营管理经验，推动了公司业务与国际惯例接轨。此外，公司还向国家外汇管理局申请新增700万美元的短期贷款指标。1993年，公司共发放外汇贷款58项，共计1.09亿美元，大部分支持了外向型出口创汇企业和高科技产业，有些项目产品还填补了国内空白。

2. 证券业务有了新的突破。1993年，证券业务量为121.86亿元，比1992年成倍增长。其中，证券交易量为119.89亿元，比前四年累计之和还多。当年公司圆满完成了承销国债5680万元的任务，被财政部、国家证监委评为"中华人民共和国国债一级自营商"。公司在股票发行一级市场上也迈出了可喜的一步，先后担任了杭州外滩建设股份公司、北京亚都科技公司等六家定向募集承销主干事，不但取得了好的经济效益，也提高了公司声誉。1993年，还新建立了深圳证券业务部、北京证券营业部大厅，新参加了武汉、天津等证券交易机构和开办了一批异地代理处；加强了对股市动向的跟踪研究，为公司证券经营决策提供了较为准确的依据。

3. 加强了对投资企业的管理和分类指导。公司对控股的合资企业逐一听取了汇报，有些还作了实地考察。对于经营好的和一般的企业分别提出了要求，对少数效益差的企业，进行了清理整顿。1993年，新建独资企业两个、合营企业四个，发展大型物业一项。公司投资实业基本形成了合理的布局，拥有工业、高科技、商贸、外贸、房地产、物业管理等多种经营，投资结构也逐步趋向多元化，为以后年度的发展打下了基础。

4. 密切了同有关单位的协作。公司为了更好地开拓业务，注意了加强同各部门、各地区和同业之间的联系，尤其是注意搞好同各级财政部门有关单位的联系。据统计，已先后和90多家信托投资公司发生了业务往来，其中包括61家各省、市的财政信托投资公司。这对密切相互联系、沟通情况、融通资金，迈出了可喜的一步。

三、提高管理水平，狠抓基础工作，向管理要效益

1993年，公司在加强经营管理，健全内部制约机制上做了大量工作，取得了显著成效。

1.建立健全各项规章制度，使公司工作秩序向规范化、科学化迈进了一步。由董事长田一农同志主持，先后召开了13次董事会会议，研究公司1993年的发展战略和奋斗目标，调整公司领导的职责分工，并对重点项目进行了分析。根据董事会决议，公司总经理办公会议讨论并通过了《1993年年度信贷计划》、《1988至1992年信贷资金使用情况》和《公司考勤制度及奖惩办法的补充规定》等一系列规章制度。同时，规范了董事会、总经理办公会议的决策程序，基本上做到了会前有议程、会上有材料、会后有决议，议而决，决而行。

2.加强了资金管理和会计核算。为了充分发挥资金使用效益，公司在资金来源渠道增多、使用范围拓宽、流量不断扩大的情况下，及时编制了年度、季度和月度计划，并建立了每月几次的资金调度会制度，对资金使用做到了长计划、短安排，合理调度，同时，加强了资金拆出和拆入工作，及时灵活地调剂了资金的余缺。

1993年，公司进一步加强了财务会计工作，在核算业务量成倍增长的情况下，财会部门及时编制财务计划和各种会计报表，按季、按月分析各项财务指标完成情况，加强经济活动分析工作，为公司领导决策提供依据并起到了参谋作用。由于公司有针对性地采取有效措施，努力增加收入，严格控制开支，坚持勤俭办公司，经济效益有了新的提高。全年资金利润率为13.44%，比上年有了大幅度的提高。

3.抓紧到期贷款的及时回收，加速资金周转。1993年，公司针对因加强宏观调控而影响公司资金回收的问题，及时听取部门汇报，以抓贷款回收为中心，先后派出了五个催收工作组，分赴各地重点催收。对

到期委托贷款的回收，取得财政部有关司局的重视和支持，发出文件帮助催收。经过努力，公司到期信托贷款回收率为93%，到期委托贷款回收率为77%，提高了资产流动性，基本实现了信贷资金良性循环。

四、抓好两个文明建设，为业务发展提供坚实保证

1993年，公司在开拓进取中坚持两手抓、两手都要硬的方针，在抓业务发展的同时，注重公司社会主义精神文明建设。

1. 加强了公司党的工作和政治业务学习。1993年，经财政部机关党委批准，公司建立了党委，加强了党的领导。在公司党委的领导下，组织全体职工认真学习了党的十四大和十四届三中全会文件，重点抓了《邓小平文选》第三卷的学习讨论，并组织了有关中央方针政策和财政、金融、外汇等方面的学习，提高了全体职工的政治素质和业务水平。

2. 加强了思想政治工作和干部队伍建设。公司坚持把思想政治工作作为一件大事来抓。在公司党委的领导下，各党支部充分发挥战斗堡垒作用。公司工会和团总支也与有关部门配合，多次举办文体活动，丰富了职工文化生活，增强了公司的凝聚力。1993年，公司成立人事部，选调、聘用了一批政治业务素质较好的干部，充实了公司干部队伍。

3. 坚决贯彻朱镕基副总理提出的"约法三章"，进行了清理自查和与财政部机关脱钩的工作。1993年，公司在管理体制、管理目标责任、业务运行程序、信息反馈、内部制约及监督机制、财务收支等方面建立了22项管理制度，保证了公司业务的健康发展。在宏观调控清理整顿时期，公司成立了以总经理为首的自查小组。经过自查未发现违法乱纪问题。1993年下半年，国务院财务大检查工作组对公司进行了为期一个月的检查，基本评价是："该公司的经营管理和财务工作属于奉公守法、效益较好的单位。"

中央决定加强对国民经济进行宏观调控和规定金融公司必须与行政机关脱钩之后，公司成立了以总经理为首的脱钩领导小组，起草了《转换经营机制完善与财政部机关脱钩的几点意见》，并结合财政部人事司《关于财政部机关与部挂靠公司脱钩的暂行规定》，对照公司实际情况，及时和财政部机关主管脱钩工作的领导同志研究了公司与财政部机关脱钩的有关问题。

如何做好伞形投资管理工作[①]

一、伞形投资的由来

(一) 基本情况

北控高科成立于 1999 年 5 月,注册资金 3000 万美元,是由北京控股 (97.985%) 和中关村管委会下属企业 (2.015%) 共同出资设立的投资公司(见图 1)。

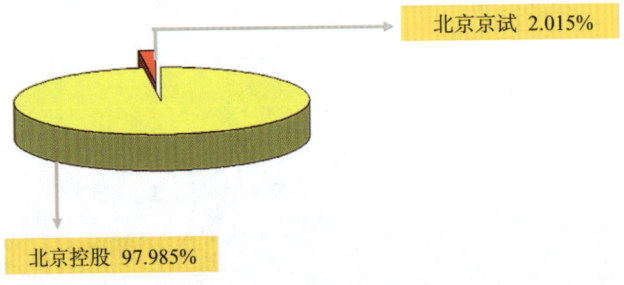

图 1

六年多,北控高科的投资遵循孵化—发展—产权交易—资金退出—再投资的循环原则,截至 2005 年底,北控高科累计动用资金 2.4 亿元,先后投资控股或参股了 15 个项目,其中实施资本运作退出了 6 个项目。总投资收益为 1.1 亿元,年平均收益率为 18.3%,共实现净利润 9631 万元,

---

① 此文是作者在 2006 年 2 月北控高科技发展有限公司年度工作会议上的演讲大纲。

已上交北控股利 4778 万元。目前，公司净资产已达 2.9 亿元，实现国有资产的保值增值（见图 2）。

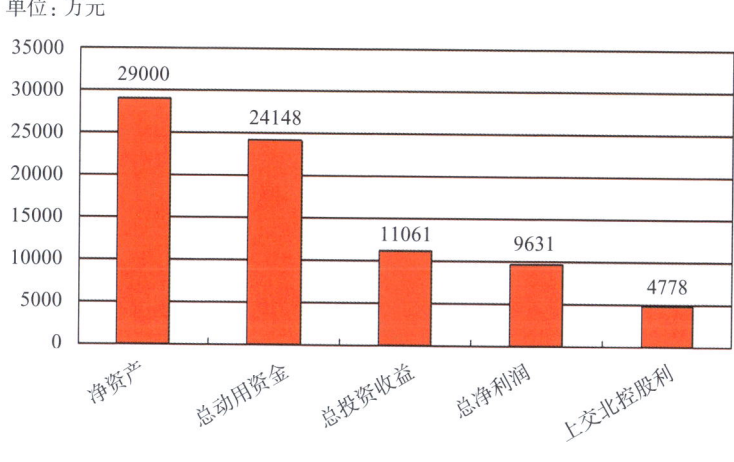

图 2　北控高科财务指标

（二）历年主要经济指标（见图 3）

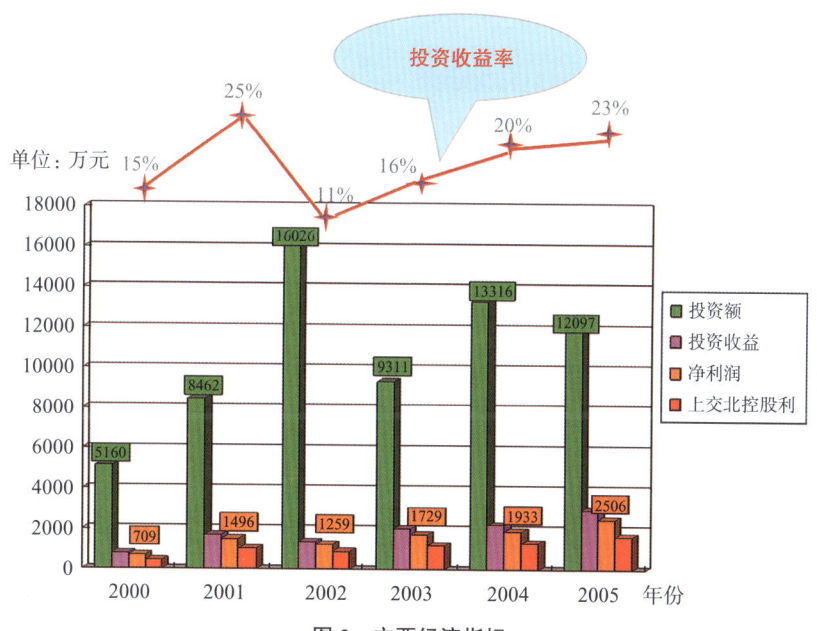

图 3　主要经济指标

（三）北控高科股权及投资企业框架图（见图4）

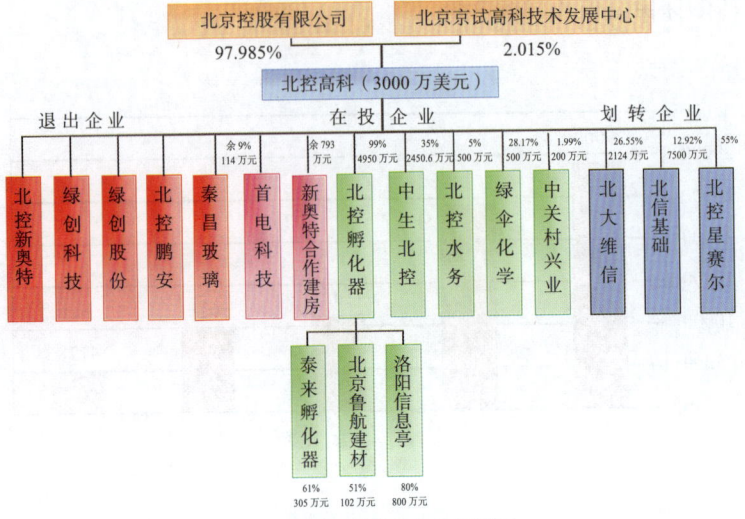

图4 股权及投资企业框架图

（四）伞形投资的推出（见表1）

表1

单位：万元

序号	项目名称	北控高科投资额	持有时间	收回本金	投资收益	说明
1	北控新奥特	4080	2000/1—2001/12	4080	2083	
2	首电科技	380	2001/3—现在	266	10	还余114万元，占9%的股份
3	绿创科技	88	2000/6—2002/7	88	57	
4	北控鹏安	3000	2002/4—2003/7	3000	1450	
5	绿创股份	500	2000/7—2004/7	500	113	
6	秦昌玻璃	3000	2001/12—2005/8	3000	1790	
	合计				5503	

二、伞形投资的成果

（一）主要经济指标完成情况（按香港会计制度核算）（见表2）

2005年实现：

投资收益 2965 万元（不包括三家划转企业），完成计划的 112%；

管理费用 660 万元，财务费用 -201 万元；

净利润 2506 万元，完成全年计划指标 118%。

表2　　　　　　　　　　具体经营指标完成情况

单位：万元

项目	2005年累计	2005年计划	完成计划%
投资收益	2965	2650	112%
秦昌玻璃	1142	750	152%
中生北控	776	750	104%
北控孵化器	588	640	107%
绿伞化学	188	180	105%
北京新奥特	135	160	84%
其他	136	170	80%
管理费用	660	600	111%
财务费用	-201	-100	201%
利润总额	2506	2150	117%
净利润	2506	2130	118%

（二）委托管理企业情况

北控高科从三家划转企业共获得投资收益650万元，同上年相比增长3.29%（见表3）。

表3　　　　　　　　北控高科投资收益完成情况

单位：万元

项目	2004年净利润	2005年净利润	2004年投资收益	2005年投资收益
北大维信	2352	2896	575	692
北信基础	1142	1205	112	187
北控星赛尔	-360	-417	-198	-229
合计	3134	3684	489	650

（三）投资工作完成情况

全年共考察了30余个项目，其中基础设施类9个，医药业6个，环保类6个，基金2个，其他项目7个；2005年实际投资三个项目，分别为鲁航科技、北控水务和洛阳信息亭，投资总额1402万元（见表4）。

表4　　　　　　　　　　2005年主要投资项目情况表

单位：万元

投资企业名称	投资额	投资时间	占股比
鲁航科技	102	05/04	51%
北控水务	500	05/05	5%
洛阳信息亭	800	05/07	80%

（四）现金回收情况

北控高科成立以来，收益一直保持较高的水平，但有部分为帐面利润，为此，2005年加大资金的回收力度，2005年累计收回现金5248万元（含本金），其中收回股利2967万元（见表5）。

表5

单位：万元

单位名称	2005年收回现金
1. 秦昌玻璃	3105
2. 中生北控	1172
3. 绿伞化学	39
4. 新奥特集团	735
5. 中关村兴业	7
6. 新三海	2
7. 北京世纪康星	1
8. 中关村信息	187
合计	5248

三、伞形投资的管理

（一）围绕北控战略重组，制定公司第二个五年发展规划

根据宏观形势的发展和客观环境的变化、北控高科自身的资源状况、北控集团的战略调整和资产结构重组的总体部署，在第一个五年规划的

基础上，北控高科进一步明确了自身的发展定位、主营业务方向、所应担当的角色和所要发挥的作用。

新的规划及方案既有远景目标，也提出了切实可行的阶段性任务，更包括实际、具体的措施和办法，为北控高科今后能够在北控总体战略指导下，快速成长为高水平、上规模、专业化的投资公司指明了方向。

（二）围绕北控主业，积极推进项目调研和投资工作

始终坚持积极的发展战略和审慎的论证、投资原则，紧紧围绕北控主业，逐步明确投资的重点和方向，充分发挥北控高科两个投资平台的作用，即第一平台配合北控主营业务领域实施投资，成为它的辅助力量；第二平台着重培育、孵化高科技项目。

全年共考察了30余个项目，其中基础设施类9个，医药业6个，环保类6个，基金2个，其他项目7个，其中围绕燃气及相关领域，开展调研工作，先后与北京公用事业研究所、北京天环燃气公司、加拿大康耐暖气系统公司等10几家单位联系，寻找投资机会。

（三）加大资本运作和资产整合力度，效果显著

1. 成功转让北京秦昌玻璃股权。从2005年3月份开始启动，公司先后与北方玻璃集团、金隅集团等谈判出让股权，到8月底，经过数轮谈判与磋商，与北京弘毅投资顾问有限公司（为联想控股的子公司）签订协议，将持有的北京秦昌玻璃有限公司30%股权全部转让，转让价格为4611万元。自2002年4月投资至今，北控高科共取得投资收益1790万元，投资收益率59.7%。通过资本运作，使秦昌公司几年的账面利润得到了兑现，提高了北控高科的资产质量。

2. 继续推进中生北控的上市工作。中生北控申请材料于2005年6月23日上报香港联交所，并随后回答了联交所提出的十批问题。9月底，完成了公司内部程序和国内有关部门的审批程序，2006年1月12日通过了香港联交所的上市聆讯，2月27日正式挂牌。

北控高科对此项工作给予了积极推动和配合，首先从董事会层面发挥协调作用，其次我方外派人员积极参与，承担了上市准备工作中的很大一部分。同时通过与各方面的多次协调，收回了2003年、2004年未

分配利润 1172 万元。

（四）加强对投资企业的经营管理，保障企业经济目标的完成

1. 坚持定期分析与重点分析相结合，深入了解企业的经营状况。
2. 从预算入手，加强对投资企业的管理和服务。
3. 及时处理企业经营中出现的各种问题。
4. 加大风险控制力度，实施风险防控措施。

（五）加强机制创新，保障企业的可持续发展

1. 制定和修订各项规章制度。
2. 调整完善公司机构设置。
3. 根据发展需要合理配置人力资源。
4. 以人为本，构建符合公司实际的企业文化。

四、伞形投资发展规划

随着北控总部发展战略研究的深入和最终确定，北控高科应当不断完善自身发展战略，以适应北控整体发展的需要，早日实现北控总部对北控高科提出的跨越式发展的战略目标（见图5、图6）。

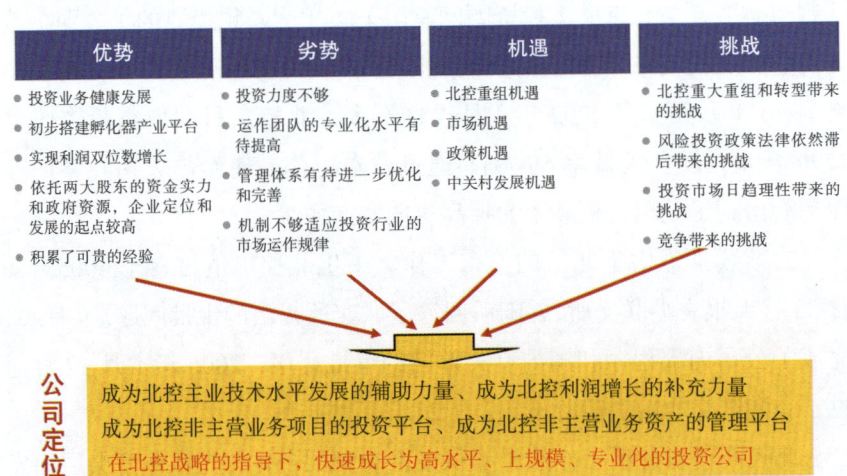

图5 公司定位

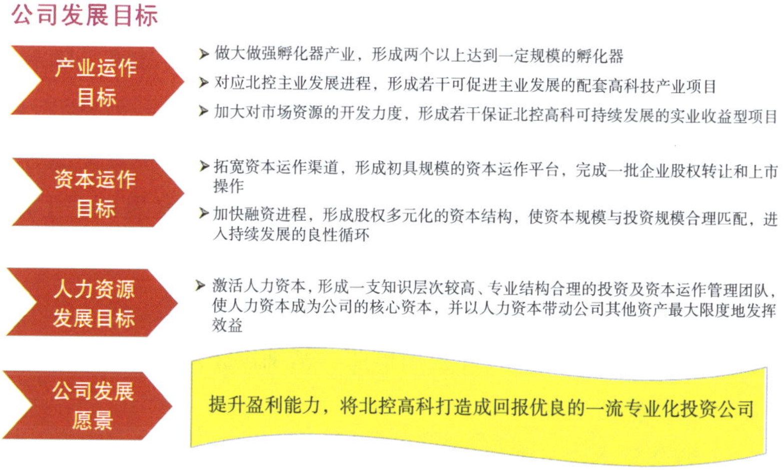

公司发展目标
产业运作目标
做大做强孵化器产业，形成两个以上达到一定规模的孵化器
对应北控主业发展进程，形成若干可促进主业发展的配套高科技产业项目
加大对市场资源的开发力度，形成若干保证北控高科可持续发展的实业收益型项目
资本运作目标
拓宽资本运作渠道，形成初具规模的资本运作平台，完成一批企业股权转让和上市操作
加快融资进程，形成股权多元化的资本结构，使资本规模与投资规模合理匹配，进入持续发展的良性循环
人力资源发展目标
激活人力资本，形成一支知识层次较高、专业结构合理的投资及资本运作管理团队，使人力资本成为公司的核心资本，并以人力资本带动公司其他资产最大限度地发挥效益
公司发展愿景
提升盈利能力，将北控高科打造成回报优良的一流专业化投资公司

图 6　公司发展目标

五、伞形投资实施

2006 年工作的指导思想是：以科学的发展观统领全局，以重组为动力，以资产管理为目标，认清经营形势，加大投资力度，完善投资功能，为实现公司第二个五年规划的目标奠定良好的开局。

（一）经营指标

2006 年北控高科全年计划完成投资收益 2974 万元，管理费用 800 万元，财务费用 –150 万元，净利润 2324 万元。

投资收益指标分解如下（见图 7）：

单位：万元
新增项目 350
星赛尔 –76
中生北控 850
中关村信息 150
北控孵化器 350
北大维信 770
北控信息亭 200
新奥特集团 100
绿伞化学 170
泰来孵化器 110

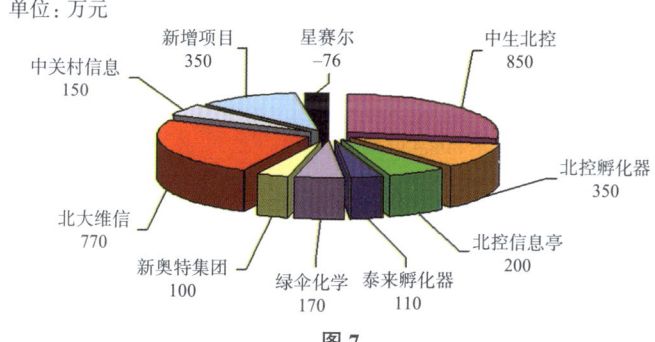

图 7

（二）2006年工作重点及实施措施

1. 以北控总部战略为指导，认真实施公司的发展战略。随着北控重组工作的逐步完成，2006年北控高科应在北控总部发展战略指导下，实现公司第二个五年规划的良好开局；同时要紧紧围绕贯彻北控集团"管理年"的工作布署，以管理带动企业各项工作的开展；通过实施平衡计分卡推动战略的执行。

2. 围绕主营业务，加大投资工作力度，确保投资安全，提高投资效率。

（1）紧贴北控主业，做好公用事业、基础设施产业，尤其是燃气及上下游产业的投资工作；

（2）结合公司第二个五年发展规划，寻找和公司发展相适应的投资契机；

（3）借助北控及中关村管委会两大股东的信息通道，多收集有潜力和前瞻性的项目信息；

（4）提高项目的识别能力。

3. 加强企业资产经营管理和资本运作，确保出资人利益和全年任务的完成。

（1）继续加大现有企业的管理力度，实施分类管理，确保完成经济目标；

（2）根据企业发展的阶段和经营情况，制定周密计划，推动现有企业的资本运作；

（3）深入挖掘两个孵化器的经营潜力，在保稳定收益的基础上，争取更大的发展；

（4）加大清欠力度，加快公司沉淀资产的回收；

（5）配合北控管理公司的后评估工作，做好北控高科对投资企业的经营、发展状况等资产全面盘点和评估。

4. 以机制创新和管理创新为核心，加强内部管理。

（1）加强培训，提高专业人员整体素质，创建学习型企业；

（2）完善公司绩效考核管理制度，探索激励机制的创新；

（3）加强企业文化建设。

2006年的工作任务很重，经营形势也不容乐观，而且，由于北控总部重组工作的深入，将会给我们的工作带来更多不确定的因素和挑战，因此，我们一定要加强学习、增强信心、扎实工作，认真落实全年的工作计划，毫不动摇地执行2006年预算，力争全面实现全年的工作目标和任务！

关于新形势下国有控股上市公司法人治理结构的思考

一、概述

企业法人治理结构是指股东会、董事会、监事会和经理阶层的权力分配模式。其特点为：（1）层次性，一级有一级的责任和权利，并且一级比一级高。最高权力机构是股东大会，经营决策机构是公司董事会，执行机构是公司总经理或者总经理办公会。（2）完备性，设立监事会督查董事会及高管的经营及决策是否合法。（3）权力性，出资者享有最高决策权和收益分配权以及最终处置权

九洲发展有限公司（以下简称九洲发展）于1998年5月26日在香港联交所上市，交易代码HK0908。九洲发展是目前珠海市在香港联交所上市的"红筹股"，主要从事高速客轮运输、海上客运码头、酒店、主题公园等业务，是珠海市在香港及海外的重要资本营运平台。

目前，九洲发展从事的主营业务包括：

海上高速客轮运输：珠海高速客轮有限公司提供往来珠海—香港、珠海—深圳的海上高速客轮服务，是国内最大的高速客运船公司，现拥有"海洋"等13艘豪华双体高速客轮，在同行业中具有较强的实力和优势，年客运量超过180万人次，香港航线客运量连续几年位居粤港水路客运首位。公司具有较强的技术革新改造能力，技改成效显著，曾获省、市科技进步奖。

海上客运码头服务：珠海九洲港客运服务有限公司提供我国沿海大

型的水路客运港口——"九洲港"的客运码头服务。九洲港客运码头日往返120多个航班，年客流量300万人次，客运站各项服务质量均达到国家"五星级客运站"标准，被国家交通部授予"全国一级文明客运站"荣誉称号。

酒店及相关的配套业务：五星级度假酒店——珠海度假村酒店。该酒店占地20万平方米，拥有500间豪华客房、89栋欧陆式别墅，是目前国内著名的休闲生态型五星级酒店。全国旅行社百强——珠海度假国际旅行社。该旅行社是经国家旅游局批准成立的国际旅行社，连续多年荣获"全国国际旅行社百强"。

大型主题公园：大型主题圆明新园。圆明新园占地面积为1.39平方公里，以北京圆明园为原稿，按1∶1比例精选圆明园四十景中的18景修建而成，是中国首批4A级景区之一。大型情景式水上乐园梦幻水城：梦幻水城占地60000平方米，共10大区域，20余种娱乐设施，是以世界文明古国为背景建设的主题公园。

自1998年上市以来，由于历史原因，九洲发展上市以来一直沿用控股股东统一管理的法人治理结构。现九洲发展由控股股东九洲旅游集团公司（以下简称集团公司）统一管理。该种法人治理结构在特定的历史条件下，在红筹上市公司的初期具有一定的积极作用。但随着经济环境的不断变化，市场竞争的加剧，这种法人治理结构出现了职责不清、管理效率不高的弊端，已不能适应上市公司的发展需要，多家在港上市的红筹公司（如华润集团、北京控股、上海实业、粤海投资、越秀集团、珠江船务、华侨城、港中旅等公司）均对其法人治理结构进行改革，明确了控股股东与上市公司各自的职责，控股股东按照产权关系对上市公司进行管理，取得了积极的成效。九洲发展要在激烈的市场竞争中取得更大的发展，必须要进一步建立和完善符合现代企业制度以及上市规则要求的法人治理结构。

二、九洲发展法人治理结构分析

（一）产权架构

目前，九洲发展的产权架构如下（见图1）：

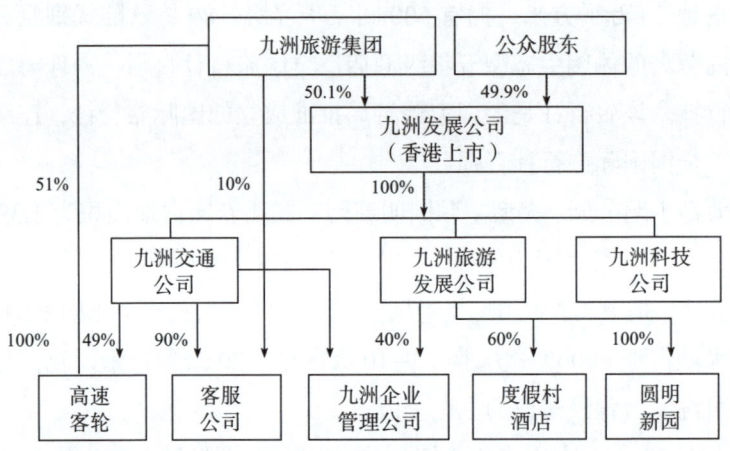

图1　产权架构图

（二）法人治理结构

目前，九洲旅游集团采取集团统一管理的法人治理结构对九洲发展以及属下企业直接行使管理职能（见图2）。

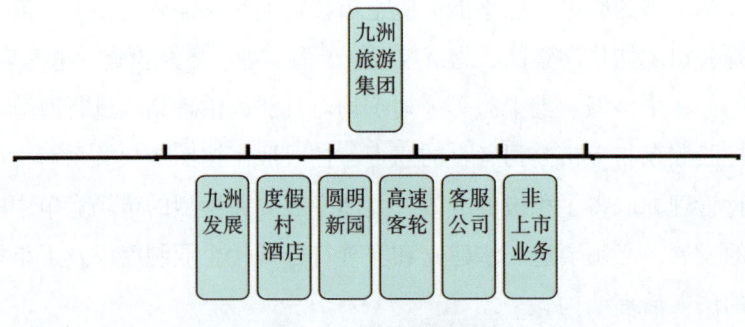

图2　法人治理结构图

（三）现有法人治理结构不利于九洲发展做大做强

从集团公司和九洲发展的法人治理结构现状来看，集团公司和九洲发展虽然有相对独立的管理团队，但九洲发展对下属企业的管理职能现由控股股东集团公司代为行使，这种控股股东统一管理的法人治理结构是由珠光集团一直延续下来而形成的。这种法人治理架构是在当时珠光集团面临债务重组，集团公司为维护国有资产不受损失而延续了集团统一管理的模式，有效地维持了上市公司的稳定和国有资产对九洲发展的控股地位，具有积极的作用。由于九洲发展目前的法人治理结构没有按照产权关系进行管理，存在着管理职责不清，管理效率不高，业务发展停滞的状况。现有的法人治理结构不适应九洲发展做大做强的要求。

三、九洲发展法人治理结构调整的必要性

按照现代企业制度和上市规则的要求，上市公司应有独立清晰的法人治理结构。近年来，香港的红筹上市公司已按照上述要求调整了法人治理结构，如香港华润集团、北京控股、上海实业、粤海投资、越秀集团、港中旅、华侨城，特别是华润集团、北控属下多家红筹上市企业，近年来得到了飞速发展，除了政府的支持，规范、合理的上市公司法人治理结构也是成功的重要因素之一。

随着市场经济的发展，采用控股股东统一管理的法人治理结构对上市公司进行管理，既不符合现代企业制度和上市规则的要求，也不适应上市公司业务发展的需要，不利于上市公司做大做强，因此，按照集团公司和九洲发展的实际情况，适当调整九洲发展的法人治理结构，显得尤为必要。

香港上市规则对上市公司的法人治理结构有明确的要求，具体体现在上市规则总则第3章《授权代表与董事》、附则第14章《企业管治守则》、附则第22章《企业管治报告》等条文中，主要对上市公司董事会、主席及行政总裁、董事会的职责、经营管理、内部监控等方面做出了严格的规定。近日，香港上市规则对法人治理结构的条文进行了大幅的修订，对上市公司法人治理结构的要求更加严格，并将于2012年1月1日生效。

中国证监会对上市公司的法人治理结构也有严格的要求，专门颁布

了《上市公司治理准则》（证监发〔2002〕1号）。自2007年以来，中国证监会开展了"上市公司治理专项活动"，对上市公司公司法人治理结构的问题进行了检查和规范，对上市公司的企业管治提出了优化治理结构，建立和完善公司法人治理结构长效机制的要求。

四、九洲发展法人治理结构调整的原则与方式

按照上市规则和有关法律法规的要求，九洲发展可以从以下几个方面对现有的法人治理结构进行调整：

（一）明确各方职责，强化九洲发展董事会的战略管理职能

九洲发展可通过规范公司股东大会、董事会、经营管理层的权责，形成各负其责、协调运转、有效制衡的机制。控股股东可通过委派公司董事，充实公司的董事会成员，董事会应发挥战略管理委员会、薪酬管理委员会、业绩审核委员会、投资决策委员会等专业委员作用，强化公司董事会的战略管理与重大事项决策的职能。

（二）完善和理顺上市公司与属下实体经营企业的管理关系

为了进一步完善和理顺上市公司与属下企业的管理关系，九洲发展应当按照"用资本说话、以股权连接、拿规则约束"的原则，切实行使资产收益、参与重大决策和选择管理者的权利，建立起归属清晰、权责明确、保护严格、流转畅顺的法人治理结构。

1. 用资本说话。企业利用资本进行资本运营是企业加快发展、高效提升资产价值的重要工具。九洲发展除了继续抓好生产经营外，还应当借助香港资本市场，进行多渠道融资，并以资源的有效配置为前提，通过股权并购、引进高品位的战略合作伙伴和战略投资人，适时适量地退出存量资本，并以增量资产占领新的领域，进一步完善营销网络，提高品牌效应，从而提高核心竞争力，使资本在流动中发展，实现上市公司的跨越式发展。

2. 以股权连接。九洲发展按照股权关系，以出资人身份对属下企业进行管理，切实履行股东职责，对属下企业享有投资收益权、重大事项

的决策权、经营管理人员的任免权，构建出产权清晰、权责利相统一的现代企业管理制度。

3. 拿规则约束。在构建合理、高效的法人治理结构的同时，还应当建立起与上述管理体制相适应的财务监管机制、投资问责制、资产保值机制等一系列的规则和制度，同时，应充分结合企业的特点，建立和健全经营者业绩考核机制，增强个性化考核指标，将经营者的业绩考核与薪酬充分挂钩，逐步实现薪酬水平与市场接轨，并建立和健全经营者年薪制、持股制、期权制等多种形式的薪酬制度，发挥其激励和约束作用，有效地规范和约束上市公司以及属下企业的经营管理，为九洲发展的做大做强提供有力的保障。

（三）根据公司的实际情况进行调整

按照上述原则，从集团公司和九洲发展的现状出发，九洲发展法人治理结构调整有以下方案供参考：

方案一：实行"两块牌子一套人马"的法人治理结构。

集团公司的业务和管理部门全部并入九洲发展，以九洲发展名义对属下企业进行管理。按照该方案九洲发展可按产权关系管理属下企业，但由于集团公司也有一些非上市业务和国有企业的社会责任，因此，九洲发展等于承担了非上市业务的管理职能和相应的管理成本，会受到香港联交所和小股东的质疑，为此，采用该方案须进行全面评估利弊，处理好各种关系。另外，这种模式也不符合中国证监会、香港联交所关于上市公司独立运作的要求，从长远来看，也不利于上市公司的发展，许多红筹上市公司已不采用该种法人治理结构。

方案二：按照产权关系，理顺九洲发展的法人治理结构。

集团公司按照产权关系，对九洲发展控股方式进行管理，明确九洲发展对属下企业的管理职能。九洲发展按照产权关系对属下企业以控股、参股方式进行管理，主要方式是：（1）集团公司可以通过委派九洲发展董事的方式，加强对九洲发展的管理和支持力度。（2）九洲发展的执行董事可相应兼任上市公司属下公司的董事长，九洲发展的经营班子成员可相应兼任属下企业的董事，充分发挥属下公司董事会的作用，体现九洲发展对属下企业的管理职能。(3)九洲发展在现有部门和人员的基础上,适当调整部门设置和人员配备(如加强资产管理部门的职能、增设人力资源部,加强人员管理职能),以适应九洲发展管理职能转变的要求。

　　该方案的好处是,集团公司和九洲发展按照产权关系保持了独立,符合现代企业制度和上市规则的要求。集团公司作为国有企业可以发挥政府支持的优势,为九洲发展争取更多的优质资产储备,为日后注入上市公司创造条件。九洲发展作为香港的上市公司,可以发挥在境外资本市场融资的有利条件,通过资本营运为集团公司的发展筹集资金。现在,已有许多红筹公司采用该种法人治理架构,收到了良好的效果。

　　从上述分析来看,按照九洲发展做大做强的要求,必须相应调整九洲发展的法人治理结构,方案二是较为可行的方式,即在九洲发展现有人员配备和部门设置的基础上,建议对九洲发展法人治理结构适当地进行调整(见图3)。

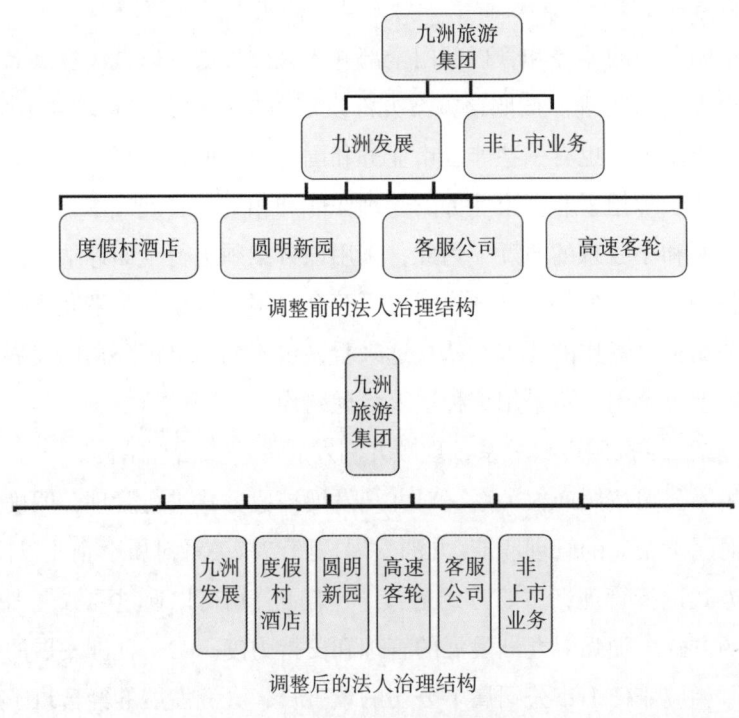

图3　法人治理结构调整图

综上所述，公司法人治理结构的设置及运行规则要兼顾各方利益，它既要使股东权力得以实现，又要保证公司的经营高效率运行；既要使组成法人机构的自然人充分行使职权，又要使其受一定规则的约束并受到监督。因此，按照现代企业制度和上市规则的要求，对九洲发展现有法人治理结构进行调整，建立独立清晰的产权管理架构，可以有效地规范和约束上市公司以及属下企业的经营管理，是九洲发展做大做强的有力保障。

2007 年 6 月于香港

红筹定位　注资转型　价值发现[①]
——关于九洲旅游集团资本运营工作三大主题的思考兼谈对香港资本市场的再认识

刚刚结束的珠海新一轮国企重组和资源整合，组建了公用事业、先进制造业、交通基础设施、城市基础设施、现代商贸与物流、新旅游等产业集团，改变了珠海国有资源分散开发和经营的状况，将国有企业打造成为珠海交通建设的"主力军"、产业发展的"尖兵"和城市经营的"市场化平台"。九洲港务集团通过整合"隆益公司"、"高联集团"、"湾仔渡轮公司"、"海天澳珠旅游公司"、"南海石油珠海实业总公司"及"珠海南油大酒店"等国有产权，组建新的"珠海九洲旅游集团"，迎来了做大做强、发挥国有资本在旅游领域的影响力、控制力和带动力的历史性机遇。

在历史机遇面前，作为发展到一定规模的企业集团，如何实现由生产经营到资本经营的跨越式发展？如何把握资本市场与金融环境？如何借助资本的力量保持并放大自身的优势？如何在金融海啸的狂潮之下转型升级以面对挑战？结合工作实际，以及在大学授课的研究，特别是结合本人三年担任香港上市公司行政总裁的亲身经历、教训与感悟，向在座的各位领导和同事汇报自己关于上述问题的探究、心得、见解和体会，以就教于各位。

[①] 此文根据作者在 2009 年珠海九洲旅游集团年中工作会议上的发言材料整理而成。

第一部分　关于上半年工作总结

一、重大项目融资

（一）人马先行

以上市公司为主体，从发展规划部、财务审计部、上市公司抽调精兵强将，组成重大项目"融资组"，为开展融资工作打下坚实的人力基础。

（二）确立目标

1. 为集团设立"防火墙"的风险控制目标。不设担保、不设抵押、不设质押。
2. 为集团明确融资主体的目标，做到师出有名。
3. 为政府、集团争取风险最小化的融资模式。
4. 为政府、集团争取利益最大化的主办银行。

（三）工作进展

在集团领导和有关部门的大力支持下，该工作组在拟定融资方案、确定融资资格、优选主办银行、争取政府（人大）报批方面做了大量工作，在定位（即融资目标［任务］定位、融资角色定位、融资模式定位、融资银行定位）方面取得了重大发展。4月22日，市政府常务会议同意我公司作为融资主体，批准采用BT融资模式；5月13日，市人大常委会审议通过市政府提交的九洲港务集团融资议案；6月11日，整体贷款方案获得工商银行广东省分行审贷委员会的批复。目前，融资组正在向市政府、市发改局、市财政局申请有关签约文件，争取本月底正式签署贷款协议。

二、集团资本营运

2009年上半年，集团资本营运方面主要做了以下几个方面工作：

（一）资金理财的筹备工作

在2008年剧烈变化的金融环境下，大多数投资者损失惨重。而我们通过几年来积累的丰富理财投资经验，在降息周期把资金合理部署在固定收益品种，以稳健的理财手段取得骄人的投资收益，为集团2008年经营业绩作出了极大的贡献。2009年初，为了顺应市场变化，继续提高资金收益率，我们结合以前年度理财工作的经验和存在的问题，提出"集中资金管理和投资"的模式，制定了《九洲企业管理货币资金投资管理暂行办法》等一系列的内部管理办法和业务操作程序，从制度上完善了理财工作的管理。在投资品种选择方面我们也做了大量调研工作，多次参与券商和基金组织的投资策略研讨会，结合宏观经济政策和数据进行分析，对各投资理财品种的业绩进行比较跟踪。在进行了大量的前期准备工作后，我们正式向集团上报了开展2009年理财业务的请示。按照年初投资计划，我们设想在资金保持充分流动性的情况下，上半年收益率保守计算为5%，年化收益率10%。

（二）维护投资者关系，引进战略投资者

维护投资者关系一直是我们的工作重点。我们通过券商经纪向不同类型的投资者介绍集团公司最新经营状况及发展策略。

2009年上半年，虽然公司未有明确的融资计划，但是我们保持与各投行的业务联系，不定期与投行会面交流市场看法并结合公司项目投资状况，探讨开展新融资计划的可能性，尤其在重大文化工程项目、度假村新酒店项目、新园改造项目等方面做了重点推介和探讨。在获取市场信息的同时，为我公司项目的推进、市场的定位、运营模式等方面提供了许多宝贵意见。

（三）协助集团完善境外投资的外汇登记手续

由于历史原因，集团对九洲发展的境外投资和上市外汇登记手续未能完善，导致集团分红一直滞留香港不能汇回国内，而集团想增减持九洲发展也没有正常的外汇资金进出途径，影响到集团的下一步资本运营工作。我们通过不断努力和珠海外管局沟通协调，外汇登记手续终取得突破进展，集团对九洲发展的外汇登记问题有望彻底解决。

（四）研究股权重组案例，探讨集团持股结构优化可能性

由于受外商投资目录比例限制，九洲发展只能持有49%高速客轮股权，财务上不能实现并表。我们通过研究市场股权重组（开源控股）案例，探讨能够增加九洲发展持股比例的方式，研究如何在不触及政策底线的情况下优化集团持股比例，把高速客轮股权的市场价值通过908.HK充分反映出来，同时也对集团下属其他企业的股权收购进行了积极的探讨。

三、九洲发展

（一）九洲发展股价和市值情况

2009年6月30日，九洲发展（908.HK）股票收市价为0.61港元，比2008年12月31日的收市价0.305港元，增加0.305港元，增加了一倍。

2009年6月30日，九洲发展（908.HK）股票市值为6.82亿港元，比2008年12月31日的市值3.41亿港元，增加了3.41亿港元，翻了一番。

（二）积极参与文化工程项目融资，公司上下一心，把歌剧院等大项目融资作为头号工作来抓

（三）终止万盛项目收购，开展追讨诚意金的法律行动

（四）推动南光集团与集团、上市公司、九洲旅运的多层次合作

（五）结合珠海新一轮国企重组和九洲旅游集团新班子的成立，研究探讨并提出资本运营的新思路

四、隆益公司、高联集团

根据珠国资〔2009〕210号（2009年6月18日印发）文件精神，

将珠海经济特区隆益实业公司、珠海市高联实业集团等企业产权无偿划转至珠海九洲港务集团，按照集团分工要求，组织集团相关部门、上市公司着重开展对两企业历史问题、矛盾焦点、实体经营、资本切入、发展前景等问题进行系统梳理。

依靠集团力量，发挥集体智慧，按照"审慎平等、授权有限"的原则，成立集团谈判工作组，与外方股东开展"解决历史问题，启动合作开发"的谈判。

第二部分　关于下半年工作思路

首先，要继续做好重大项目（珠海歌剧院、博物馆、规划展览馆）的融资工作，第一目标是抢时间，争取在信贷政策收紧之前签定整体借款合同，形成法律约定关系。第二目标是适时适量激活协议，真正产生借贷关系。

其次，要做好高联集团、隆益公司的整合工作，促进珠海市旅游会展业的发展。（1）看清形势，认清意义。"高联"、"隆益"的整合，在九洲旅游集团集中经营性资源，带动资本运营，打造主业突出、机制灵活、管理先进、结构合理、具有核心竞争力的国有产业集团的进程中具有举足轻重的地位，责任重大，使命艰巨。（2）做好资产、股权、人力、财务、经营整合，更重要的是文化整合。（3）在政府、集团的领导下，紧紧依靠和团结高联集团、隆益公司的高管人员，梳理、澄清、解决历史遗留与隐患，做到尊重历史、新老划断、轻装上阵、面向未来、合作共赢。（4）树立集团一盘棋意识，使高联集团、隆益公司的发展壮大能带动集团资本运营和九洲发展做大做强。

下面，着重谈谈集团资本运营和九洲发展的工作思路。

一、以"打造红筹明星,突出珠澳概念"为定位,提升集团资本运营内涵

资本运营是对企业可以支配的全部资源和生产要素进行优化配置,以实现资本的增值。它是国有企业发展和改革的重要途径。目前,我们常使用的资本运营的概念,大多是指兼并、收购、合并、控股、参股、股份制改造、证券及其他投资等,通过货币—股权(产权)—货币的运动形式实现其价值的增值。

具体到九洲旅游集团,资本运营工作包括三个方面:一是大项目、新项目投融资;二是通过产权变革整合相关企业;三是集团以上市公司为纽带进行资本运作。鉴于时间关系,本发言侧重于第三个问题做探讨。

一般来讲,大股东控制上市,开展资本运作是有诸多益处的。一是真正把上市公司做大做强,做实做优,为全体股东带来丰厚回报;二是通过分红派息使大股东的现金流得到有限支持;三是通过积极的投资关系推广,提高市盈率和股价,为大股东融资创造条件;四是发挥上市公司作为大股东的资本运营的渠道作用,通过收购大股东盈利性和有潜质的资产,缓解资金需求压力,并为大股东带来资产增值;五是从财务角度获得上市资本溢价收益,为大股东创造账面盈利做贡献;六是大股东不断孵化优质项目,通过上市公司实现资产证券化,保证上市公司盈利能力的持续增长,实现人股东风投→孵化→上市→风投的良好循环。

众所周知,九洲发展的前身珠光发展作为珠海市的窗口公司,1998年以红筹身份在香港上市,因此新组建的九洲旅游集团被深深地打下了红筹股股东的烙印,如何打理好,不得不对红筹股的历史、现状及走向作一个梳理。

(一)红筹的发展历史

红筹股这一概念始于 20 世纪 90 年代初期的香港证券市场。改革开放后,香港和国际投资人把主要业务在大陆、境外注册、在香港上市的中资企业股票统称为"红筹股"。

1. 红筹股概念的初步形成阶段（20世纪80年代中期至1993年）。1984年，中银和华润收购康力投资（0031.HK），成为首家"红筹股"。1987年，粤海取得友联世界（0270.HK）的控股权，中信收购泰富发展。至1993年底，红筹股发展到36家，占全部上市公司477家的7.5%。

2. 红筹股注资重组的兴盛阶段（1996年至1997年）。上实、北控等一批中国地方政府窗口公司上市，使红筹概念名声大噪。1996年，红筹股股价升幅普遍跑赢大势，是同期恒生指数升幅的3倍，并不断刷新超额认购的历史记录。

3. 红筹受创，内外交困阶段（1997年8月至2003年）。九洲发展生不逢时。

案例：北控——"北京失控"；上实——"上海失业"；"粤海危机"；"广信事件"；"珠光上市"；粤投股份从最高位跌去85.5%。

1998年，香港红筹股从"天堂"走向"地狱"。红筹新股发行筹资活动基本停顿，全年仅有一只新红筹加盟，即生不逢时的珠光发展（九洲发展的前身）。

2003年，曾经叱咤风云的北控股票从66元高位跌至4.8元的历史新低。

4. 艰难转折阶段（2003年起红筹显拐点）。

粤海经验：从清算破产走向重组新生。

北控成功转型。

（二）红筹特点

1. 窗口公司：城市之间依托窗口公司展示竞争力的载体。
2. 政府支持：政府充当监护人的角色。
3. 政府资源：国有企业资源重组和政府特许经营。
4. 捆绑上市：追求市值和融资目标的IPO，规模优先考量。
5. 大起大落：市价表现犹如过山车。
6. 艰难转型：城市公用事业为优选行业，由综合多元到专业化经营。
7. 重组新生：剥离老化资产，注入新鲜血液，前提是债权人同意债务重组。

8. 目标蓝筹：做大市值，赢得国际资本青睐。

（三）对香港资本市场和金融环境的再认识

九洲发展在香港上市，决定了集团资本运营的主战场在香港，如何打赢客场是我们必须面临的挑战。"知己知彼，百战不殆"，香港资本市场有哪些特点和规律？为什么九洲发展等一大批股票的价格低于净资产？下面就此做一探究，以期引起广大同仁重视，为集团资本运营工作抛砖引玉。

1. 交易监管制度差异。（1）与中国大陆A、B股不同，香港股票可以无限增发批股。香港证监会、联交所的监管理念是只要股票发行买卖双方是理性的、没有欺诈、信息披露充分就不违法；而国内股票再融资审批没有放开，股份供应始终有限。（2）国内股票面值统一，而港股股票面值五花八门，25分的、1毛的、1元的等多大面值的都有。（3）香港股市还可以供股、缩股，甚至可以随时成为披着合法外衣，鱼肉中小股民，使其倾家荡产的刀俎。案例：老千股的鼻祖——威利国际（0273.HK）。（4）常被低估，PB常态在1以下，小市值，小盘股难有高估的时候。高了大股东增发圈钱，低了回购或私有化，而A股普遍高估。（5）衍生产品泛滥，一招不慎，即遭暗算。（6）馅饼变陷阱。有少数不良股东可以用融资杠杆工具做多或做空，往往把价格打到非常不理性的位置。

由此可见，对港股交易监管制度的研究和学习，是做好九洲旅游集团资本运营的必修课。

2. 投资者义化不同（决定了投资者思路不同）。香港投资人对国有企业、内地企业及内地部门管理存在一定的误解，对中小微企业不感兴趣，对相关行业（如内地房概念股整体沦陷）讳莫如深。案例：仁和商业（01387.HK）、茂业国际（848.HK）、东方海外（00316.HK）。

3. 投资者结构差异。香港资本市场中国际资本流动便利，潮起潮落，常由欧美外资大行操纵，横行猖獗，散户和其他投资者常遭弱肉强食，研究报告忽悠你没商量。因此，必须对大行、大行的研究报告以及全球资本流动有足够的认识，既不可仰视，也不可小视，否则资本运营可能成为炮灰。

4. 主场客场之别。A 股是中国股民和投行的主场，港股就是客场了。主场政府有父爱情节，跌多了总会出利好，鲜有退市；而客场弄不好血本无归。

5. 会计制度不同。审计、审查理念不一样。

6. 法律制度不同。法系不同；报告方式不同；违法成本不同；

小结：A 股叫风险，港股叫凶险。港股常低估，A 股常高估。

通过对港股和 A 股的横向比较，不难找到九洲发展等港股价格长期低于净资产的外部因素。既然香港证券市场这么凶险，难道九洲发展就此打入地狱了吗？不是！如果我们把握好价值投资这一秘笈法宝，就会发现香港资本市场充满无限商机，是获取超常发展的天堂。关键是要学会使用资本运营的各种方法、技巧和工具，如安全边际理论、博弈论、企业价值评估体系等；不能固守 A 股跟庄、跟大机构的老套路，不偏信大行忽悠，变得更加自强、自立、自省、自勤；关注企业的基本因素（尤其是公司的治理结构）、行业动态、商业模式和管制能力。总之，如果说港股是大学课程，有大学问，那么打理港股上市公司则是研究生课程。当好优秀的研究生的前提，是对价值投资理念的学习、学习、再学习，是对香港交易制度认识基础上的价值回归、价值发现、价值提升的实践、实践、再实践。

7. 既要看到不利一面，也要发现积极因素。正如投资大师格雷厄姆所说："长期看，市场是称重器；短期看是投票机。"香港资本市场的优势有：

（1）全球领先发达的市场；

（2）规模长期稳居世界前七，亚洲第二；

（3）世界流动性汇集的地方；

（4）距内陆最近的国际金融中心；

（5）营商环境全球最佳；

（6）法制监管最严；

（7）政府管治守夜人角色。

二、以注资转型作为突破口，强化集团资本运营的战略

（一）问题

总体来讲，其盈利能力不强、公信力不好、核心竞争力不高、驾驭游戏规则的能力不强、管理架构不优。具体说来，就是：

1. 股价低靡，长期低于净资产。
2. 有盈利，没有盈利预期，成长性不够明朗。
3. PE 高企，非理性繁荣。
4. 注资链条中断。
5. 屡次资本运作夭折，投资者信心遭到破坏。
6. 融资功能丧失。
7. 市值太小，别说距蓝筹市值有天壤之别，就连红筹也名落孙山。
8. 万盛项目官司的不确定性影响。

归根到底，是三个焦点：一是九洲发展的留与退的问题；二是红筹与 A 股的问题；三是多与专的问题。即未来必须面临转型：不是重组新生，就是私有化退市。

（二）条件

1. 新一轮国企重组，为九洲旅游集团带来新的定位。
2. 重新拥有注资条件和有前景的资产。
3. 新一届集团班子和九洲发展新董事会的成立。
4. 2009 年珠海市国有资产监管工作会议要求："鼓励将符合条件的经营性国资整合注入上市公司，实现优势资源向上市公司集中；对于已经控股或参股上市公司的企业集团，要通过各种有效方式推进整体或部分上市，已上市的企业要充分利用资本市场，形成融资、发展、价值提升、回报社会的良性发展机制，不断提高核心竞争力。"

（三）通过大股东注入优势资产，实现新的主业定位

按照香港市场新的评估标准和投资偏好，以及对综合类红筹股的要求，对九洲发展进行战略重新定位、资产注入和业务重组，退出发展前

景不佳、不能给股东带来增值的非核心业务，发展新的增值业务，增强业务的相关性和集中程度，加强对下属企业的管理控制，改善激励机制，增强企业凝聚力，把九洲发展打造成有限多元的旅游(或休闲？或文化？或复合？或康体？或商业？）地产集团。

1. 隆益项目：千载难逢的机遇，牵一发而动全身。
2. 高联项目：待整理发掘的金矿。
3. 集团邮轮公司项目：码头一元化后的估值预期。

（四）用境外上市的捆绑机制改善公司治理

境内公司通过境外上市，达到"租赁"境外更严格的法律监管和建立更有效的市场约束机制，改善其外部治理环境与内部治理机制，避免其控股股东与经理人的隧道行为，从而取信于投资者乃至提升公司价值。

三、以价值发现为目标，提高集团资本运营效力

资本市场是需要优美动听的故事，也需要包装，但最终要兑现，要有结果，要有业绩支撑和发展前景，不然就会变成痴人说梦话。业绩和业绩增长，回报和改善回报，才是上市公司安身立命的法宝（见图1）。

四、以化解危机为手段，为集团资本运营扫清障碍

1. 千方百计打赢万盛项目官司，追讨诚意金，为集团发展规划清除不良影响。
2. 固本强基，苦练内功，改善内部管理与风险控制，按照集团要求制定实施新的投资管理制度、费用管理制度。
3. 人才为先，眼睛向内，着重培养和造就适合资本运营的人才。
4. 与集团资源整合，发展规划相对接，提出资本运营的新规划，报集团审批后实施。

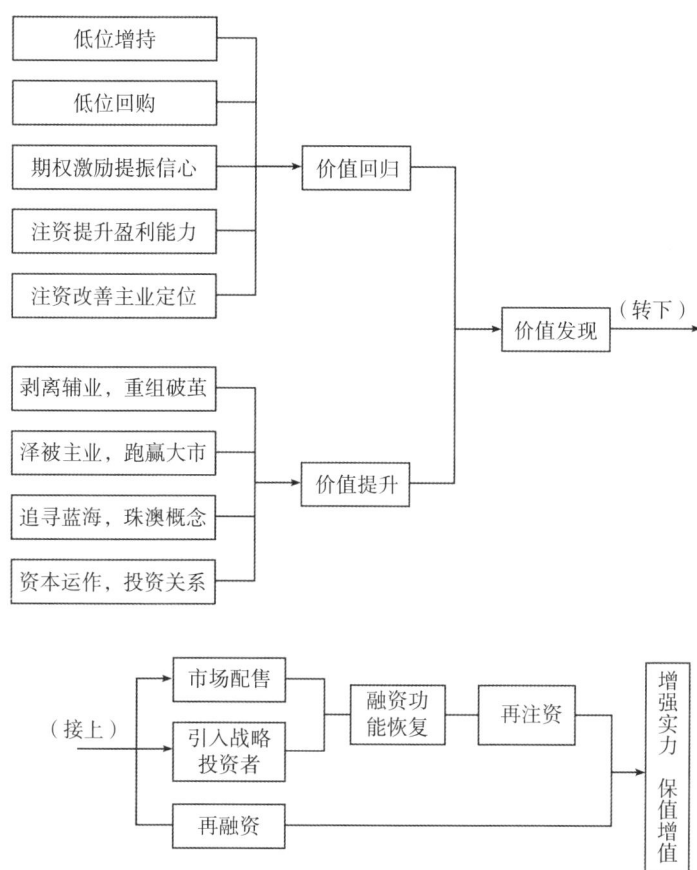

图1 资本运营效力图

特别重大资产并购中"接管"环节的关键节点
——兼对天志项目并购、接管、重组、资本运营实操案例的剖析

并购是世界经济中的一种常见行为,它已成为企业扩大规模、调整产业结构、改善经营管理的手段和方式,也是企业高度发展的必然趋势。正如美国著名经济学家乔治·斯蒂格勒所说:"没有一个美国大公司不是通过某种程度、某种方式的兼并而成长起来的,几乎没有一家大公司主要靠内部扩张成长起来。"与企业实施内部资本积累、实现渐进式成长的方式相比较,并购方式可以给企业带来规模经济、市场权力、节约交易费用等多重绩效。

自 2010 年初至今近六年的时间,笔者相继参与了珠海市政府关于金湾天志项目回购工作的方案起草、尽职调查、收购谈判、合同签订、资产接管、人员接收、功能完善、经营提升及资产重组等一系列重大活动;主导了由九洲控股集团推动、珠海市政府决策的天志公司第二次股权重组工作;主导了天志项目引入"战略投资者"(以下简称"战投")进行增资扩股,实现部分退出的第三次重组工作。

天志项目并购工作是块"硬骨头",是场攻坚战。一是融资难。2013 年,央行、银监会等出台系列文件,全面监管政策逐步收紧,房地产宏观调控政策频出,致使地价融资工作异常困难。二是接管难。双方的财务整合、配合程度、员工安置、球会的赛事安排及球会会员对新进入管理方的信任度、法律纠纷等隐形问题给接管工作造成了极大的压力。三是重组难。天志项目属稀缺资源,但按照市政府的原规划部署,

其本身却不是最佳资产。"规划就是生产力",若要达到最佳资产效果,就需取得市政府及相关职能部门的支持,调整规划,重组资产,困难重重。四是文化整合难。企业并购后最困难的是文化整合。双方价值观的冲突、员工对新进入企业的认同感、统一行为标准的缺乏,这些都会导致新的领导层丧失威信,最终甚至会导致企业命令无法执行。五是发展难。2013 年前后,中央密集出台了信贷、税收、土地等一系列房地产调控政策,致使房地产行业有些寒冷,发展处于低迷期。

工作艰辛无以言表,但努力的结果令人欣慰。几经资产回购、重组、引入"战投"等多个回合,2013 年底,天志项目的资产价值已由 24.4 亿元升值为 88.04 亿元,2016 年年中公开择优选择战略投资者取得成功,天志项目的资产价值则可快速提升至 132 亿元,国有资产增值可近 6 倍,开创了杠杆融资、投融管退、滚雪球式并购发展的新模式。

这里,以时间为主线,以投、融、管、退为主题,简要概述如下:

一、并购、接管

2010 年 4 月至 2013 年 11 月,在珠海市政府的指挥组织下,珠海市财政局、市国土资源局、市发改局、市人力资源和社会保障局、市住房和城乡规划建设局、市审计局、市国资委、市法制局、市工商局、市国税局、市地税局等相关职能部门的协力参与配合下,九洲控股集团作为执行主体,笔者全程参与了天志项目回购中的系列重大活动,特别是主导参与收购谈判和合同签署,短短 2 个月内完成了攻坚任务。2010 年 6 月,珠海市政府通过市土地储备发展中心用 24.4 亿元从省粤财公司回购天志公司 100% 的股权,并收回天志公司 500 万平方米的建设用地使用权,同时与九洲控股集团签订了《资产托管协议》。协议约定由九洲控股集团负责天志公司的经营管理(详细方案见附件 1、附件 2)。

二、融资、重组

2013年12月,笔者主导了将天志公司100%股权无偿划转至九洲控股集团,同时将金湾高尔夫球场250万平方米用地恢复至天志公司名义,其中包含100万平方米的商住用地,由九洲控股集团补缴地价44.02亿元等系列工作。在整体融资大环境恶劣的情况下,通过采取多种融资工具和手段,九洲控股集团在约定期内解决了补缴地价的资金问题,竞得了天志公司完整的股权和产权。此时,当时市政府并购的天志公司的资产价值由24.4亿元升值为88.04亿元(按简单算术法计算,500万平方米土地价值=250万平方米土地×44.2亿元×2=88.04亿元)(详细方案见附件3)。

三、资本运营

2015年12月,再次主导了九洲控股集团为获取资本运作收益、降低融资风险与成本,快速实现国有资产增值的工作,向市政府提交了对天志公司引入"战投"进行增资扩股的请示,珠海市国资委批准同意可启动经济行为。经评估,天志公司总资产价值为63.46亿元,拟按66亿元挂牌底价挂牌。

公开择优选择战略投资者成功后,不仅可借助实力投资者(世界500强)在资金、品牌、管理资源方面的优势,而且对国有存量资产来讲,经过6年多的努力,在市政府的支持下,九洲控股集团资本运营点石成金,将24.4亿元的回购资产快速提升至132亿元(按简单算术计算),国有资产增值近6倍(详细方案见附件4)。

继2013年主导珠海控股投资集团成功收购两家香港公司——南迪发展及南迪高尔夫的全部股份后,天志项目是笔者在九洲控股集团主导并购、运营的最大项目。天志项目的案例告诉我们,并购的动机根源于竞争的压力。并购在增强企业核心竞争力方面确实起到了不可低估的作用。同时，我们也应注意到，并购只是一种手段，提升企业核心竞争力才是最终目的。并购是一个复杂的系统工程，它不是简单的资本交易行为，还涉及法律、政策环境、社会背景、公司文化等诸多因素，存在报表风险、合同风险、资产风险、负债风险、财务风险、雇员风险、法律风险、政府行为风险及第三方攻击的风险等，这一切都要求企业具有较强的知识管理能力。

为此，笔者将这近六年中所做的关于天志项目并购、接管、重组、资本运营实操工作中的关键节点作为本文的附件附后，以求教于同行。

注：下文中的"集团"或"集团公司"，一般指九洲旅游集团公司（九洲控股集团的前身）

附件1：九洲控股集团关于天志项目回购工作方案

附件2：珠海市政府天志项目回购接管工作方案

附件3：天志项目资产处置建议方案

附件4：珠海天志发展置业有限公司增资扩股方挂牌引资方案

附件1：

九洲控股集团关于天志项目回购工作方案

根据珠海市政府专题工作会议精神，为承担市政府金湾天志项目回购工作协调小组（以下简称协调小组）做好接管金湾天志项目的有关任务，需落实好以下工作节点。

一、工作目标

做好尽职调查，摸清目标企业的家底，提出应对措施；维护合法权益，保持目标企业的稳定，确保接管顺利；完成股权过户，抓好目标企业的日常经营；制定发展规划，有效整合目标企业的资源，发挥规模优势，提升目标企业的管理水平和经营效益。

二、组织保障

九洲控股集团公司成立接管天志公司工作组。工作组主要职责是落实市政府天志项目回购接管工作方案的接管任务，配合做好目标企业的尽职调查、接管准备、接收经营权、办理股权过户、日常管理和制定发展规划等工作。同时，加快工作进度，探讨缩短第二笔转让款的支付期，以尽可能缩短过渡期，尽快实现管理权移交和股权过户。

三、接管前准备工作

(一) 尽职调查

按照天志项目回购工作的要求和市国资委的授权,集团工作组拟聘请项目的财务顾问和法律顾问,对目标企业进行尽职调查:

序号	工作项目	具体内容	责任人	时间要求
1	聘请财务顾问	根据市国资委授权,委托利安达会计师事务所为财务顾问。	集团工作组	4月20日前
2	聘请法律顾问	根据市国资委授权,委托亚太律师事务所为法律顾问。	集团工作组	4月20日前
3	对目标公司进行清产核资	包括但不限于:公司的背景情况、经营情况分析、资产负债表分析、财务指标、盈利预测、债务和或有事项、关联交易、内控系统、税务等,核查是否物证相符、账账相符和账证相符,实现工作方案中"厘清标的"的目标。	集团工作组、中介机构(财务顾问);目标企业	4月30日前
4	核实目标公司法律、人力资源和劳资关系	包括但不限于:公司主体资格、资质证书、各项财产权利是否完整无瑕疵以及合同、债务文件、公司资产抵押、担保情况、诉讼等方面的审查核实。	集团工作组、中介机构(法律顾问);目标企业	4月30日前

在尽职调查期间,集团工作组将及时将目标企业的有关情况上报协调小组,配合做好天志项目回购的有关工作。

(二) 过渡期的监管机制

1. 把握好时间节点。项目过渡期:项目过渡期指目标企业签订《股权转让协议》之日起至完成股权转让的全部工作之日止。

合同成立日:转让方和受让方双方在《股权转让协议》上盖章且各自法定代表人或授权代表签名或盖章后成立,成立日期为最后签名盖章一方的签名盖章之日。

合同生效日:《股权转让协议》自转让方收到第一期转让款之日起生效。

权利转移日：指转让款项全部支付至转让方（甲方）指定的收款账户之日。

2.构建过渡期的监管机制：

序号	事项	内容	责任人	时间要求
1	拟定过渡期监管协议		协调小组、集团工作组	4月30日前
2	成立过渡期的监管机构	授权集团公司对目标企业在过渡期间进行监管，派出产权代表和部分管理人员。	协调小组、市国资委、土地储备中心、集团工作组	4月30日前
3	准备对目标企业进行过渡期监管	目标企业保持业务连续性，按照转让协议规定严格履行报告制度；实行联签制度。	协调小组、市国资委、土地储备中心、集团工作组	4月30日前

（三）制定接管应急预案

为保持目标企业的稳定，防范突发事件，集团公司将制定应急工作预案，保持目标企业的平稳过渡。

1.平稳过渡。保持现有的管理人员和队伍基本不变，短期内暂时维持现有的管理制度（除明显不合理外）。

2.应急工作预案。为应对目标企业员工和周边群众因劳动关系、企业转让等引发的群体事件；目标公司不配合不合作；员工较大幅度流失；目标公司原计划的活动或赛事受不明原因影响；出现安全事故或重大隐患；法律诉讼等突发事件，集团公司制定了以下应急工作预案：

序号	事件类型	事件描述	应对措施	责任人
1	群体事件	人员在目标企业、集团总部或者在政府机关聚集、闹事、示威等。	1）迅速反应，尽可能平稳人员情绪，防止事件恶化和升级； 2）及时向工作协调小组和有关部门报告，在处理过程中实行不间断报告； 3）及时了解事件的起因，有针对性地提出处理意见； 4）稳定为主，对合理诉求能解决的承诺限期解决，不能解决的说明理由；对蓄意闹事的核心人员报请有关部门及时控制和处理； 5）对事件进行总结，避免再次发生。	集团工作组、目标企业

续表

序号	事件类型	事件描述	应对措施	责任人
2	目标公司不配合不合作	目标公司班子成员或关键岗位人员对回购接管有疑问，不配合不合作，甚至故意刁难。	1）加强沟通交流，做好解释工作； 2）有针对性地解决实际问题； 3）如继续故意不合作或刁难，造成接管严重受阻，集团工作组向原股东反映，调整其岗位； 4）集团内部补充人员。	集团工作组、国际高尔夫、翠湖高尔夫
3	人员流失	目标企业员工出现较大幅度的流失，可能影响正常生产经营。	1）了解分析事件原因，有针对性提出应对方案并向协调工作小组和有关部门报告；涉及劳动合同关系的争取劳动部门的支持； 2）开展挽留工作，特别是关键岗位员工； 3）及时从集团其他高尔夫企业借调相关人员补充； 4）营造良好氛围，采取必要手段稳定员工队伍。如合理解决历史遗留问题、公平公正处理问题，建立科学合理的激励机制等。	集团工作组、人力部、国际高尔夫、翠湖高尔夫
4	活动或赛事受不明原因影响	目标公司原计划举办的活动或赛事突然出现波折。	1）分析原因，会同目标公司班子成员积极、及时跟进； 2）向工作协调小组报告； 3）国际高尔夫、翠湖高尔夫协助。	集团工作组、国际高尔夫、翠湖高尔夫
5	安全事故或重大隐患	设施受损、人员受伤、食品安全事故等。	1）及时反应，最大限度降低损失； 2）及时向协调工作小组报告，争取有关部门的支持； 3）对受伤人员及时送医院治疗； 4）做好受伤人员家属的安抚工作； 5）保护现场，保留证据备查； 6）对事件进行总结，避免再次发生。	集团工作组、目标企业、集团经管部、国际和翠湖高尔夫
6	法律诉讼	出现劳资关系、或有债务、抵押等争议或纠纷引起的法律诉讼。	1）加强与债权人和当事人的沟通； 2）及时向工作协调小组报告； 3）依法维护合法权益。	集团工作组、目标企业、集团办公室、法律顾问

四、实施过渡期监管

（一）派驻监管机构

1. 产权代表。

序号	工作流程	工作内容	责任人	时间要求
1	产权代表的产生	根据市国资委推荐、珠海市土地储备发展中心授权，确定集团公司进入目标企业的产权代表。	集团工作组、市国资委、市土地储备中心	签订转让协议当日
2	产权代表的宣布	到目标企业宣布任命产权代表。	集团工作组、市国资委、市土地储备中心	签订转让协议当日或次日
3	产权代表的职责权限以及与目标企业的关系	1）产权代表代表珠海市对目标企业实行监管； 2）天志公司、金湾俱乐部公司的董事会在作出决议后，应在五个工作日之内将董事会决议副本提交给产权代表备查； 3）产权代表应加强与目标企业经营班子的沟通，尊重经营班子依法合规经营； 4）目标企业应积极配合产权代表做好过渡期的各项工作，并对公司进行善意的管理。	集团工作组、产权代表、目标企业	

2. 其他相关人员。除产权代表外，根据需要安排财务、技术、业务人员进入目标企业，协助产权代表实施过渡期间的监管。

（二）明确有关事项

序号	事项	内容	责任人	时间要求
1	需提交产权代表，并征得授权人同意后方能实施的事项	按照转让协议约定，以下事项需在行为作出前取得同意方可实施： 1）涉及目标企业现有职工安置（如有）的决定或会议； 2）以转让、赠与、变卖、作价出资等方式处置公司账面价值超过人民币贰拾万元的固定资产或动产的行为； 3）在公司资产上设立抵押、质押等权利负担； 4）以公司的名义担保、对外投资或与他人合作。	目标企业、产权代表	行为作出前

续表

序号	事项	内容	责任人	时间要求
2	业务连续性	目标企业以签订转让协议前的经营管理方式继续运作，保持正常的生产、经营和销售活动，保持公司的章程不变。	目标企业	过渡期间
3	管理架构	维持原有管理架构不变。	目标企业	过渡期间
4	队伍稳定	员工工资待遇标准保持不变。	目标企业	过渡期间
5	实行联签制度			过渡期间

五、股权过户管理

（一）全面接受企业资源

序号	工作流程	工作内容	责任人	时间要求
1	正式行使股东权利	接收目标企业的公章及管理权；接收受让标的的权源、权属文件，企业软件管理系统。	集团工作组	自权利转移日或次日起
2	提前准备工作	要求目标企业将有关债务人的资产登记造册，制定资产明细表、有形财产处所清册、有关文件档案清册等，做好相关准备，随时等候交接。	集团财会部	权利转移日前五个工作日
3	分头接管	组成项目组，与其他中介机构一起，分类盘点、接收、签署文件。包括： a.资产组：实物盘查、清点； b.财务组：接受财务档案、现金管理； c.人员组：人员档案、工资管理等； d.综合组：行政办公、档案、文件、印章、证照等。	目标企业；集团相关部门；法律顾问等中介机构；市政府代表（国资委、土地储备中心等）	自权利转移日起
4	总体接收	在完成分头接管的情况下，目标企业的负责人与产权代表办理总体接收手续，签署《移交接管书》，并附交接清单。有关分头接管签署的文件作为《移交接管书》交接清单的附件存档备查。	产权代表、目标企业	完成分头接管后
5	制定接管报告	对接管情况向工作协调小组报告。	集团工作组	完成总体接收后五个工作日

（二）办理各项变更手续

序号	工作事项	内容	责任人	时间要求
1	办理股权变更手续	办理天志公司100％股权、金湾俱乐部公司75％股权的工商变更手续。法定代表人签署的《公司变更登记申请书》；公司签署《有限责任公司变更登记附表——股东出资信息》；公司签署《指定代表或者共同委托代理人的证明》；股东双方签署的股权转让协议或者股权交割证明；新股东的主体资格证明或自然人身份证件复印件；修改后的公司章程或者公司章程修正案；公司营业执照副本。	目标企业、集团财会部	按合同约定
2	办理法定代表人变更手续	公司法定代表人签署的《公司变更登记申请书》；公司签署的《变更登记附表——法定代表人信息》；《指定代表或者共同委托代理人的证明》；根据公司章程的规定和程序提交原任法定代表人的免职证明和新任法定代表人的任职证明；修改公司章程的决议、决定以及修改后的公司章程或者公司章程修正案；公司营业执照副本。	目标企业、集团财会部	按主管机关要求
3	资产过户		目标企业、集团财会部	按主管机关要求
4	税务变更	工商登记变更表及工商营业执照；纳税人变更登记内容的有关证明文件；税务机关发放的原税务登记证件；其他有关资料。	目标企业、集团财会部	自工商行政管理机关变更登记之日起30日内

六、实际控制后的管理

（一）对高管的充实与分工调整

集团公司根据管理实际对目标企业的高管进行充实，对法定代表人、董事会和经营班子作出调整，新班子进行合理的分工。

（二）完善组织机构和管理制度

进一步加强组织机构和管理制度建设，完善员工手册、岗位职责和操作规范等。

（三）加强日常管理

包括但不限于：加强队伍建设，管理架构轻型、精干；重视安全工作，提高服务质量；提升专业化水平，提高会员管理质量，保持业务连续性；加强市场调研和市场营销，注重成本管理，提高企业经济效益。

（四）与债权人的充分协商与债务重组

根据领导小组指示，与债权人充分沟通，重新安排债务期限，降低债务成本、减轻偿债压力等债务整合工作。

（五）税务筹划，合理利用税收政策

在法律顾问、财务顾问的指导下，由集团财会部、目标公司对涉及税务问题进行筹划，提出应对策略，报批后实施。

七、进一步设想

（一）资源整合

主要包括业务整合、文化整合和人力资源整合。

一是业务整合。核心内容是通过对原来经营管理存在问题和弊病的分析，重新制定发展战略和调整经营政策，保证目标企业能够适合整合后的经营要求。加强国际高尔夫、翠湖高尔夫和金湾高尔夫三家球会乃至集团内部其他企业的合作、联动与整合，做到整体效能效益最大发挥，突出珠海旅游旺市的优势，实现"2+1>3"。

二是文化整合。包括企业价值观的整合；企业制度文化的整合；企业物质文化的整合；企业行为文化的整合。

三是人力资源整合。着重于对人力资源队伍整体的改善与开发，提供总体管理经营能力。对企业内部的人力资源按照需要进行取舍和重新配置，形成具有高凝聚力的团队，形成人力资源的良性循环，取得协同效应，提高企业的绩效。充分发挥员工的积极性和创造力，坚持优化结构与提高素质相结合，通过有效激励、优胜劣汰等策略，建立人力资源优化配置机制，对目标企业内外部人力资源实现全方位整合。

（二）制定发展规划

1. 借鉴珠海国际高尔夫项目中高尔夫与别墅协同开发的成功经验，结合目标企业的土地资源，探讨旅游地产业务和资本运作模式。

2. 完善集团公司旅游产业链条，发挥高尔夫产业规模化经营优势，探讨聘请国际管理集团管理模式，引领珠海市高尔夫产业的发展方向。

附件2：

珠海市政府天志项目回购接管工作方案[①]

一、目标任务

珠海天志发展置业有限公司（以下简称天志公司）是广东粤财投资控股有限公司（以下简称粤财公司）属下全资国有企业。2007以来，广东粤财公司着手处置天志项目，同时解决珠海市拖欠广东发展银行（以下简称广发行）珠海分行的债务问题。广东粤财公司与珠海市政府经过多次协商，就天志项目处理问题达成一致意见，由珠海市筹集24.4亿元资金向粤财公司回购其持有的珠海天志项目的整体债权和股权。

（一）天志项目转让标的的主要内容

本次协议转让的标的包括广东粤财公司自珠海广发银行受让的珠海天志公司的债权、股权和相关权益。

1. 债权。广东粤财公司对天志公司依法享有的五笔债权及相关从权利（从广发银行收购得来），截至2010年3月31日，债权本金余额累计为人民币1928258351.66元。

2. 股权。广东粤财公司依法持有的珠海天志发展置业有限公司100%股权。广东粤财公司依法持有的珠海金湾高尔夫俱乐部有限公司75%的股权及相应的权益期待权。

（二）目前及下一阶段的目标

工作目标：优质高效地完成天志项目的回购工作。

主要包括：

[①] 此文为作者于2010年4月21日在市政府接管天志公司工作会议上的汇报。

1. 签订协议。与广东粤财公司签订回购的有关协议，维护有关各方的合法权益。完成报批手续并确保工作规范有序推进。

2. 按时支付。及时筹集所需资金并按协议规定的进度支付款项。

3. 厘清标的。按国有资产管理的规定及惯例，对回购的标的进行清产核资及法律关系核实，明晰标的物的财务关系及法律关系。

4. 顺利交接。确保通飞公司的注资按时到位，做好过渡期间的监管工作，做好标的物的交接工作，做好后续资源的整合工作。

二、组织保障

为了确保回购工作的有序进行，成立天志项目回购工作协调小组。协调小组主要负责天志项目回购工作的整体策划、拟定方案、组织实施等工作。

协调小组组长：市委常委、市政府常务副市长。

协调小组成员：市发改局、市财政局、市人力资源和社会保障局、市国土资源局、市住房和城乡规划建设局、市审计局、市国资委、市法制局、市工商局、市国税局、市地税局及九洲旅游集团主要领导（详细名单略）。

协调小组下辖四个工作小组，分别是谈判小组、融资小组、政策及法律小组和接管小组，工作小组主要在协调小组的领导下按各自的职责分工做好具体的组织实施工作。

谈判小组成员：由市国资委、九洲控股集团主要领导组成（详细名单略）。

融资小组成员：由市国土资源局、市财政局主要领导组成（详细名单略）。

政策及法律小组成员：由市法制局、市人大领导组成（详细名单略）。

接管小组成员：由市国资委、九洲控股集团主要领导组成（详细名单略）。

三、工作内容及时间要求

（一）谈判小组

负责项目回购谈判工作，完成协商、协议文本起草、相关报批程序以及协议的正式签订等工作。工作具体内容（包括但不限于）：

1. 尽快与广东粤财公司签署保密协议，进而获得我方开展收购尽职调查的授权。

2. 2010年5月10日前，根据尽职调查的结果，进一步完善现有股权转让协议。

包括：明确珠海金湾高尔夫俱乐部有限公司其余25%股权转让的问题，明确收购完成后天志公司和金湾高尔夫俱乐部有限公司两家公司股权分别过户的政策支持问题，我方过渡期权益维护问题、我方免则条款问题，以及其他双方认为重要的事项。

3. 与融资小组协调，探讨一次性支付收购转让金的可能，最大限度地缩短过渡期，保障珠海方权益。

4. 2010年5月10日后，履行双方报批程序，事涉国有股权转让，应向省国资委、省相关管理部门和珠海市政府履行报批手续，根据批复文件的要求，对协议相关条款进行修改，力争2010年6月10日前正式签订股权转让协议。

（二）融资小组

负责收购转让金的筹集、确定支付方案及完成支付等工作。工作具体内容（包括但不限于）：

1. 为维护我方权益，探讨一次性支付收购转让金的可能性。

2. 2010年6月15日前完成收购转让金的筹集工作。

3. 股权转让协议签署后，根据协议安排，完成收购转让金的支付工作。

（三）政策及法律小组

就项目回购涉及的各类政策和法律事项提供支持。

工作具体内容（包括但不限于）：

1. 负责协议文本的法律审查。

2. 就项目整体回购涉及的天志公司和金湾高尔夫俱乐部有限公司股权过户事宜提供政策依据和政策支持。

3. 就项目回购涉及的其他法律、工商、税务、劳动保障、规划等事宜提供支持。

（四）接管小组

负责完成对回购标的尽职调查、过渡期工作安排以及交接工作的安排计划，同时跟进完成粤财公司向珠海通飞项目注资的工作。工作具体内容（包括但不限于）：

1. 2010年4月20日前，完成项目尽职调查所需财务顾问和法律顾问的聘请工作。

2. 2010年4月30日前，完成天志项目回购涉及公司的清产核资工作。主要包括：公司背景情况、经营状况分析、资产负债表分析、财务指标、盈利预测、债务和或有事项、关联交易、内控系统、税务等等。

3. 2010年4月30日前，完成天志项目回购涉及公司的法律、人力资源和劳资关系的核实工作。主要包括：公司主体资格、资质证书、各项财产权利是否完整无瑕疵；合同、债务文件的审查，公司资产抵押、担保情况，公司诉讼情况等等。

4. 2010年4月30日前，完成制定过渡期的监管机制，与谈判小组沟通，并取得广东粤财公司的认可。主要包括：拟定过渡期的监管协议、确立过渡期的监管机构、明确具体的监管办法等等。

5. 收购合同生效后，按合同约定，正式办理股权登记过户等手续。

6. 在取得天志公司实际控制权后，根据领导小组指示，进行组织结构、管理制度、经营、人力资源等方面的整合交接工作。

7. 根据领导小组指示，进行与债权人沟通，重新安排债务期限，降低债务成本、减轻偿债压力等债务整合工作。

8. 2010年6月30日前，负责跟进完成广东粤财公司利用天志项目回购首批款项向珠海通飞项目注资 14 亿元人民币事宜。

根据市政府的工作要求,天志项目回购工作初步确定在 6 月 10 日之前完成正式股权转让协议的签署,6 月 30 日前完成首批收购资金 14 亿元人民币的支付,同期开展天志公司的过渡期监管及交接工作。

附件3：

天志项目资产处置建议方案

一、天志项目背景情况

（一）历史沿革

1998年，珠海市政府为偿还三灶管理区拖欠珠海广发行贷款，以金湾西湖城区5平方公里土地以物抵债，由市土地储备中心与珠海广发行签订了《以地抵债协议书》，珠海广发行于1999年6月以属下企业金湾实业和香港超礼共同出资设立中外合资企业天志公司。天志公司和金湾实业于2000年8月登记成立高尔夫俱乐部公司，双方分别持股25%、75%。

2005年12月30日金湾实业、香港超礼分别与粤财公司签订《股权转让协议》，由粤财公司受让其分别持有的天志公司40%、60%股权，天志公司企业性质由中外合资企业改为内资企业（粤财公司持有其100%股权）。同时，粤财公司与金湾实业签订《股权转让协议》，由粤财公司受让金湾实业持有的高尔夫俱乐部公司75%股权。高尔夫俱乐部公司股东变更为粤财公司（持股75%）和天志公司（持股25%）。由于天志公司100%股权全部由粤财公司投资持有，因此，粤财公司已经实质拥有高尔夫俱乐部公司100%控制权。

2006年10月31日粤财公司于与珠海广发行签订《债权转让协议》，收购了其对天志公司享有的五笔债权约19亿多元。天志公司借款时以其名下的部分土地使用权作为抵押。

2010年，珠海市政府为一揽子解决天志公司相关债权债务、股权、股权权益等事宜，与粤财公司达成协议，将其享有的上述债权及相关股权以 24.4 亿元的对价整体转让给珠海市土地储备中心。

（二）天志公司股权演变

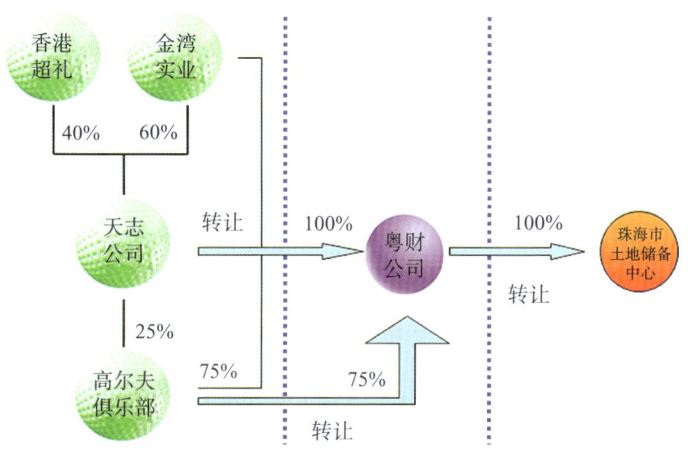

（三）天志公司核心资产

天志公司的核心资产是 5 平方公里的土地，分别划定红线范围并独立成 8 宗地块，土地来源为出让，规划用途为别墅、公寓、商业及高尔夫球场的开发使用，使用期限 50 年。

上述 5 平方公里土地分二期开发：

一期项目占地 2.46 平方公里，建造金湾高尔夫俱乐部，包括一个高尔夫球场（已经建成会所、维修中心等建筑，因与设计单位未最终结算，缺少相关资料而未能办理产权证）和 326 栋别墅（目前尚未动工，只有靠近练习场拟建的 10 栋别墅进行了部分前期填土）。

二期项目占地 2.54 平方公里，根据规划要求，二期项目主要作为旅游、文体用地。

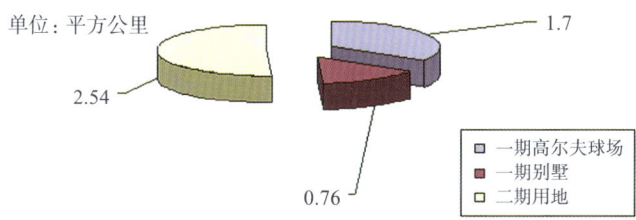

二、资产及债务处置建议方案

（一）处置标的

债务：政府因整体收购而承担的 24.4 亿元人民币债务。

对应资产：

地块一：占地 2.46 平方公里，包括一个高尔夫球场（已经建成会所、维修中心等建筑，因与设计单位未最终结算，缺少相关资料而未能办理产权证）和 326 栋别墅用地。

地块二：占地 2.54 平方公里，主要用途旅游、文体用地。

（二）债务处置建议：首先进行债务和资产分离

市土地储备中心承担相关债务，并通过资产处置所获资金偿还相关债务。

（三）资产处置建议：上述资产分两个部分处置

1. 二期 2.54 平方公里土地（现文化、旅游用地）。本地块位于未来西部核心主城区规划范围内，建议将此 2.54 平方公里土地，功能由旅游变更为部分住宅用地和部分旅游用地，未来用以出让，以综合旅游开发项目整体提升本地块的价值。

该区域住宅地基准地价为 1100 元/平方米，假定以市场价 1230 元/平方米计算，考虑到住宅容积率可接近 2，结合部分旅游项目用地，我们假定综合容积率为 1.5 进行测算，土地出让收入将超过 46.86 亿元。（完全可覆盖 24.4 亿元收购成本）

参考依据：2010 年 3 月，珠海市土地房产交易中心公开挂牌出让的珠国土储 2010-01 地块以 1230 元/平方米成功挂牌出让。该地块位于金湾西湖城区机场东路西侧、金湖大道南侧，功能为住宅、商业，用地面积为 130217.2 平方米，容积率为 1.8。

2. 一期 2.46 平方公里土地（包括高尔夫球场和 76 万平方米配套别墅用地）。其中高尔夫球场整体划拨给珠海九洲旅游集团公司，作为对九洲旅游集团的注资，使其整合珠海高尔夫资源，进一步提升服务品质。

76万平方米配套用地因和球场用地交织在一起，不便分割，建议以天志股权方式整体划转给九洲旅游集团。其后九洲旅游集团以上缴国有资产收益的方式，上缴财政约8.36亿元（按76万平方米土地基准地价计算）。土地确权后，分期支付。（首期可支付2.6亿元，弥补收购资金缺口）

土地面积：76万平方米。历史土地功能：别墅用地。

该土地九洲旅游集团将通过旗下上市公司筹集资金进行开发。

九洲旅游集团利用高尔夫资源开发别墅项目，开发收益将用于支付高尔夫球场相关拖欠费用，办理产权证，以利于国有资产保值增值。

同时项目的开发将带动区域发展，提升区域其余土地价值，促成政府出让土地获得高收益。

（四）政府收益

收入：合计超过55.22亿元。

1. 二期2.54平方公里土地变更土地功能后出让收入超过46.86亿元。

2. 天志公司股权（含高尔夫球场及76万平方米别墅用地）整体划转给九洲旅游集团。九洲旅游集团上缴国有资产收益不低于8.36亿元。

债务：24.4亿元。

处置收益：政府偿还债务后，处置收益超过30.82亿元人民币。

顺带完成粤财公司对通飞项目的注资。

顺带完成粤财公司对农信社项目注资。

三、方案的操作路径

上述土地（8宗）使用权权属明确清晰，首先可在珠海广发行及市房地产登记中心协助下办理解除抵押手续。

报市土地领导小组批准，将2.54平方公里旅游用地调整功能为住宅用地，并从天志公司剥离进入土地储备中心。

2.54平方公里土地功能调整后，未来可在珠海市土地房产交易中心公开挂牌出让，出让收入用于偿还相关银行贷款。

将部分土地和债务剥离后的天志公司股权整体划转给珠海九洲旅游集团公司，并办理相关变更登记。
九洲旅游集团分期向财政上缴国有资产收益不低于8.36亿元。

方案操作示意图：

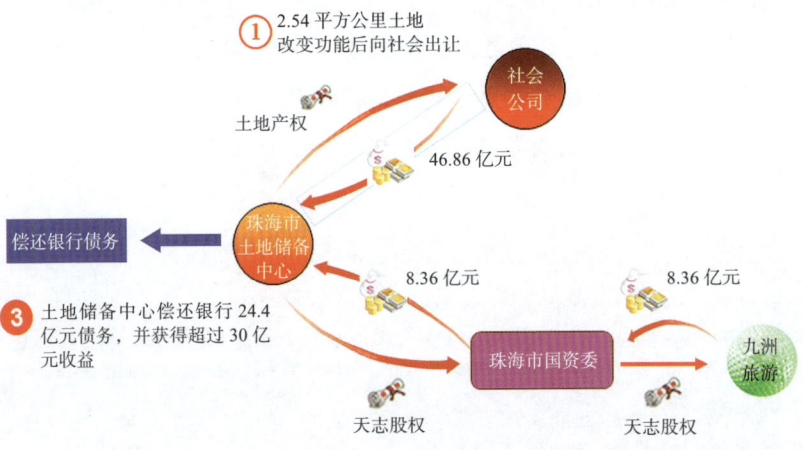

附件4：

珠海天志发展置业有限公司增资扩股方挂牌引资方案（略）

发展基金管理业务的可行性论证[1]

第一章 总 论

当前,随着金融体制改革和金融领域对外开放的推进,资本市场法规制度建设的日趋完善,资本市场正处于难得的发展机遇期,为基金管理公司的健康发展提供了良好的外部环境。为分享中国金融改革发展的成果,实现公司多元化、跨越式发展及股东利益最大化目标,珠海控股投资集团有限公司(以下简称珠海控股)拟安排其境内全资子公司珠海九洲企业管理有限公司(以下简称九洲企业管理)出资1000万元,在珠海市横琴新区设立珠海控股资产管理有限责任公司(以下简称基金管理公司)。

基金管理公司的设立,将有利于珠海控股进一步发挥资本市场资源配置与价格发现功能,对于推动国企金融创新、提升珠海控股的竞争能力具有重要意义。

作为发起人,珠海控股将始终坚持"规范运作、稳健经营"的原则,建立科学完善的法人治理结构,追求良好的经济效益和社会效益。基金管理公司在筹建之初,将致力于建立科学的公司治理结构,明确界定股东、董事会、监事的职责,设置分工明确、相互制衡的内部职能机构,

---

[1] 作者时任珠海控股投资集团有限公司行政总裁,主导设立基金管理公司工作。

建立完善的业务管理制度和风险控制制度,保障公司的规范、稳健发展。

根据中国经济发展现状与发展趋势,结合基金管理公司未来的发展规划,按照谨慎原则,珠海控股对未来五年的经营情况进行了测算,认为设立基金管理公司符合股东利益最大化的原则,在经济上是可行的。综上所述,珠海控股发起设立基金管理公司,无论从发展繁荣珠海金融市场、引导投资、规避风险及维护社会稳定的角度,还是实现股东利益最大化的目的来看,都是必要的、可行的。

第二章　市场分析

一、股权投资基金定义

股权投资基金在中国通常称为私募股权投资。从投资方式角度来看,是指通过私募形式对未上市企业进行的权益性投资,在交易实施过程中附带考虑了将来的退出机制,即通过上市、并购或管理层回购等多种方式,在企业价值获得提升后,出售持股获利的一种投资。股权投资基金(有限合伙制)一般由一个无限责任的普通合伙人(基金管理公司)和一个或多个有限责任的合伙人(基金投资者)组成,主要以私募的方式募集资金,并将所募集的资金用于各类产业投资。在这种基金组织形式中,普通合伙人负责基金经营管理,并对基金债务承担无限责任;而有限合伙人拥有所有权而无经营权,也不承担无限责任。地产类股权投资基金直接投资的资产一般是能产生较稳定现金流的公寓、写字楼、商业、住宅等优质资产。

二、基金管理公司盈利模式

中国基金管理公司的营业收入主要来源于基金管理费。基金管理费年费率按基金资产净值的一定百分比计提，不同风险收益特征的基金其管理费相差较大，通常在 0.5%—2% 之间。基金管理公司的费用主要包括工资及福利费、研究开发费、办公费和以营销费为主的其他费用。

目前，基金管理公司之间竞争日趋激烈，主要表现在产品竞争、客户竞争、价格竞争、渠道竞争、人才竞争及服务竞争等方面。

三、基金业的发展前景分析

随着《中华人民共和国公司法》《中华人民共和国合伙企业法》《中华人民共和国证券投资基金法》等政策法规的颁布，尤其是国家发展和改革委员会(以下简称发改委)《关于促进股权投资企业规范发展的通知》等一系列操作性文件的出台，标志着我国股权投资企业市场法律与监管环境已经日益完善，要求基金管理公司近一步完善法人治理结构，完善内控机制，开展对外技术合作。通过制度性创新推动基金管理公司建立自我约束机制，营造取信于市场、取信于社会的经营理念、提高规范运作水平及净化市场的大环境。这种政策措施和监管思路必将对我国金融制度的完善和投资基金业的发展产生深远的影响，并为基金管理公司及股权投资基金的设立发展创建完善的政策环境。

四、基金公司发起人的优势

本基金管理公司由珠海控股境内的全资子公司九洲企业管理发起设立。发起人运作规范、合法经营、市场信誉良好、具有科学法人治理结构，不仅符合相关法规关于基金管理公司发起人资格要求的规定，而且具有相当的比较优势。

多年来，珠海控股始终遵循"规范运作、稳健经营"的原则，充分发挥上市公司经营方式灵活、金融创新能力强、资本运营经验丰富等优势，以人为本，强化管理，开拓创新，业务稳步发展，效益快速增长。九洲企业管理成立于 2008 年，注册地点在珠海市，注册资本 7000 万元。

基金管理公司资金来源于外商投资企业的境内投资利润，并非外汇资本金结汇所得，不存在投资资金限制问题。

五、有关基金各方的法律关系

新修订的《中华人民共和国合伙企业法》从法律形式上确立了有限合伙制企业的合法地位，因此，中国私募股权基金实行有限合伙管理制度，不仅受到法律的支持和保护，而且也会受到投资人的欢迎和推崇。有限合伙私募股权基金管理模式逐渐发展成为我国私募股权基金运作的主流。

但"合伙企业法"也仅仅是解决了私募股权投资公司形式的问题，到目前为止，私募股权投资还没有一个专门的法律性文件可以遵循，现行的各地方有关私募股权的规范性文件都是在2005年十部委联合通过的《创业投资企业管理暂行办法》的基础上，根据各地的实际情况出台的一些规范性文件。目前，国家发改委会同国务院有关部门制定的《股权投资基金管理办法》已经上报国务院，但由于在一些具体问题上各个相关部门的看法不能统一，该办法迟迟未出台。

（一）基金管理公司与基金的关系

根据中国现行的法律法规规定，基金的管理人只能由依法设立的基金管理公司担任，而目前股权投资基金管理公司（企业）法定经营范围核准为：受托管理股权投资基金，从事投融资管理及相关咨询服务。可以说基金管理公司就是为管理基金而存在的，它在基金的所有当事人中是一个管理人的角色，与基金是受托管理与委托管理的关系，它负责基金的募集、投资、收益分配等基金运作活动，是基金的组织者和管理者，在整个基金的运作中起着核心的作用。

而基金的运作主要是由基金管理公司的基金管理团队所负责，基金管理团队包括基金从发起到清算各个环节参与到基金操作的所有基金管理公司的人员，在这里风险控制委员会和投资决策委员会是基金管理团队的两个核心，其把控投资的风险决定投资的成败。

（二）基金托管人与基金的关系

这里有一个"第三方存管"的概念，它的全称是"客户交易结算资金第三方存管"。过去，在证券交易活动中，投资者（即客户）的交易结算资金是由证券公司一家统一存管的。后来，证监会规定，客户的交易结算资金统一交由第三方存管机构存管。这里的第三方存管机构，是指具备第三方存管资格的商业银行（托管人）。目前，中国的私募股权基金也要求实行"第三方存管"。

在基金运作中引入基金托管人制度，有利于基金财产的安全和投资者利益的保护。基金托管人的职责主要体现在基金资产保管、基金投资运作监督、基金资金清算以及基金会计复核等方面。基金托管人只能由依法设立并取得基金托管资格的商业银行担任。

（三）基金合伙人之间的关系

根据中国《合伙企业法》规定，在有限合伙制基金下，投资合伙人包括两个方面：一为普通合伙人（至少有一个），另一为有限合伙人。有限合伙企业由普通合伙人执行合伙事务；有限合伙人不执行合伙事务，不对外代表有限合伙企业。在对合伙企业的责任上，普通合伙人承担无限连带责任，而有限合伙人以其出资额为限对合伙基金承担有限责任。通常在私募股权投资基金（有限合伙制）下，普通合伙人一般情况下是基金管理公司，而有限合伙人则是作为投资者参与到基金里来。

第三章　实施方案

一、公司名称、注册资本和经营范围

公司名称：珠海控股资产管理有限责任公司。

注册资本：人民币1000万元。

经营范围：受托管理股权投资基金企业、从事投资管理及相关咨询服务等。

二、注册地址及办公地址

注册地址：珠海市横琴新区；办公地址：珠海九洲港大厦。

三、股权结构及人员安排

九洲企业管理公司拟出资1000万元，持股比例为100%。基金管理公司人员数量初步拟定为5人。其中总经理1人，其他人员安排根据公司规模以及岗位需要设置，具体参照公司组织机构图（见图1）。

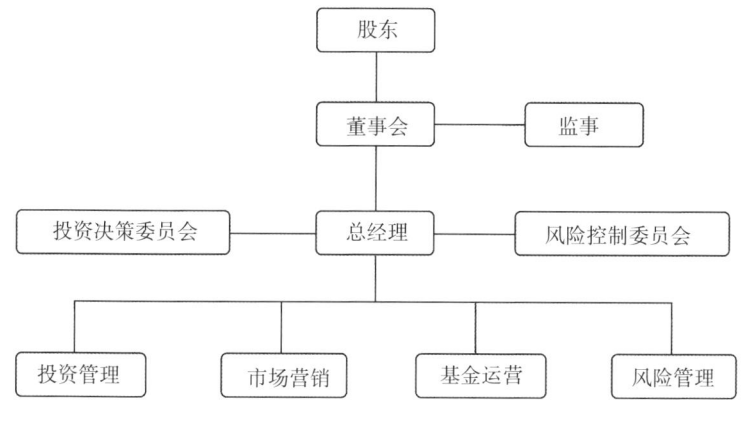

图1　基金管理公司组织机构图

四、法人治理结构

根据法律法规规定，基金管理公司应建立组织机构健全、职责划分清晰、制衡监督有效及激励约束合理的法人治理结构，以保持公司规范运作及持续、健康、稳定发展，维护基金持有人的利益。

（一）股东

公司股东是最高权力机构，主要职责有：决定公司的经营方针、经营目标和经营范围；选举和更换董事；审议批准公司的利润分配方案和弥补亏损方案；对公司合并、分立、变更公司形式、解散和清算等事项做出决议；审议批准修改公司章程等。

（二）董事会

董事会向股东负责，主要职责包括：执行股东决议；决定公司的经营计划和自有资金投资方案；制订公司的利润分配方案和弥补亏损方案；决定公司内部管理机构的设置；制定公司的基本管理制度；决定发起或者管理基金；决定公司基金管理计划等。董事会设董事5人。

（三）监事

公司设监事1人。监事向股东负责，依照法律、行政法规及公司章程的规定，行使以下职权：检查公司财务；监督和纠正董事、高级管理人员违反法律、法规、公司章程或损害公司利益的行为。

（四）总经理

总经理负责组织实施董事会决议，全面主持公司的日常经营管理工作，主要行使下列职责：主持公司的日常经营、行政及财务管理工作，组织实施董事会决议；组织实施公司的年度经营计划和投资方案；主持公司基金产品的设计、销售和基金投资管理工作以及基金对外信息披露工作；拟订公司内部机构设置方案、基本管理制度；制定公司的具体规章；拟订公司员工的薪酬制度和福利保障方案等。

（五）投资决策委员会

投资决策委员会是公司基金投资的最高投资决策机构，属非常设的议事机构，拥有对所管理基金投资事务的最高决策权。投资决策委员会由基金管理公司的总经理、投资总监、研究部经理、投资部经理及其他相关人员组成；负责决定公司所管理基金的投资计划、投资策略、投资原则、投资目标、资产分配及投资组合的总体计划等。

（六）风险控制委员会

风险控制委员会属非常设议事机构，由相关专家人员组成。其主要工作是制定和监督执行风险控制政策，根据市场变化对基金的投资组合进行风险评估，并提出风险控制建议。

五、发展规划

公司发展战略：基金管理公司以诚信为本、客户至尊为理念，以规范运作、稳健经营为原则，以服务客户、创造价值为经营宗旨，以资本市场为依托，以产品创新和差异化营销为手段，力争通过五年的努力，将公司发展成为具有一定规模和影响力的基金管理公司。

围绕未来的市场定位和经营宗旨，经过分析论证，基金管理公司确定以下经营目标：建立规范的公司治理结构、内部控制和运作机制，确立科学决策、稳健投资、长期增长的投资管理理念，树立良好的市场形象，确保第一只基金成功募集，并为下一阶段的发展做好前期准备工作。

在经过第一阶段的成功运作之后，陆续推出其他产品，力争在公司成立3—5年后，使管理的基金达到3只，资产规模和盈利能力达到同业领先水平。

第四章　财务分析

基金管理公司是金融行业中投入较少、回报率较高的金融服务企业。其主要业务和收入来源为：在市场调查的基础上进行项目研究，设计出能满足不同投资者需求的基金产品，通过市场营销，不断扩大管理基金资产的规模，根据管理资产规模提取一定比例的管理费。主要支出为公司成立时的一次性固定资产投入和每年发生的可变成本投入。只要管理的资产规模逐年增加，基金管理公司的收入就能够保持相对稳定和持续增加。根据目前市场情况，设立的基金管理公司将有能力使公司股东在成立后尽快实现盈利，随着管理资产规模的逐年递增，获得满意回报。

一、基金管理公司的运营成本分析

（一）固定成本投入

成立时的一次性投入包括租赁房屋、装修、办公用固定资产投入。上述投入在费用支出时计入待摊费用，在受益年限或法律规定的有效年限内摊销。

1. 筹建费：筹建费在发生时通过长期待摊费用归集，于公司开业当月一次性计入损益。

2. 房屋装修和办公用固定资产投入。

3. 技术系统投入。包括办公自动化系统、会计核算系统、投资管理系统、网站等。

（二）可变成本投入

可变成本投入主要包括经营性投入、人力资本、低值易耗品和房屋租金。

1. 经营性投入：含营销费、广告费、招待费和差旅费等。

2. 房屋租金：根据业务发展需要，公司所需租用的房租在业务发展到一定阶段需要有大幅度的增加。

3. 人力资本：人力资本投入保持逐年递增，一方面是业务发展需要，另一方面是维护人员队伍稳定。

根据上述假设条件，基金管理公司年运营成本预测在500万元以内。

二、基金管理公司的收入分析

基金管理公司的主要收入来源是基金管理费收入，主要取决于管理基金的规模。根据业务情况，基金管理公司批准成立后即可发起设立第一只基金。第一年首发规模假定为10亿元。根据项目合作人的具体情况，收取0.5%—1%的管理费。

按会计账面测算，基金管理公司第一年基本可以实现盈亏平衡，随着受托管理基金规模的扩大，盈利将随之逐年增加。

第五章　社会效益分析

现阶段发起设立基金管理公司具有十分重要的现实意义，主要体现在以下几个方面：

一、设立基金管理公司抢占发展先机

目前，中国还没有专门规范私募股权投资基金的法规政策。2011年，国家发改委《关于促进股权投资企业规范发展的通知》是国家层面法律法规中对成立股权投资基金的主要规范，证监会亦未出台相关管理规定。现行规范要求基金成立后备案，不需要事前审批，可以说监管框架正处于尚不明确的空窗期。

上市公司旗下的隆益项目、金湾天志置业项目、度假村酒店、九洲港、横琴等项目普遍具有投资大、前景好的特点，单纯依靠股权和债券融资难有获得可持续发展的竞争优势。通过成立基金管理公司并根据项目需要发起设立若干独立的基金企业，可以为集团公司提供全新的融资平台，对解决上市公司快速发展过程中的项目融资需要具有重要意义。

二、独资成立基金管理公司自主灵活

由于目前一些著名的产业、财务投资人主要关注的是上市公司旗下的项目合作，如果不依托项目直接成立合资基金管理公司还存在一定的不确定性。但是，等待项目成熟再成立基金，在项目融资的过程中又会限制融资的手段。为此，先行独资成立基金管理公司，未来依托具体项目再发起设立具体的项目基金，在操作层面就显得更为现实可行。

基金管理公司是一个全新的融资管理平台。平台搭建好后与投资人在基金层面洽谈合作显得更加灵活主动。如针对隆益项目、金湾天志置业项目、度假村酒店此类具体项目，基金管理公司可以和各投资人成立若干有限合伙制的基金企业，并担任普通合伙人进行股权融资。这样既解决了项目开发资金的需要，上市公司又可以参与到具体的项目管理，跳出现有的公司规模限制，控制大量的优质资源，为公司快速发展提供源动力。

三、在横琴成立基金管理公司的优势

为加快股权投资基金企业发展，2012年9月，横琴出台了《鼓励股权投资基金发展的试行办法》，为新设立的股权投资基金和基金管理企业提供一系列诸如税收优惠、奖励和补贴的优惠政策。横琴新区还授权金融服务中心为区内基金落户提供咨询、评审、设立等增值服务。

目前，横琴新区已经引进各类金融类机构超过260家，除了传统的银行、证券、保险类企业外，金融商品交易平台、期货、股权投资、融资租赁、商业保理、阳光私募、货币兑换等各种金融类企业均已落地。

横琴新区是国务院批复的首个粤港澳紧密合作示范区，是全国唯一的"一岛两制"新区。如果集团公司利用上述发展优势，以基金企业作为公司发展新的业务领域，不仅可以赶上当前金融开放创新的历史时机，同时也为公司发展注入强大的发展源动力，为旅游地产、公共事业等板块提供更广阔的发展空间。

第六章　可行性分析结论

综上分析可以看出，设立基金管理公司是参与蓬勃发展的私募股权投资市场、分享中国资本市场发展成果的重要方式。基金管理公司面临

具有巨大的市场空间、广阔的发展前景，具有可观的盈利能力。

珠海控股联合银行战略投资者和一般战略投资者共同发起设立基金，可以利用各发起人的知名度、影响力和业务领域，获得丰厚的投资回报。同时，珠海控股可以藉此掌握雄厚的资金实力、扎实的金融领域管理经验和丰富的私募股权投资经验，深入参与珠海重大项目建设和城市发展。

深化改革创新模式 推动企业跨越发展[①]

为推动项目发展，优化企业管理，充分发挥上市公司作用，推动九洲控股集团公司又好又快发展，应进一步深化改革，创新管理模式，调整和理顺管理体系。下面就个人的思考谈几点看法：

一、深化企业改革的重要意义

2009年，在市委、市政府和主管部门的关心和支持下，集团公司由原九洲港务集团更名为九洲旅游集团，整合了诸多优质旅游资源，明确以发展综合旅游业为重点，以旅游旺市为战略目标。完成更名以来，集团公司全力推动项目发展，狠抓规范管理，港航业务稳健发展，旅游产业亮点纷呈，承担的市重点文化工程"一院两馆"项目有序推进。集团公司在珠海市旅游产业的建设和品牌推广上发挥了积极的作用。

作为珠海市旅游会展板块的授权主体企业，集团公司尽管取得了良好业绩，但与上级部门的要求、企业员工以及社会公众的殷切期望还有较大的差距。例如，虽然控股了一家香港上市公司（九洲发展），但其融资功能一直没有得到充分发挥，影响了借助资本市场发展项目的进程；核心港航业务（高速客轮公司）的资产价值尚未完全体现，又将面临激烈的市场竞争的挑战；旅游产业的项目受制于历史遗留因素的制约，迟

[①] 此文为作者在2012年2月珠海九洲旅游集团工作会议上的发言。

迟未取得突破。同时，随着集团管理幅度的扩大，原有的管理模式亟须进行调整，以利于明确产权关系，强化责任意识和主体意识。

当前，集团公司面临良好的发展机遇，如不抓住发展机遇，不顺应形势进行科学的改革调整，不理顺内部产权关系，不形成强大的战斗力和竞争力，集团公司必将一事无成，必将被激烈的市场竞争所抛弃，必将辜负上级和社会公众的殷切期望。

1. 企业改革将依托资本市场推动项目发展。集团诸多重点发展项目，如高速客轮的行业整合、度假村二次规划、圆明新园整体改造、隆益项目的开发等，都需要依托资本市场的支持，通过资产证券化和滚动发展，实现国有资产保值增值。

2. 企业改革将夯实九洲发展，恢复其融资功能。九洲发展作为集团控股的香港上市公司，其控股公司的管理职能没有得到充分发挥，发展定位模糊，上市公司治理的制度优势得不到体现，无法充分发挥融资平台的功能。恢复九洲发展的融资功能需要理顺集团公司与上市公司的关系，推行产权关系管理，在资产和管理两个方面夯实九洲发展。

3. 企业改革将能更有效做好应对市场竞争的准备。2016年港珠澳大桥通车对集团的航运业务既是机遇，也是挑战。高速航运是集团的传统优势业务和利润核心，从国有资产保值增值的角度出发，需要尽快实现资产的证券化，并依托资本市场，利用行业领先地位进行整合兼并，创造新的利润增长点。

4. 企业改革将更有利于将集团建设成为现代化的大型旅游集团。珠海正在全力推进交通、产业、城市三大格局建设。为了全面贯彻落实"建设生态文明新特区，争当科学发展示范市"的目标要求，实现旅游经济的跨越式发展，需要打造一个产业链完整的现代化旅游集团，为珠海风景旅游城市的形象提升，为生态文明新特区的建设作出应有的贡献。

二、深化企业改革的总体思路

1. 调整管理体系，理顺产权关系，完成资产重组，夯实上市公司。

集团公司要进一步整合内部资源,基本实现集团资产整体装入九洲发展,并以产权关系为纽带,按调整后的股权结构进行管理。

2. 有进有退,推动重点项目取得突破。在企业资源有限的情况下,特别是我们在经验、人才、资金不足的情况下,集团公司要统筹安排好项目发展的主次,以项目为抓手,集中资源,重点突破,循序渐进。

3. 有上有下,加强干部队伍建设。发展是根本,人才是保障。集团公司要重视干部队伍建设,要敢于选贤用能,干部使用能上能下,能进能出。把一批有事业心、责任心、有能力、能解决问题的人放到合适的岗位上,做到"物尽其用,人尽其才"。

4. "权""责"匹配,深化内部管理。集团公司要尊重二级企业法人主体管理"人"、"财"、"物"的权利,夯实董事会建设,完善法人治理结构。重视"权""责"的匹配,厘清权利与责任、职责与义务的关系,强化责任心,提高执行力,锻造战斗力。

5. 弘扬积极进取的企业价值观,以改革促发展,在发展中逐步解决现实问题。集团公司要弘扬积极进取的企业价值观,以改革促发展,真正做到以发展来吸引人,以事业来促进人,以工作来培养人,以待遇来激励人,以企业文化来塑造人。

三、深化企业改革的工作要求

1. 高度重视,统一思想。集团公司上下要充分认识改革的迫切性和必要性,强化"不改革就死路一条"的危机意识、"舍我其谁"的责任意识、"敢为人先"的改革意识。各级管理干部和员工要加强学习,充分领会改革精神,全力支持和配合改革的实施。

2. 科学谋划,有序推进。集团公司将根据国企深化改革形势,结合企业实际,充分听取各方意见,制定周密的改革方案,分阶段分步骤稳妥地推进企业改革。

3. "改""稳"结合,确保成效。保证企业改革各项措施在稳定中实施、在落实中取得好的效果,确保企业在改革期间稳定持续经营。

凤凰涅槃 一飞冲天[①]

今天，我们九洲控股和珠海控股的员工来到碧桂园凤凰城开展拓展训练活动，我觉得我们这次活动一定能够取得圆满成功，因为我们都是带着喜气来的。一是我们来的这个地方叫碧桂园，碧桂、碧桂，必定富贵，预示着在座各位新年必定大富大贵。二是今年是蛇年，蛇是小龙，我们这个拓展基地叫凤凰拓展基地，可谓龙凤呈祥，加上在座各位又是人中龙凤，祥瑞之气直冲云霄。

但是，我认为，最大的喜事是我们集团公司和上市公司正式更名为珠海九洲控股集团和珠海控股投资集团。过几天，集团公司将举行挂牌仪式。集团更名，不仅仅是名字的更换，而是集团整个发展战略的调整和改变。我们将从一家以旅游会展为主营业务的企业逐步向拥有海上交通、旅游及旅游地产、城市公用三大业务板块的控股投资集团公司转变，我们的九洲控股集团将建设成为战略清晰、运营稳健、管控科学、整体效益高的战略控股型企业集团。

宏图已绘就。我们需要一个更加团结、执行力更强的团队来实现我们的既定战略目标。我希望通过本次拓展训练来熔炼我们的团队，使我们团队有更强的凝聚力，对成功有更强的信心和渴望。我始终坚信，我们的团队是最有凝聚力、最有执行力、最有战斗力的团队。你们是最棒的！

我们即将送走龙年，迎来蛇年，我谨代表九洲控股集团、珠海控股

[①] 此文为作者2013年元月带领团队拓展时的动员讲话。

集团向在座的各位拜个早年，衷心祝福大家新年愉快，万事如意！衷心感谢全体员工一年的努力工作和辛勤付出，同时也希望通过你们，向理解并支持我们工作的家属致以最诚挚的问候和最美好的祝愿！

我们此次拓展训练的主要目的，就是要在蛇年重大历史使命到来之前，不断弘扬团队精神，增强团队互信，发扬团队激励，改善团队沟通，拉近大家心与心的距离，锻炼我们每个人的意志和心理承受能力，在集体努力中闪耀协作光辉，激发勇气、力量和潜能。在充满挑战、充满艰辛、充满难关的拓展训练中，我们不仅要看到团队的力量是巨大的，成功是属于团队的每一个成员，而且还会认识到自己的潜能，发掘自身的潜力，将来工作中遇到困难，回想我们此次拓展的经历，我们会以"我们经历过，我们能行"的无畏精神去攻坚克难，我们更不会轻言放弃，多一些勇气和毅力，要相信自己。人最大的敌人就是自己，战胜自己就是取得成功的第一步！

稍晚一些时候，我们还安排了泡温泉，希望用碧桂园温润的泉水洗去大家一年的辛劳、疲惫和烦恼，正所谓"万劫付一洗"，祛除所有不好的东西，以崭新的面貌和轻松愉快的心情投入蛇年的工作和生活。

最后，预祝本次拓展活动圆满成功！

个人成就团队 团队铸造个人 态度决定一切 细节决定成败

鉴往思今　攻坚克难[1]

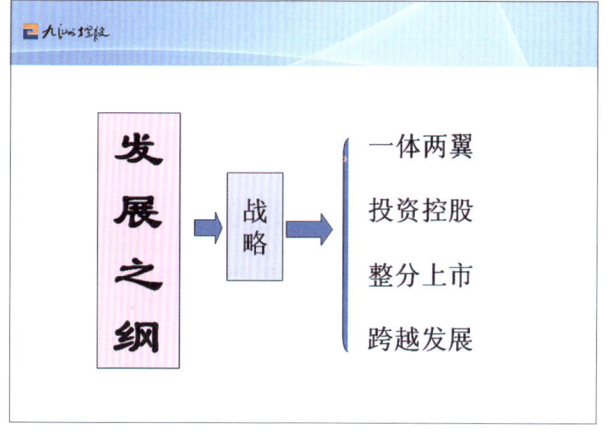

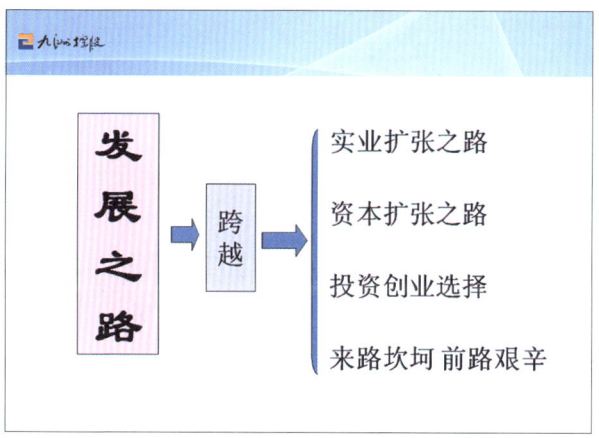

---

[1] 此文为作者在2013年九洲控股集团"发展大会"上的演讲提纲。

一、实业扩张之路
二、资本扩张之路
三、投资创业选择

- 贴近民生（食/住/行/游/娱/购）
- 消费升级（商/养/学/闲/情/奇）
- 高端服务业投资与运营
- 完美旅居产业链

四、来路坎坷 前路艰辛

1. "方圆项目"开花结果；
2. "天志项目"落地生根；
3. "横琴航线"打通梗阻；
4. "文化产业"开局良好（文化艺术中心）；
5. "酒店建设"如火如荼（北京幸福城酒店建设；度假村升级规划建设）；
6. "码头集群"美好呈现（万山客运码头收购已启动、横琴码头建设即将完成，覆盖香洲主城区、万山区、横琴新区的客运码头产业集群初具雏形）；
7. "游艇码头"先拔头筹，朝着集群化、全覆盖方向迈进；
8. "高速收购"提速推进（深圳市机场高速客运公司；拟开通深圳机场航线）；
9. "资金融通"保障需求（发行定向票据、并购借款、结构化融资、发行基金）；
10. 产业链集群（酒店集群、主题公园集群、高尔夫及高尔夫地产集群、客运港集群、游艇俱乐部集群）。

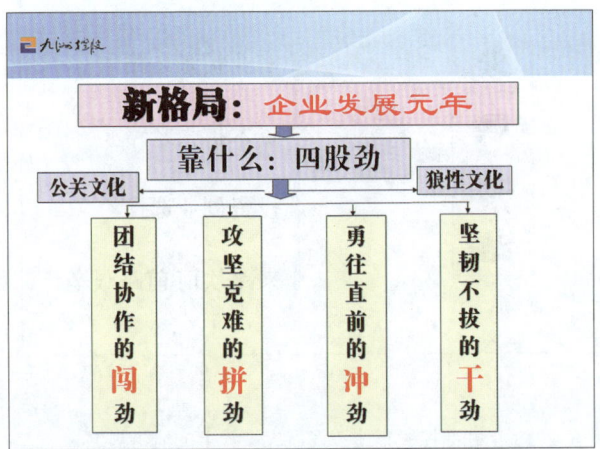

新格局：企业发展元年

靠什么：四股劲

- 公关文化
- 狼性文化

| 团结协作的**闯**劲 | 攻坚克难的**拼**劲 | 勇往直前的**冲**劲 | 坚韧不拔的**干**劲 |

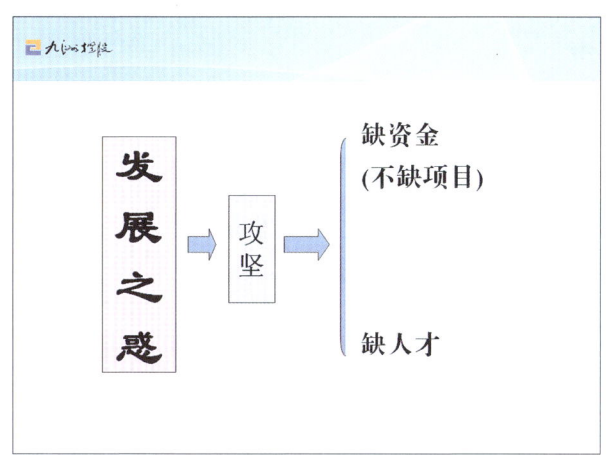

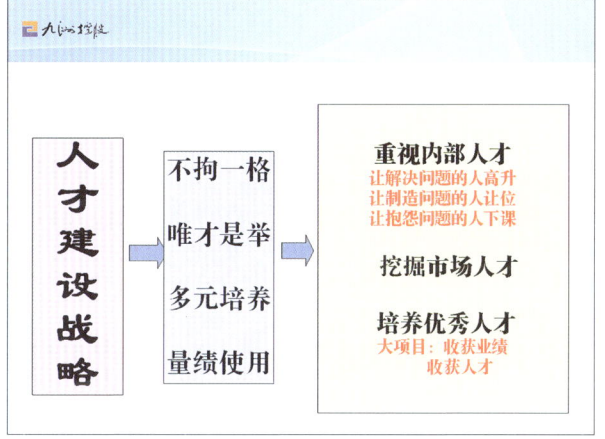

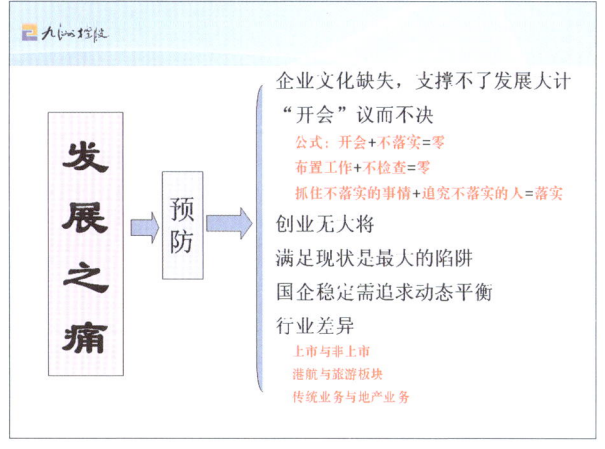

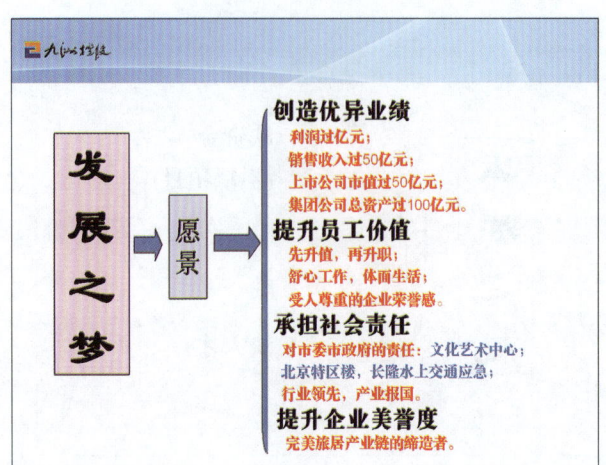

加快实现集团战略转型升级[1]

同志们：

今天，我们召开集团2013年度工作会议。会议的主要任务是：贯彻上级工作指示精神，总结2012年工作，部署新一年工作重点。

一、2012年工作回顾

过去的一年，集团公司在市国资委的正确领导下，紧紧抓住经营和发展两条主线，改革创新，锐意进取，积极推进重点项目，保持了企业稳健发展的态势，取得了良好的社会效益和经济效益。

2012年，集团总接待量869.2万人次，同比上升19.4%。旅游业务方面，旅游接待总人数422.9万人次，同比增长28.9%；海上客运业务方面，港口客运吞吐量为508.7万人次，同比增长8.8%。水运接待量为446.4万人次，同比增长11.7%，自营水上客运量为328.9万人次，同比增长10.8%。

2012年，集团营业收入、净利润分别完成市国资委预算指标的106.29%和115.36%。

过去的一年，我们主要抓了以下七个方面的工作：

---

[1] 此文是作者作为集团公司总经理在2013年2月18日九洲控股集团年度工作会议上的讲话。

(一)深化改革,实施资源整合,推动产业战略转型

1.逐步理顺管理体系,夯实上市公司。为理顺管理体系,集团公司于2012年2月份印发了《关于深化改革创新模式推动企业发展的决定》,提出深化改革、创新管理模式、促进企业发展的改革方案,明晰了调整管理体系、将集团资产整体装入上市公司的工作思路。

同时,上市公司作出《关于进一步强化九洲发展股权投资企业管理的决定》,通过厘清"权""责"关系,积极完善法人治理结构,健全母子公司监管体制。并通过部门、岗位配置和制度配套,逐步迈上健康发展的新台阶。

2.顺利推进航运资产的重组整合,分步实现上市公司对航运板块的控股。集团公司航运资产整合第一阶段工作于2012年9月20日完成,将集团公司持有的九洲邮轮公司、海通船务公司、珠燃公司、珠澳轮渡公司等企业股权通过公开挂牌转让的方式注入到高速客轮公司,为集团航运资产的进一步整合发展奠定了坚实的基础。

同时,集团公司与省航运集团展开了多轮商谈并达成共识,省航运集团收购集团持有的高速客轮公司8%股份。2012年11月27日,相关股份转让在珠海产权交易中心挂牌,12月28日交易完成。交易完成后,上市公司成为高速客轮公司最大股东,实现了对以高速客轮为首的航运板块公司的控股及财务并表,顺利完成集团航运资产整合的重要战略工作目标。

3.确立"一体两翼、投资控股、整分上市、跨越发展"的战略转型思路。以国有经济为核心,以航运及交通产业、旅游复合开发产业为两翼,优先发展城市公用事业,逐步形成航运交通、旅游复合开发、公用事业三大板块协调并进的产业发展格局,引导产业升级,推动城市发展,实现集团跨越式发展。

(二)全力以赴,积极推进项目开发

2012年,重点推进"一院两馆"、唐家湾文化旅游新城、九洲港—度假村片区综合体、圆明新园开放式规划发展、北京特区楼装修改造等项目建设、研发、规划,不断取得突破性进展。

1. "一院两馆"项目顺利移交市城建集团。根据市重大文化工程项目联席会议的要求，"一院两馆"项目整体移交给市城建集团。现已办理完成股权无偿划转手续。

在正式移交前，集团公司高度重视，九洲开发公司全力以赴，做好"一院两馆"项目的深化设计、招标、建设工作。歌剧院项目主体及"两馆"项目的桩基与基坑支护工程和护岸加固工程顺利完工，工作界面已移交施工总承包单位，施工总承包单位已进场展开全面施工建设。

同时，积极配合相关部门解决历史遗留问题，野狸岛填海区办理用海手续相关工作稳步推进。已分别向省政府和香洲区海洋局申报办理《海域使用权证》、《野狸岛海岛使用权证》。经努力，历史原因导致的用海罚金由3200多万元降至349万元，并完成罚金缴纳工作。

2. 重点项目不断取得突破。隆益综合项目取得重大政策性突破。集团公司通过研究市场前景、项目业态、投资规模、收益水平、融资方式等因素，对隆益综合项目相关权益转让的价值进行了整体评估，并提出项目收购及发展的整体方案。2012年9月6日，隆益综合项目规划设计指标获得市规划专家委员会全票通过；9月10日，集团向市国土局正式提交按基准地价补交地价款，并办理土地确权手续的请示；11月19日，市政府批复同意该用地将按照现行基准地价标准计收地价差。目前，集团正在与市国土局沟通进一步的土地批准事宜。

圆明新园在市委、市政府的重视下，从2012年10月17日起实施开放式经营。集团和圆明新园高度重视开园的管理工作，确保综治秩序与经营秩序的良好稳定。开园经营以来，圆明新园客流量大幅增长，截至12月底，客流量达117.4万人次，日均1.6万人次。同时，及时针对经营情况，多次组织现场会议，研究经营策略，研定开发思路。对园区进行重新规划设计，以商业与旅游文化相结合的模式打造城市公用服务事业。

渡假村项目资产过户工作取得了突破性进展，为九洲港—度假村片区整体开发创造了重要的条件。度假村酒店二次规划项目方面，意向合作方提交了项目概念规划方案。集团就规划方案进行了反复沟通、修改，并按照市政府的指导意见，拓宽合作、规划的思路。

北京特区楼装修改造已进入旧楼清拆阶段，施工图设计、预算编制、监理招标、报建、施工招标等各项工作正积极、有条不紊地推进，计划于2013年3月份进场施工，10月份完工并交付使用。

横琴合作项目已完成项目前期研究，与合作方签署了项目合作框架意向书。

（三）加大投融资力度，拓宽融资方式

2012年，集团在调整管理体系夯实上市公司的同时，因应项目发展需要，跨出了融资的一大步，通过发行短债、转让股权等方式，拓宽融资渠道，全年融资2.3亿元，取得授信额度达5.2亿元，在中国银行间市场交易商协会注册短期融资券5.9亿元的发行额度。

1. 逐步激活上市公司再融资功能。通过理顺体系，重组资产，夯实上市公司，力争在2013年上半年激活资本运作平台，为重点项目开发带来持久的动力和能源。

2. 航运资产重组及股权转让，实现国有资产收益。本次资产重组推动了优质资产的上市和流通，在航运业务预期受到一定冲击的情况下，既实现资金筹措，也为日后增发、配股等融资工作打下良好基础。

（四）维护国有权益，妥善解决历史遗留问题

1. 隆益综合项目历史遗留问题达成解决方案。集团公司积极与外方就解决隆益综合项目历史遗留问题进行多次商务谈判，在2012年2月签署了谅解备忘录，就项目历史遗留问题的解决方案达成一致。双方已起草了解决协议书，逐步清理历史遗留问题。目前，已启动收购外方权益的工作，经过与香港各知名投行的交流，初步拟定了交易方案，并聘请摩根士丹利作为项目收购及融资的财务顾问，聘请香港知名的律师、会计师及资产评估师作为本次交易及融资的中介顾问团队。现各中介团队已准备就绪，待市政府批复后，即可对收购对象进行尽职调查，并拟定最终的项目收购及融资方案。

2. 万盛项目诚意金诉讼案胜诉。2012年6月19日，香港高等法院下发了本案的书面判决，就上市公司与万盛外方就项目诚意金纠纷一案，

判决上市公司胜诉，万盛外方须返还上市公司的诚意金，并赔偿上市公司因此受到的损失。上市公司加紧开展推进万盛股权的变更工作，部署了追收欠款和损失的系列工作。

3. 天志公司土地清退进展顺利。2012年10月底，金湾区人民法院一审判决天志公司胜诉，要求违法占用土地的耕种户清退土地，偿还天志公司租金及利息、土地占用费等。经多次沟通、协商，在市相关部门的协调下，天志公司采取法律和强制清理等综合手段，成功使大部分耕种户于12月底前自行清理土地上种植物及建筑物，并配合天志公司清理其他小农户占用的土地。

（五）积极开发旅游、交通项目，不断丰富产品内涵

集团各企业结合自身规划发展的要求，积极开拓业务，产品内涵不断提升。2012年，各企业依靠自有资金，共投入4532万元进行了项目建设和产品升级。

旅游产业方面，度假村酒店共投入约330万元，实施包括天海楼区域装修改造、主楼外墙装饰线拆除及翻新等一系列翻新和改造工程。酒店再度荣获中国饭店金星奖。全年经营业绩显著提升。天志公司在借鉴国内外建植草坪的基础上，因地制宜探索出适用于金湾高尔夫球场的草坪种植方法，投入100多万元，组织员工自行施工，用6个月的时间完成了原需耗时3年的工程，完成了金湾高尔夫球场27洞17500平方米的果岭草更换，使金湾成为全国屈指可数的优质铂金果岭球场。圆明新园全力推进梦幻水城升级改造和演艺更新项目。顺利通过国家4A级旅游景区复核。南油酒店对春莲楼二楼客房及丁香楼会议室进行改造装修。顺利通过四星级评定复核。珠海国际赛车场成功举办泛珠三角超级赛车节、中国房车锦标赛和亚洲公路锦标赛。2013年珠海首次获得"中国赛车之城"称号。九洲邮轮公司投资新建监控系统及凸堤码头美化工程，并推出"海上自由行、湾仔至氹仔轮渡新航线"等产品。旅游集散中心完成了OK旅游网全新改版工作，并充分利用3G技术，开发OK旅游网手机版珠海旅游信息集散平台。

海上客运方面，客服公司针对蛇口航线，采用报刊广告、宣传彩页、

电梯框架广告、公交车车身广告和公交站亭广告等宣传方式，推动蛇口航线客流同比增长14.2%。全年经营业绩大幅提升。海通船务公司完成两艘双体铝合金豪华高速客船的建造，投资5000万元建造的"海钜"、"海尧"轮先后投入陆岛航线的营运。高速客轮公司进一步推广雅居乐"春天里"、"高怡卡"、"港澳学生卡"等多种套票优惠。九洲邮轮公司完成42M玻璃钢和钢质混合游船建造的招标工作。珠燃公司完成九洲港加油站改造项目设计招投标。

（六）强化企业治理，提高管理效能

集团公司不断深化董事会建设试点工作，完善集团管控体系和制度建设，完善选人用人机制，加大企业管理干部的培育力度。

1. 推进董事会建设工作。坚持以"完善制度，规范运作、加强保障，提高效率"为工作方针，完善公司章程修订案及董事会相关制度的建设。在集团董事长与总经理职务分设后，及时修订了集团相关会议制度和议事规则。同时，高度重视决策工作的风险评估，要求经营班子加强对提案可行性、风险性和应对措施方面的论证。严格遵照法规和公司制度进行议事和决策，加大决策的执行力度，提高执行效率。

2. 推进集团内部管理体制改革和干部人事制度改革。集团公司拟定了集团干部人事制度改革方案，配合上级部门完成了集团高层领导职务任免相关工作；按照集团关于高速客轮公司与海通船务公司整合方案，组织实施公开竞岗，完成了新高速客轮公司经营班子竞岗聘任工作，进一步规范了企业运作机制，提高企业运作效率；完成了度假村酒店、圆明新园、九洲邮轮公司、南油酒店等企业正职及部分副职的交流轮岗工作，进一步优化了下属企业领导班子结构。

2012年，集团组织管理干部参加了上级组织的短期脱产培训、干部自主专题选学培训，组织开展企业集团管控、媒体沟通与危机应对、法务管理、信访维稳、安全应急等专业培训。

3. 强化审计监督，不断规范企业经营行为。集团审计部门充分发挥内部审计在企业经营管理中的监督和服务职能，重点实施了下属企业负责人经济责任审计、全面预算管理审计、内部控制审计、扶贫资金、应收款项专项审计调查等针对发现的问题提出审计意见、建议并及时跟进整改,参与集团范围内重大投资、工程建设、物资采购等各类项目招投标和商务谈判,圆满完成了日常审计和专项审计任务。

4. 健全制度建设,加强信息工作。集团公司加强制度建设工作,印发了《领导班子议事规则(试行)》《总经理办公会议制度(修订)》《安全生产量化考核暂行办法》、《内幕信息管理制度》等。实施集团重点任务督办周报、企业动态信息(九洲视窗)、工作简报等信息工作,不断完善集团网站建设。

5. 节能节支,盘活资产。集团公司印发《关于加强九洲港大厦节能减排工作的通知》,全面加强集团各办公区域节能减排的工作力度。度假村酒店贯彻落实节能减排工作机制,推动节能改造项目的实施,7月份完成了蒸汽冷凝水节能回收项目工程。截至12月底,酒店能耗总量累计减少1.42%,荣获"2011年度珠海市文体旅游系统节能工作先进单位"。客服公司积极盘活物业资产,出租率保持在100%。

(七)加强党建,认真开展反腐倡廉、党务公开、专项管理、司务公开工作,积极开展扶贫、公益活动,营造良好企业氛围

1. 加强党组织建设,推进反腐倡廉工作。组织完成集团公司干部选拔任用"一报告两评议"工作会议,进一步增强集团干部管理的透明化、规范化和制度化;统筹各下属企业积极开展党务公开工作,建立健全制度,扩大公开内容,丰富公开形式,充分发挥广大党员群众的民主管理、民主监督作用;集团印发《党委2012年度工作要点》,完成了基层党组织分类定级工作;组织部分党员参加"南粤风采、争先创优红段子大赛"活动,开展特困(困难)党员(群众)、退休老职工节日慰问活动。落实党风廉政建设责任制,开展签订治理"红包"承诺书、纪律教育学习月活动,实施廉政建设排查防控机制建设工作。

2. 扎实推进专项管理工作。认真落实专项工作目标责任制,通过采取现场检查、培训教育、应急演练、量化考核等具体措施,强化日常管理和动态管理,对敏感时段、敏感事项(如党的十八大、第九届航展、涉日期间)安稳工作的跟进落实,严格做到领导到位、责任到位、组织

到位和监管到位,扎实推动各专项工作迈上新台阶。2012年,集团没有发生上等级的安全生产责任事故,没有发生恶性不稳定事件,历史沉积信访件为零。高速客轮公司连续五年被授予全国"安全诚信公司"荣誉称号。

3. 积极推进扶贫济困工作和企业文化建设。2012年是三年扶贫工作攻坚战的关键年。集团公司组织开展了节前扶贫慰问、前往揭西硁下村开展扶贫资金审计、2011年度"广东省扶贫济困红棉杯"和广东省扶贫开发"爱心企业"申报等工作。开展"七一"困难党员及对珠海警备区、公安消防及退伍军人的"八一"慰问,组织向四川省西昌市的捐书活动。

2012年,集团还建立工会职工帮扶互助服务中心,为职工提供重大疾病救助、生活救助、助学帮扶、劳资纠纷调处、工伤探视、接访接待、法律咨询、心理咨询等服务,已向多名困难员工提供了援助。

4. 举办纪念九洲港开港30周年庆典活动。为了传承和发扬企业文化,增强集团品牌影响力,激励广大员工珍惜荣耀、发扬传统、改革创新,集团举办了纪念九洲港开港30周年庆典活动,开展了感动九洲人物评选、图片展、短片拍摄、庆典营销活动,举行了30周年庆典晚会。

此外,集团还举办了迎新春游园活动、"爱国爱党、爱企爱岗"摄影大赛和乒乓球、羽毛球比赛,组织参加市爱国歌曲合唱比赛,召开女性知识专题讲座、职工政治思想培训等讲座。配合市国资委,组织职工

参与市八届运动会,承办市国资委高尔夫球比赛,并被授予"优秀组织奖"荣誉称号。参加第四届珠海合唱节暨"爱国歌曲大家唱"比赛,荣获总决赛铜奖及企业组金奖。

二、2013年工作思路与主要措施

(一)2013年主要生产经营和财务预算指标

2013年主要生产经营预算指标:实现总接待量过千万人次,其中,旅游接待人数预计640万人次,同比增长51%;海上客运量预计472万人次,同比增长5.9%。

2013年财务预算指标为:营业收入和净利润实现双位数百分比增长。

(二)2013年集团总体思路和重点工作

2013年年初,王庆利副市长到市管企业调研,第一个选择的企业就是集团公司。这既是对集团的肯定,更是对集团的鞭策。王副市长提出了"四个度"的要求,分别是思想的维度、工作的力度、推进的角度、发展的聚度。要求我们围绕中心,服务大局,解放思想,锐意改革,锐意创新,以恰当的力度、策略来推进企业各项目标的实现,在谋求经营增长的过程中,作出一个精细操作的典范。

集团公司2013年的总体思路是:牢固确立"一个目标,两条主线,三大任务,四项创新,五大平台"的发展战略,一手抓业绩提升,一手抓政府任务完成。即围绕提升企业价值的战略发展目标;把握集团和上市公司适度多元投资及战略管控,股权投资企业专业化经营和扩张的两条主线;以航运交通、旅游复合开发、公用事业三大任务为抓手,引导产业升级,推动城市发展;努力实现经营理念、产业净利润、经营模式、体制机制的四大创新;搭建战略管理平台、文化管理平台、财务管理平台、信息管理平台、投资管理平台即五大管理平台,稳步实现企业做强做大目标。

按照上述工作思路,我们要抓好以下工作:

第一项工作:全面推进产权关系管理模式改革,强化集团管控,继续夯实上市公司。

进一步调整管理体系。在2012年调整管理体系的基础上，1月起实施集团总部和上市公司的机构改革，完成人员配置，完善制度体系，进一步夯实上市公司，全面推行产权关系管理模式。按照集团管控和上市公司的要求，产权主体管理好项目公司，强化主体意识、责任意识，积极推动项目发展，逐步恢复融资功能。

进一步扩展港航业务。加快推进港航资产证券化，建立融资平台，走收购兼并的扩张发展道路。2012年，实现上市公司对集团航运业务的相对控股，完成集团"整体上市"的关键一步；2013年，要依托上市公司融资平台，稳步实现高速客轮公司的扩张发展，推动航运交通产业的可持续发展。

进一步推动优质资源向上市公司聚合。2013年，上市公司启动隆益项目外方权益的收购，实现隆益项目的落地。同时，通过九洲港—度假村片区综合体、横琴口岸综合体等项目的规划，积极引入优秀的战略投资者，通过资本联姻、产业协同，实现产业转型，推动优质资源、核心项目向上市公司聚合，发挥规模效应，夯实融资实力。

第二项工作：重点突破，推动核心项目落地，实现产业转型升级。

承建市文化广场项目。圆明新园市民文化广场作为珠海市环境宜居建设首批重点项目之一，由集团公司承担投资建设任务。集团设立珠海九洲文化产业投资发展有限公司，强化项目的专业化管理，快速优质推进项目建设。年内完成市文化馆的建设工作，2014年完成市文化广场的建设工作。

隆益项目开发。一是完成外方权益的收购；二是实施前期策划和开发准备等基础工作；三是结合资本市场，实施资本运作方案，确保项目建设与上市融资的双赢。

九洲港—度假村片区规划改造。兼顾城市发展、政务接待需要和商业利益法则，深化规划设计，促成合作意向方、城市规划方达成整体改造共识。同时，及时推进项目建设的基础工作。

圆明新园文化休闲区改造。充分整合内外部资源，结合圆明新园良好的自然和人文基础条件，加快研定经营策略和开发思路。对园区进行重新规划设计，以商业与旅游文化相结合的模式打造城市公用服务事业。

同时，继续推进横琴口岸综合体合作开发、北京特区楼装修改造项目，积极推动高联E区项目、万盛项目欠款等历史遗留问题的解决。

第三项工作：激活上市公司融资功能，提升资本运作能力。

一是加大资本运作力度，提高优质资源证券化率，在航运资产成功重组上市的基础上，不断推进集团优质资源、核心项目到上市公司，推动九洲发展通过增发、配股等方式融资壮大主业。二是拓宽融资渠道，充分利用融资的杠杆作用，积极创新融资方式，筹集隆益和度假村等项目的发展资金。三是进一步优化上市公司股权结构，积极引入战略投资者和合作伙伴。

第四项工作：优化体制，科学治理，提升管理效能。

深化董事会建设。在夯实上市公司的基础上，规范各层级企业董事会建设，并按现代公司治理制度的要求，明确和完善董事会与经理层的职能。通过集团管控、分层授权的负责制，明确"职"、"权"、"责"，强化各层级企业的自主经营，逐步实现控股型、产业化的集团管控。同时，要规范董事会工作流程和评价问责机制，建立健全董事的激励与约束机制。

引入以战略发展为导向的绩效管理。按照集团战略管控和培育集团绩效文化的要求，从2013年开始，改变以往单纯下达财务和业务经营预算指标的做法，增加发展、市场与客户、内部运营及社会责任等指标，在集团和上市公司两个层面实施全新的绩效管理模式。在确定各企业绩效指标的具体任务方面，坚持和倡导"业绩至上"、"可持续发展"的理念，明确"上市公司实现过亿净利润"的战略目标要求，体现明显压力，强调"跳起来才能够得着"。通过年初签订合同、年中动态评估、年底考核兑现的契约式管理以及薪酬、职务、培训与业绩挂钩等具体规定和强有力措施，积极推动各个企业努力提升经营业绩和企业价值，同时还必须注重长远发展。集团和上市公司也将主动为各企业的业务发展提供政策支持、做好保障服务。

科学治理，进一步完善集团管理体系建设。搭建以战略管理、文化管理、财务管理、信息管理、投资管理为内容的管理平台，进一步加强监督审计、风险管理工作，升级OA系统，引入商业智能系统（BI）。

第五项工作：加强干部队伍建设和党风廉政建设。

完善用人机制，加强干部队伍建设。加强干部队伍建设，建立人才发展战略体系是完成各项工作目标的前提基础和保障。完善用人机制，一是大胆选贤用能，做到干部能上能下，人员能进能出。二是推行业绩导向、贡献导向的薪酬制度，鼓励人尽其才。三是建立年轻干部储备、培养、选拔体系，激励青年人奋发向上。四是结合具体岗位要求，有针对性、系统地开展各类职业培训。

加强党风廉政建设。进一步增强抓好党风廉政建设和反腐败工作的责任感，着眼于建设一支清正廉洁、德才兼备的干部队伍，通过制度约束，提高企业领导人员廉洁自律的自觉性。探索与法人治理结构相适应的纪检监察工作机制。

第六项工作：做好专项工作，营造良好的发展环境。

抓好安全生产工作。深入贯彻"安全第一，预防为主，综合治理"的方针，在全集团树立和弘扬"安全就是第一生存力，安全就是效益，安全就是业绩"的安全发展理念，通过签订绩效合同及责任书的方式，全面落实各企业的安全主体责任和"一岗双责"。在认清安全生产内外部形势和抓好日常管理的基础上，各企业要细化各项任务，逐级分解责任，突出自身特点及工作重点与难点，加强全员安全培训和应急演练，主动排查整治隐患，加大安全投入、安全检查和量化考核的力度，积极推进和配合安全生产标准化建设与信息化建设，坚决杜绝较大以上安全责任事故，为全面完成市国资委下达的安全生产、消防和应急管理的各项工作目标及珠海创建"全国安全发展示范市"作出应有的贡献。

做好维稳信访工作。集团正处在大发展、大变革的调整时期，利益格局深刻变化，对可能引发矛盾冲突的问题要做好评估预测，扎实推进重大事项社会稳定风险评估工作，落实信访维稳工作分析研判例会制度，做好矛盾纠纷排查工作。密切关注历史遗留问题，利用行政、经济、法律等手段，把握时机，化解历史隐患。将信访维稳工作与党风廉政、纪检监察工作结合起来，做好源头管理，将矛盾冲突有效化解在企业范围内，努力实现维稳责任事件为零的目标。

加强企业文化建设。企业文化是企业价值观的外化，与企业人事制度、培训计划、奖惩制度等息息相关。没有好的企业价值观，就不可能有好的企业文化。企业文化建设的着眼点在于引领员工积极向上的价值追求，加深员工之间的理解与沟通，丰富文化生活，增进凝聚力，增强幸福感。真正做到以发展来吸引人，以事业来促进人，以工作来培养人，以待遇来激励人，以企业文化来塑造人。

继续做好工青妇、扶贫、计生等工作。加强发挥工会桥梁纽带作用，注重工青妇工作的心理疏导和人文关怀，构建和谐劳动关系，发挥工青妇组织在企业改革、发展、稳定中的重要作用。继续做好帮扶双到工作，打好扶贫工作的攻坚战，履行国企职责；坚持贯彻落实国家计划生育政策，保证不失分。

同志们，2013年是集团推进战略转型升级、实现做强做大做优最为关键的一年。面对集团难得的历史发展机遇，我们要只争朝夕，勇往直前，要解放思想，创新理念，要锐意改革，放眼长远，要全力以赴，真抓实干。机不可失，时不再来！希望集团全体管理人员和广大员工紧紧围绕集团的战略方针，抢抓机遇，勇挑重担，再接再厉，攻坚克难，为加快实现集团战略转型升级、为珠海建设生态文明新特区、科学发展示范市作出新的更大的贡献！

2013 年 2 月 18 日

以重大项目为抓手 以资本运作为引擎[①]
——推动集团公司战略转型、产业集群、行业升级

近两年来,在市委、市政府的支持和市国资委的正确领导下,我们九洲控股集团依据自身行业特点,围绕"三高一特"现代产业体系,积极发挥资本运作的杠杆作用,狠抓重大项目落实,推动航运交通、文体旅游复合开发和公用事业三大产业向集群集约化发展,努力打造珠海高端服务产业链。

截至2013年8月,集团公司总资产56.9亿元,较2011年底的29.6亿元翻了近一番;上市公司市值21.24亿元,较2011年底的5.48亿元翻了近两番。集团公司正在由经营管理型集团向战略管控型集团转化,整体发展呈稳健、快速上升态势,高端服务产业格局已初具雏形,后发优势明显。

下面,我就集团公司近两年的工作推进情况和未来三到五年的战略思想、战略途径、战略目标及战略措施作如下汇报:

一、改革创新,寻求突破

(一)开拓高端服务领域,提升核心竞争力

开拓高端服务领域,主要是推动重大项目发展。在市委、市政府和

[①] 此文为作者2013年10月在"珠海市进一步推进国有企业改革创新工作座谈会"的经验交流材料。会议由时任珠海市委副书记、市长何宁卡主持。

市国资委及相关单位的大力支持和协助下,项目发展实现了前所未有的突破。

1. 唐家湾旅游度假新城项目:与马来西亚 LBS 集团、香港 PAG 太盟投资集团开展投融资项目领域合作。8 月 12 日,完成了对 LBS 集团在香港的南迪发展及南迪高尔夫两家公司 100% 股权的收购,实现了唐家湾旅游度假新城综合地产及翠湖高尔夫两大项目外方权益完全回归中方。8 月 17 日,上缴市国土资源局 20.33 亿元地价款。下一步,集团公司将致力于打造唐家湾区域融度假、健身、置业于一体高端旅游度假新城。

2. "码头集群"项目:通过并购方式,万山客运码头合作项目已启动且进展顺利,横琴客运码头建设即将完成,覆盖香洲主城区、万山区、横琴新区的客运码头产业集群【含九洲港客运码头、九洲港游艇码头、香洲港客运码头、桂山港客运码头、万山港客运码头、外伶仃岛码头、东澳岛码头、杆担岛码头、九洲岛码头、湾仔港旅游码头、湾仔港珠澳轮渡码头、横琴客运码头等 12 个码头】初具雏形。

3. 文化产业项目:市民文化广场建设开局良好,市文化馆已于 7 月 30 日开工建设。

按照市委、市政府统一部署,度假村—九洲港区域改造提升项目也有新的进展。集团公司与美国 SOM 公司设计团队(珠海设计院配合)展开合作。8 月 12 日,何市长主持召开市政府专题会议,审议通过了度假村酒店规划设计方案,该方案将很快进入报批及深化设计阶段;九洲港片区改造工作也按计划推进中;天志项目也在有条不紊推进之中,成果显著。

(二)引进高端战略投资人,壮大发展实力

集团公司在推进属下港航企业优质资产重组过程中,成功引进省航运集团入股,助推优质资产上市,激活上市公司,股价开始一路上扬,为日后增发、配股等融资工作打下良好基础;与央企南光集团、澳中旅、九洲旅运等 3 家企业的资本合作也取得了显著效果,不但实现了优势互补和产业创新,也为集团的后续发展壮大了实力。

(三) 实施多种金融手段，增强融资能力

珠海控股收购两家香港公司——南迪发展及南迪高尔夫的全部股份，并通过向马来西亚 LBS 集团发行 10 亿元票据融资、向香港 PAG 太盟投资集团两家基金发行价值 5 亿港元的可换股债券募集资金；加强券商、投行、基金公司的推介工作，在摩根士丹利、高盛、摩根大通、瑞银、瑞信、台湾复华基金等全球顶级的知名投行券商的强力买盘推动下，上市公司融资能力全面提升，开启了资本运作的新纪元，其中为缴纳唐家湾旅游度假新城项目地价款融资近 20 亿元。另外，5.9 亿元短期融资券发行工作已全部完成；10 亿元定向票据已开始启动实质性工作，第三季度完成首次发行任务。同时，还采取了并购借款、结构化融资、发行基金等多种金融手段，使集团公司的融资能力不断增强，为战略转型升级提供了强劲动力。

二、高端谋划，扎实推进

按照市委、市政府和市国资委的统一规划部署，集团公司积极探索，勇于实践，并在实践过程中确立了战略思想、战略途径、战略目标及战略措施，明确了集团公司的发展定位及前进方向。

战略思想：一体两翼、投资控股、整分上市、跨越发展

战略途径：通过走实业扩张、资本扩张之路，充分发挥资本杠杆作用，大力发展航运交通、文体旅游复合开发、公用事业三大高端服务业务板块，积极实施多元化资本运作战略和人才战略，加快从经营管理型集团公司向战略管控型集团公司转化，实现集团公司跨越式发展。

其中，人才是关键。集团公司明确了人才建设战略为"不拘一格、唯才是举、多元培养、量绩使用"，其中，"量绩使用"是核心，一切以绩效为标准。集团公司已将重视人才、开发人才、盘活人才作为重要的发展战略来谋划，通过加强内部人才培养培育、实施"借脑工程"引进人才、强化激励学习等措施，开辟一条吸纳优秀人才的"绿色通道"，真正做到能者上、庸者下。

战略目标：2017年集团公司总资产突破200亿元，国有权益总额突破50亿元，年销售收入突破50亿元，净利润突破5亿元，上市公司市值突破100亿港元、港航业务进入上市程序，集团公司核心竞争力进一步提升。

战略措施：

1. 航运交通。目标：全国范围内客船数量最多、航线范围最广、安全最好、服务最优、效益最高的粤港澳经济圈"海上巴士"营运商。

规模：优质客船40艘、航线20条、年客运量600万人次。

措施：通过资源整合、资本扩张、管理输出及引进战略投资者等方式实现航运交通业务辐射式发展。

2. 文体旅游复合开发。目标：国内知名、本地区一流的文体旅游复合开发商及营运商；旅游地产开发高端定位，高端谋划，每开发一个项目即贡献一座新城、建设一个旅游风景区、营造一个旅游目的地。

规模：一座最大型城市文化艺术中心、一个集高端商务及五星级酒店的大型度假区、两个5A级旅游风景区，两座高端旅游新城，三个标准规模的城市高端高尔夫球场。

措施：通过多元化的资本运作，引进战略投资者和高端品牌运营团队，全面开发高新区和金湾区旅游地产项目，建设营运"城市客厅"式文化艺术中心，改造提升九洲港—度假村片区，优化现有景点、高尔夫等旅游产品，打造集"食、住、行、游、娱、购"为一体的高端文体旅游服务平台。

3. 公用事业。目标：华南地区规模最大、码头资源最多、设施最好、服务最优、效益最高的客运码头营运商和游艇码头服务商。

规模：12个优质客运码头及公用型游艇母港、年客运吞吐量800万人次、年客船服务总数5万艘次。

措施：通过业务整合、股权投资、资本扩张、引进战略投资者、管理输出等，发展公用型游艇母港、横琴航运综合体，建设营运覆盖珠海市主城区、横琴新区、万山群岛的客运码头集群。

2013年是九洲控股集团战略发展转型元年。集团公司将进一步理顺产权管理关系，完善法人治理结构，深化绩效管理机制改革，扎实推进各重大项目落地。通过绩效管理改革，打造一流团队；通过高端合作，打造一流产品；通过一流服务，创造一流业绩，为将集团打造成为国内知名、本地区一流的管控型集团而努力奋斗。

附件：资源整合及战略规划案例一、案例二

案例1：

（资源整合及战略规划案例一）

九洲控股集团成功实施港航资源整合

九洲控股集团做大做实香港上市公司的第一步，就是推动旗下港航资产实现整体上市。2012年下半年，珠海高速客轮公司整合并购了集团公司所属五家港航企业的业务和资产，并成功引进广东省航运集团投资入股。

整体上市后的高速客轮公司在2013年上半年即显示出不俗的业绩，营业收入和利润总额大幅增长，其中净利润同比增长55%，各业务利润结构渐趋合理。上市公司股价亦因此有所上扬。

引进省航运集团作为战略投资人后，集团公司弥补了港航业务的短板，实现了"缺什么、补什么"的目标，目前已开始进一步合作，通过业务扩张和兼并重组、反向收购、分拆上市等资本运作手段，全力打造国内规模最大、服务粤港澳经济圈的"海上巴士"营运商，以及华南地区规模最大的客运码头营运商与游艇码头服务商。

案例2：

（资源整合案与改革创新案例二）

九洲控股集团成功并购"隆益项目"

提到资源整合，特别值得一提的是九洲控股集团成功推进的"隆益项目"。九洲控股集团充分发挥资本杠杆作用，灵活运用境内外多种金融工具，以6亿多元的自有资金，撬动了一个30多亿元的中外合作项目，不但解决了困扰多年的历史遗留问题，而且极大地盘活了存量资产，为进一步的高端开发建设奠定了基础。隆益项目的圆满推动不但体现了市委、市政府解决历史遗留问题和发展问题的决心和勇气，也有力促进了国有资产保值增值。

这次非常重大的收购，是九洲控股集团自重组以来的一次里程碑式的行动，标志着九洲控股集团完全具有了将海外资本市场融资和珠海优质资源整合的能力，也完全有能力完成重大的跨境战略性并购，是九洲控股集团未来发展的重要起步。

这是珠海市新一轮国企改革创新和资源整合过程中较为成功的典型案例。珠海市主要领导批示："九洲控股集团贯彻市委、市政府工作会议指示精神，制订了符合各方利益的多赢解决方案，合作非常成功，非常有战略意义，体现了国有企业的战斗力和专业水准，值得肯定，值得各国企学习。"

国企改革新探索　服务社会谋前途[①]

——珠海九洲控股集团公司走出广阔民生发展之路

珠海九洲控股集团有限公司（以下简称集团公司）是珠海旅游、海上客运的龙头企业，控股珠海在香港上市的红筹股——珠海控股（HK00908），集中了珠海市属国有旅游、海上客运交通的优质资源，产业覆盖海上客运、旅游服务、旅游复合开发、主题景点、酒店、高尔夫、赛车运动和商贸服务等领域。经过30年的改革发展历程，集团公司已作为珠海旅游和海上客运的行业翘楚一路领航，作为国有企业更是把握战略机遇，全力以赴谋划发展，不遗余力服务民生，积极支持和服务社会经济发展大局，全力推进蓝色珠海、科学崛起。

一、锐意改革，开动国企发展新引擎

集团公司30年的发展之路，是一条不断优化管理资源配置之路、不断优化产权结构之路、不断优化企业发展战略之路。2009年以来，集团公司更是加大改革力度，科学规划，整合资源，创新实践，狠抓落实，全力做到永续协调发展。

一方面，集团公司致力于完善企业法人治理结构，向管理要效益。作为珠海市属国有企业董事会建设试点单位，集团公司以现代企业制度

[①] 此文公开发表于2013年3月26日《经济日报》。《经济日报》驻珠海站站长李茹萍记者。作者时任九洲控股集团公司总经理、珠海控股投资集团行政总裁。

为蓝本，以"完善制度、规范运作、加强保障、提高效率"为方针，不断深化董事会建设，推进各层级的下属企业按股权投资关系进行法人治理，完善优化集团管控体系和制度建设；厘清"权""责"关系，尊重各股权投资企业经营自主权，健全母子公司监管体制，进一步夯实了上市公司；严格遵照法规议事决策，提升了决策层与执行层的独立性，加大了决策的执行力度，提高了执行效率；明确集团公司党委在公司治理中的法律地位，在制度层面确定了集团公司党委的法律地位和职能，此举在珠海国资系统尚属首家。集团公司以自己的创新实践，破解着国有企业改革的重大难题。

另一方面，集团公司在产权上做大文章，在战略上谋快发展。产权是源泉。集团公司全力推进属下港航企业优质资产重组工作，与广东省航运集团谈判完成相关股权转让工作，推动优质资产的上市和流通工作，在航运业务预期受到一定冲击的情况下，既可实现资金筹措，也为日后增发、配股等融资工作打下良好基础。战略是旗帜。经过多年实践，集团公司确立"一体两翼、投资控股、整分上市、跨越发展"为战略转型思路，即以国有经济为核心，以航运及交通产业、旅游复合开发产业为两翼，优先发展城市公用事业，逐步形成航运交通、旅游复合开发、公用事业三大板块协调并进的发展格局，引导产业升级，推动城市发展，实现跨越式发展。2013年1月，集团公司由珠海九洲旅游集团有限公司更名为珠海九洲控股集团有限公司，集团公司属下上市公司——九洲发展有限公司更名为珠海控股投资集团有限公司。更名是适应市场变化而实施的重大战略举措。更名后，集团公司将通过产业结构、资本结构和组织结构的调整优化，强力推进业务转型，推动核心产业发展壮大，增强市场竞争能力和抗风险能力。

二、大胆创新，增强国企发展新活力

每一次变革，集团公司全体员工在思想上经历着一次全新的洗礼，每一次变革，集团公司都会迎来一个良好的发展时期。

2009年，集团公司吸纳高联、隆益、珠澳轮渡、金湾高尔夫等一批潜力巨大的资源，业务板块的规模和实力大大增强。2012年，集团公司着力理顺产权关系、重组优质资产、夯实上市公司工作，通过发行短债、转让股权等方式，拓宽融资渠道，2013年，上市公司市值屡创新高，6月18日，股价创下上市以来历史新高1.80港元，上升幅度达约50%，较2012年12月31日收市价0.92港元，上升近100%，成交量由往日日均成交量约100万股增加到日均成交约2000万股，股价因此多日位居恒指涨幅榜前十位。集团公司所属企业高速客轮公司已成为国内规模最大的高速客轮公司，仅各海岛航线就已运送旅客150万人次；九洲港客运站作为全国一级文明客运站、全国最大的水路客运口岸，每天正常开航90多班次，年进出港客流量就超过400万人次，而且实现了"陆—海—空"一站式无缝对接。据统计，从1982年开港到现在，九洲港进出港客流量累计已达到7573万人次。

三、心系民生，积聚国企发展新潜能

作为国有企业，集团公司深知自身的责任和义务，坚持依托自身力量，努力服务民生，投身社会公益事业，为和谐社会的发展作出应有的贡献。

为给珠海市民打造一个文化公园、文化休闲空间，集团公司转变圆明新园经营模式，于2012年10月免费对市民开放。开园以来，客流量大幅增长。截至2013年6月初，共接待游客超过372万人次，比2012年同期相比增加678%，其中，春节前四天接待游客均超10万人次，正月初三（即2月12日）单日接待游客达16万人次。同时，根据市委、市政府部署，集团公司正全力在圆明新园前广场修建一座总占地面积约7.2万平方米的市民文化广场，这将是珠海最大的综合性广场，并向市民免费开放，将打造成珠海城市文化新名片，塑造珠海城市景观新标志。2013年2月，高速客轮公司新开通了珠海万山群岛最偏远海岛担杆岛航线，这是一条民生航线，解决了偏远海岛的交通问题，也将进一步促

进海岛旅游的发展。

站在新的起点上，沐浴着转型跨越的东风，集团公司正饱蘸浓墨，继续以珠海为依托，充分发挥地方国有企业的引领和桥梁作用，实施适度多元格局的产业发展规划，在努力实现国有资产保值增值的同时，勇于承担社会责任，续写更加瑰丽的事业新华章。

攻坚克难破困局[①]
——"蛇吞象"并购是如何完成的

在市委、市政府的关心和大力支持下,九洲控股集团隆益项目进展顺利。九洲控股集团属下上市公司珠海控股(HK908)已圆满完成项目合作外方权益的收购、补缴地价工作,正式启动了项目建设工作。隆益项目的成功收购得到了市委、市政府的高度赞扬和肯定,意味着九洲控股集团已突破发展瓶颈,正由经营管理型集团向战略管控型集团转化,全力为打造珠海高端服务产业链而努力。

一、项目背景

1992年6月,珠海经济特区隆益实业公司与香港南迪国际投资有限公司共同兴办中外合作企业,合作开发珠海国际赛车场项目。中方以出土地6000亩作为合作条件,占利益分成比例40%,外方出资7100万美元,占利益分成比例60%。

赛车场整体项目包括三个项目实体,分别是珠海国际赛车场有限公司、珠海国际赛车场高尔夫俱乐部有限公司和珠海国际赛车场综合发展有限公司(1997年亚洲金融危机期间,合作外方权益由马来西亚上市

[①] 作者时任隆益项目并购工作的总牵头人。该项重大工作得到了珠海市委、市政府的高度肯定。珠海市主要领导批示:"非常成功,非常有战略意义,值得充分肯定,值得各国企学习。"珠海市分管领导批示:"九洲控股班子完善调整和公司重组后,体现了战斗力和专业水准。请国资委总结隆益项目的经验做法,通报市属国企。"

公司 LBS 集团承继）。

目前，珠海国际赛车场和翠湖高尔夫已经建成并正常经营，综合发展有限公司则因项目开发土地一直没有确权而搁置至今。三个子项目中，赛车场和高尔夫属于长线低回报项目，综合发展的房地产配套本属于短期快速回报项目，在整个项目中起到投资平衡器的作用。但因该项目一直没有启动，导致整个项目的经济性失衡，并因此衍生出系列历史遗留问题。

2009 年 6 月，珠海国资开展新一轮重组，隆益实业整体划转九洲控股集团，根据市委、市政府工作会议指示精神，九洲控股集团与外方就珠海赛车场历史遗留问题及发展问题展开了多次商谈，争取找到一个符合各方利益的多赢解决方案。

二、项目收购方案

在市委、市政府、市国资委及相关部门的鼎力支持下，历经四年时间，2013 年 4 月 10 日，中外双方签署一揽子解决协议，中方上市公司珠海控股以 16.5 亿港元收购外方持有的项目全部 60% 权益，收购后，中方将持有项目 100% 的权益，并主导项目的后续开发，尽最大可能确保了中方的权益。

三、方案的特点

本次收购工作计划部署周密，过程跌宕起伏，被摩根士丹利等业界翘楚奉为香港资本市场近年来少有的"以小搏大"的经典资本案例。

1. 在投行的支持下，珠海控股并用多种融资手段，结合股权融资、债务融资、夹层融资、分期付款等形式，最终以 8 亿港元自有资金，撬动 39.5 亿港元的整体融资及收购计划。收购前珠海控股的市值只有不到 10 亿港元，但最终完成了 16.5 亿港元的收购，同时支持项目公司筹措 23 亿港元补交地价，难度超乎想象。

2. 本次收购涉及的元素众多，包括国有控股上市公司、红筹股、中外合作企业、跨境收购，关联交易、外汇管制、房地产融资，基金、信托、资产管理计划，无论是从法律上还是财务上看，中国经济领域的诸多热点元素基本都在案例中反映。在项目实施的报批过程中，国资、国土、规划、财政、发改委、科工贸信、法制、外管等众多政府部门，以及中国证监会、银监会、香港证监会、联交所全部涉及，元素之多，跨度之广，难度之大，是九洲控股集团历史上罕见的。

3. 在艰辛的谈判过程中，九洲控股集团项目团队既坚持底线，又动之以利，成功解决众多历史遗留复杂问题，同时迫使外方在项目收益方面给予了中方较多的折让，实现了国有资产的保值增值，有效降低了项目投资开发的风险。

四、项目收购的意义

本次收购构建了一个多赢的格局，意义非凡。

1. 隆益项目的成功收购不仅妥善解决了珠海赛车场多年纠缠无果的系列历史遗留问题，也为新一轮城市经济的发展取得了宝贵的战略资源，彰显了珠海市委、市政府解决社会投资领域棘手难题的态度和能力，对于优化珠海投资环境，提升城市口碑具有莫大的帮助。同时，政府也将获得补缴的24亿元土地出让收入和项目开发未来约60亿元的税收。

2. 隆益项目的成功收购不仅盘活了九洲控股集团大盘子内的存量资产，也为九洲控股集团和属下上市公司带来了难得的历史发展机遇。上市公司的市值目前已经实现翻番，不仅恢复了融资能力，也为未来发展奠定了良好格局。

3. 隆益项目成功收购后，后续开发建设将与旅游地产项目相结合，全力打造唐家湾区域融度假、健身、置业于一体的高端旅游度假区，为珠海贡献一座旅游新城。

4. 隆益项目的成功收购也意味着九洲控股集团将通过资本运作，为政府代建的市民文化广场、市文化馆等重大公益项目获得资金支持。可以说，隆益项目落地对市委、市政府和九洲控股集团是"一子活，全盘活"。

作为此次收购的财务顾问——著名投资银行摩根士丹利在《方圆项目重组方案分析》中对本次收购给予了极高的评价："本次收购顺利完成，使珠海控股具备了将国内资源与国际资本进行完美嫁接的能力。"

九洲控股集团将在市委、市政府和市国资委的正确领导下，依据自身行业特点，围绕"三高一特"现代产业体系，积极发挥资本运作的杠杆作用，狠抓重大项目落实，推动航运交通、文体旅游复合开发和公用事业三大产业向集群集约化发展，全力打造珠海高端服务产业链，为"蓝色珠海、科学崛起"而努力奋斗。

2013年8月

伟大的事业需要始终不渝的拼搏精神①

各位领导,同志们:

春寒料峭,乍暖还寒。大家顶着冷风赶来,干事业的热情驱散了天气的寒冷。从大家的眼神里,我看到的是对2013年取得成绩的自豪,是对2014年工作的信心,是对集团成就跨越发展宏伟蓝图的希望,更是对建立属于我们自己的伟大事业的渴望。上午进行的述职,展现了各实体企业所取得的骄人业绩,同时我们也看到了在过去的一年大家所付出的努力、智慧和艰辛。刚刚的表态发言,果敢坚定,掷地有声,令人振奋,对实现2014年的发展目标(即净利润亿元俱乐部实现零的突破,具体目标:2013年实现一个亿元企业,2014年实现二个半亿元企业,2015年实现3—4个亿元企业,2016年实现4—5个亿元企业),我们有了决心,也有了信心。

回顾2013年,集团整体经营安全、稳定、有序,业绩突飞猛进:全集团实现营业收入10.56亿元,同比增加1.2亿元,增幅13.05%;净利润1.96亿元,同比增加1.23亿元,增幅170.18%;珠海控股营业收入9.97亿元,同比增加6.44亿元,增幅182.3%,净利润2.49亿元,同比增加1.83亿元,增幅274.35%。集团直管企业中,珠海控股和天志置业绩效优秀,文化公司、隆益公司、高联公司绩效良好,集散中心和南油酒店绩效合格。珠海控股股权投资企业中,除度假国旅亏损扩大

---

① 此文是作者以集团公司总经理身份在2014年年度工作会议上的讲话稿。

外，其他6家基本都完成了利润目标。概括来讲，过去的一年我们开始了转型、取得了突破、打下了基础、埋下了种子，在三大板块12个项目上取得突破性进展，香港上市公司的市值大幅提升，融资能力全面增强，制度建设效果显现，契约精神生根发芽，整体管理更趋规范，企业文化已见雏形，专项工作有序开展。成绩的取得离不开大家的努力，在此我代表集团经营班子对各位表示由衷的感谢。

2014年是我们的攻坚年，更是我们的事业能否突破瓶颈进入可持续阶段，能否成其为伟大的关键一年。拿破仑在《给内政部长的信》里说了一段话，我认为可以与大家共勉："我们应当努力奋斗，有所作为。这样，我们就可以说，我们没有虚度年华，并有可能在时间的沙滩上留下我们的足迹。"

希望在座各位牢记这段话，以始终不渝的拼搏精神为属于我们的伟大事业努力奋斗。2014年重点做好如下工作：

一、全面贯彻执行"五年大跨越"战略

2014年作为我们的战略实施年，要做到：

1. 继续深化五年发展战略和规划的编制与宣传贯彻，坚持"一体两翼，投资控股，整分上市，跨越发展"的战略思想，立足科学发展，着力自主创新，完善体制机制。

2. 以五年战略规划为指引，进一步发挥资本运作的杠杆作用，狠抓重大项目落实，推动产业集群集约化发展，全力打造珠海高端服务产业链。

3. 贯彻高点定位、高端布局的战略思维，营造航运交通、旅游地产、公用事业三足鼎立的战略格局，推动五大战略组团加速孵化，为七个战略目标的突破奠定基础。

二、重点落实做好十大工作任务

根据市委、市政府的部署，结合集团的发展战略，2014年应在以

下十项工作任务中投入重兵，重点推进。

1. 市文化艺术中心、九洲商贸城开发建设。文化公司与圆明新园要根据市委、市政府要求，按计划、按步骤完成各分项目及各个阶段的任务。

2. 新度假村酒店开发建设。珠海控股与度假村要加快项目进度，力争上半年开工建设。

3. 高速客轮发展转型。高速客轮要结合万山群岛游项目，抓紧转型海洋旅游投资及并购，启动上市前期工作，力争突破上市瓶颈。

4. 游艇俱乐部投资建设。项目工作团队要在与战略投资方已签署的合作框架协议书指导下，深入推进各项前期工作，力争年内项目能够动工建设。

5. 唐家湾文化旅游新城项目的商业策划与规划。以集团发管部为主，要尽快完成高端商业策划，年内完成规划报批。

6. 金湾国际旅游度假区的规划建设。天志置业年内要完成项目所有前期工作，争取年底动工，最迟不得超过 2015 年 3 月底。

7. 天志地产项目股权融资。集团财会部、天志置业与珠海控股要抓紧推进融资工作，在 5 月底前完成 32 亿元地价款的上缴。

8. 设立珠海控股基金管理公司。珠海控股要在已配置相关团队的基础上，完成架构搭建、制度建设、模式确立等工作，并开始实质运作。

9. 翠湖香山国际花园。该项目对集团意义十分重大，珠海控股与综合发展公司要确保 9 月份开盘销售，同时做好对绿城管理经验的学习、我方团队的建设以及风险的管控。

10. 横琴口岸商业中心、航运中心综合体投资。珠海控股要争取年内签署合作协议并组建投资企业。

三、倾全力练好内功稳固后方

生命几何时？慷慨各努力。要想建功立业，必须只争朝夕，全情投入。为保证战略规划的顺利实施，十大重点任务的成功完成，我们一定要练好内功、稳固后方。

1. 积极实施多元化资本运作战略和人才战略，以全球视野将各种资本为我所用，以"利于国者爱之，害于国者恶之"的标准加速骨干人才的引进、储备和使用。

2. 加快从经营管理型集团向战略管控型集团转变，进一步理顺管理关系、规范管理流程、下放管理权力、提升管理水平。

3. 继续强化绩效执行力，强化契约精神，以绩效指标为指挥棒，促进企业经营业绩和管理效能的全面提升。2014年将继续按绩效合同严格兑现奖惩，以改革创新的精神全面推动绩效管理走向契约化、市场化。

4. 开拓思路，引入科学技术、外脑智慧，走科学化、专业化、规范化道路，构筑坚实的安全屏障、廉政护栏。

5. 提炼积极的精神内核，描绘光明的愿景，树立奋发有为的价值观，加快九洲控股独特企业文化的形成和传播。

在这样一个初春的日子里，我们聚在一起，本着谋定而后动的原则，为集团公司2014年工作定下基调，明确目标，以确保各项工作顺利推进。

一万年太久，只争朝夕！让我们从现在起，为着我们的伟大事业，始终不渝地拼搏、努力！

谢谢！

珠海控股 2014 周年股东大会（AGM）媒体交流会答问录[①]

香港《东方日报》：集团目前在横琴的业务发展有哪些？

黄鑫：珠海大横琴投资公司将在横琴口岸极具价值和区域优势的地方拿出来一块土地，与珠海控股一起，建立一个航运中心综合体，建设客运码头、写字楼和客运中心。具体内容年报里有，具体项目正在进行中，因为横琴发展正如火如荼，对于口岸的区域规划在不断修订和完善之中，但是大横琴投资公司和横琴区委、区政府都在一致向我们承诺，我们原来合作的那块地到目前为止还处于保留的状态。与我们合作的方向和目标也没有变化。因为口岸建设的过程需要临时土地作为过渡，目前所在地块也在做临时口岸物业周转之用，现在拿出来拍卖，时间还没有那么快。因此我们也耐心等待发展时机。这是我们在横琴的第一个项目。

第二个横琴项目是在长隆，2013 年年底至 2014 年年初正式运营，作为水上交通的旗舰企业，珠海控股所属企业替横琴区商业代建了横琴水上交通应急接轨工程。也就是在特殊的节假日，旅客陆上运输受阻的情况下，我们承担从水上紧急运送旅客的任务。这一个工程由我们的子公司九洲邮轮公司接受横琴区政府委托代建，然后再收取相关费用，政府是真正的投资方。通过这个项目，我们为横琴建造了一个新的客运码头，还建了很多水上运输设施，同时我们也对湾仔到横琴的水面航线进行疏浚，为将来开通横琴到九洲港、横琴到香港、横琴到其他所有的客

[①] 2014 年 6 月 21 日于香港万丽海景酒店。

运码头奠定了一个很好的基础。这是我们在横琴方面的第二个动作。

第三个动作，因应横琴旅游大项目开业的时机，占领旅客消费市场，九洲邮轮公司和航海旅行社签订了票务分销协议，比如，船票，也占有了一定的市场份额。

第四个动作，开通了横琴到东澳岛的航线，我们已经试开了一段时间，效果还不错，将来可能固定这个航线。这样一来，珠澳岛的客流、深圳蛇口的客流和横琴岛的客流会有一个无缝衔接的新的航线。

香港《大公报》：请黄总裁谈一下公司新业务，即金融板块的进展情况。

黄鑫：珠海控股持有的珠海控股资产管理公司就注册成立在横琴，实际上打造这个新公司的目的是依托母公司有非常好的资源，将来珠海控股要承接集团的注资，资金肯定是第一位的。资金可以通过银行融资的方式，发行新股的方式，还有发行基金的方式。例如，采用基金方式，珠海控股计划以珠海控股资产管理公司为平台发行基金，然后投向我们自己的项目以及集团所有的项目。

澳门澳亚卫视：请教一下2014年资本开支的情况是怎么样，投资发展的计划如何？2013年业绩表现有很大的上升，请教一下收益的情况。

黄鑫：关于资本开支和财务的数据，一会儿由财务总监补充。我先讲一下我们的收益来源，我们通过翠湖高尔夫地产项目，因收购了马来西亚LBS60%的股权，产生了1.8亿元的股权买卖收益，这是我们利润占比比较大的。2013年，我们实际创造的利润很令人满意，公司取得了很好的发展，算上1.8亿元整体应该是3亿多元。因为其中有很大一部分是收购地产融资的银行利息对冲了实体企业创造的利润。必须强调，收购LBS60%权益，不仅产生了1.8亿元的溢利贡献，最重要的是让珠海控股在旅游业开始转型，我们取得了一个78万平方米的高端住宅项目的开发权和控股权，将来预期该项目会为珠海控股带来良好的收益和资金的回报。这是1.8亿元的来源和意义。珠海控股通过这个项目将境外和香港的资本市场与境内的优质资源整合一起，使珠海控股首次具备了跨境并购的能力，这是投资的良好开端，未来还会有好的项目，我们还会继续努力。其他具体数据请财务总监补充介绍。

2013年,资本开支大约6000万港币,2014年的资本开支估计约为4亿港币,主要是由于房地产项目开始启动。刚才提到的收益也是由于收购了房地产项目,但2014年开始财务费用会大幅增加,房地产因未销售或销售未结转,而成为一个增支因素,加重财务负担因素,但原有实体,如海上交通运输、酒店业务以及景点可以保持珠海控股的收益增长。对此,我们充满信心。

香港《经济日报》:关于2014年投资的房地产项目规模有多大,什么时候开始预售?有没有销售目标之类的数据?

黄鑫:我们的高端旅游地产项目全称是"九洲绿城·翠湖香山"国际花园,"翠湖香山"项目占地78.84万平方米,可以销售的房屋面积为71万平方米,剩下的就是商业设施及其配套。这个项目地处珠海高新区历史文化名镇唐家湾,是一个人杰地灵的地方,出了很多历史名人,如第一任中华民国总理、第一任清华大学校长等,是有着深厚文化底蕴的地方,风景优美。该区现在拥有五所大学、十六家上市公司,区域优势也很好,从广州过来坐城轨四十分钟,第一站就到了项目所在地。

对这个项目,我们的定位一定是华南的首善地区,为了赶超在广东地区比我们更靠前的楼盘,必须后来居上。地产对于我们来说是全新的业务,所以我们要跟国内做房地产最好的企业合作,那就是绿城。主要是品牌合作和建设管理,它帮我们建设管理,我们用它的品牌,这样使我们的产品后来居上。绿城在国内的房地产界非常出名,它是一个符号,是高端代名词,国内很多的顶尖的富豪都是绿城的业主。我们现在与绿城的合作,从2013年10月份签订了协议以后,项目开发进展非常顺利。

第一期10月份就可以实行销售了,这是非常快的,说明我们的合作方向选择非常正确。第一期有194套别墅,现在的定价策略还没有出来,根据周边房屋销售的均价作为参考,未来会实现一个很好的现金回笼。现金滚动开发,这样开发成本就不会很大,不是全面铺开再卖房子,现在分5期。刚才说的是第一期。随后第二期准备启动。因为分5期开发,所以我们开发的资金压力并不是很大。根据目前的市场调查,翠湖香山的第一期销售预期非常火爆，可能要通过认筹的形式来抽签确定谁才能真正地买。

《香港商报》：翠湖香山194套全部售出可套现多少？

黄鑫：现在194套别墅总占地面积是9万多平方米，根据0.6的容积率约为49000平方米的可销房屋，根据周边的销售均价应该在3万元到4万元之间，目前判断保守估计均价应该在35000元左右，大概回笼的资金就是这样。

香港《苹果日报》：请问港珠澳大桥几年以后就落成，对你们的受益（收益）估计会有多少影响？香港政府正在调整内地旅客的政策，会否对你们有影响？

黄鑫：港珠澳大桥预计2017年开通，这会使珠海成为国内唯一一个陆地联系港澳的城市，珠海的区域优势立马显现。大桥的开通对我们的旅游业好处不言自明，大家的担心是对的。三大板块中关于对第一板块交通的影响，我的回答是一定有，但不会是根本的，下面再分析。人流加大对我们的旅游、旅游地产、酒店以及主题公园、还有高尔夫肯定有正面作用，对于珠海经济，鉴于珠三角都会经过珠海港珠澳大桥来往澳门和香港，这个对珠海正面作用肯定很大，对于我们在珠海营商的企业正面影响也很大。

现在我着重分析对我们的船运的影响，应该会有，但不是根本性的。这里有个例子，虎门大桥的开通。虎门大桥开通后一段时间内对九洲港到深圳蛇口的航运是有所影响的，数据下滑，但现在九洲港到深圳蛇口的客运量大大高于虎门大桥建设以前的数据。还有一个极端的例子，就是位于虎门大桥下面的轮渡公司，按理说应该没有一点生存空间，但是目前仍在运作，就是陆运和船运是互补的，不会不能共存。比如说，从深圳到香港有陆运，但是从深圳机场到香港港澳码头的船生意也很好。这三个例子都说明，港珠澳大桥开通后对船运有影响，但不是根本性的。

我们判断的影响在哪里？竞争加剧，需要提升我们的服务，要提高船的正点率、舒适度和速度。因为我们的目的是希望将香港航线延伸到海岛，通过这个航线提升质量，重点和核心放到海岛上去，降低珠海和香港旅客流失的空间。

珠海称"百岛之市"，九洲控股集团，珠海控股的母公司正在策划珠海万山群岛游，希望将珠海万山海岛建成国际通行的"跳岛游"。以前我们的传统业务是环岛游，珠海有很多新的岛屿，在此邀请各位记者去体验一下。海岛各有特色，有的以珊瑚出名，有的岛上有成百上千只猴子，将来我们会把"跳岛游"做成功，就像地中海和加勒比海一样，建成国际海洋海岛目的地。另外，我们还会有很多的谋划，如有计划签约会以公告的形式告知。大家可以期待。

香港《文汇报》：港珠澳大桥预计大概影响可以增加多少数字？

黄鑫：具体数字不好说，因为毕竟还有几年的时间，而我们现在要提前谋划，实际上如刚才提到的海陆空是互补的，我们也会做相关考量，也可以投资陆运交通企业，如联合成立大桥穿梭巴士公司，对冲海上交通影响，这些都是我们的一些想法计划。

香港《苹果日报》：调整内地旅客的政策是怎样的？

黄鑫：这个是香港政府的政策，我们不好评论。我们珠海控股的船队承载的是商务客人多一些，客源忠实度最高的就是商务客，这种影响是很小的，我理解你说的自由行，对居民旅游购物这一块，我感觉跑香港的水上运输都是商务客。

香港《财华网》：珠海控股未来会向母公司并购一些资产，大概是什么方向？

黄鑫：目前我们只是想法计划，还没有实际协议和结果。如有协议，会发布公告。我们的母公司是一个资产优良的大国企。珠海市重点的旅游发展方向是海岛、高尔夫和温泉。高尔夫这块就是我们资产业务的一大特色，现在九洲控股集团优良资产中高尔夫比重很大，现在开发的翠湖香山国际花园就是九洲控股与外方经营的物业，它还拥有40%权益。还有一个是金湾高尔夫。陈主席不仅是珠海控股董事局主席，还是九洲控股的董事长，在他的带领下，九洲控股集团刚刚并购了最大的项目：金湾高尔夫旅游地产项目，这个比翠湖还大，近100万平方米。九洲控股还拥有海岛、海洋旅游开发的资源和资产。九洲控股拥有九洲港片区的一级开发权,这里有60万平方米的岸上资源。还有,珠海市委托九洲控股开发市民文化广场项目,即打造文化地产和九洲商贸中心商业地产。其他还有很多,我先介绍这五个。这些资产从我公司的角度来讲,最后会根据形势、资金需求和珠控需要,都有可能。九洲控股会依托珠海控股,未来潜力巨大。

香港《信报》:未来如何改善深圳到九洲港或香港到九洲港水上运输的质量?作为个人,我也经常乘坐,但我觉得质量需要提高,请问是否有估计需要多少投入?还有就是新能源是目前提倡的东西,比如TESLA的出现,有一些公司仿照TESLA做一些轮船方面的改进,有些在试运行,请问公司是否有些新的想法?

黄鑫:你的建议很好。这里我澄清一下,九洲港到深圳蛇口航线有三家船运公司在运营,不确定你坐的是不是我们公司的船。我觉得我们的服务管理,应该是全国的标杆,我们的高速客轮是全国最大的船务公司,同时也是交通部连续五年评为诚信和安全企业。但是,改进服务无止境,我们肯定会继续努力,在好的基础上要求更好。另外的问题,我们在建造船舶选形的时候,也会运用高科技的东西,紧贴高科技。还有你说的新能源,我们都不会排除。今天造船的团队也在你旁边,会听取你的意见。油价是我们非常大的一个成本。如果我们用新能源,对冲油价波动是一个很好的选择,谢谢你。

香港《经济日报》:10月将推出的高端房地产项目,但目前楼市情况并不是太好,您觉得目前是好时机吗?未来公司主力会是在地产这一块吗?收入占比有可能超过目前主营的航运板块吗?另外,新航线方面会有业务布局,是不是可以预期收益较2013年仍能保持一个快速增持的趋势呢?翠湖和金湾的高尔夫项目大概什么时候落成?酒店业务2013年有下跌,这几个月如何?什么时候会恢复一个增长的情况?

黄鑫:第一个问题,关于楼市推出时机的问题。我们对珠海的房地产分析是这样的,珠海靠近澳门、香港,和港澳的房价相比是一个巨大的洼地。珠海的房产形势还是比较稳健,没有大的泡沫出现。第二个判断是中央经济管理部门对于房地产的有形的手已经是伸出来了,这是一只呵护的手,稳定住房地产形势的手,稳步发展房地产业务的手,至少我个人也这样认为的。有几个例子,我们的央行对房地产的评价,认为房地产信贷风险可控;《人民日报》发表相关文章,还有金融管理部门,在政策层面暖风频吹,这个跟内地的经济结构是有关系的。当然,市场还有无形的手,市场惯性,一些三线城市是下降了,但是就我了解的数据,北上广房价没有太大的下滑,只是交易量减少了。珠海的情况是有点特殊。我们对房地产系数的分析和珠海房地产的判断,基于上述分析,我们翠湖香山项目想要抓住时机,快速推出和套现。因为我们有足够的渠道,因此,对于10月份第一期的销售赶上政策层面匹配,再加上我们做了市场调查。目前第一期非常火爆。

第二个问题,关于房地产收入占比问题,应该说第一期销售如果达到我们的预期,回笼一笔资金,这个资金将用于开发第二期。这个收入也会超过传统的港航业务。但是其利润贡献还体现不出来。内地房地产结算的管理办法导致它的业绩要在2015年体现出来。2015年和2016年,房地产会成为第一收入,利润也会上来,肯定会超过现在的传统产业了。但是港航业务、旅游业务是我们的传统业务、核心业务,也是核心竞争力,我们不会放弃它们,这个是互动的,旅游的旅在前面,旅就是交通,是良性支持的。旅游的景点、酒店和主题公园对我们开发房地产同时形成配套,是一般房地产不具备的,会反过来做大我们的传统行业。我们的三大板块是互助互利、互相推动的关系,是互相关联的产业。

第三个是我们的酒店业务。内地反腐倡廉的作风建设对我们酒店有一定影响。2013年酒店还是有很好的业绩,不论是利润还是开房率在珠海都是名列前茅。尽管这个版块贡献的数字不是很大,但是也是难能可贵,在2013年这样的大环境之下,也取得了两千万元的利润。酒店业大部分都不景气,还能风景这边独好,主要是我们的管理很到位,靠增收节支。关于上半年酒店外部环境与之前一样,但是我们还在想方设法增收节支,重点放在商务,因为度假村酒店实际上是商务度假综合结合,目前我们重视商务这一块拓展下力气多一些,也填补了政务接待的空间。

香港《东方日报》：补充问一下地产的问题，未来经营地产是不是有主业的趋势，就是买地然后开发。酒店业务根据目前的大环境，入住率大概是什么样的情况？和2013年相比房价等方面有很大的区别吗？

黄鑫：地产的问题，我们的珠海控股做地产是后来居上，定位是高端的，因为资源优势、高尔夫优势不允许我们做低端的，这是我们跟珠海其他房企最大的区别，这个也是我们的核心竞争力。有三个球场、91洞高尔夫配套地产，在珠海就仅九洲控股集团我们一家，这是我们的定位。我们建造的地产一定是与旅游结合的。我们不是建完房子卖完就算了，目的是最终打造一个旅游目的地、贡献一座新城、建设一个风景旅游区。所以，我们对于园区的配套，除了房子建得最好，同时园区的服务定位也是最高，学校和医疗我们基本上瞄准顶级的香港品牌，幼儿园也是一样，未来社区一定是国际化的，无论你来自国内国外、南方北方，一定会给予你一个最好的配套条件。这是我们理解的做旅游高端地产与众不同的地方。

第二个问题是关于我们的度假村酒店，占地23万平方米，目前容积率是0.2，我们完成了一个规划和设计，近期将要动工，我们要建一个新的酒店，就在度假区村内，新的商业、新的会议中心和新的综合体。也是采用分期开发形式，第一期会建新主楼和新商业，第二期建会议中心，第三期建新的综合体。度假村是个很大的文章。这位朋友很关注我们的酒店业务。为何在市场萧条情况下我们要建造新的酒店，实际上，珠海作为明星城市，经济总量在改善，横琴新区建设以后，珠海也会成为一个核心城市，尤其像我们这样在城区中心花园的酒店，珠海仅此一家。我们想抓住这次机会，新酒店开始融资，我们请了世界顶级设计公司SOM公司进行规划。然后请了世界排名2012年排名第二、2013年排名第五的环球凯达公司做酒店的建筑设计，马上要动工建设了。借刚才记者的问题，我也为大家介绍一下。预计在港珠澳大桥竣工前，将新的度假村酒店主楼建设好。

香港《南华早报》：我有三个问题，第一个问题会否考虑购买母公司的资产？甚至最终目的会考虑帮母公司整体上市吗？第二个问题绿城地产项目风风火火，你们有没有跟新股东碰过面？合作方面会不会有变化？对新的股东你们的看法怎么样？第三个问题，2013年的负债是6000万元，而2014年是4亿元，那2013年纯利2亿元，2014年关于地产项目需要回笼资金然后再发展，对于利润方面没有很大的贡献，在负债增加3亿元的情况下，对你们纯利的增长会不会有比较大的压力？

黄鑫：第一个问题，我们回顾一下过去的历史，2012年，集团公司通过出售高速客轮公司8%的股权给珠江船务，实现了珠海控股成为高速客轮单一最大的股东。通过这样运作，把规模最大效益最好安全最佳的高速客轮的财务并表权就注资到了珠海控股，这是集团刚发生的事情。2013年，我们的最大项目翠湖香山，也实际是在母公司九洲控股鼎力支持下完成的交易，至于未来，只能说可能性，作为珠海有实力的国企，资产证券化也是它发展的方向。

第二个问题，我们和绿城的合作是和绿城建设合作的，绿城中国在香港上市了，我们是和绿城建设签订了合同。根据绿城中国这次的股权转移协议，对以往的建设管理合约，可以继续沿用绿城的品牌。无论如何，目前还是把核心放在绿城建设上面。所以这次交易作为我们项目的影响会更加正面。我们仍将继续使用绿城的品牌，这个没有太多的影响。

第三个问题是关于开支。首先实体的业绩贡献有几种方式来经营，我们的船公司、港口公司、旅游这两大板块，我们定的主调还是要实现跨越性的增长，要完成跳起来才能完成的任务。其次就是我们对于融资这块的利息调整，可能会有一些高息的融资，那我们会用低息的融资取代它，这个能减少很大的财务费用。最后还是要快速实现房屋销售、资金回笼，狠抓第二期的开售，实际上很多钱拿回来是要还债的，如果我们把债务清偿了，债务的利息就自动降下来了。

搜房网专访：以全球视野演绎本土雄心[①]

6月16日，九洲绿城·翠湖香山首次在珠海九洲港大厅高端亮相，引发了市场及业内各界人士的广泛关注，从此刻开始，九洲、绿城在珠海掀起了一阵强大的绿色风潮。

9月18日，万众期待的九洲绿城·翠湖香山项目发布会圆满落幕，收获了在场嘉宾的惊叹与高呼，九洲、绿城，注定要在珠海开启一个传奇。

九洲绿城·翠湖香山，作为珠海唯一红筹国企——珠海控股集团和中国高品质物业营造专家——绿城联袂打造的珠海首个高尔夫别墅大盘，以打造南中国首席国际高尔夫住区为目标，以全面提升珠海人居品质为己任，演绎一个城市的居住传奇，给珠海别墅理念带来一个全新的注解。发布会过后，珠海搜房网也极其荣耀地采访到了九洲控股集团总经理、珠海控股行政总裁黄鑫先生。

一、以全球视野演绎本土雄心、布局高端旅游地产

据九洲控股集团总经理、珠海控股行政总裁黄鑫先生介绍，九洲绿城·翠湖香山作为九洲集团布局高端旅游地产的开山之作，集团对项目给予高度重视。珠海控股始终秉承珠海唯一香港上市红筹窗口的平台己任，以全球视野演绎本土雄心，积极实施多元化经营战略，布局高端旅

[①] 2014-10-10 11:04 搜房网·房天下，资讯头条。

游地产。

以"九洲绿城·翠湖香山"为起点,携手绿城建设——中国高品质物业营造专家,在珠海这个环境优美、发展潜力巨大的珠三角核心城市,打造南中国首席国际高尔夫住区,以充分尊重自然为规划前提,致力于将建筑植入球场及山林之间,使自然、人与建筑和谐相容,并不断整合优势资源,为业主提供全方位优质生活服务,筑就更美珠海!

搜房网: 贵公司作为在珠海运营海运、酒店、旅游主题公园的上市公司,为何会在此时,选择房地产业?听说翠湖香山这个项目是九洲集团通过并购取得的,是什么原因让您看好这个项目?

黄总: 珠海控股作为九洲集团重要下属公司,是珠海在香港上市的唯一红筹国企,积十余载开发建设,拥有很多主题公园景点、酒店、度假村等资源,这些资源均拥有庞大的土地,比如说高尔夫,九洲控股通过直接经营或间接参股的形式便有3家,众所周知,高尔夫的土地储备存量很大,这些土地在20世纪90年代政府批准了一定比例的住宅开发功能,这给珠海控股合法进行房地产开发提供了一定的可能性。

珠海控股主要业务是旅游,然而传统旅游业务的回报率很低。如果能做一些高端住宅开发项目反馈传统旅游业的发展,那将是一件两全其美的事情，旅游业既是我们的传统业务，也是我们的看家本领，基于这样的考虑，做高端旅游地产，尤其是带有别墅功能的旅游地产开发，这就很有必要了。另外，在中国，特别是改革开放以后，随着经济的发展，人民收入的增加，生活在政通人和环境下的人们对高端住宅项目的需求有日益增加的趋势。

正是基于这些判断，我们集团希望通过九洲绿城·翠湖香山的开发，还有未来对金湾体育休闲度假区的开发建设，反哺我们的旅游业务，日后投资珠海的旅游业将会获得更多的资金来源。

从目前九洲绿城·翠湖香山的登记情况来看，效果是非常好的，基本上超出了原有的预期，事实证明我们当时收购这个项目是正确和明智的。

二、打造居住头等舱，升级珠海人居品质

九洲绿城·翠湖香山是由珠海控股集团和绿城联袂打造，同时也是绿城首映珠海的鼎力之作，绿城建设素以"中国高品质物业营造专家"闻名业内，公司始终秉承"真诚、善意、精致、完美"的核心价值观，足迹遍布全国100余城市，连续10年荣膺"中国房地产公司品牌价值

TOP10",2011—2014连续获得"中国城市居民居住整体满意度"第一。

搜房网:引进绿城(这也是绿城品牌首次出现在珠海),如何看待这一次合作?

黄总:珠海控股自从拿到这块土地之后,如何有效地开发利用,一直是我们思考和探讨的问题,在房地产行业,我们是新兵,既没有传统的品牌,也没有相关的开发团队,但我们可以选择与更好的品牌和团队合作,集团上下一致认定,要与高端的开发商合作。

具体跟谁合作?我们集团选取了国内顶级的3家高端物业开发商,通过对它们的实力权衡比较,再经过几层打分的程序,最后绿城建设在这3家开发商中胜出,这也是绿城当之无愧的,绿城对品质的追求,让我们站在巨人的肩膀上后来居上,对房屋建造的理想主义精髓等要求都是非常严格与高端的。

这次,珠海控股携手绿城联袂打造九洲绿城·翠湖香山,我们致力于以第一品级打造居住头等舱,升级珠海人居品质,成就更好生活。

三、致力将唐家湾区打造成旅游度假新城

九洲绿城·翠湖香山位于珠海情侣北凤凰山麓,中国十大最具影响

力高尔夫球场——翠湖高尔夫球会内,是珠海市区稀有的高尔夫别墅区。项目北临港湾大道、西邻金凤路、毗邻广珠城轨唐家湾站,20分钟通达市中心,周边三大高校环绕,隐于城市繁华,坐拥极佳自然资源。约3300亩南中国首席国际高尔夫住区,铸就南中国别墅分水岭。

项目周边高尔夫球场环绕,南面临山,北面环海,距离淇澳岛滨海森林公园8公里,为社区居民提供无可比拟的生态环境。珠海控股致力于将唐家湾区域打造成融度假、健身、置业于一体的旅游度假新城。

搜房网:除了翠湖高尔夫,唐家湾区域还有赛车场、国际高尔夫球场等项目,您如何看待唐家湾未来的规划和发展?

黄总:唐家湾在行政划分上属于珠海高新区,这里有7家高校,16家上市公司,在历史上唐家湾板块名人辈出,更是香山文化的发源地,这些都是唐家湾独有的自然禀赋,我们在唐家湾有2家高尔夫和新中国第一家国际赛车场等,这些优质的资源,我们计划予以整合,打造成一个集旅游、文化、休闲于一体的旅游目的地。

另外,唐家湾还有共乐园、会同村等珍贵的旅游资源,这注定我们的开发不仅仅是限于上面的几种业态,我们还会有文化旅游的开发计划等。

在管理年唱响创新的主旋律①

今天,我们因为共同的使命聚在一起,召开这个会议。2015年的工作会议在春节前召开,似乎有点早了,但是相对于我们的远大目标而言,倒显得有些迟。我相信,渴望干事创业的九洲人,在2014年优秀成绩的激励下,一定跟我一样有着开启崭新征程的急切心情。

2014年全集团的整体业绩不俗。九洲控股集团方面,总营业收入(以下简称营收)达到15.65亿元,同比增加5.09亿元,增幅48.23%;净利润为4593万元,同比减少12980万元,降幅73.9%。若剔除项目发展融资成本和2013年收购南迪公司一次性资本收益,2014年净利润为11262万元,比2013年的8251万元增加3014万元,增幅36.5%。

珠海控股集团方面,总营收14.45亿元,同比增加4.48亿元,增幅44.9%;净利润为1.07亿元,同比减少1.43亿元,降幅57%。若剔除项目发展融资成本和2013年收购南迪公司一次性资本收益,2014年净利润为1.57亿元,比2013年的1.09亿元增加0.48亿元,增幅44%。

各公司的具体情况,上午已作了绩效述职,我和各分管领导也都作了点评。总的来说,2014年的"攻坚"任务基本完成,阶段性目标基本实现。三大业务板块联动发展,五大战略组团谋篇布局,六大重点项目异军突起,主营业务覆盖京、港、澳、深、珠等地,并开始向内陆省份输出优势管理品牌;产业集群集约化稳健发展,"食、住、行、游、娱、购"

---

① 此文为作者在2015年1月29日九洲控股集团2015年度工作会议上的演讲。

完美旅居产业链高效整合，初现雏形。这一年，在各种矛盾叠加的复杂形势和巨大困难面前，集团上下携手攻坚，负重前行，强力推进，年度"十大工作任务"开花结果。比如翠湖香山国际花园项目，一期开盘当天实现销售逾 10 亿元，创造了珠海单盘销售冠军和珠海豪宅史上的销售神话，二期项目已动工建设，并开始认筹；金湾国际旅游度假区项目，完成了上缴 44 亿元地价款工作，项目开发前期工作有序推进。关系集团命脉的重大项目稳中有进，现代化的管理方式、契约精神、制度体系主动融入企业日常活动，企业文化中"守正"的一面得以保留、"出奇"的一面开始得到滋养。各专项工作有序开展，集团经营发展安全、平稳、顺畅。

这些成绩，是在座各位努力拼搏与辛苦付出换来的！是上级领导充分理解和大力支持得来的！在此，我谨代表集团公司向你们致以最衷心的感谢！

2014 年工作会议的时候，我用拿破仑的一句话与大家共勉过，说我们务必要努力奋斗，以期在时间的沙滩上留下我们的足迹。今天，站在 2015 年的门口，我认为我们要用"不满足"这个"向上的车轮"，推动我们认清形势、把握趋势、调整优化、勇于创新、再兴伟业，因为踩着别人脚步走路的人，永远不会留下自己的脚印。立足于这个认识，2015 年，我们将把工作重点和努力方向聚焦在"管理"上，努力做到"四个要"。

第一个要，就是要以更有力的举措，落实从严治党的各项要求，形成作风建设的新常态。

习近平总书记强调要把抓好党建作为最大的政绩，强调作风建设永远在路上。我们集团公司作为国企，要以继续深入推进作风建设和群众路线教育活动为着力点，重点在如下两个方向努力：

一是切实强化思想政治建设。要加强对党员干部的理想信念教育、党性教育、法治教育和道德教育，补足精神上的"钙"，切实解决好世界观、人生观、价值观这个"总开关"的问题。要把严明政治纪律和政治规矩摆上重要位置来抓，绝不允许搞团团伙伙、拉帮结派，要使广大党员干部自觉遵守党纪党规，敬畏组织、敬畏法律、敬畏群众。

二是从严加强班子和队伍建设。要树立正确的用人导向，健全科学民主依法决策机制，出台领导班子和领导干部经常性考察、谈心谈话等制度，解决好领导班子的"定力、能力、合力、权力"问题。坚持好干部标准，落实好集团党委会在选人用人上的主体责任，建立干部选拔任用工作全程纪实制度，集团党委会还要启动干部选拔任用工作监督、选拔任用工作责任追究等改革。要坚持从严管理干部，落实提醒、函询、诫勉预警告诫制度，切实解决"为企不为"、"为企乱为"的问题。现阶段，要特别警醒、警惕，避免"小问题"捅"大篓子"。

第二个要，就是要认清全球、全国和珠海经济形势新常态，顺势而为，创新发展。

李克强总理的一句话，我觉得非常好，也非常适用于我们当前这个阶段，之前已经用过一次，今天不妨再提一提：一个人干不过一个团队，一个团队干不过一个系统，一个系统干不过趋势。换句话说，在这个时代，只有与团队共同发展，尊重并跟上趋势以及时代的变化，才有可能在竞争中成为最后的赢家，也即是说，团队＋系统＋趋势＝成功。要做到这点，需要注意三个方面：

一是正视九洲所处的外部环境和时代背景。国资国企新一轮改革从2014年7月份推动以来已经激起无数波澜，随着国务院央企改革顶层设计2015年上半年即将出台，地方国企改革的实质性推进，2015年国企改革这个年度大片将继续上演。国家希望以混合所有制改革为主的国企改革能有效地盘活国有资产，吸引民间资本投资热情，从而在"新常态"下激发经济活力。身处国企改革浪潮，我们要深刻明白"国有资产经营效益不明显就将被淘汰"的理念，在集团当前的有利条件下，要团结一心、主动行动，通过改革撬动更大的产业资本投入，更有效地整合与利用资源，培育九洲更强的产业竞争力。

二是正视全球全国和珠海经济发展的基本趋势。联合国《2015世界经济形势与展望》预计2015年世界经济将增长3.1%，但货币政策调整等问题可能会造成重大的宏观经济不稳定，地缘政治紧张也对经济下行构成一个主要风险因素。国家层面,2015年的经济增速将很难回到7%以上,中国经济正处于增长速度换挡期、结构调整阵痛期、前期刺激政策消化期的"三期叠加"阶段。珠海层面,改革开放30余年没有走拼环境、拼资源、拼速度的路子,成为珠三角发展空间最广、发展环境最好、发展政策最优的城市之一,具有难得的后发优势;当前,又迎来了横琴自贸区、港珠澳大桥建设、21世纪海上丝绸之路、省部共建珠江西岸先进装备制造产业带等先发机遇。这三个层面就是我们2015年将面临的经济新常态。一方面,新常态的核心是速度变化、结构优化、动力转化,对九洲人来说关键是要抢抓机遇,发挥难得的后发优势、先发机遇,努力实现稳中求进、稳中提质;另一方面,经济下行压力的增大,势必触发国家刺激政策的出台,货币政策预计将进一步放松,从而带来消费支出的增长,而消费增长将是中国政府促进经济增长的最大希望所在,这种消费增长将对我们的产业发展带来最直接的影响,对此要有清醒认识。

　　三是正视科学技术与消费倾向的变化趋势。互联网、电商、云端、大数据这些概念在过去的几年让我们见识到了它们摧毁旧模式、创造新蓝海的威力,这些科技的发展趋势一定会深刻影响生产组织方式、消费理念与商业模式的改变或升级,苹果、阿里巴巴、小米就是我们身边鲜活的例子。"万物互联"推动我们进入工业4.0时代,移动互联网通过云端利用大数据分析所推出的营销与服务将无比精准。另外,随着国内年龄结构的变化,老龄人口比例增大、80后逐渐成为消费主力,人们对健康、个性、消费体验等更高层级的需求越来越高,市场消费倾向的转变非常明显。我们务必要正视并且务必要拥抱这种趋势,顺势而为,积极研究、利用移动互联网技术,树立大数据思维,寻求跨业态、跨行业合作,大幅度提升企业竞争力。

　　这些趋势是压力,也是动力。如果不能提前思考、积极应对,那么这些压力将很快压垮我们,至少将阻碍我们前进的步伐。所以,我们必须要以积极接纳、主动适应的心态热情参与,让这种挑战为我所用,成为推动我们前进的动力!

　　第三个要,就是要以两个"十大"为突破点,顶层设计,追求卓越。

正是基于对上述形势与趋势的分析，我们对2015年的工作方向进行了及时的调整，在坚决贯彻以战略为导向的绩效管理的同时，要求重点推进两个"十大"，即十大重点建设项目与十大重点工作任务，具体的内容，刚才文军总已经宣读，我不再赘述。这里需要强调的是，2015年是九洲控股集团发展管理的关键一年，更是九洲控股集团五年战略承前启后、上下衔接的关键一年，相当于为后面两年的收获定锚、下网。是捕获大鱼还是被大鱼吃掉，突破点就要落在这两个"十大"上了。

我们要继续强化集团顶层设计，审时度势，运用"制度管人、流程管事、团队打天下、管理定江山"的思路对顶层设计进行优化调整。

一是明确集团五年战略目标。我们将努力在2017年实现集团总资产突破200亿元，年营收总额突破50亿元，净利润突破5亿元，上市公司总市值突破100亿元的战略目标，立志在两年后成为省内领先、行业领先的大型企业集团。

二是优化调整集团战略规划。集团公司的战略规划应结合时势，在主要依靠自身积累与智慧的前提下，及时进行优化调整。新的战略规划应凸显我们争做完美旅居产业链缔造者的决心和愿景，一方面大力优化内部资源及产业布局，另一方面积极抢占市外战略优势资源、整合市内国有旅游资源，贯彻产业集群集约化发展思路，在继续优化食、住、行、游、娱、购六个基本要素的基础上不断拓展商、养、学、闲、情、奇六个要素，把商务旅游、养生旅游、研学旅游、休闲旅游、情感旅游、探奇旅游等逐渐融入我们的旅游地产项目资源和规划中，提供更齐全、更丰富、更精致的产品体系，用心打造全面涵盖新六要素的完美旅居产业链。

三是优化调整集团业务板块结构。为便于未来集团公司整体上市，将业务板块构成进行优化调整，明确为三大业务板块，即港航交通及蓝色海洋旅游、复合地产及绿色休闲旅游、投资金融及城市公用事业。

四是优化集团管理关系与公司治理体系。进一步明确集团总部和上市公司的功能定位与权责边界，继续强化集团总部的战略管控地位，继续提升上市公司治理能力和资本营运能力，细化基础管理，优化管理运行体系，明晰管控流程，提高管理效率，降低管理成本。

集团总部定位为：决策管理中心、资金运营中心、风险控制中心、人才管理中心、综合服务中心；上市公司及其股权投资企业定位为：经营管理中心、资本运作中心、市场运营中心、产品研发中心、信息研究中心。

五是优化集团资本布局。包括建立投资平台，继续做强香港上市公司，积极筹划港航交通及蓝色海洋旅游业务在国内A股分拆上市，推进产融结合、实现资本价值最大化，建立集团资金统一调配、运作与筹集机制，以及整合内外资源，提升运营效益等。

六是确立集团混合所有制改革模式。集团将充分发挥自身资源优势，整合利用国内外市场，通过引入战略投资者、管理层持股、员工持股等多种形式，推进混合所有制改革，使"国有体制"与"市场机制"充分结合，促进企业迸发出更大的活力，实现社会效益和经济效益的双赢。具体操作上坚持以增量带存量，增量资产积极、全面实施，存量资产分时期、分步骤实施，通过试点、改进、总结、复制，最终全面改革。

上述六项顶层设计，是适应形势需要的自我完善，更是为达成我们远大目标、实现我们美好梦想所做的积极应对。两个"十大"的顺利实施，势必推动这六项顶层设计的全面贯彻，反之亦然。各位务必要清醒认识到两者之间的辩证统一关系，予以清晰理解、扎实推进。

第四个要，就是要以优化管理为着力点，固本强基，再兴伟业。

我们目前的资产规模已达130亿元，一部分同志可能觉得已经很不错，已经有很大的进步了。但这与200亿元、500亿元是两个概念，与1000亿元、2000亿元更是处于完全不同的世界。我们躺在100亿元的"井底"欣欣自喜的时候，前面的领先者还在不停地增长和扩张，并可能随时回过头来吃掉我们。这当然不是我们愿意看到的场景！但弱肉强食，从来都是天然存在的丛林法则；优胜劣汰，也从来不会等待你缓慢成长。

相信在座的各位都跟我有一样的想法，跟我一样在心底涌动着火热的渴望，渴望推动九洲长期快速发展、快速壮大，在可见的未来具备与目前的领先者掰一掰手腕的实力，从而建立属于我们这一代人的人生伟业。所谓"眼底山河，胸中事业"，有幸生而为九洲人，如果不能好好利用这有限的年华去建立属于我们的伟大事业，那么就是对宝贵生命的亵渎和浪费。这理所应当成为我们的共识。这个共识将为我们提供充沛的内生动力，去要求自己、要求九洲必须持续进步，而进步就意味着目标要不断前移，理念要不断更新，视野要不断拓宽。

九洲凝聚了几代人的最美年华、一生心血和深情期待，是家园、是舞台、是梦想，我们绝不能辜负她。2015年，我们要认识到快速壮大的责任和使命，要认识到再兴伟业的紧迫和渴求，要进一步强化集团发展战略的执行和落实，把目标前移到推行现代化、科学化、精细化的企业集团管理体系上去，为九洲伟业打下更为坚实的基础。以下七个方面是我们固本强基的主要举措：

1. 坚决贯彻"安全第一、预防为主、综合治理"安全生产管理思路，确保集团整体安全、稳定。安全生产是企业管理能够优化的基础，这一点我们在任何时候都不能忘记、不能弱化。要继续强化安全生产垂直管理的模式，加大安全生产投入，强化对新加入企业的安全管理，积极引进专业机构，加强对生产经营设备、管网线路等硬件设施的隐患排查整改，积极建设集团安全文化，推动安全生产意识在生产、管理各个环节的全方位深度融入，建立以安全生产思维开展各项工作的流程或模式。促进集团安全生产管理再上台阶。信访维稳、计划生育等专项工作也要同步推进，为集团公司再兴伟业建立安全、稳定的大后方。

2. 提升企业管理水平，从三个纬度、三个经度优化管理架构。三个纬度包括治理、经营与技术。在治理层面，要着重研究如何在集团上下树立股权思想，以保障国有股权相关权力的正确实施，如何更好地把握和使用集团总部的决策权，以充分发挥总部的领航作用；在经营层面，要着重研究对现有组织架构进行设计并不断优化，在总部与子企业的集权、分权问题上找到最佳的平衡点，保证既能确保总部的控制力和战略的导向性，又能极大地调动各企业的主观能动性和积极性；在技术层面，包括集团总部在内的各单位要认真研究对相关专业部门、机构的调整、加强和能力提升，积极、快速提高对人财物、产供销等各项具体工作的管理技术水平。

三个经度包括制度、流程和机制。制度描述的是应该怎么做、必须怎么做的问题，具体是企业价值观、使命、期望的体现。流程用来明确应该由谁来做，由哪个部门或岗位来做。而机制，也就是游戏规则，在制度、流程都已经存在的前提下，将支配利益的分配和博弈。这三者之间是互相区别、互相联系，又互相促进的，必须做到齐头并进。我们要快速行动起来，认真研究如何建立良好的"机制"，并将其嵌入到"建制度、定流程"中去，把执行的好坏与每个人的收益和需求直接挂钩，从而确保制度和流程执行的效果。让制度与流程具有锻造员工的功能，把"庸"变"优"、把"懒"变"勤"、把"慢"变"快"，斩断"做得越多，出错的机会越多，挨骂的机会也越多"的恶性循环，为真正想干事的九洲人创造良好的管理环境。

3. 完善法人治理结构，推进内部管理体制改革。集团层面，积极探索建立与市场经济相适应、与混合所有制相适应的法人治理体系，形成股东会、董事会、监事会和经理层协调运转、有效制衡的决策执行监督机制，积极研究集团公司董事会在中长期发展战略规划、经营方针、投资计划及其决策、高级管理人员选聘、业绩考核和薪酬管理等方面职权的行使与落实。下属企业层面，全面规范下属企业董事会、监事会的建设，完善下属企业董事会、监事会机构设置和人员配置及其选聘方法，增加企业外部董事、监事人数，充分发挥下属企业董事会的决策作用，强化监事会的监督作用。

4. 实行市场化人才选聘与直接委派任命相结合的选人用人机制，打造高素质专业化人才队伍。项目要推进，崭新的九洲要建设，人才不能缺少，对人才的吸引、培养、使用等都必须要有高度的重视和清晰的计划。我们必须坚决贯彻"人品、态度、能力俱佳，但以人品为先"的选人用人思路，坚持人才管理扁平化的原则，尽快、全面实施"不拘一格、唯才是举、多元培养、量绩使用"的人才战略，制订人才发展规划和人力资源配置计划。在人力资源配置工作中，一方面要从集团整体范围考虑，对现有专业人才的使用进行统筹、优化，最大限度挖掘人才潜力；另一方面，除少数职位人员必须由股东直接委派任命外，其余人员的配置要充分发挥市场的决定性作用，建立"内部培养"、"公开选拔"和"外部引贤"相结合的市场化选人用人机制，尽快建立、扩充九洲高素质人才队伍。

5.建立健全中长效激励约束分配机制。在不断优化完善绩效管理的基础上，分配机制方面，要创新内部管理，不断完善公司人力资源管理和薪酬分配体制，进一步下放薪酬管理权，探索上市公司及非上市混合所有制企业工资总额备案制度；激励机制方面，在已实施专项奖励制度的基础上，抓紧探索实施股权激励、增量现金奖励等激励制度；约束机制方面，建立并完善企业管理人员约束机制。

6.强化企业全面风险管控，促进集团健康发展。要以审慎管理为基本原则，以企业战略目标为导向，将风险管控融入企业经营管理全过程，建立与企业整体管理水平相适应的全方位的管控体系。切实加强对未来风险总体形势的研判，进一步健全风险评估常态化机制，建立多层级、多维度、全覆盖的风险管控组织架构，使全面风险管理与日常经营管理深度融合。

7.革新思维方式，建立正向企业文化。我们的管理层必须要革新思维方式，要尽快从小格局中跳出来，主动站在集团战略执行的高度，树立全方位思维、创新思维、谋划全局的意识，尤其要紧密关注互联网的发展与运用，积极探索互联网思维的建立与使用。要秉持九洲以海起家，海纳百川的宽广胸怀，要建立充满正向激励、正向竞争、正向淘汰，强调理解包容、团队合作、执行第一的正向企业文化，弘扬九洲人正派、团结、进取、拼搏、开拓的优良传统，要引导大家构建更加开放、进取、前瞻的工作态度和方式，为九洲缔造长青基业、建立丰功伟业营造风清气正、积极阳光、生机盎然的氛围与环境，为每一个有志于在九洲历史上留下自己脚印的人提供宽阔的平台与平等的机会。

2013年，在集团更名后不久我们召开了年会，确立"发展"为年度主题，那是一个动员大会，向各位描述了九洲的美好前景，调动了广大管理干部的积极性；2014年的年会，我们确立"攻坚"为年度主题，那是一个誓师大会，为大家鼓足了干劲，确保了主要目标的达成；今天，我们在这里召开的是一个检阅大会，在把"管理"确立为2015年年度主题的基础上，检阅各位在新九洲时代的斗志、士气和决心，为再兴伟业定下基调、吹响冲锋的号角。

"吹角连营壮君行，金樽美酒贺伟业。"我希望，2016年的这个时候，我们再聚到这里，开一个分享大会，为大家取得的成绩庆功！

嘹亮的号角已经响起，黎明的天边已经亮起了晨曦的光，辛勤的征途上已经有勤劳者在赶路。"莫道君行早，更有早行人。"同志们，让我们尽快收拾心情和行囊，怀着胸中的梦想、心里的目标、满腔的动力，把握形势、调整心态、固本强基、夯实基础、开放思路、创新发展，马上出发，为建立我们的九洲新伟业而努力、拼搏！

火马辞旧岁，金羊迎新春。佳节临近，我在这里提前祝大家新春快乐！祝愿九洲全新启航、再兴伟业！祝大家在新的一年里工作干劲十足、生活品质提升，愿各位身心健康愉悦、家庭幸福美满！

精准定位集团企业商业发展模式[①]

九洲控股集团按照五年大跨越发展战略,确定了"港航交通及蓝色海洋旅游、复合地产及绿色休闲旅游、金融投资及城市公用事业"三大业务板块,确立了缔造完美旅居产业链,打造战略管控型的大型综合投资集团的发展目标。九洲控股集团将加快推进重点发展项目的投资建设,并将紧密围绕完美旅居产业链,发展符合集团产业特征和本地特色的差异化商业,主要有以下几个方面:

一、发展高端次总部商业

度假村商业区作为九洲控股集团第一代也是第一座城市商业综合体,将重点发展现代高端服务业的次总部办公及商业,以高科技企业区域总部及现代服务机构为主要客户群体,打造以新产品展示及体验、技术贸易、服务贸易为主体的现代特色商业。

二、发展特色海洋文化商业

九洲控股集团旗下九洲游艇帆船中心将建设成为华南最大的公共游艇帆船服务母港,将以珠海是中国最大游艇制造基地为依托,打造海洋

[①] 此文为作者2015年3月在九洲控股集团内部工作研讨会的发言材料。

文化旅游产业大中华区域次总部基地,发展海洋休闲旅游装备展示及贸易产业、海洋休闲体验及圈层活动商业。

三、发展旅游文化商业

圆明新园及市民文化广场将发展禅修静养、宫廷文化、本地非物质文化展示、现代体验式文化等为重点的旅游文化区域,并将以旅游和文化为主题构建相关的商业业态。

四、发展社区服务商业

将以翠湖香山、金湾国际旅游新城等旅游地产项目为依托,发展以住宅区业主及高端游客为消费群体的社区服务商业,并将以互联网思维与现代农业相结合的模式构建特色物联网,为广大业主提供增值社区服务,使业主足不出户便可享受各种便利生活服务和健康生活品。

五、发展"一站式"加油站连锁商业

九洲控股集团三年内将建设七至十座现代化加油站,实现油、气、电"三合一"能源服务,并将以此为依托,提供与市民生活相关的一站式便利服务,如汽车美容、洗衣、快递收发、银行柜员机、连锁便利店等。

六、发展港站旅行商业

九洲控股集团已构建了由十二座客运码头组成的码头集群,未来将与海洋旅游产业发展及区域改造提升相结合,逐步建设成为航运综合体,以港站旅客为主消费群体发展旅行商业。

2015 发展报告[①]

根据市委、市政府的要求和部署,近年来,九洲控股集团积极承担并履行国企社会责任,紧跟时代、经济、科技发展趋势,以全球视野、本土雄心谋划企业发展战略,以攻坚克难、狼性文化推动企业战略落地,改革体制机制,创新产品服务,大力推进本土主业投资和品牌输出,多项工作取得了突破。

一、战略目标:广东省内最大的旅游国企

2014年初,集团公司(以下简称公司)以全球资本思维和战略视野研究制定了《"五年大跨越"发展战略和规划》,确定了"13567战略":

"1"——一体两翼,投资控股,整分上市,跨越发展的战略指导思想。

"3"——3+X业务板块的战略发展方向,"航运交通、旅游地产、公用事业"+互联网+现代金融。

"5"——五大战略组团(东部:海洋海岛客运旅游组团;南部:横琴航运商业组团;西部:金湾国际旅游度假组团;北部:唐家湾高端运动、文化旅游、宜居新城组团;中部:文化旅游公用事业组团)。

"6"——六大战略发展项目(唐家湾文化旅游新城项目、市文化艺

[①] 此文是作者向珠海市市委主要领导汇报工作的材料。作者时任珠海九洲控股集团董事长、党委书记、总经理,珠海控股投资集团董事局主席、行政总裁。

术中心及九洲商贸城项目、九洲港—度假村地区改造提升项目、金湾国际旅游度假区项目、万山群岛游及客运、游艇码头集群项目和横琴航运中心综合体项目)。

"7"——到2017年实现七大战略突破(总资产突破200亿元,国有权益总额突破60亿元,年营业收入突破50亿元,年净利润突破5亿元,香港上市公司市值突破80亿元,航运交通业务A股上市,核心竞争力提升并确立省内领先、行业领先的地位)。

随着战略规划的实施和进一步完善，集团将走出一条国际化、市场化、差异化发展高端特色旅游的道路，每开发一个项目即贡献一座新城、建设一个旅游风景区、营造一个旅游目的地，为城市发展、产业振兴、国有资产保值增值作出更大贡献。

二、企业愿景：完美旅居产业链的缔造者

集团公司在深度上不断优化食、住、行、游、娱、购六个基本要素，在广度上强力拓展商、养、学、闲、情、奇六个新鲜要素，把商务旅游、养生旅游、研学旅游、休闲旅游、情感旅游、探奇旅游等逐渐融入旅游规划之中，提供更齐全、更丰富、更精致的产品体系，全心打造完美旅居产业链。

旅：
1. 旅行：海陆空联运的水上立体交通，打造蓝色动脉、幸福干线。
2. 旅游：蓝色海洋旅游和绿色生态旅游。

居：

1. 商居：会议会展的商务旅行目的地。
2. 驿居：游客休闲度假的酒店服务。
3. 家居：全龄化商品住宅开发。如公司正在开发的、刷新南中国多项记录、填补珠海多项空白的翠湖香山地产，以及即将开发建设的金湾天志旅游度假区项目。
4. 颐居：养老养生健康地产。
5. 云居：SOHO办公。
6. 村居：乡村风光风情旅游。

三、战略执行：上山、下海、请进来、走出去

为达成宏伟愿景、实现企业战略，我们将抓执行、抓落实放在非常重要的位置，走出了一条"上山、下海、请进来、走出去"的战术道路。以发展酒店、景点、主题公园、赛车运动、高尔夫、乡村旅游和复合地产业务，全力打造绿色生态旅游，实现了"上山"；以壮大海洋海岛交通、港口码头、游艇帆船、岛际旅游业务，积极开拓蓝色海洋旅游，致力打造珠海"百岛千帆"城市名片，实现了"下海"；以请来国际智慧、引进境外资金、嫁接高端品牌、吸收优秀人才，实现了"请进来"；以输出管理、输出品牌、兼并收购、合作运营等灵活方式，向全国积极扩张，实现了"走出去"。

四、改革创新：向改革要红利，向创新要动力

1. 大胆改革，收获资本市场红利。2012年集团公司就率先在国资系统启动了产权多元化改革和整体上市的工作，引进央企（南光集团）、省企（省航运集团）参与股权多元化改革。2013年，集团公司完成内部资源整合，将所属五家港航优质企业资产全部注入香港上市公司，同时引进省航运集团作为高速客轮公司策略股东，使珠海控股成为高速客

轮公司第一大股东,实现了集团公司港航资产在香港整体上市的目的。改革重组后的高速客轮公司资源使用率得到提高,成功实现了"1＋5>6"的效益最大化目标,当年公司净利润9662万元,同比增长41%。同时,还激活了集团公司和上市公司的融资功能,集团公司发挥多种融资工具和杠杆作用,向市政府上缴了76亿元土地收入,珠海控股当年在境内外融资30多亿港元,强力支持了珠海经济发展。

2. 积极创新,点燃企业发展动力。集团公司积极行动,在多项创新方面推出重大举措,成功激发了企业跨越发展的内生动力。产品创新,大力整合集团优势资源,向市场推出涵盖旅游全要素的产品线;营销创新,在蛇口航线、海岛航线率先推出微信购票;机制创新,全面推行绩效管理,将契约精神植入日常管理之中;体制创新,积极探索职业经理人与内部提拔的和谐共存,引入外来优秀人才,激发全体员工斗志;制度创新,以上市公司为载体,嫁接国际先进管理制度;管理创新,全面优化集团组织架构,调整集团管控模式,实现从业务管控型向战略管控型的转变。

五、重大项目:集团跨越发展的重要抓手

近年来,九洲控股大力开拓各项业务,以如下10个重大项目为主要抓手,强调快速落地和强力执行,推动集团获得了跨越发展。

1. 斗门乡村风情带建设。该项目以省道S272为主要旅游交通走廊,重点开发石龙村片区与南门村片区,结合省4号绿道工程以及现有人气较高的御温泉、金台寺等景点,形成斗门旅游核心价值区域。为保障该项目的顺利推进,我公司已与平安银行签署协议,将发起设立总额达50亿元的旅游文化产业基金。

2. 南油海棠楼改造。继2013年公司相应政府号召,投资并成功改造北京特区楼之后,2015年公司启动了南油大酒店海棠楼的改造。目前,总投入约1500万元的南油大酒店海棠楼改造已完成施工设计,计划于10月竣工并营运。改造完成后,海棠楼将成为本集团公司具备浓厚岭

世界级旅游闭环，十里风光打造创新型"目的地带"
上洲村、下洲村能否脱颖而出由产品吸引力决定

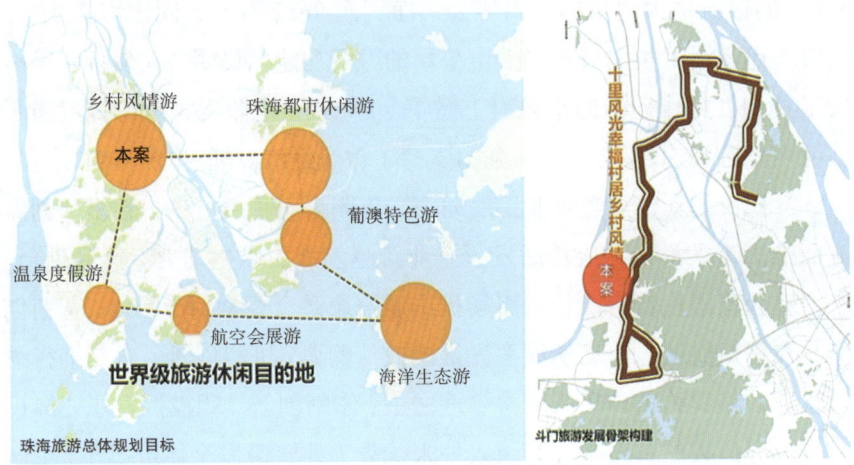

珠海旅游总体规划目标　　斗门旅游发展骨架构建

南油大酒店海棠楼外部改造效果图

海棠楼改造接待室效果图　　海棠楼改造后花园效果图

南特色、优质服务水平的高端接待基地。

3. 环珠澳海湾游。该项目以我公司新造高端旅游客船"九洲发展"号为执航船舶,将打造一条全新的海上旅游航线,以全面展现珠海的建设成就,展示"歌剧院—渔女—城市客厅—港珠澳大桥—大桥人工岛—情侣路—环澳门水域—十字门"为主线的环珠澳海上观光带。拟从湾仔旅游码头出发,途径澳门沿岸、港珠澳大桥人工岛、港珠澳大桥、九洲岛、海滨浴场、渔女、野狸岛等景点后返回,全程3小时。

"九洲发展"号外观、内饰

其中,"香洲港—九洲岛"环珠澳海湾游精品观光航线将于7月初正式推出,沿途景点包括野狸岛、渔女、海滨泳场、九洲岛,每天往返2个班次。同时,与珠海电视台合作,邀请深圳易骅团队策划包装,推出国内首档大型海上交友相亲真人秀节目,以九洲岛为主要节点,将海上航行与九洲岛上丰富活动有机结合,把环珠澳海湾游航线打造成海上交友互动的一个平台,推向全国。

4. 九洲公共游艇帆船中心——将珠海打造成"百岛千帆"之城。项目将打造"集高速客运、游艇帆船母港、万山群岛游船港为一体的多功能、公共型港口经济圈",形成"具有地标意义的珠海生活方式门户港区",定位为"华南地区最大的公共游艇帆船母港",发展成为"中国最优复合型游艇生活方式的标杆服务商、中国最具价值的海洋休闲的先锋服务商"。以游艇、帆船文化主题为驱动,依托九洲港港口优势及万山群岛海洋优势,通过集成创新,打造集航运交通、游艇文化、海洋海岛、会展赛事、自然和人文景观、时尚艺术、酒店餐饮、休闲娱乐、文化创

意等为一体的新一代海洋游艇文化极致体验的综合体,引领中国复合型休闲度假全新生活方式。

5.万山群岛游。项目从落实"三高一特"特色海洋经济发展战略出发,按照"蓝色万山,海洋强区"的发展思路,与万山区携手,实施海洋海岛旅游综合开发,将以和谐美丽新万山为主题,实施环境保护性的旅游开发,构建珠海最有特色、最浪漫、最休闲、最动感、最健康、国内外具有品牌影响力的海洋海岛旅游产品线。该项目已与万山区签订了战略合作框架协议,完成了计划书,推出了群岛游航线网络,并已动工开建两艘高等级客船,待其完工后,将尽早开通第一班群岛游航班。

6. 桂山岛幸福渔村改造。该项目与桂山镇政府合作，拟分期分批投入10亿元，对桂海村、桂山村进行整体改造。引入国际一流的设计与规划机构，融入民宿、文化、艺术、酒吧、餐饮等概念，打造成为珠三角最具海岛休闲风情、最吸引大众消费的旅游、文化、休闲景区，做到原住民经济收入、生活水平提高与渔村整体形象提升、桂山岛整体旅游品质提高和谐共存的多赢局面。

7. 城市客厅（海滨泳场）帆船驿站项目。项目与香洲区属企业正方集团合作，以海滨泳场为主体，成立合资企业。依托珠海丰富的滨水资源，按照一港（九洲港）、一湾（拱北湾）、一核（海滨泳场）、一岛（洲仔山岛）、

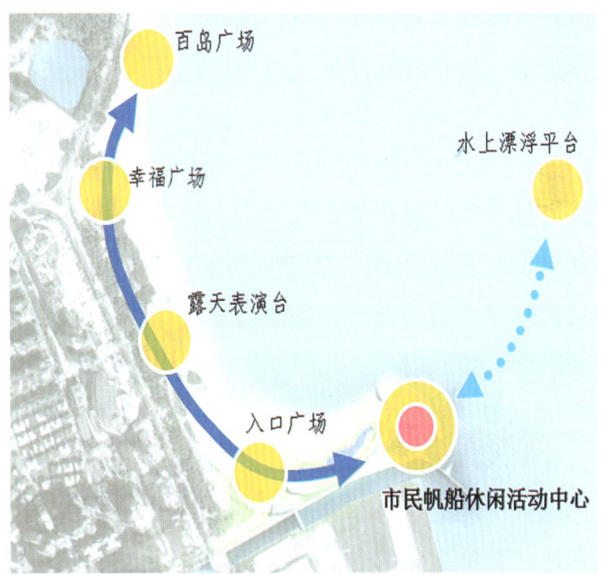

一园（海天驿站）的规划思路，划分功能，以使各个帆船驿站独具特色又有良好联动，合力打造珠海情侣路海岸沿线休闲、旅游、度假、生活方式以及海上运动等为主题的城市海岸文化。

8. 三角岛旅游开发。项目定位为公用及旅游岛，目标是成为珠三角乃至中国最具特色的海洋运动休闲旅游目的地。

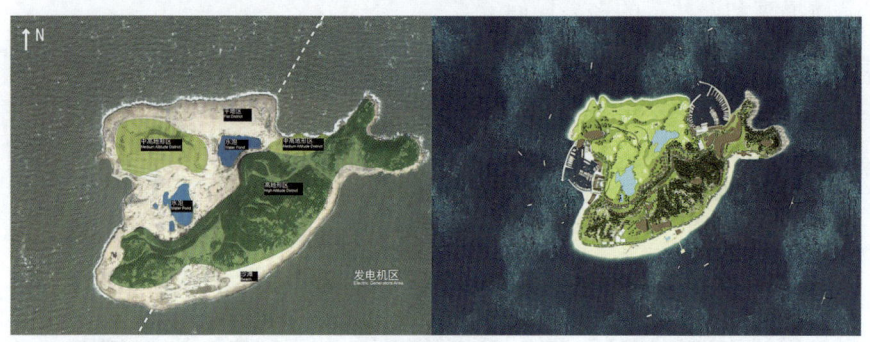

项目开发前后对照图

公司多次与中央及省属机构协调沟通用岛问题，已与各用岛单位协商一致，达成了三角岛的初步规划及功能定位，在省海洋局的大力支持下，确定了将三角岛作为公共执法（含科研）及旅游用途实施开发，并按公益用岛以行政审批方式落实开发使用权，目前与用岛、用海审批相关的各种技术论证工作正在有序地进行中，预计在年底前能够获得开发使用权。

整个项目预计投入20亿元，力争在2017年7月左右试营业，争取成为全国无人海岛开发与保护的示范。

9. 圆明新园文化惠民工程。在圆明新园开园后门票收入大量减少、整体经济收益大幅度下滑的情况，集团公司不忘履行国有企业的社会责任，积极贯彻市委、市政府"文化惠民"的主张，推出多项免费文化活动。两年来，园区累计接待游客921.98万人次，年接待量是免门票开放前的7倍，其中本地市民占到全园游客接待量的50%，是珠海接待量最大的文化休闲景区。通过一系列文化建设，圆明新园正逐步成为传统文化的传播基地、百姓文化的交流基地和爱国主义的教育基地，实现了

经济效益和社会效益的双提升。

一是投资近5000万元改造中心剧场,成为城市标志性文化艺术大舞台;二是投资1500万元,推出大型多媒体全景舞蹈史诗《梦回圆明园》,成为珠海创作的响亮演艺品牌;三是投资3800万元将宫廷食府改建为市文化馆,填补了珠海无市级文化馆的空白,为珠海市创建文明城市提供了有力支持;四是在九洲清晏开辟了"百姓舞台",每年演出场次多达260余次,参演人员达到4500余人次,受益观众人数约15万人次;五是打造九州清晏文化大观园,组织并开展一系列涵盖中华传统文化内涵的文艺传承及表演活动;六是投入超过1000万元改善园内公共设施建设,提升园区接待能力和水平;七是开展丰富多彩文化活动,承接了珠海市2013年元宵大巡游、成功举办了"我们怎么过年"非遗图片展、端午汉文化展、粤港澳三地六城——相约珠海《为雅安祈福》音乐会、珠海市春节旅游推介会等。2015年,成功举办了中德合唱节和纪念世界反法西斯战争暨中国人民抗日战争胜利70周年中俄音乐节等活动,获得了媒体与市民的高度赞扬。

据统计,开园以来园区各类文化艺术交流活动达400多次。

10. 度假村酒店改造提升项目。

六、品牌输出:融入"一带一路",提升珠海国企的影响力和带动力

九洲控股紧紧围绕主业,广泛寻求与央企、省企以及优秀民营资本的多层次合作,将品牌和管理输出积极融入"一带一路"战略,业务网络扩展到了京、粤、港、澳、湘、琼、藏等地,达成了"走出去"的目标,有力地提升了珠海市国有企业的影响力和带动力。

1. 合资经营深圳市机场高速客轮有限公司。经过7年的发展,该合资公司已从最开始的亏损转向盈利,从2009年的年客运量16.6万人次,增加到2014年的年客运量18.5万人次。不但成功实现了投资净回报,还为集团打开了深圳水上航运市场,为日后进行进一步的投资和业务拓展打下了良好基础。目前,我们在合资公司中的股权占比达到50%,已经在研究开通深圳机场到澳门的航线,将继续寻求扩大业务范围的机会。

2. 长沙湘江公共客运旅游平台。本项目以九洲控股子企业珠海高速客轮为主体,与长沙市政府及国企湖南龙骧集团合作,在橘子洲开发水上旅游业务,建设湘江公共客运旅游平台及相应码头集群。已于2015年5月1日面向大众试营业。

橘子洲旅游码头62米夏船

该项目定位为中国滨水城市最具规模与活力的水上观光旅游、度假休闲旅游项目,将把湘江水上旅游客运打造成为"长沙市旅游品牌和城市名片"。

3. 三亚水上旅游交通网络。该项目与三亚市政府及央企中交集团合作,以合资经营的方式,在三亚南山寺、天涯海角、大小洞天、鹿回头、亚龙湾、蜈支洲岛等著名景区建设码头，并开通海上旅游航线，构建三亚市水上旅游交通网络。整体预计投入20亿元，其中造船投入6亿元，修建码头投入14亿元。

集团公司将以该项目为契机，进一步谋划开通西沙、南沙的航线，深度开发西沙、南沙旅游产品，并参与相关码头设施的建设。

4. 收购航天科工集团酒店和景区资产。珠海市政府正大力引进航天科工集团，进行珠海航天产业园区的建设。公司积极响应市政府的战略部署，与航天科工集团就收购其在昆明、林芝等地的酒店和景区资产进行了深入接触。目前已完成尽职调查，正在推进收购谈判。

5. 进军韶关旅游产业。与韶关市政府合作，重点开发丹霞山风景区、南华寺、马坝人遗址等旅游景区，并在后期将开发范围覆盖到韶关市其他重点旅游资源。

2015年是九洲控股集团的"管理年"。我们坚信，有市委、市政府的信任和支持，九洲控股集团一定不辱使命，将创造更加辉煌的业绩，交出更加绚丽的答卷。

2015年5月19日

珠海控股 2015 周年股东大会（AGM）媒体见面会答问录[①]

香港《经济日报》：2015 年 5 月 11 日，集团公布与中交建（01800.HK）旗下中交海南建设投资订立了战略合作框架协议。请问黄主席，可否透露具体合作项目？请问投资额是多少？2014 年与绿城（绿城房产建设管理有限公司）的合作有地产项目，2015 年会否继续与绿城或其他开发商在房地产有合作？现在房地产市场较好，是否增加这方面的投入？母公司对珠控的注资计划有何进展？

黄鑫：如果按行业划分，珠海控股的主要核心业务有三个行业，称为"3+X"行业，首先是港（港口）、航（航运）、交通（水上交通），我们称为"蓝色干线"，这是交通板块，我们会围绕上下游，编织交通网络的同时，开发相应的海洋和海岛资源；第二个行业是旅游和地产板块；第三个行业是公用事业板块，关于这一块业务，我们已经在客运码头、清洁能源等方面推进。我们将利用互联网和金融作为助推器，把这三个行业持续做大、做强。

若按板块划分，我们把旅游分为大陆和海洋两个板块，即蓝色海洋旅游和绿色生态旅游。我们称之为生态、健康、宜居，也就是我们着力打造的完美旅居产业链。再一个版块就是城市公用事业。总的来说，是三个行业、三个版块。我们把海洋、海岛开发，以及海洋客运旅游、交通网络开发作为下一步发展的重点。

---

① 2015 年 5 月 26 日于香港万丽海景酒店。

媒体朋友也关注到,我们已经走出粤港澳,走向内地,甚至走到三亚、海南岛。我们跟中交建合作,就是要构建海南、三亚整个的旅游交通网络。当时机成熟的时候,我们将开通三亚到西沙、南沙的旅游交通线路。至于具体方案,我们正加紧推进框架协议,等有具体的协议我们也会尽快公告。

关于桂山岛的项目,我们的非全资附属珠海高速客轮公司,已经与珠海市桂山镇镇政府订立了一份战略合作框架协议,将把桂山岛上的两条古村落,作为海洋海岛开发的先行示范点,发展海洋、海岛旅游。其实香港的海洋海岛旅游做得挺好,比如西贡、大澳。我们会做好对标开发。

实际上,海洋这块业务是我们的看家本领,九洲控股和珠海控股的起家都是由海上交通发展而来,我们现在已经做成了全国最大的高速客运船队、最大的水路客运口岸(九洲港),还拥有全国运营最早的、实力现居全国第三位的水上观光旅游项目——澳门环岛游。我们基本上在全国有前三位的核心竞争力。现在是海上业务率先走出去。海上业务的投资,包括品牌运营和管理输出等,我们可以用不大的投入,经资产扩张做出影响很大的事情。

关于与绿城合作开发"翠湖香山"高端旅游地产项目,的确是创造了一个奇迹。香港的媒体朋友也去了很多次,2014年一年的时间,我们通过规划、设计、建造、销售,第一期的别墅取得了奇迹般的成功,在珠海来讲,我们的别墅应该是最高端的。除了质量,我们的销售业绩也是华南地区的冠军(别墅)。2015年,我们的高层楼盘也马上要开盘了,在此,我再向媒体朋友推荐"翠湖香山"的高层,质量好,价格也不高,欢迎大家去投资、参观、去宣传报道。我们跟绿城的合作很顺畅,也是很成功的。我们先盘活资源,然后嫁接品牌和管理,实现了当初预期目标。当初我们跟绿城定的目标,可以在此宣告,已经全部达到了。

关于母公司注资的计划,正如这位媒体朋友所说,珠海控股的发展,除了要靠本身的努力和市场的竞争顺势而为外,也离不开母公司珠海九洲控股集团的支持。而母公司的强大,又与珠海市委、市政府的支持是分不开的。珠海市委、市政府十分关心和支持九洲控股集团。珠海控股

2013年成功收购了LBS（马来西亚林木生集团公司）持有的"南迪高尔夫"和"南迪发展公司"全部股份。2015年我们再出发，首先会瞄准母公司优良资产作为第一着眼点。母公司现在拥有的优质潜力资源包括：

1. 九洲控股集团拥有的公共游艇和帆船中心项目，这个规划已经得到政府认可，很快就可在土地指标方面得以落地。

2. 珠海市政府已批准了九洲控股集团的"百岛千帆"规划，即母公司将会打造珠海的一个游艇、帆船公共码头——"九洲湾项目"、举办赛事，规划和实施珠海市五年帆船文化规划，按照商业运作原则，开发推销九洲湾和珠海城市。

3. 2015年上半年，珠海市政府已将市属的四个国有酒店的资产股权行政划拨给了九洲控股。

4. 珠海市政府还给了九洲控股一个大礼，就是授权九洲控股规划、开发、运营"百里乡村风情风光带"。在我们珠海广袤而美丽的西部，在珠海拥有浓厚文化气息和历史底蕴的广阔乡村，市政府独家授予九洲控股旅游线路和旅游产品开发权。

5. 广东省政府、珠海市政府将来会授予九洲控股万山岛屿（万山群岛）某无人岛的整岛开发权。目前我还不能说是哪一个岛，因为具体还在审批过程中，但这是很有可能达成的目标。可以想象，如果整岛开发权授予给了九洲控股，母公司就可授予给珠海控股。

6. 九洲控股手上的珠海金湾旅游度假城，占地2.5平方公里，建筑面积100万平方米（以下简称万方），可以建不少于30万平方米的别墅。别墅和高尔夫的资源，大家都知道在国内是非常稀缺的。

我在这里只是罗列了以上六个可能落实的项目，但肯定不止这六个。我们在市委、市政府的支持下，已经和即将拥有这么好的资源和资产，母公司随时都可以向我们注资。具体的方案，一旦有结果，我们会按照联交所的规定，发布公告。

香港《东方日报》：请问黄主席，具体投资的重点项目？有何融资计划？翠湖香山开盘的量有多少？

黄鑫：珠海控股是上市公司，我们的管理团队对公司还是有雄心的，一定要把珠海控股做成强大的上市公司。我们刚起步。对于项目的发展，我们会做好投资运营，主要围绕着三条主线：首先是优先发展海洋海岛，其次是绿色生态旅游和健康宜居，最后公用事业也是我们的主攻方向。对投资的项目标的，我们都有详细的可行性研究、商业策划和概念规划，要发挥珠海控股的核心竞争力。我们对投资有纪律要求，不会盲目投资，只会围绕三个主业。现在能体现我们核心竞争力的，是我们的"完美旅居产业链"，即我们必须围绕旅游、旅行和居住，综合提升我们产品和企业的核心竞争力。

"巧妇难为无米之炊"、"肥水不流外人田"。投资得有资金，为延伸产业链，我们也会尝试做现代金融。以前是融资、借钱，现在是自己给自己提供服务，融通可提供长期、稳定和低成本的资金，因此，我们加大了金融板块的着力点。大家也知道我们成立了资产管理公司，我们会力争发一到两只基金。我们还要在前海、横琴和天津自贸区成立融资租赁公司。这样，我们把自己的投资端做好了，有了供给侧的保证，就能把融资端的稳定、低成本的长期资金弄到手，这就是我们的一个构想。企业要发展，一定要融资，具体计划我们会一个一个来做，到时会给大家公开的信息。目前的融资业务，有这么好的投资机会，资本市场也很好，我们的融资工具和管道也不会单一，包括我们的互联网金融也要做起来。这就是我们的融资与以往不同的地方。

关于翠湖香山项目，2014年第一期项目开发了194套别墅，两个月销售了12个亿元，成为华南区域的别墅销售冠军。2015年的高层一共有12栋，1500个单位，首期销售了5栋，总共12万方。看过样板房的人都得出一致结论，我们做了珠海最好的别墅。现在我们在做珠海最好的高层楼盘。期待大家去看，会给大家惊喜。翠湖香山的总市值应该在210亿元左右，但这是测算的，市场好有可能会好于这个数额，市场不好也可能低于这个数额。

我们做现代金融业务，目的是先为自己的特大项目融资服务，取得成熟的商业模式后，再向外复制开拓，比如，"翠湖香山"，2014年我们向外借了15亿元，如果通过我们自己做融资，预计2015年发两只基金是没有问题的，但具体时间和金额暂不能透露，还可以为母公司的特大楼盘"天志项目"44亿元的融资提供有偿服务。其中的通道费、管理费就是我们的商业价值所在。

香港是资本市场、金融中心，资金的成本比内地低，我们在香港上市，可以透过发债（企业债、可转债）、发股份、发基金等方式，把香港低成本的资金引入内地资金密集型的项目上去。

关于互联网金融，这是一个很热门的话题，珠海控股也在要求下面所有企业，运用互联网的思维和互联网的技术，对所有的业务流程，包括人力资源战略、营销、经营等，进行梳理。我们经常开玩笑说，如果是"互联网＋你"，就是一个零和游戏，就是你的传统业务被别人吃掉了，别人帮你来做；而"你＋互联网"呢，就是运用互联网的翅膀，令我们的业务得到巨大提升。我们的投资企业，把微信等互联网营销都做得很好，透过产品服务体验提升，使线下的用户变成频繁跟我们交易的线上用户，我们要继续促成这个转型。我们也在跟很多互联网金融企业在谈，将来发展P2P，除了技术，更重要是要有思维。尤其是移动互联网，我们分析判断这一块要花费很多的时间和精力，不能在移动互联网创新方面落伍。

香港《星岛日报》：前几天才去了珠海的"翠湖香山"，很漂亮，但有个问题要请教黄主席，一方面，现在澳门的经济开始放缓；另一方面，中央政府对内地房地产重新有一定支持，这些因素对珠海房地产有何影响？

黄鑫：中央政府、地方政府对房地产的支持和呵护的力度在不断加强，体现在降息、降准，取消限购限价等。市场也有反应，如周边的深圳龙岗的房子都没有低过4万元的了。珠海的房地产则依然是小阳春，价、量表现得都很好，销量好、价格稳定。限价限购取消以后，形势会更好。

珠海的房地产业主构成的比例应该是港澳三成、北方客户三成、本地客户三成，是3∶3∶3的比例。澳门经济，尤其博彩业确实受影响，也影响到其他行业，但澳门客户占我们客户比例还是很小的。不过，翠湖香山高层一开盘几乎是一抢而空，我们都没在香港、澳门做过多的广告，这次澳门的客户也挺多。很多澳门人发现坐轻轨过来，交通很顺畅，就买了；澳门的房价跟"翠湖香山"相比，我们还是属于价格洼地，对澳门人也是有吸引力的；我们又有高尔夫景观、有山景，田园牧歌的环境，很吸引投资客和改善住房人士。所以，澳门的经济对我们的影响几乎可以忽略不计。

香港《大公报》： 翠湖香山二期高层价格是多少？

黄鑫： 第一期的高层价格是 1.5 万元 / 平方米到 1.7 万元 / 平方米之间，第二期应该会调整，高于这个价格。

香港《文汇报》： 在前海、横琴、天津自贸区的三家融资租赁公司 2015 年会开吗？

黄鑫： 2015 年这三家融资租赁公司预期都会开，但现还在审批过程中，有消息董事会会公布相关信息。

2015 年 5 月 26 日于香港万丽海景酒店

务必打赢安全与维稳的专项攻坚战[①]

时光飞逝，转眼已到年中。今天，我们组织召开这个专项工作会议，一是总结上半年工作开展情况，二是分析研判我们面临的内外部形势，三是研究部署下半年乃至今后的工作方向和重点。

一、要做好对当下复杂形势的分析研判和清醒认识，积极把握发展的机遇和挑战

外部形势上，政策方面，包括中央、省、市，对安全生产、维稳综治这两项专项工作的要求越来越高和严格，依法治国大环境下，依法治企必定会成为长期坚持的思路和策略，责任的履行、资金的投入、人员和设施的配备、日常工作的开展，都将有来自法律条文的明确要求。因工作开展不力，导致产生事故，面临的将不再仅仅是集团公司或上级部门的行政处罚，而将是司法部门的法律惩罚，这点是需要大家予以清醒认识和把握的。天气方面，厄尔尼诺现象下，台风、暴雨、季候风、雷暴等恶劣天气将比往年更多更频密，需要提前准备。经济发展方面，国家调结构、转方式、促创新的总体思路越发清晰，大力推动消费的政策方向越来越明确，我们所处的旅游市场将迎来大发展，对我们所提供服

[①] 此文为作者在 2015 年 6 月 2 日九洲控股集团 2015 年度年中专项工作会议上的任务部署。

务的安全水平要求将越来越高。

内部形势上：

1. 老化快，更新慢，是集团公司历史上产生的，也是目前设备设施、建筑管网的现实情况，对一线人员的耐心细心与专业提出越来越高要求。

2. 项目多，任务重，是集团公司正在经历的，也是当前生产经营、项目推进的工作实际，对管理人员的精力分配和付出提出越来越高要求。

3. 行业新，产业广，是集团公司未来将进入的，也是我们战略发展、跨越前进的宏伟蓝图，对顶层设计的前瞻性和宏观视野提出越来越高要求。各单位要认真及时排查，把安全生产、维稳综治隐患消灭在萌芽状态。

二、要以依法治企为指导思想，推进安全生产、维稳综治工作跟上集团跨越发展步伐

安全生产、维稳综治工作所面临的形势也是集团发展正在经历的，要保障集团公司跨越式发展之路能够走得顺畅、安全、有底气，这两项管理工作也必须做到与时俱进。

1. 要在当前国企改革和集团大发展的背景下，抓好依法治企的贯彻落实。认清二者之间互相制约又互相促进的辩证统一的关系，做好二者之间的衔接配合，做到依法治企与改革发展两翼齐飞、双轮驱动。

2. 要站在战略的高度谋划安全生产、维稳工作，做好专项工作的顶层设计。以适应集团战略要求为第一要务，做好在人员配置与储备、体系完善与更新、流程优化与提升、科技运用与强化等方面的布局和规划。

3. 要从促进企业管理的角度推进专项工作，抓好执行。以推动集团企业管理水平全面提升为目标，摆脱当前把专项工作管理仅仅作为事务性工作的看法与认知，那样太硬。要研究将其全面融入企业管理各个环节，使其成为每一个管理者都懂得、能理解、会执行的、柔性的管理手段。

4. 要敢于自我剖析，勇于用批判的眼光看待自己，以求更大提升。相对于优秀同行来讲，要正确认识我们的管理水平，不是太强而是太弱；要理性认知我们的眼光视野，不是太高而是太低；要大胆承认我们的格

局胸怀，不是太大而是太小。

5. 要善于接受和利用新的知识与手段，不断推陈出新，创新安全管理的方式方法。集团公司不断在进入新的领域、尝试新的业务、开拓新的疆域，旧的管理体系与方法已经不再具备"普世价值"，需要及时更新。要在创立安全技术中心的基础上，不断学习、借鉴同行或研究机构的安全管理先进经验和科学技术，积极探讨互联网在安全管理中的运用，从多个方面进行创新，以持续提升集团安全管理水平。

三、要明确工作开展的方向和重点，提升安全管理的重要性，转变安全管理的关注方向

江凌市长、刘小龙常务副市长在早些时候召开的全市安全生产工作会议上，对落实企业主体责任、推进企业生产安全责任五落实五到位、加强应急管理提出了具体要求。我们要在落实这些要求的同时，立足自身实际，明确未来工作开展的方向和重点。

1. 以全面贯彻执行新《安全生产法》为出发点，以积极推进包括企业主体责任、全员一岗双责等安全生产责任落实为着力点，及早研究制订集团公司安全生产工作五年规划。

2. 探索建立长效的安全生产管理机制与体系，快速推进集团公司安全生产文化的建设，使安全生产成为融入九洲控股每一个员工血液的基因，成为集团公司每一个产品的优秀内在品质，保障并促进集团公司健康发展。

3. 安全生产工作的重点，要在现阶段坚持开展隐患排查整改的基础上，逐渐向建立全面、系统、立体的防控体系上转变。要大幅度提升员工安全素质和业务水平，完善操作程序提升设备设施、管网线路的购置、维护与运转安全保障，配置监控设备与系统，强化安全生产在企业管理、项目运作、工程建设等工作中参与的广度和深度，强化应急管理工作开展力度与投入额度，在多个方面提升事故防控能力，将工作重心进一步前移，力求解决事故的源头。

4. 严格执行，建设并优化横向到边、纵向到底、全面覆盖的专项工作责任体系。从履行法律的高度，积极主动践行企业专项工作主体责任；用对自己负责、对岗位负责、对企业和国家负责的态度，认真严肃履行企业主要负责人五落实五到位责任；以安全生产关系每个人身家性命的力度，全面贯彻执行全员生产安全一岗双责。

5. 全体动员，积极组织开展2015年度安全生产月活动；提前做好台风、雷暴、山洪等恶劣天气，以及由此引发的地质灾害防抗工作；加强宣传、教育、培训工作，做好协调安排，争取在年内实现包括集团总部在内，所有单位领导班子成员，100%获取企业负责人安全生产资格证书，做到全员持证上岗。

6月1日21时30分，重庆东方轮船公司所属旅游客船"东方之星"号在长江监利段遭遇龙卷风而倾覆，船上458人落水，目前仅数十人获救。6月2日上午，省交通厅已派人到九洲港抽查水上安全。各单位要对此予以高度重视，明白"事故就在身边、安全不容疏忽"的道理，提高警惕，立即开展隐患排查整改、强化应急演练，确保企业、员工与游客安全。

安全生产、维稳综治工作任重道远，希望各位能不忘初心、负重前行，在依法治安和改革发展的大环境下主动锤炼自己的履职能力，为集团发展和自己的职业生涯奉献稳固的安全保障。

发起设立文化旅游产业基金的几点动议[①]

目前，珠海九洲控股集团有限公司产业投资力度不断增长。为丰富九洲控股集团融资工具、提升融资效率，2015年5月，九洲控股集团与平安银行股份有限公司签署了产业基金合作框架协议，共同发起设立珠海平安九洲文化旅游产业基金（有限合伙），助力九洲控股集团完美旅居产业链的运营发展和投资布局。

通过多轮沟通商谈和分析研究，珠海九控投资有限公司（以下简称九控投资公司）同平安银行、平安银行旗下深圳市前海安星资产管理有限公司（以下简称安星资产公司）就产业基金的设立方案达成一致，拟由九控投资公司作为九洲控股集团的产业基金管理运营方，安星资产公司作为平安银行的产业基金管理运营方，共同发起成立珠海平安九洲文化旅游产业投资基金管理有限公司（以下简称基金管理公司），并以基金管理公司作为产业基金的基金管理人，由平安银行（或平安大华证券有限公司及平安大华基金管理有限公司之相关资产管理计划）、九洲控股集团作为产业基金有限合伙人，共同发起设立产业基金。现就产业基金的设立方案谈几点看法：

---

① 此文为作者在2015年6月工作单位内部讲话。

一、设立产业基金的意义

（一）丰富融资工具，助力产业项目开发布局

首先，实体产业联合金融机构设立产业基金是目前市场上重要的融资工具之一，具有审批流程前置、投资方向灵活、融资效率较高等优点，有利于在宏观经济波动、融资环境不佳、市场流动性趋紧的情况下，丰富融资工具并提升融资效率；其次，平安银行及其关联金融机构拥有强大的资金实力和专业的投资管理能力，可以运用多元化的投资工具和产业资源对拟投资项目进行关键要素整合，提高投资项目特别是新建项目的投资可行性，提高九洲控股集团资产质量和资本运作效率，助力九洲控股集团产业项目的开发布局。

（二）降低资产负债率，优化财务结构

产业基金在运作过程中，可以在项目投资开发论证筹备阶段、开发前期阶段、项目运营阶段，利用股权投资、股东借款、股债结合等多种方式灵活对项目进行投资，降低资产负债率，为九洲控股集团获得中长期的产业发展资金，加大财务杠杆作用，优化九洲控股集团的财务结构，提高自有资金利润率、总资产收益率、净资产收益率等核心财务指标。

（三）创新投融资管理方式，降低项目投资风险

通过成立基金管理公司并以设立产业基金的形式，对九洲控股集团旅游项目的基础设施建设、景区升级及配套、支付土地出让金等方面采取包括但不限于股权投资、债权投资或股权加债权混合投资等方式来筹措资金。基金管理公司的运作集融资、投资、投后管理、退出为一体，以金融视角和工具对投资项目进行全流程管控，

以多样化的投资工具为集团各个板块打造综合金融服务解决方案，有助于降低项目投资风险，提升投资项目的资产运营效率。

二、发起设立产业基金的方案

(一) 设立基金管理公司的要点

根据与平安银行共同协商,拟由九控投资公司作为九洲控股集团的产业基金管理运营方,安星资产公司作为平安银行的产业基金管理运营方,共同发起成立基金管理公司,作为产业基金的普通合伙人。基金管理公司设立要点如下:

1. 公司名称:珠海平安九洲文化旅游产业投资基金管理有限公司(暂命名,以工商登记为准)。

2. 注册地:珠海市横琴新区。

3. 股东结构(见表1)。

表1　　　　　　　　　股东结构表

单位:万元

股东名称	认缴情况			出资时间
	出资额	出资方式	持股比例(%)	
珠海九控股权投资基金管理有限公司	510	货币	51%	自公司成立之日三年之内缴清
深圳市前海安星资产管理有限公司	490	货币	49%	自公司成立之日三年之内缴清

4. 经营范围:受托管理股权投资企业,从事投资管理及相关咨询服务(以上经营范围,以登记机关依法核准为准)。

5. 董事会:董事会由( )名董事组成,其中九控投资公司委派或推荐( )名,安星资产公司及平安银行委派或推荐( )名,由股东会选举产生。董事会设董事长( )名,由九控投资公司推荐一名董事担任,经董事会选举产生。董事会决议事项经四名董事同意方为通过。

6. 监事会:设立( )名监事,由安星资产推荐,股东会选举产生。

7. 经营管理机构:设立总经理( )名,财务总监( )名,财务经理( )名,主管会计( )名。总经理和财务经理由安星资产公司委派,财务总监事及主管会计由九控投资公司委派。

（二）设立产业基金的方案要点

1. 基金名称：珠海平安九洲文化旅游产业基金（有限合伙）。

2. 注册地：珠海市横琴新区。

3. 本基金规模：50亿元人民币；基金出资方式为一次认缴、分期到位：根据投资项目具体情况确认首先到位资金，剩余资金根据具体项目用款需求按需到位，基金投资完成到位资金总额的80%时，开始募集下一期资金到位；基金存续期为10年（视所投资项目另行约定）。

（三）基金结构（见图1）

1. 普通合伙人（GP）：基金管理公司担任合伙企业的普通合伙人，履行《合伙企业法》中规定的执行事务合伙人职责。基金公司认缴出资800万元（其中九控投资公司和安星资产公司各出资400万元），占募集基金总额0.16%。

2. 有限合伙人（LP）：九洲控股集团、平安银行。九洲控股集团作为有限合伙人，认缴出资124600万元，占募集基金总额24.92%。平安银行作为有限合伙人，认缴出资374600万元，占首期募集基金总额74.92%（具体金额视银行审批情况）。

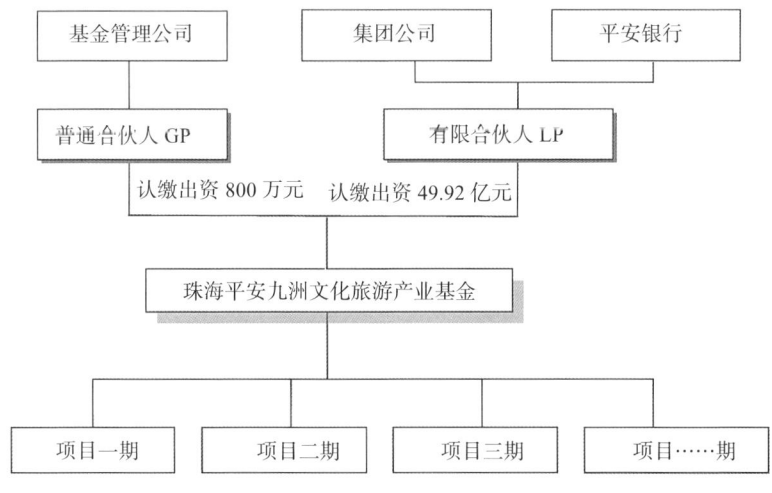

图1 基金结构图

基金投向：九洲控股集团投资的食、住、行、游、娱、购旅居产业链相关项目。包括但不限于股权投资、债权投资或股权加债权混合投资等投资方式。

基金成立时间：待基金管理公司注册完毕后，按照集团项目的推进进度及融资计划成立产业基金。

从"不能为、不想为、乱作为"到
"敢闯、敢试、敢担当"①

关于集团公司如何深入开展"三严三实"专题教育活动，推动集团党廉建设进入新常态工作，我谈几点意见。

在此之前，中央、省委及市委对在县处级以上领导干部当中开展"三严三实"专题教育工作做了具体要求，5月19日，市委召开了全市"三严三实"的专题教育工作会议，并对各单位开展"三严三实"专题教育做了具体部署。根据要求，这次专题教育以领导干部讲党课启动开局。这里，我将围绕进一步学习贯彻习总书记系列重要讲话精神和中央、省委及市委有关决策部署，结合企业改革发展实际和党员干部队伍建设实际，谈谈自己对"三严三实"的一些理解感悟和学习体会。

一、深刻领会"三严三实"的丰富内涵

2014年3月9日，习近平总书记在中华人民共和国第十二届全国人民代表大会第二次会议安徽代表团参加审议时，关于推进作风建设的讲话中，提到"既严以修身、严以用权、严以律己，又谋事要实、创业要实、做人要实"的重要论述。"三严三实"是我们党的优良传统和作风的继承与拓展，是巩固和扩大党的群众路线教育实践活动成果的重要

---

① 此文是作者以九洲控股集团党委书记身份，于2015年6月15日在该集团党风廉建设和反腐败工作会议暨"三严三实"专题教育动员会上的党课讲义。

举措。"三严三实"内涵丰富，涵盖修身、用权、律己，谋事、创业、做人等多个方面，既蕴含着严肃的政治原则和严明的纪律要求，也蕴含着一切从实际出发、实事求是的思想路线。

中央开展"三严三实"专题教育，是严明党的政治纪律和政治规矩，全面从严治党的重要抓手，体现了从严治党的坚定决心和鲜明态度。"三严三实"要求领导干部做人要干净、做事要担当，与当前集团改革发展新形势下对干部队伍的要求相契合，具有十分重要的现实意义。

自党的十八大以来，作风建设一直处于风口浪尖。作风问题是许多问题和矛盾的根源，也是个别领导干部和领导班子的顽疾所在。因此，我们的干部队伍要牢固树立作风建设永远在路上的思想认知。本次"三严三实"专题教育活动，要在2014年党的群众路线教育实践活动成果的基础上，坚持从严从实，扎实开展，将其作为改进干部队伍工作作风的重要途径，将作风建设不断引向深入。

二、扎实推进"三严三实"专题教育活动

中央对开展好"三严三实"专题教育活动有明确的要求，市委也下发了实施方案。大家要切实增强思想自觉和行动自觉，把中央、省委、市委的精神领会好、落实好，继续保持整治"四风"的勇气和气魄，坚持程序不减、标准不降，切实将专题教育任务落到实处。

一要加强领导责任。这次专题教育在集团党委领导下进行，集团党群工作部负责牵头组织实施，下属各党组织要全力配合做好专题教育的相关工作。各公司主要负责人是专题教育的第一责任人，要对专题教育进行具体指导，同时要坚持带头学习、带头实践，切实从思想上、行动上、作风上践行好"三严三实"要求，努力当好忠诚、干净、担当的标杆，带动其他党员干部共同改进提高。

二要强化日常研学。深入学习习近平总书记系列重要讲话精神，特别是从严治党、治国理政重要讲话的学习，深学细悟、研机析理，提高自身综合理论素养。在实践中坚持问题导向，做到正视存在的问题，深

入自我解剖，制定有效的整改措施。力争通过日常研学，不断增强政治修养、领导能力和业务水平，更好地肩负起推动企业改革发展的重担。

三要强化立规执纪。按照党纪严于国法、领导干部严于一般干部的原则，扎实做好制度补强工作。把各项工作纳入制度化轨道，用制度保障用权不任性。强化制度执行，加大"庸懒散奢"整治力度，坚决纠正有令不行、有禁不止、无视制度的行为。

四要推动工作结合。全体领导干部要把这次专题教育作为良好契机和载体，服务当前集团发展大局。切实做到专题教育与企业运营结合，与领导干部履职尽责结合，使专题教育和工作两手抓、两不误、两促进。把"严"和"实"的要求贯彻到集团战略布局的推进落实中，与深入推动集团项目建设紧密结合，与强化管理、促进提升紧密结合，与完成集团重点工作任务紧密结合，扎实推进项目建设、资源优化整合、党廉建设等各项工作。更重要的是，我们要以"三严三实"要求从严管理干部，并以此为指引打造纪律化、专业化管理队伍，落实在依法经营、实干创新上，培养一支自身硬、能打铁的干部队伍，为九洲持续发展提供人力保障。

三、着力解决"不严不实"突出问题

我认为，集团干部队伍的主流是好的。通过2014年党的群众路线教育实践活动，集团干部队伍的"四风"问题得到遏制、作风有所好转。但仍然有人认为活动是一阵风，过去就算完。从目前集团存在的实际问题来看，我们十分有必要警惕"四风"问题的反扑！十分有必要紧一紧思想的发条！十分有必要把一些不严不实的问题揪出来、治一治！对照"三严三实"要求，集团目前存在以下几个方面的问题：

一是存在理想信念、党性修养缺失，宗旨意识淡薄，不关注基层利益的问题。我们有些领导干部精神上"缺钙"，总是在意识形态领域的斗争中处于下风，受到来自外部自由主义思潮的影响，放松了理论修养，动摇了政治坚定，淡化了理想信念，导致在很多问题的认识上产生偏差。

我们有些领导干部，只管自己"拿的足"，却没空考虑基层员工的利益是否得到满足。

二是存在滥用权力、公器私用、以权谋私的问题。一些领导干部心中没有敬畏、做事没有底线，想方设法利用手中权利给自己搞点"特权"，满足私欲。比如在选人用人方面存在"内部繁殖"现象，形成诸多"亲友团"，有些干部举亲避贤，带病提拔"自己人"，用人经不起考验。

三是存在为官不为、不敢担当、得过且过的问题。一些领导干部只求安稳，不求谋事创业，坐在高位拿高薪，善做表面文章、粉饰太平，实则手忙脚乱、工作进展缓慢。在领导干部个人之间、团队之间存在推诿扯皮、推卸责任的现象。

四是存在无视纪律、对党不忠、为人不老实的问题。在八项规定面前，有些干部仍心存侥幸、不愿收敛，搞大吃大喝、违规打高尔夫，顶风违纪搞"四风"。

五是存在管理偏软、治党不严、执纪不严的问题。主要是党委履行主体责任不利，纪委监督落实不到位，此外审计部门发现问题也是蜻蜓点水、点到即止，触不到痛处和症结所在。我们的领导干部很多都是老熟人，相互之间遇到问题都抹不开面子，话不好意思说透，于是睁一只眼闭一只眼，造成监督缺位。

我所点出的这些问题，希望在座各位仔细对照，有则改之，无则加勉。开展"三严三实"专题教育，出发点和落脚点就在于解决领导干部中存在的不严不实问题。必须要坚持问题导向，自我反省、自我改进，真正达到"治病救人"的效果，达到促进作风转变、净化政治生态的目的。对此，一方面，我们要建立权利阳光运行机制，明确权利清单，公开权力内容、权力依据和行使规则。建立完善重大事项"集体领导、民主决策、副职分管、正职监管"工作机制，强化对"一把手"行使权力的制约。另一方面，我想提醒在座的各位领导干部注意做好5个方面的防范：一是管好手中的权利。利用职权谋取不正当利益是企业负责人最易掉入的陷阱，尤其在目前集团项目迅猛推进的情况下，工程建设、采购、招投标等均存在这方面的风险。二是落实好"三重一大"集体决策制度和请示汇报制度。不能出现"一言堂"和盲目决策的情况。三是把控好领导干部职务消费。集团已下发《职务消费管理暂行办法》，希望各企业能够严格执行，在领导干部队伍中要驰而不息纠正"四风"，消除特权思想。四是把好选人用人关。严禁搞"近亲繁殖"和带病提拔，严禁搞"圈子文化"，要谨慎对待老乡、老同事、老熟人的求职或提拔请求。五是完善和补强制度，树立制度权威。把权利关在制度的笼子里，首先笼子要扎实，企业的内控机制要严密，尤其在工程管理、招标采购、经费开支、薪酬核定等方面的制度要完善。

四、转变观念，切实加强党的领导

6月5日，习近平主持召开中央全面深化改革领导小组第十三次会议，会议强调，坚持党的领导是中国国有企业的独特优势，会议审议通过了《关于在深化国有企业改革中坚持党的领导加强党的建设的若干意见》和《关于加强和改进企业国有资产监督防止国有资产流失的意见》，强化了党管国企的制度依据。从中央的顶层设计中可以看出，随着国企改革大环境的不断深入，国企党的建设、党的领导地位越来越清晰地出现在最高层级，党管国企的法定地位也将实现。

在座的领导干部要清楚地认识到做好党建工作的重要性和紧迫性，把抓好党建作为最大的政绩，将从严治党要求落实到位。

一要构建党建工作新格局。在集团党委领导下，各企业党组织要把党建工作抓具体、抓深入，形成党委统一领导，各党组织齐抓共管，上下联动、共同推进的党建工作新格局。构建统一规划部署，统一配置力量，统一检查指导，统一考核评价的党建领导体系，形成协调联动、共同推进、一体化运行的工作机制。

二要强化制度保障。推进从严治党的制度体系建设，加强对党员干部权力运行的制约和监督，着力构建"不敢腐、不能腐、不想腐"的长效机制；形成一套正确选用管理干部的良好机制，让有为者有位，严防"带病提拔"，防止"为官不廉、为官不为"；建立健全责任追究和问责机制，切实解决班子软懒散、领导不作为不担当等问题；严格按照党的组织原则和政治生活准则办事。

三要严肃党内政治生活。严格按照党章要求，推动党的组织生活制度化、经常化、规范化。认真抓好落实"三会一课"、民主生活会、领导干部双重组织生活、民主评议党员等活动。要切实提高组织生活的质量，确保有实质内容、实际效果，不流于形式、走过场，不能搞成清谈闲聊，更不能打着组织生活的名义变相搞旅游或娱乐活动。

四要坚持从严管理干部。当前集团干部管理存在一些"宽"和"软"的现象，重要原因就是不够认真，规矩意识不强。当老好人，怕得罪人，不敢抓、不敢管，不提醒、不批评、不纠正，从严管理无从谈起。集团党委、各企业党组织要切实负起责任，旗帜鲜明地讲原则、重规矩、树正气，用纪律和制度整治歪风邪气，使干部不敢懈怠、不敢失责，让干部守纪律、讲规矩。

五、落实责任，推动集团党廉建设进入新常态

落实党委主体责任和纪委监督责任，是党要管党、从严治党的必然要求，集团各级党组织和党员领导干部要按照中央和省市委、市国姿委党委关于落实责任的工作部署和要求，勇于担当，各负其责，确保党风廉政建设和反腐败工作各项任务落到实处。

一要落实"两个责任"。各级党组织主要负责人作为党风廉政建设第一责任人，要牢固树立不抓党风廉政建设和反腐倡廉工作就是失职、抓不好就是渎职的意识，签订党风廉政建设责任书，将党组织的主体责任一一加以明确。按照"谁主管、谁负责"的原则，班子其他成员对分管范围内的党风廉政建设和反腐败工作负主要领导责任，切实履行"一岗双责"。集团纪委要健全机构，加快落实"三转"，集中精力抓好执纪监督主业。

二要强化监督检查。严格执行领导人员任前廉洁谈话、述职述廉、报告个人有关事项、婚丧喜庆事项等制度；重点抓好"三重一大"事项、

领导人员职务消费等情况的公开,把监督落实中央八项规定精神作为纪委的常态性工作。加强对审计发现事项、信访举报集中问题的关注;扎实开展效能监察,围绕作风建设开展效能监察,纠正和查处制度执行不到位以及职能部门和管理人员履职不到位、工作失职和违规违纪行为。

三是深化企业文化建设。充实完善集团企业文化体系,组织好员工活动,丰富职工文化生活,开展廉洁教育和纪律教育,营造团结友谊、拼搏奋进、风清气正的文化氛围。

同志们,扎实开展好"三严三实"专题教育,做好新形势下党风廉政建设工作,意义重大,影响深远。希望我们始终保持饱满的工作热情和奋发有为的精神状态,凝心聚力,真抓实干,不断取得党廉建设和作风建设新成效,为全面完成2015年各项工作目标任务作出更大贡献。

从九洲港到九洲湾
——接受广东省主流媒体联合采访

2015年10月28日,珠海市委宣传部组织《南方日报》《羊城晚报》、《南方都市报》、《珠海特区报》、《珠江晚报》、珠海电视台、珠海电台等广东省主流媒体来到珠海九洲控股集团公司采访,听取了黄鑫董事长关于九洲湾航海文化中心的项目背景、未来发展前景、业态规划、功能设置等介绍。以下为采访内容。

作为珠海最早的专业集装箱码头,九洲港货运码头在20世纪80年代建设并投入使用,其集装箱吞吐量曾连续多年位居广东省第一,成为国内知名的货运码头,曾为珠海经济社会发展作出了巨大贡献。

九洲港货运码头承载一代珠海人的集体记忆,牵动千万珠海人的心。九洲港货运码头动迁在即,码头的迁出以及码头旧址所在的九洲湾区域

未来规划建设等成为各界关注的热点。九洲湾土地一级开发主体单位九洲控股集团公司董事长黄鑫接受本报记者采访时表示，九洲湾区域将打造为珠海的航海文化中心和珠海门户港口。

"碧海蓝天，风帆猎猎。未来的九洲湾将是珠海这座浪漫城市的海、陆、空立体交通枢纽。南码头片区则将建设中国首个公共游艇帆船码头中心。而原货柜码头所在的西片区，将建设成为海洋创意产业基地，主要作为海洋新经济产业集群基地。"面对记者的提问，黄鑫如此展望。

随着九洲港货运码头的历史使命完成，其旧址将与周边一起，成为"九洲湾—度假村"片区整体进行重新规划和升级改造。"九洲湾内部将通过地下连廊的形式将度假村和九洲港有机地联系在一起。"黄鑫透露。

2015年8月，珠海市委、市政府明确了九洲控股集团作为九洲湾土地一级开发主体，将承担片区的建设重任，开启九洲湾区域规划再造新里程。

"接受如此光荣使命，九洲控股集团倍感光荣，要做的事情还很多。我们有决心有信心努力将该片区打造成为珠海城市新的靓丽名片。"黄鑫表示。

据了解，九洲港货运码头搬迁后，原有地块主要规划功能为商业、办公和酒店，计划通过九洲港—度假村片区的整体开发和双向联动，充分挖掘港珠澳大桥建成通车带来的机遇，高起点、高标准、高水平建设九洲港片区，打造粤港澳滨海城市综合体，为珠海贡献一座新型商业中心、打造一张靓丽的城市新名片。

九洲港货运码头现有陆域面积为15.4万平方米，岸线长度700米，拥有良好的自然禀赋。九洲湾项目所涉土地范围，包括现九洲国际货柜码头、九洲港加油站、九洲港南码头相关场地，被九洲港路、海愉路和情侣南路合围面海，总占地面积20万平方米，需平整土地面积为15万平方米，项目建筑面积约40万平方米。

黄鑫介绍，预计九洲湾项目总投资将达200亿元，将规划建设成为客运枢纽及公共游艇中心、海上旅游中心、航海文化中心、滨水商业综合体，当然，还包括公共空间的市民文化广场等，形成多种业态的港口经济圈，真正成为珠海的航海文化中心和珠海门户港口。

未来规划具体为三个功能区域。

谈及未来规划，黄鑫表示，九洲湾未来规划具体为三个功能区域：

一是将现有的九洲港客运码头改造成集水、陆、空无缝衔接的立体交通枢纽，将藉此机会扩大现有的九洲港客运码头建设，完善设施设备，提升服务水平以适应不断增长的客流需求。

二是将南码头建设成珠海帆船赛事基地和海洋生活体验中心。这里也将成为国内首个公共游艇码头中心。"大家要注意，是公共游艇码头中心。未来游艇不再是富人游戏。可通过众筹的模式，让普通百姓可分享航海和游艇的乐趣。"黄鑫表示，将充分利用九洲控股现有的人才优势和举办大型展会活动等经验，将开展水上运动赛事、开展群众近海运动和帆船游艇生活体验。

这意味着，届时，珠海在赛车、高尔夫等赛事基础上，又增添帆船赛这一高规格运动。"举办赛事只是手段。通过帆船赛事可调动群众参与度，引领新的生活方式并促成产业链的进一步完善，这才是最终目的。"黄鑫表示。

三是建设海洋创意产业基地，打造海洋新经济产业集群地。随着改造工程的完成，九洲港将成为珠海最大的避风港。按照计划，九洲港水域部分将建设 440 个公共游艇和帆船的泊位，提供配套的补给、维修、训练等一系列的相关服务。

拉开乡村风情带建设大开发的序幕[①]

两年来,在市委、市政府正确领导、市幸福村居办及斗门区委、区政府的全面指引和大力支持下,九洲控股集团全力推动斗门乡村风情带、桂山岛幸福村居建设等工作,积极探索和实践着乡村风情带建设工作。如果说即将过去的2015年是九洲控股集团关于乡村风情带建设的"规划年",那么2016年就是"落实年",九洲控股集团将把下洲村、上洲村的连片整体开发作为首发项目,打造精品示范区,以此为引擎,推动斗门风情带项目开花结果。下面我就过去一年多来的工作并重点就下一步工作计划进行汇报。

一、成立平台公司,筹集专项资金,全力投入幸福村居建设工作

在接到市委、市政府部署任务的第一时间,集团公司便着手筹建专项公司。目前,已注册成立了九洲绿色生态旅游发展有限公司作为平台公司,负责统筹运作乡村风情带项目。同时,在斗门区的大力支持下,双方合资注册成立了九洲乡村旅游发展公司。该公司未来将作为乡村风情带的运营主体,实施运营的整体管理、资源的统筹开发、高效的合作机制、开放的金融平台和示范的精品项目。

---

① 此文是作者2015年12月29日在珠海市幸福村居建设现场会议上的经验交流发言。

"兵马未动，粮草先行"。为给斗门风情带建设提供强有力的资金支撑和强劲动力，5月初，集团公司便与平安银行珠海分行共同发起设立了50亿元平安九洲文化旅游产业基金。该产业基金：一是项目导向强，主要投向珠海市的文化、旅游等产业项目及相关领域；二是方式创新，开创了业内市场化资本运作文化旅游产业先河。12月4日，集团公司又与广州城发基金公司签署战略合作协议，拟组建珠海城市发展建设投资基金。基金将分三期完成，首期资金规模约100亿元，预计可为项目方节约30%—50%的融资成本，从根本上控制项目建设进度及投资现金流风险，将可用于投资建设珠海市"西部生态新城"、"香海大桥"、"道路施工改造"等项目。

二、创新理念，有效管用，切实做好乡村风情带的规划工作

结合斗门旅游资源的特点，借鉴英国湖区与台湾宜兰的发展模式，集团公司首创国内乡村旅游开发的线性思路，通过内部优化与外部植入两大方式，为斗门旅游构建核心骨架，打造中国"乡村风情带"全新旅游品牌，以实现旅游开发模式上的突破，激发乡村造血活力，引领城乡一体化潮流。

为此，集团公司聘请了国内知名的规划公司——上海天华规划公司，相继完成了《斗门乡村风情带框架性运营研究》、《上洲村旅游目的地概念规划》、《斗门区上洲村、下洲村旅游策划及修建性详细规划报告》，及"斗门风情带公共区域独家（特许）经营权实施方案"的编制工作，初步形成了"政府监管、平台协作、统筹开发、分步实施"的工作思路。

三、狠抓落实，注重实效，有条不紊推进乡村风情带的开发建设工作

一是组织发起征名活动，营销宣传效果显著。6月份，面向全国组织发起了"乡村风情带征名活动"。在珠海网、《珠海特区报》、《珠江晚

报》及珠海本地各微信公众账号进行了发布，市民及游客踊跃参与，收效明显。整体微信推送总访客数60万以上，收到网络征名投票2528个，发送网络红包49785.47元，抽奖人数为173113人。此举措有效地宣传了斗门风情带。

二是完成乡村风情带规划展厅工作，展示乡村旅游开发的理念与思路。2015年9月，投资200多万元的斗门风情带规划展厅在上洲村与游客见面。该展厅是在废弃旧厂房的基础上改造建设，以情景模式展现斗门乡村风情带的规划理念，9月上旬顺利完成了珠三角新农村建设现场会的接待任务，并对公众免费开放，成为了斗门乡村旅游宣传的前沿阵地。开放以来，受到了市民及游客的极大关注，截至目前，来自中央、省、市的客人上万人次，已成为了斗门旅游一个重要参观点。

三是成功承办"2015年中国（珠海）休闲农业和美丽乡村建设系列活动"工作。12月8日—9日，由农业部、民革中央联合主办，市幸福办和集团公司共同承办的"2015年中国（珠海）休闲农业与美丽乡村系列活动"顺利举行，来自全国各地休闲农业的专家学者、各省市休闲农业负责人、全国知名农庄、企业代表共200多人参加了本次活动。活动组织有序，充分展示了珠海新农村建设的风貌，展现了珠海人民的热情好客，获得了与会嘉宾的一致好评。

四是率先启动斗门乡村一日游，拉动乡村旅游市场需求。9月初，率先启动斗门乡村一日游主打线路，由集团公司属下企业珠海度假国际旅行社负责宣传推广及组团收客，每天发团，市场反应很热烈，尤其引起了港澳游客的极大关注，短短三个多月，共接待2万多人次参观游览。在刚刚结束的"2015中国（珠海）休闲农业和美丽乡村建设系列活动"中，该乡村游线路被评为"全国十大精品游线"。

五是推进"互联网+农业+旅游"工作，开发休闲农业与乡村旅游。在"2015年中国（珠海）休闲农业和美丽乡村建设系列活动"期间，集团公司与农业部指定唯一的"互联网+农业"电子商务平台——去农庄网，签署了战略框架合作协议，双方将共同打造休闲农业和乡村旅游的全国电商平台，更好地推广珠海休闲农业和乡村旅游，实现共通共赢。

去农庄网的电商平台总部设在斗门。目前，正积极筹建去农庄网华南运营中心，将通过"互联网+农业休闲旅游"的布局，促进旅游产业链的智慧升级，实现"农业+旅游+互联网"的一站式生态闭环。

六是有序推进桂山岛幸福村居建设工作。年初，集团公司与桂山镇人民政府达成了幸福村居建设战略合作，全面负责桂山岛旧渔村改造及幸福村居的建设工作。目前，已经完成了桂山岛幸福村居商业策划等工作。

四、下一步工作思路

1. 继续做好乡村风情带公共运营平台搭建工作，进一步修正完善规划方案，以点连线，以线带面，短期内迅速拉动市场，以集中力量获取最快的集聚效应和最大的整体效益。

2. 启动上洲村、下洲村项目建设。以永业围观光引客、下洲村体验迎客、上洲村产业留客，打造一个DNA，即"田园+"乡村旅游微目的地；三个核心吸引力，即乡景、乡艺、乡产；三大功能板块，即发现之洲、乡艺聚落、田园乌托邦；五大核心产品，即发现原乡之旅、创想之家、农创嘉年华、民俗百艺村、稻梦空间。

具体来说，永业围观光引客。依托永业围优质的生态和景观环境基底适度开发，开启生态之旅，打造缤纷之岛。集团拟引入休闲静怡酒店的代表——帐篷客，作为上、下洲连片开发的重点首发项目。未来3—5年，将投入8亿—10亿元，在全国范围建设小型乡村精品酒店群，成为集团公司旅游板块未来的支柱项目。

下洲村体验迎客。以其乡村田园为基底，景观上对其稻田做提升，融入旅游休憩功能；文化结合乡村改造，以乡土百艺为主题，打造"非遗"文化传承乡村；配套上，结合稻田景观，打造稻田独家部落。

上洲村产业留客。以其生态环境为基底，以田园"乌托邦"为生活理念，引进创客经济、休闲农业等模式，打造集创客产业集聚、乡村休闲旅游为主要功能的农业创客实验基地；变废为宝，将上洲村口的废弃工厂改造为创客聚集的厂房艺术酒店。

2016年，集团公司将重点打造上洲村、下洲村示范精品项目，发挥带动示范效应，为乡村风情带后期其他建设项目提供示范，为整体成型提供关键性引导。

3. 终极目标：以目前集团公司打造乡村风情带、环珠澳海湾游等项目为引擎基点，整合全市温泉度假游、航空会展游、海洋生态游、都市休闲游等众多旅游资源，形成闭环式珠海世界级旅游圈。

4. 为了加快项目的开发进度，恳请政府在永业围、上洲村旧厂房等资产回购、基础设施建设等方面给予大力支持。

各位领导，斗门乡村风情带着眼于全球，落脚于农村，以乡村旅游促进城乡统筹发展，是当前农村经济发展的新常态下的创新之举，将成为未来乡村旅游的精品路线。在不远的日子里，"遇见斗门，游过乡村风情带，才算到过珠海"。九洲控股集团公司有信心、有决心、有能力，完成市委、市政府交付的幸福村居建设与开发珠海乡村旅游的重任。让我们共同期待，珠海中国最美乡村风情带的美好愿景。

谢谢大家！

世界级旅游闭环，十里风光打造创新型"目的地带"
上洲村、下洲村能否脱颖而出由产品吸引力决定

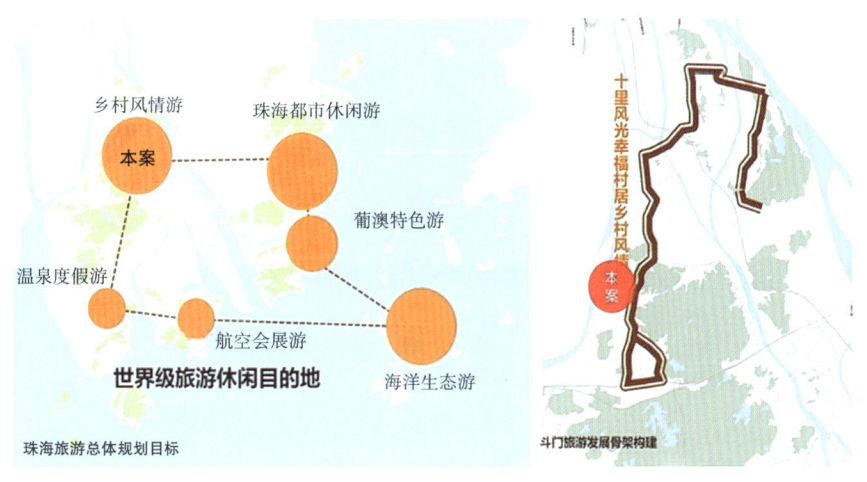

九洲湾加速崛起[①]
——《置业新地》杂志专访

背景：10月30日，位于珠海市中心、拥有31年历史的九洲港货运码头正式停航。货运码头转移后的九洲湾地块，将建全新的航海文化中心，计划打造成为门户性滨海休闲中心和世界性航海旅游基地。

珠海市委、市政府赋予九洲控股集团作为九洲湾土地一级开发主体单位。10月28日，市委宣传部组织南方日报、羊城晚报、南方都市报、珠海特区报、珠江晚报、珠海电视台、珠海电台等7家省市媒体对九洲控股集团集体采访，听取九洲控股集团黄鑫董事长关于九洲湾航海文化中心的项目背景、未来发展前景、业态规划、功能设置等介绍。

一、未来——珠海的航海文化中心和门户港口

"过去是九洲滩，现在是九洲港，今后是九洲湾。"九洲湾土地一级开发主体单位九洲控股集团公司董事长黄鑫表示。

九洲港货运码头现有陆域面积为15.4万平方米，岸线长度700米，拥有良好的自然禀赋。九洲湾项目所涉土地范围，包括现九洲国际货柜码头、九洲港加油站、九洲港南码头相关场地，被九洲港路、海愉路和情侣南路合围面海，总占地面积20万平方米，需平整土地面积为15万平方米，项目建筑面积约40万平方米。

[①] 此文原载于《置业新地》2015年10/11月号，总第101期。

据黄鑫介绍，九洲湾项目预计总投资将达 200 亿元，将规划建设成为客运枢纽及公共游艇中心、海上旅游中心、航海文化中心、滨水商业综合体，当然，还包括公共空间的市民文化广场等，形成多种业态的港口经济圈，真正成为珠海的航海文化中心和珠海门户港口。

随着九洲港货运码头的历史使命完成，其旧址将与周边一起，全新进行整体规划和升级改造，成为"九洲湾—度假村"片区。

二、格局——三大功能区域并驾齐驱共筑九州湾

九洲湾航海文化中心未来规划为三个功能区域，第一是交通功能。现在的九洲港由客运和货运码头组成，货运码头搬迁，客运码头却要继续做大。"九洲港有全国最大的水上客运中心，有全国最大的高速客轮公司，今后会继续擦亮这两张名片。"黄鑫介绍，现有的九洲港客运码头将改造成水、陆、空、铁无缝衔接的立体交通枢纽。届时，位于九洲湾北部的客运码头将扩容，货运码头到客运码头之间，以滨海步行模式修建商业体，通过地下连廊或跨空桥的模式将度假村和九洲湾联系在一起。"九洲湾不仅是交通枢纽，也会是一个市民休闲逛街的场所。"九洲控股常务副总经理金涛说。

第二是建设珠海帆船赛事基地和海洋生活体验中心。"珠海作为一个海洋城市，海上不能静悄悄的。我们要让桅杆立起来、风帆飘起来、游艇游起来。"黄鑫说，九洲港水域部分将建设 440 个公共游艇和帆船的泊位，围绕这些泊位，南码头将建设成珠海帆船赛事基地和海洋生活体验中心，主要举办水上运动赛事、开展群众近海运动等。黄鑫介绍，所谓"公共游艇帆船中心"，不同于私家俱乐部，普通市民也玩得起。"我们将通过众筹或者出租的方式，让普通市民也能体验帆船或游艇运动。"九洲控股内部正在就商业模式进行探讨，众筹方式得到较广泛的认可。

第三，建设海洋新经济产业基地。九洲港的西码头也就是货运码头搬迁后的原有地块，将建设海洋新经济产业集群基地，与海洋有关的实体产业、创意产业，都可以在这里聚集。

三、领航——珠海第一湾打造世界级环珠澳海湾游

珠海提出打造"一带九湾",九洲港很有可能率先成型,并成为人气最旺、最具门户气质的"第一湾"。"九个湾由谁来串起?就用海湾游。"黄鑫介绍,珠海市多次提出打造一个世界级的"环珠澳海湾游",北起歌剧院、南至湾仔,形成"海上看珠海"的水上旅游路线。

据了解,九洲港货运码头搬迁后,原有地块主要规划功能为商业、办公和酒店,计划通过九洲港—度假村片区的整体开发和双向联动,充分挖掘港珠澳大桥建成通车带来的机遇,高起点、高标准、高水平建设九洲港片区,打造粤港澳滨海城市综合体,为珠海贡献一座新型商业中心、打造一张靓丽的城市新名片。

"碧海蓝天,风帆猎猎。未来的九洲湾将是珠海这座浪漫城市的海、陆、空立体交通枢纽。南码头片区则将建设中国首个公共游艇码头中心。而原货柜码头所在的西片区,将建设成为海洋创意产业基地,主要作为

海洋新经济产业集群基地。"黄鑫如此展望。

同时,随着九州湾项目的改造升级,这一带形成的都市商业中心和休闲居住元素将被进一步强化,并开始体现出其他区域无法比拟的唯一性和独特性,位于该片区的一些楼盘,得益于区域价值的提升,房价或将水涨船高。

在国有企业党建中突出发展主题[①]

中共中央办公厅印发的《关于在深化国有企业改革中坚持党的领导加强党的建设的若干意见》(以下简称《意见》),是中央立足全局的顶层设计,是深化国企改革的制度保障,为国企改革指明了方向和路径。

九洲控股集团党委通过开展"群众路线教育"和"三严三实"专题教育活动,突出发展主题,立足中心工作,结合企业实际,深入学习贯彻习近平总书记重要讲话精神,强化党委政治核心作用,履行"党要管党、从严治党"的职责,有力推动了集团的快速发展。近两年来,集团按照"一体两翼、投资控股、整分上市、跨越发展"的指导思想,通过走实业扩张、资本扩张之路,全力推进重大项目实现突破。目前,集团业务覆盖珠、京、港、澳、深、湘、琼等地,拥有珠海唯一在香港上市红筹股——珠海控股,属下企业72家,年接待量过1500万人次,总资产逾300亿元,员工5000余人。

下面,简要介绍集团的主要做法,并结合实际,谈谈学习《意见》的体会。

[①] 此文为作者在2015年11月10日在珠海市国有企业党的建设工作座谈会上的经验交流发言材料。

一、主要做法

1.适应新常态，构建集团党委参与重大问题决策的长效机制。随着国企改革不断深入，集团公司发生了巨大变化。面对形势的变化，集团着力探索党委参与重大问题决策的重要途径，构建和发挥党组织政治核心作用的长效机制。一是完善公司治理结构。将"党委会"作为重要章节写入公司章程，从公司治理层面进一步明确了党组织在公司治理中的政治核心作用，为党组织参与重大决策、落实党管干部原则确立了制度保障。二是实行"双向进入、交叉任职"。集团党委和经营班子实现了"双向进入、交叉任职"的顶层设计，畅通了决策渠道。集团下属企业党组织和经营班子也基本实现了相互融合和交叉任职。三是做到"两个结合"。即党委参与重大问题决策的内容与董事会讨论决策的重大问题相一致，使党委参与决策与董事会决策在内容上有机结合；党委参与重大决策的程序与董事会依法决策的方式有机结合。四是坚持"四个必须"。重大问题必须上董事会决策，党委监督；重要干部任免必须上党委会研究，按法定程序任免；涉及职工切身利益必须通过职代会；重大问题决策前集团主要领导必须"事先沟通、形成共识"。"四个必须"明确了党委会、董事会和经营班子会的相互关系，形成"统分结合、交叉衔接、协调制约、运转和谐"的工作机制。

2.抓作风建设，构建党员领导干部廉洁自律长效机制。为了深化群众路线教育成果，按照"四风"整治的要求，集团党委对企业领导班子的整改方案落实情况进行盘点分析，建立整改台账，掌握整改落实的进展、效果和存在问题，有针对性地拿出对策。在群众路线教育活动中，集团党委共收集意见和建议46条，目前已基本落实和整改。特别是对群众关注的热点问题集团党委立行立改。比如海岛新建客运码头、九洲港蓝牌车的整改等等，赢得了群众和游客的信任。

同时，狠抓中央八项规定的落实，对八项规定涉及的有关费用管理、职工薪酬福利、规范公车等问题重新进行了明确。在节日节点发送提醒短信，明令禁止公车私用、收受红包、有价证券、违规打高尔夫、奢侈消费等行为。2014年集团接待费用下降了25%，2015年下降幅度将会更大。

3. 立足企业实际，构建党员主题实践活动机制。集团党委和下属企业党组织根据企业不同特点和要求，创新活动载体，丰富活动内容，弘扬企业文化。一是参与社会公益，扶贫济困。响应市国资委、市中心血站的号召，发动集团党员干部参与无偿献血活动，集团党员职工自发参加无偿献血的人数达百余人，献血量27100毫升。继续推进对茂名盐井头村的对口扶贫工作，与市档案局联合帮扶信宜市北界镇南山村。截至目前，集团公司已支付扶贫资金207万元。二是做好幸福村居创建工作。为落实市委、市政府关于幸福村居建设工作部署，集团成立了"珠海九洲乡村旅游发展有限公司"和"发展专项基金"，把"十里风光带"打造成"广东省生态休闲示范"和"中国最美乡村风情带"，构建"生态农业观光、民俗文化体验、休闲娱乐运动、康体养生度假"旅游产品体系。2015年以来，集团公司支持石龙村幸福村居建设资金150万元。

二、主要体会

目前，九洲控股集团正处在跨行业、跨地域飞速发展的历史阶段和改革创新的攻坚时期，《意见》的出台使我们在认识上有了更清晰的思路，做法上有了更明确的依据。我们深刻体会到，贯彻落实《意见》必须坚持党管干部，深化用人制度改革；必须坚持从严从实，落实党建主体责任；必须加强基层党组织建设，激发基层活力。

1. 坚持党管干部，深化集团内部用人制度改革。我们认为，在落实《意见》时，集团要根据不同企业类别和层级，实行选任制、委任制、聘任制等不同选人用人方式。推行职业经理人制度，实行内部培养和外部引进相结合，畅通现有经营管理者与职业经理人身份转换通道，合理增加市场化选聘比例。

在推进人才市场化的过程中，要树立以"业绩论英雄"的用人导向，着力搭建"赛马"的选人平台。要推行企业经理层成员任期制和契约化管理,明确责任、权利、义务,严格任期管理和目标考核。同时,要始终坚持党管干部、党管人才,从严规范,发挥党组织在干部任免、人才使用过程中的有效决策作用,把好动议提名关、考察考核关和程序步骤关"三关"。

2. 坚持从严从实,落实党建主体责任。《意见》指出,企业党组(党委)要坚持从严治党、思想治党、制度治党,增强管党治党意识。结合集团实际,我们要建立健全党建工作责任制,建立奖罚分明的倒逼机制,促进各级党组织落实党建工作的主体责任,切实履行"一岗双责",强化监督,执纪必严。一要建立考核机制。将落实党建工作具体责任作为企业领导班子及成员年度考核、履职、检查的重要内容,评价能否真正从思想建设、制度建设、作风建设、组织建设和反腐倡廉"五位一体"全面推进党的建设,切实把党委(支部)的主体责任和党委(支部)书记抓党建的第一责任落到实处。同时,要完善党委委员与企业挂点联系机制,明确分工,强化责任。二要建立奖罚分明的倒逼机制。不断探索党建工作责任制考评办法,坚持在年度考核中同步考核党建工作,以考核结果为依据,严格追责。对不认真履行党建职责或因履职尽责不力导致干部队伍纪律涣散、工作效率低下、资产质量严重下降的企业主要负责人和直接责任人进行责任追究;大力表彰先进,通过表彰优秀党员、优秀党务工作者,不断激励先进、树立榜样、弘扬正气、振奋精神;注重考评结果的运用,党建工作考评结果与年度考核、提拔晋升、交流任免等挂钩。

3. 加强基层党组织建设,激发基层活力。《意见》提出,要深入开展政治引领力强、推动发展力强、改革创新力强、凝聚保障力强的"四强"党组织建设,争做政治素质优、岗位技能优、工作业绩优、群众评价优的"四优"党员活动。"要坚持全心全意依靠职工群众办企业,让职工群众共享企业改革发展成果"。我们认为,企业党的建设重心在基层,活力也在基层,对九洲控股集团来讲,激发基层组织和队伍的活力尤为重要。我们要以学习贯彻《意见》为契机,结合行业特色和队伍思想实际，狠抓"四强四优"建设，使基层党组织和党员队伍的优势作用、精神力量，在服务发展、服务旅客、服务职工中得到充分发挥，解决队伍活力不足的问题。通过加强服务型基层党组织建设、抓好民生工程、创新企业文化建设等措施，为企业改革发展凝心聚力。

九洲控股集团"十三五"发展规划研究成果[①]

（2016—2020）

[①] 此文为珠海九洲控股集团公司"十三五"发展规划节选内容。作者是该规划工作组牵头负责人。

战略指导思想

一体两翼、投资控股、整分上市、跨越发展

一体两翼	一体：以国有经济为核心； 两翼：以上市公司专业化并购扩张和集团公司战略管控、投资发展为两翼。
投资控股	以投资与项目开发为抓手,打造战略管控型的大型综合投资集团。
整分上市	整：整合行业资源,实现整体上市； 分：对不同行业的资产业务进行分拆,实现分别上市。
跨越发展	形成以投资为培育,资本为带动,成熟后再分拆的良性循环,引导产业升级,推动城市发展,实现集团跨越式发展。

使命愿景

使命	创造优异业绩,提升员工价值,承担社会责任。
愿景	引领绿色休闲生活,缔造完美旅居产业链。

缔造完美旅居产业链

旅	1. 旅行：海陆空联运的水上立体交通。 2. 旅游：蓝色海洋旅游和绿色生态旅游。
居	1. 商居：会议会展的商务旅行目的地。 2. 驿居：游客休闲度假的酒店服务。 3. 家居：全龄化旅游地产开发。 4. 颐居：养老养生健康地产。 5. 云居：SOHO办公。 6. 村居：乡村风光风情旅游。

发展策略与模式

"大、中、小"发展策略

大：大众的主题公园和绿色生态旅游；大气的酒店、洋房；
中：中坚的立体交通和蓝色海洋旅游；中产的高尔夫、赛车；
小：小众的海岛开发和品牌输出；小资的游艇、帆船。
四化：走集群化、专业化、**资本化**、**品牌化**发展之路。

"轻、重、优"发展模式

轻：轻资产扩张
通过对外输出成熟的主题公园、水上客运、酒店等方面的运营管理经验和技术，以此突破实体扩张的速度限制，实现轻资产扩张。

重：重管理营运
重视管理控制和市场营运，通过管理提升，提高企业经营能力、市场控制力和盈利能力。

优：优秀品牌输出与引入
推进品牌建设，提升品牌影响力，对外输出自身优秀品牌，实现从"品牌打造"的内涵性增长到"品牌输出"的外延式拓展；同时引入外部优秀品牌，通过品牌的强强联合，促进业务跨越式发展。

发展路径

上山、下海、请进来、走出去

上山：以发展酒店、景点、主题公园、赛车运动、高尔夫、乡村旅游和复合地产业务，全力打造绿色生态旅游，实现"上山"；

下海：以壮大海洋海岛交通与旅游、港口码头、游艇帆船，积极开拓蓝色海洋旅游，致力打造珠海"百岛千帆"城市名片，实现"下海"；

请进来：以请来国际智慧、引进国内外资金、嫁接高端品牌、吸收优秀人才，实现"请进来"；

走出去：以输出管理、输出品牌、兼并收购、合作运营等灵活方式，向全国积极扩张，实现"走出去"。

发展布局

一、业务板块

主营业务	1. 交通板块：海陆、海空联运的水上立体交通体系与蓝色海洋旅游。 2. 旅游板块：绿色生态旅游。 3. 公用板块：金融公用、能源公用、城市开发和其他公用。
助推工具	互联网+："旅居+互联网"的创新商业模式。

发展布局

二、全国布局

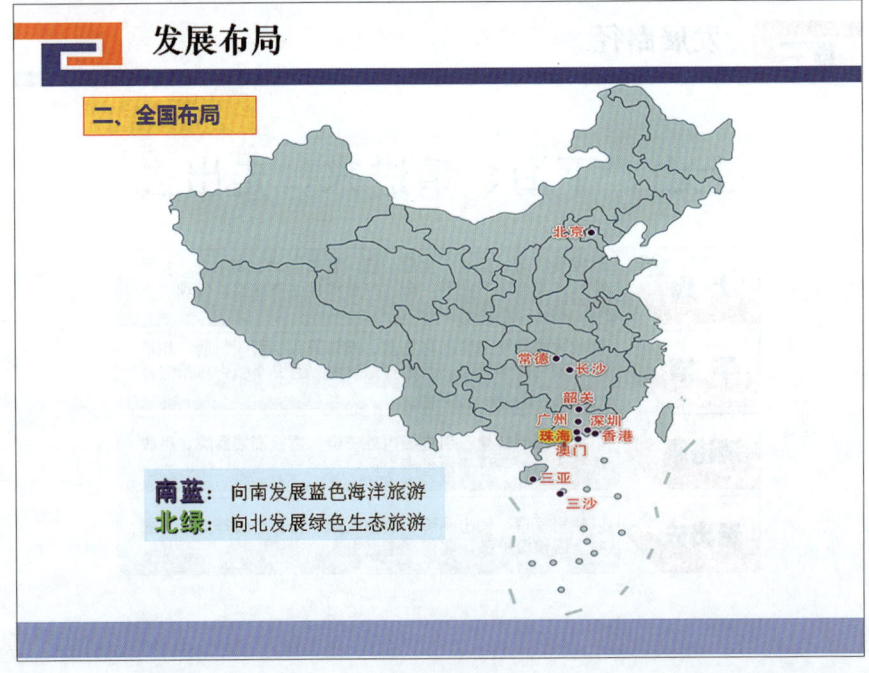

南蓝：向南发展蓝色海洋旅游
北绿：向北发展绿色生态旅游

发展布局

三、珠海布局

"东、南、西、北、中"五大战略组团

东部组团，以万山区为中心，打造海洋海岛休闲、旅游、客运组团；
南部组团，以金湾区为中心，建设国际休闲度假新城；
西部组团，以斗门区为中心，建设西部乡村风情旅游带；
北部组团，以高新区为中心，打造唐家湾文化旅游新城；
中部组团，以香洲区为中心，建设城市中心区文化、休闲、旅游、商贸及公用事业组团。

总体目标

- 至2020年集团公司总资产突破400亿元，国有权益总额突破100亿元，年销售收入突破80亿元，净利润突破8亿元。
- 通过项目发展、产融结合、资本运作，借力"互联网+"，助推集团产业转型升级，缔造完美旅居产业链，把九洲控股集团打造成为广东省内最大的国有旅游企业。

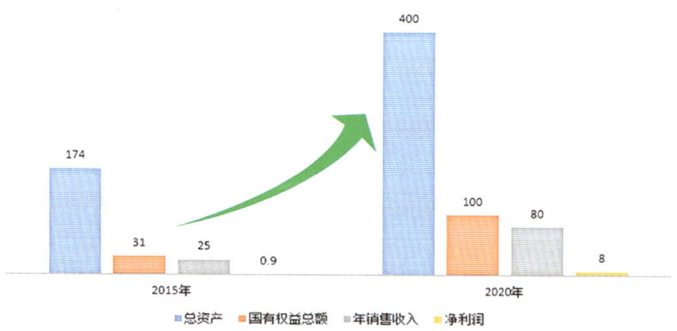

业务目标

交通板块
- 到2020年，集团交通板块客运量达到1500万人次：其中，水路年客运量1000万人次，陆路运输500万人次。
- 打造一支全国范围内"客船最多、航线最广、安全最好、服务最优、效益最高"的粤港澳经济圈"海上巴士"营运商。航运交通业务将拥有优质客船50艘、航线20条。
- 打造拥有12个优质客运港和公用型游艇母港以及"一带九湾码头链"的客运港集群。成为华南地区规模最大、码头资源最多、设施最好、服务最优、效益最高的客运码头营运商和游艇码头服务商。

旅游板块
- 到2020年，集团旅游板块实现年接待1000万人次，其中，酒店接待300万人次，景点接待700万人次。
- 打造一个国际海洋文化中心、两个旅游地产和三个旅游集群业务。
  - 一个国际海洋文化中心：九洲湾；
  - 两个旅游地产：翠湖香山国际花园、西湖湿地国际花园；
  - 三个旅游集群：酒店集群、景区集群、高尔夫集群。

公用板块
- **金融公用**：完善投资平台，通过产融结合，专注于项目孵化、并购重组等资本运作，推动资本证券化，助力集团快速扩张。
- **能源公用**：打造一个年销售量超过50万吨，年销售收入超过30亿元的国有大型能源企业。
- **城市开发**：参与城市公共项目开发，主动融入城市发展建设。推进九洲港片区一级开发与二级联动开发，市民文化广场项目建设。
- **其他公用**：参与城市供水、供热、污水处理、充电桩、停车场等公用事业。

资本运营目标

- 按照"整分上市"的战略指导思想，整合业务，按行业实现分别上市，打造3家上市公司。
- 发展综合金融业务。以股权投资基金、融资租赁、互联网金融等多种形式，为集团项目发展提供金融服务，满足集团重大项目发展的投融资需要，实现产融结合。

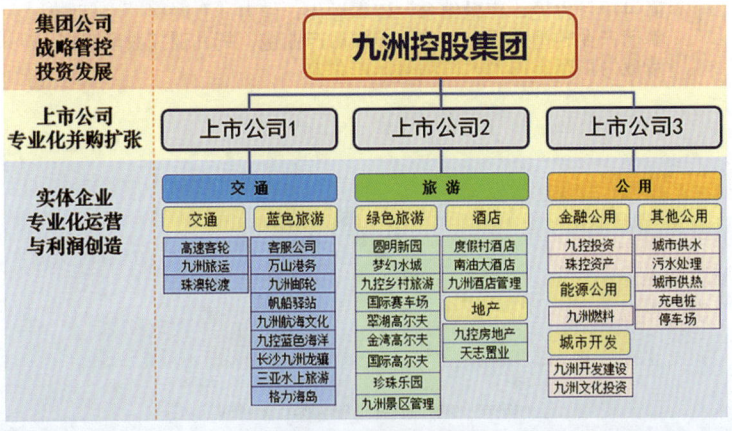

品牌建设目标

- 九洲控股、珠海控股确立为粤港澳知名企业地位；
- 翠湖香山、西湖湿地、九洲港、蓝色干线、度假村酒店、金湾高尔夫、翠湖高尔夫、澳门环岛游、圆明新园、梦幻水城、九洲酒店管理以及"百岛千帆、激情万山"等部分专业子品牌做到全国闻名；
- 将长沙"九洲龙骧"水上旅游打造成湘江旅游新名片；
- 将"环珠澳海湾游"打造成为世界级的海上休闲旅游品牌；
- 将"三角岛"建设成为世界级海岛旅游目的地。

措施保障

一、项目开发举措

交通板块
(8大项目)
- 万山群岛游项目、三角岛旅游开发、桂山岛旅游开发；
- 九洲港公共游艇帆船中心、城市客厅(帆船驿站)、湾仔旅游码头和口岸综合体；
- 长沙橘子洲水上旅游项目、三亚水上旅游项目。

旅游板块
(10大项目)
- 旅游地产：翠湖香山国际花园、西湖湿地国际花园、珠海国际海洋文化中心；
- 酒店项目：度假村酒店改造提升、市属国有酒店资源整合等项目；
- 景区项目：斗门乡村风情带、珠海国际赛车场转型升级、圆明新园改造、湖南城头山旅游综合开发，以及特大主题公园（商秘）等项目。

公用板块
(5大项目)
- 城市开发：九洲港片区一级开发与二级联动开发、市民文化广场项目等；
- 能源贸易：度假村加油站合作、南屏和拱北加油站收购、韶关加油站合作等；
- 其他公用：参与城市供水、供热、污水处理、充电桩、停车场等公用事业。

二、资本运作举措

- 整分上市，控股3家上市公司
- 完善投资平台，实现产融结合
- 建立资金统一调配运作筹集机制
- 整合内外资源，提升运营效益

三、人力资源举措

1. 推动市场化人才选聘与组织任命相结合的选人用人机制，打造高素质专业化人才队伍。

- 逐步推行企业管理团队与核心骨干技术人员市场化选聘，引入职业经理人制度，推行聘任制、任期制和契约化管理；
- 建立人才培养储备机制，完善管理人员公开选拔机制；
- 完善绩效考核机制，创新绩效考核模式，强化绩效考核及其结果的运用。

2. 建立健全中长效激励约束分配机制，增强集团公司内生动力。

- 建立差异化薪酬分配制度和职业经理人市场化薪酬协商机制，完善市场化薪酬体系；
- 完善企业管理人员激励与约束机制，在已实施专项奖励制度的基础上，探索实施股权激励、担亏奖励等激励机制和长效风险金等约束机制。

四、战略管控举措

1. 明确集团战略管控的模式、方向及集团总部与子公司的功能定位。

集团公司定位		
上市公司定位	投资控股和资本运营中心	在集团战略指导下，按照行业发展特点，实行投资控股和专业化并购扩张。
下属子公司定位	专业化运营和利润创造中心	在集团战略指导下实行专业化经营。

2. 完善体制机制创新的支撑体系。

- 进一步完善"契约式"的绩效管理和全面预算管理，全面推行绩效管理制度。
- 进一步完善投资管理与决策制度。
- 建立健全发展战略和规划、评价、动态监控等体系。

五、自主创新举措

集团自主创新战略：

以我为主、机制先行、综合研发、创投结合。

- **思想观念创新**：以市属国企改革创新为契机，破除束缚企业创新发展的陈旧观念，真正使全体员工思想受到冲击，从思想观念上克服制约公司发展的根本因素。
- **探索商业模式、盈利模式创新**：注重创新与投资结合，与集团三大业务板块有机结合，积极利用金融工具和互联网新技术，探索各板块业务的商业模式、盈利模式的创新。
- **加强技术研发、技术改造**：技术创新重点在航运交通业务以及酒店、景点的降低能耗、节能、节水、节电以及减排技术创新方面。
- **加强信息化建设和"互联网+"应用**：积极发展"互联网+"应用，建设集团的"旅居+互联网"商业模式及电子商务平台和大数据中心，推动集团产业转型升级。

六、企业文化建设

集团企业文化理念：

业绩至上，追求卓越；
团结协作的闯劲、攻坚克难的拼劲、
勇往直前的冲劲、坚韧不拔的干劲。

- 围绕企业发展战略，遵循文化管控原则，依据企业文化体系，按照"一三六"工作框架，推进集团公司企业文化建设。即：
  - 围绕一个核心——战略催生文化，文化支撑战略；
  - 建设三项内容——精神层、制度层、物质层；
  - 打造六种文化——品牌文化、服务文化、学习文化、绩效文化、安全文化、廉洁文化。
- 实施制度再建工程，整理成册，编制公司管理大纲。
- 创新企业文化载体，建立企业文化支持系统。
- 创新企业文化的形式，积极营造企业文化建设良好氛围。

结 语

- 《珠海九洲控股集团"十三五"发展规划》突出了"科学发展、顶层设计、实事求是、突出核心"的原则。不仅充分结合集团的实际现状,而且反映集团未来的发展需要。

- 中国经济增长步入新常态,经济发展转型升级时期,九洲控股集团以战略的思维和发展的眼光制订集团公司"十三五"发展规划,深化改革创新,提高国有企业的核心竞争力,主动融入城市发展和产业规划,充分发挥市属国企在珠海经济转型升级、发展提速提质中的引领带动作用,实现国有资产的保值增值等,都具有重要意义。

- 九洲控股集团有信心通过科学谋划企业战略定位,对标国内外一流企业,整合内外部优势资源,缔造完美旅居产业链,把集团公司打造成为主业突出、品牌优良、行业领先、具有核心竞争力的广东省内最大的国有旅游企业。

力争建立口岸和站场安全生产长效机制[①]

九洲港口岸是全国最大的水路口岸,客服公司担负九洲港客运站场经营管理服务。目前,每天进出港近110个航班,开通有珠海至香港中港城、港澳码头、香港国际机场、深圳蛇口港的水路客运航线以及九洲岛等海岛线;同时站内设有香港国际机场珠海候机楼、深圳国际机场珠海候机楼、珠海机场城市候机楼等现场值机服务,并与九洲港的陆路联运企业形成了较完善的"水陆空"客运联运网络,实现了"海陆空"一站式无缝对接。2015年进出港客流量达到530万人次。

[①] 2016年1月4日向珠海市市委书记汇报企业安全生产工作。

一、安全生产、安保工作

长期以来，集团公司和客服公司对九洲港港站安全生产工作高度重视，始终把安全生产工作列入最重要的工作之一，不断完善安全生产管理体系，通过健全机构、完善制度、落实"一岗双责"，有效提高了安全系数和较好地预防了各类安全事故的发生，确保生产安全长期稳定的态势。主要做了以下几个方面的工作：

1. 领导重视，职责明确。从公司一把手、分管安全的副总到部门经理、员工安全责任落实到岗位。做到安全生产，人人有责。

2. 健全公司安全生产体系，完善应急预案实施细则。根据站场和客运工作特点，做到应急预案紧紧围绕实际情况，分工到位，职责分明，可操作性强，能真正起到指导应急工作和实施应急工作的作用。

3. 加强日常和重大节日前的安全检查工作。

（1）加强日常检查工作。坚持做好每天对设备、设施和现场的检查巡视工作，是保证站场生产所有环节长期安全运行的前提和基础，这也是抓好日常管理工作的重点。

（2）深化安全检查，及时消除事故隐患。一直以来，严格执行安全检查制度，每月在所管辖范围内进行安全生产检查；每周进行安全生产督察，严格排查事故隐患。在每个黄金周到来之前，针对进出港人、车、船流量大、生产繁忙的特点，提前组织对经营场地及特种设备、电气、消防进行一次全面检查，达到消除事故隐患，确保生产安全的目的。

4. 规范员工的安全操作行为。

（1）严格执行特种设备操作人员持证上岗制度；对重要特种设备均按有关规定委托专业公司进行保养维护，确保站场所有设备设施保持安全正常的运转。

（2）从管理上，提供更细致、以人为本的服务。

①节日期间，增派人手在人、车流密集的地方加强服务，及时疏导人流车流。

②对进出九洲港的船舶,由港口总调度室按照有关管理规定,监督进出港申报制度的执行情况,有效地保障船舶进出九洲港的安全。

5.防恐安保工作。

(1)实施24小时监控(合计136部监控摄像),由专职保安人员通过监控摄像对客运站场进行24小时监控,同时落实保安人员值班巡查制度。

(2)加强旅客安检工作,对旅客行李、物品实行严格检查,做到蛇口航线旅客登船前每件行李都经安检机,仅2015年1月1日至2月2日,共查获刀具等违禁物品约160件。

(3)安保硬件和防护用品按需配备到位。客运大楼现配备有2台X光行李安检机、安检门2个、手持式金属器探测器6个、排爆桶2个、警棍20条、防烟雾面罩8只、夜间巡逻强光照明电筒5只、高频对讲机20台、电子巡更点16个、一批防割手套、安全头盔、防暴钢叉、盾牌等。

二、近期完成的安全生产、安保工作

1. 2016年陆续制定出台了《今冬明春消防专项工作方案》、《2016年春运工作方案》、《岁末年初安全生产大检查工作方案》等安全生产工作方案;召开专题会议,宣传贯彻上级春运工作会议的精神,对春运期间的安全生产、安保、综治维稳作出了要求和部署。

2. 春运和春节黄金周前,进行了两次安全生产大检查,对查出的安全隐患及时整改完毕。

三、目前存在的问题

1. 九洲港口岸"拉客"等非法商业行为猖獗。长期以来,九洲港口岸客运站场存在较多拉客、蓝牌车、无证商贩等非法商业行为,给旅客正常出行带来干扰,有时也有欺诈旅客的事件发生,严重影响了珠海市形象。此现象作为企业很难独立解决，建议由政府牵头成立综治机构，对九洲港口岸进行综合治理。

2.行李安检机设置点。为了加强客运站场安保工作，按照市防控办、口岸九洲港分局、九洲边检要求，2015年11月上旬，客服公司将行李安检机从二楼验票口前搬迁到客运大楼一层入口处，对所有进入客运站的旅客所携带行李物品进行了严格的安全检查，有效保障了港站和人员的安全，受到有关部门、进出港旅客的好评和欢迎。但在2016年1月9日，市人大代表李健康提出，安检机设置在客运大楼一层入口处不符合相关法律规定，要求将安检机搬离客运大楼一层入口处（已于1月23日将行李安检机搬回客运大楼二层检票口前）。

令人担忧的是，行李安检机放置在客运大楼二层检票口前，仅对境内旅客登船前进行安检，不能完全确保无违禁物品被携带进入站内，不能有效保障港站和进出港旅客的安全。

因此，建议相关主管部门尽快研究明确，行李安检机恢复设置在一层大门入口处，对所有进站人员和行李包裹进行安检，以防止违禁物品被携带进入站内，防患于未然，确保口岸和站场的安全。

城头山旅游景区项目策划指引

背景：根据珠海九洲控股集团与澧县人民政府签订的《合作框架协议》，2015年12月23日，珠海九洲景区管理有限公司与湖南城头山建设开发有限公司正式签订《城头山委托管理合同》。为了进一步协助推进城头山旅游景区的后期建设开发工作，九洲景区管理有限公司迅速制定城头山项目规划工作计划，并根据工作计划组建九洲规划研究团队，团队成员由景区、酒店、投资、工程等方面专业人员组成，同时邀请美国DPI韩国分公司外籍专家作为本团队的国际顾问。2016年1月16日，九洲规划研究团队按计划前往澧县进行现场考察，并于17日与湖南常德、澧县有关领导、北京土人城市策划设计公司专家及城头山开发公司共同参加了城头山旅游景区农业大观园暨风情小镇项目策划论证会。会议由澧县人民政府副县长李如清主持。会议各方围绕城头山景区项目策划进行了交流。

九洲规划研究团队返回珠海后，结合现场考察、座谈交流、行业经验、内部交流讨论的情况，又就城头山旅游景区项目策划做了进一步研讨。综合各方建议，提出如下参考意见：

一、关于规划问题

北京土人城市规划设计有限公司作为设计方所完成的《城头山国家考古遗址公园中轴线两侧旅游发展策划与概念规划》作为初级概念性规

划，无论是从整体定位、空间格局、功能规划还是交通动向等方面，都比较圆满地完成了项目概念规划的设计要求，理念新颖，内容也较全面。现从实际商业运营的角度对该规划提出如下建议：

(一)关于项目规划定位

1.旅游规划的主导理念应该从景点旅游模式向全域旅游模式转变。旅游业已经发展到了全民旅游和个人游、自驾游为主的全新阶段，现实要求我们必须从现在的景点旅游模式转变为全域旅游模式。这种转变包括从单一景点景区建设管理向综合目的地统筹发展转变、从门票经济向产业经济转变、从粗放低效旅游向精细高效旅游转变、从封闭的旅游自循环向开放的"旅游+"融合发展方式转变、从旅游企业单打独享向社会共建共享转变等。本项目规划应该与时俱进、未雨绸缪，积极引导城头山旅游模式的创新转变。

2.规划定位的主题内涵。(1)关于农业大观园的表述，相对于工业化、城市的概念，"乡村"比"农业"可能更休闲、更有吸引力、更符合社会发展需求。(2)城头山项目拥有厚重的人文历史资源、考古学术价值、充足的土地储备、独特的民宿建筑肌理，建议在规划中结合自身优势条件进行重点植入。

3.规划定位的高度。(1)随着社会的快速发展，经济新常态下的旅游新要素"商、养、学、闲、情、奇"已经逐步取代传统的旅游六要素即"食、住、行、游、娱、购",更切合游客日益旺盛的出游需求,也是旅游业转型升级重要的着力点,建议本规划应该结合旅游新要素的高度进行定位。(2)凭借城头山六千多年的历史沉淀、"中国最早的城市"、"世界稻作发源地",项目定位是否可以更高一点,打造成为面向国际、走向世界的项目。建议完善关于项目定位的相关表述。

(二)关于旅游产品设计和空间布局

旅游产品规划要回答什么是最独特的吸引力让城头山成为旅游目的地?现有规划文本在产品设计上对城头山特点凸显不足,虽然面面俱到但无差异性明显、吸引力极强的拳头产品。建议:

差异性重点产品之一:打造独一无二的遗址博物馆。一个好的博物馆甚至可以拯救一个城市,如西班牙毕尔巴鄂的古根海姆博物馆就是成功案例。城头山六千多年遗址不可复制,但是博物馆目前还只是满足了普遍性的基本功能,显得比较"平淡无奇",如何拔高、凸显、出类拔萃,成为完全有别于同类非常独特的博物馆?成为博物馆中的佼佼者?遗址博物馆这篇文章还需要深度挖掘、系统设计,做好、做足、做特。

差异性重点产品之二:打造独一无二的稻田酒店。一个提供独特体验的精品酒店本身,就有可能成为旅游目的地。建议应该对稻田酒店的市场定位、主题定位、价格定位、管理模式给予指引。

差异性重点产品之三:打造独一无二的本土文化体验。建议充分挖掘、引进本土文化元素,任何一个脱离文化的旅游产品生命力都是有限的,同时作为一个由遗址文化公园而引申开发的旅游产品一定要接地气。建议可以深入挖掘、充分做足"稻""城"两元素的历史、文化内涵,特别是"稻",是长江流域乃至华夏几千年以来农耕文明不可分割的一部分,有足够的内涵可挖掘。同时产品要体现参与性与体验性,如稻作过程的体验与参与等。

差异性重点产品之四:打造独一无二的主题品牌活动。放眼全国乃至全球旅游行业,并非大的投资就一定可行,很多成功案例亦非必须依托景区,而是以主题取胜。城头山项目既有遗址公园可作依托,又有丰富的文化主题,因此可以参考日本稻田彩绘节、古巴番茄节、德国啤酒节等，进行人工造节，持续打造全国知名乃至世界知名的品牌活动，让游客想到活动就想到城头山，想到城头山就想到活动。

在空间设计上，本规划存在产品项目多、规模小、分布散，好像什么都有，又好像什么都不特别突出，建议精简项目，集中资源专注于高效项目，避免粗放低效开发，减少资源浪费。

关于风情小镇，目前我们缺乏对此项目更深入的调研和相关资料信息，不便发表意见。

二、关于项目的商业模式和市场调查

商业模式是旅游项目是否可持续发展的核心问题。本规划对项目的商业模式研究较少，未明确项目的商业模式，也没有明确提供可对标学习的同业案例或成功经验。如项目按景区模式经营，则门票收入是主要来源，景区围合应是未来必行之势；若项目按综合度假区、旅游区模式发展，则收入来源应该更加多元化。如何建立更健康、更适合本项目的盈利模式，应该给予明确规划指引。

现有规划文本中未进行项目的收益分析，从商业运作角度看，缺乏投资回报的项目通常对投资人的吸引力不足。文本中也未说明项目分步实施计划和资金计划，难以判断实施进度与财务平衡的关系。

市场调研是规划团队了解市场和把握游客需求的重要手段，开展游客调查，掌握供需关系，项目规划才能更精准，并据此合理布局景区元素。同时，客观准确的市场分析也是项目投资的前提，为企业的投资决策提供客观依据。在本次规划中，我们没有看到有说服力的市场调研资料或结果。

三、关于投资问题

1.旅游项目必须与周边资源融合发展、共建共享，建议要统筹考虑周边资源的联动开发。

2. 投资模式可以多元化，也可以考虑与当地农户合作开发经营的模式，以便带动当地农民致富，化解农民与景区开发之间的矛盾。

3. 建议应该尽快明确涉及投资项目（如稻田酒店）的相关土地政策、扶持政策、税收政策、投资和退出机制等，以利于未来招商引资。

直挂云帆济沧海[1]

尊敬的市长、各位来宾：大家好！

律回春晖渐，万象始更新。今天是珠海国际海洋文化中心暨帆船赛事保障中心项目开工动土之日，是珠海的好日子，是九洲的大日子。在此，我谨代表珠海九洲控股集团有限公司向各位嘉宾的到来表示热烈的欢迎。

珠海国际海洋文化中心暨帆船赛事保障中心规划在我们九洲港，陆域4.5万平方米，水域16万公顷，规划建设440个不同规格的码头泊位，包括海洋文化生活体验馆、帆船赛事保障中心、游艇码头三个部分。

---

[1] 此文是2016年1月26日在珠海国际海洋文化中心暨帆船赛事保障中心动工仪式上的致辞。

目前，珠海正在卓有成效地创建宜居城市，随着珠海乃至全国生活水平、健康意识和体育意识的增强，休闲体育产业已成为国民经济中不可忽略的新的增长点。而九洲控股集团目前全力打造的珠海国际海洋文化中心暨帆船赛事保障中心将向多功能性海洋运动休闲度假中心发展，切实地满足休闲体育产业消费的需求，打造高端服务业。建成之后，将以中心为母港，以三角岛、桂山岛等万山群岛"跳岛游"为目的地，通过海上客运专线和游艇码头集群快速连接万山群岛畅游浪漫岛屿和粤港澳城市，促进粤港澳经济圈的融合并进。

与此同时，九洲控股集团将会一如既往地融合自身产业集群优势，发挥其在赛车、高尔夫、港行客运、乡村旅游等板块方面的优势，根据市政府规划，结合企业发展，契合居民需求，稳步有序地推进珠海国际海洋文化中心暨帆船赛事保障中心项目的各项建设和后续的经营管理工作。

最后，再次感谢各位领导、嘉宾的到来，祝珠海国际海洋文化中心暨帆船赛事保障中心项目开工大吉！

创新为魂　转型为躯
——珠海九洲控股集团有限公司改革创新报告

为顺应经济全球化和中国经济步入新常态，加速转型升级的发展趋势，围绕珠海市"珠江口西岸核心城市"和"生态文明新特区，科学发展示范市"的发展定位以及"蓝色珠海、科学崛起"发展战略，近年来，九洲控股集团有限公司（以下简称集团公司）以市场化、专业化、国际化为导向，紧抓珠海市国企改革创新的机遇，结合集团公司发展基础和条件，对内深度挖潜，对外整合资源，以战略思维进行谋划，以产业升级转型为抓手，以投融资和项目开发为驱动，紧紧围绕集团公司战略目标与发展方向，全面深化改革创新，提升整体竞争力，增强发展活力，推动集团公司跨越式发展。

一、创新战略规划，为集团公司跨越式发展指引方向

按照珠海市委、市政府和市国资委的统一规划和部署，集团公司高端谋划、扎实推进，在实践的过程中确立了"一体两翼、投资控股、整分上市、跨越发展"战略指导思想。

根据此战略指导思想，集团公司于2013年制订了"一体两翼"、"三大板块"、"五大组团"、"六大项目"、"七个突破"的"13567战略"。企业定位确立为以发展现代旅游休闲产业为着力点，以交通、旅游、公用三大业务板块为核心，带动珠海航运、旅游产业转型升级和区域协同跨越发展，并积极向外整合资源，推动产业扩张，实现集团向投资控股

型集团转型，致力于在资源整合、资本运作、品牌建设、管理控制、市场运营等五个方面形成自身核心竞争力，具备专业的交通、旅游和公用行业综合开发和市场竞争能力。

通过战略创新，对集团公司原有的经营理念、发展理念、组织原则和工作方法等进行优化和再造，指明了集团公司未来发展方向与道路，引领集团公司推进跨越式发展。

二、创新发展模式，以整合资源、优化产业结构为核心，促进集团公司产业转型升级，缔造完美旅居产业链

集团公司结合自身优势与特点，秉承业绩至上、追求卓越的精神，按照集团公司既定的"大、中、小"发展策略（即最大众的主题公园和绿色生态旅游；最大气的酒店、洋房；最中坚的立体交通和蓝色海洋旅游；最中产的高尔夫、赛车；最小众的海岛开发和品牌输出；最小资的游艇、帆船）和"轻、重、优"创新发展模式（轻资产扩张；重管理营运；优秀品牌输出与引入），积极整合内外资源，通过项目开发，完善集团公司"交通、旅游、公用"三大业务板块，进一步壮大产业规模，优化产业结构，缔造完美旅居产业链。

（一）盘活存留资产，解决历史遗留问题，开拓旅游地产业务

1. 翠湖香山国际花园项目。集团公司坚持尊重历史、合作双赢的原则，经过艰苦的谈判，成功迫使隆益项目合作外方做出让步，以总价16.5亿港元（折合12.87亿元人民币）的定向增发股票、发行可换股债券及发行承兑票据组合的方式收购隆益项目合作外方香港南迪综合发展和香港南迪高尔夫俱乐部100%股权（此价格大大低于评估价和外方坚持的30亿港元的价格），实现了隆益项目权益回归中方，并解决了项目多年纠缠无果的一系列历史遗留问题，不仅使上市公司市值实现翻番，而且恢复了上市公司的融资能力。

在项目外方权益收购的同时，集团公司积极与各方沟通协商，在市政府及有关部门的支持下，2013年6月15日，市国土资源局、赛车场

高尔夫俱乐部有限公司、隆益实业公司三方签订了《国有建设用地调整用地协议书》，市国土资源局、隆益实业公司、综合发展公司、市国资委四方签订《国有建设用地使用权出让补充协议书》，分别就项目用地调整和用地出让达成协议，成功推动了翠湖香山项目的开发。

2. 西湖湿地国际花园项目。在顺利接管天志项目后，集团公司加强与市规划、国土、工商等部门的沟通，克服重重困难，先后取得项目250万平方米用地的《建设用地规划许可证》《建设用地批准书》和《房地产权证》，并于2014年3月底完成天志置业股权划转的公司变更工作。接着创新地以结构化融资的方式完成天志项目增资扩股，顺利融资30亿元，于2014年5月23日全部缴清需补缴的天志项目地价款，成功推动了西湖湿地国际花园项目的开发建设。

（二）发挥集团产业优势，整合内外资源，推进港航和旅游产业转型升级

依托集团公司在港航和旅游业务方面优秀的人才队伍和丰富的开发和管理经验，近年来，集团公司积极整合内外资源，推进产业转型升级，具体推进了以下项目开发：

1. 三角岛整岛旅游开发，在三角岛开发客运及游艇码头、海上运动娱乐、沙滩活动、主题酒店、餐厅、公寓等业态。将三角岛建设成为珠三角乃至中国最具特色的海洋海岛运动休闲旅游目的地。

2. 通过增资扩股，参股经营万山区港务有限公司，推进海岛码头基础设施建设，提升和完善万山群岛陆岛交通布局，开发海洋海岛旅游资源，创建"百岛千帆，激情万山"的水上运动品牌，将万山群岛打造成世界级群岛旅游目的地。

3. 根据市委、市政府的统一部署，整合石景山庄、望海楼、北京幸福城酒店、广州珠海特区大酒店等市属国有酒店，组建酒店管理公司，提升市属国有酒店的管理水平和经营能力。后续将继续推动石景山—香炉湾片区酒店资源的整合，开发建设石景山酒店集群带，打造集团公司的酒店集群。

4. 环珠澳海湾游项目：沿珠海"一带九湾一河"，开辟一条全新的

海上观光航线，全面展现珠海的建设成就，将珠海"一带九湾一河"景观带打造成最具城市特色和风情魅力的世界级海上休闲旅游项目。

5. 积极参与珠海幸福村居建设，重点推进了斗门乡村风情带项目和桂山幸福渔村项目的开发。

斗门乡村风情带项目计划在斗门区黄杨山至竹银水库总范围约127平方公里，涵盖4个社区、23个村庄范围内，采取土地一级开发、基础设施建设、景点景区建设、商业开发、农业产业化组织一级招商引资等多种灵活的开发方式，引进国内外先进的农业、乡村旅游开发理念与模式，建设集休闲旅游、现代农业、健康服务业三位一体、协调发展的乡村旅游产业体系，打造世界级乡村旅游目的地和国家级健康服务业基地。

桂山幸福渔村项目依托桂山岛优越的自然、人文等资源禀赋，在桂山岛打造以海岛渔村风情为特色，集海岛观光、特色住宿、餐饮美食、休闲娱乐、文创商业、民俗体验等"吃住行游娱购"六大旅游要素于一体的万山群岛海岛休闲度假第一村，形成全向型旅游目的地。

（三）加大公用事业领域投入，发挥国有资本在重大基础设施和公用事业领域的主导作用，积极参与城市公共项目开发，主动融入城市发展建设

根据珠海"生态文明新特区，科学发展示范市"的发展定位和"三高一特"的城市产业定位，重点发展高端服务业、特色海洋经济产业的要求，配合珠海城市规划，集团公司结合自身产业特色与发展需要，加大公用事业领域投入，主动融入城市发展，参与了以下城市公共项目的开发建设，在壮大自身产业规模的同时，助力珠海提升"浪漫之城"、"宜居城市"的形象。

1. 九洲港片区一级开发：市政府已授予集团公司作为九洲港片区一级开发主体企业，在九洲国际货柜码头完成搬迁后，对九洲港片区的土地进行一级开发和改造提升，将建设成为珠海航海文化中心和海洋新经济产业集群基地，包括九洲国际港综合体、地标塔楼、九洲soho村、国际游艇生活方式街、游艇帆船中心、文化广场等多种业态。

2. 公共游艇帆船中心：项目以九洲港南码头为基地，建设华南地区最大的公共游艇帆船母港，将携手世界一流品牌向珠海、华南乃至整个中国提供一种全新的游艇、帆船生活体验。

3. 度假村酒店改造提升：项目将建设以度假村人工湖为主的景观中心，以及综合商务区、酒店康体区、度假别墅区、会议会展区，最终形成"一心四区"的结构，将度假村酒店改造成为世界知名、国内一流的酒店综合体和世界级滨海度假村。

4. 城市客厅（帆船驿站）：以珠海丰富的滨水资源为依托，以九洲港为公共母港，以海滨泳场为核心，按照一港（九洲港）、一湾（拱北湾）、一核（海滨泳场）、一岛（洲仔山岛）一园（海天驿站）的规划思路，划分功能，使各个帆船驿站独具特色又有良好联动，以建设国际化帆船运动中心城市为目标，创建珠海"百岛千帆"城市品牌。

5. 桂山航运综合体项目：依托桂山岛国际锚地和一类口岸的独特优势，以国际化标准建设集广场、办公、酒店、特色商业、休闲娱乐、海洋餐饮、旅游集散、船员俱乐部等等为一体的航运综合体，打造成为桂山岛标志性建筑，吸引旅客上岛消费和娱乐。

6. 珠海国际赛车场转型升级项目：与马来西亚合作方合作，对当前单一的赛车功能区进行改造，升级其商业模式，引入高端旅游和商业，将赛车场改造成珠海高端城市综合服务中心，打造中国首个城市型赛道综合发展典范。

（四）面向全国，输出品牌与管理，实施轻资产扩张

为突破港航业务发展瓶颈，实现港航业务向海洋旅游转型升级，高速客轮公司依托多年积累的品牌和管理优势，积极向外寻求发展空间，成功推进了三亚水上旅游项目、长沙橘子洲水上旅游项目的开发。

同时，集团公司采取品牌输出和管理输出的轻资产扩张模式，受托经营管理湖南澧县城头山文化遗址公园景区，获聘成为韶关乐昌市政府经济顾问，推动乐昌旅游产业发展。

三、创新管理模式，增强企业活力、提高企业效率、提升企业规范运作水平

集团公司从内部管理改革抓起，深化管理创新，统一认识，转变发展观念，从体制机制和管理上为集团公司创新发展打下坚实基础。

（一）完善公司法人治理，建立现代企业管理制度，规范企业运作水平

集团公司坚持以"完善制度，规范运作、加强保障，提高效率"为工作方针，坚持领导班子建设与法人治理结构健全相结合，推进现代企业制度建设和董事会建设，实行了董事长与总经理分设，完善了外部董事过半的董事会制度，修订了集团董事会相关会议制度和议事规则，明晰了公司董事会、党委会、监事会、经营班子之间的权责边界，形成了高效运转、有效制衡的现代公司治理机制。

同时，集团公司坚持加强党的领导和完善公司治理相结合，充分发挥党组织的政治核心作用，在抓经营抓发展的同时，加强了党组织建设和党员队伍建设，做好党员廉政建设，加强党组织对群众工作的领导。

（二）理顺管理关系，实行分级授权分层管理制度，提高管理效能

集团公司依据产权关系，以"明晰责权、坚持法治；组织精干、高效沟通；信息真实、传达准确"为基本原则，以满足集团公司实业扩张、资本扩张、发展创业的需求为基础，进一步优化内部组织机构设置，通过理顺集团公司总部和上市公司总部及各子公司之间的管理关系，全面实施"产权经营、分级授权、分层管理"的扁平化管理体制，减少行政管理层级，完善决策机制和程序，实现各层级间高效沟通，建立起了一个精干高效的扁平化组织架构。

同时，以集团战略目标为导向，明确了集团公司、上市公司和下属实体企业的定位，开展母子公司战略协同，发挥集团整体优势，提高管理效能。

(三)加强安全生产管理,建设平安企业

集团公司积极贯彻和执行"安全第一、预防为主、综合治理"的安全生产方针,以高标准、严要求全面推进了安全生产标准化建设,落实安全生产一岗双责,健全各层级安全生产责任制,层层签订安全生产责任书,落实责任到人。认真贯彻执行三级安全例会制度,开展多层面多形式的安全生产检查,严格执行安全生产行政责任追究制度,建立了安全生产自我约束机制。

另外,集团公司集中安全生产技术人才,成立了安全技术中心,通过安全技术中心加强了安全生产工作的指导和培训,提升了集团公司安全管理水平。

(四)推行契约化绩效管理,完善激励约束机制,增强企业内生动力,提升企业价值

集团公司大力倡导绩效文化和契约精神,全面推行了以战略发展、综合业绩为导向的绩效管理制度,对集团公司下属企业实施了契约化的绩效管理,与各下属企业签订年度和任期绩效合同,增强了企业经营者的市场意识、危机意识和竞争意识。并通过实施有效的绩效跟踪与督导以及绩效考核,强化绩效执行力度,推动各下属企业努力提升经营业绩和企业价值。

为鼓励先进,提高和调动企业管理人员和业务骨干的工作热情和创造性,提升公司业绩,集团公司近年来实施了重大专项奖励制度,对推进重点项目及完成重大任务贡献突出的工作团队予以专项奖励,取得了良好效果。

(五)探索推行职业经理人制度,健全企业领导人员的选人用人机制

集团公司探索推进了新成立企业或新项目高级管理人员以及部分企业新增高级经营管理人员的市场化选聘工作。

在新增的天志项目中实施了职业经理人制度,引入产权与经营权分离体制,推行职业经理人团队专业化的公司运作管理,打造高素质专业化人才队伍。

天志项目管理人员薪酬方面,则采取了与选任方式相匹配、与企业

功能性质相适应、与经营业绩挂钩的差异化薪酬分配办法，对组织任命的管理人员，合理确定基本年薪、绩效年薪和任期激励收入，对市场化选聘的职业经理人实行市场化薪酬分配机制，既体现了效率又不失公平、既符合市场薪酬的一般规律又体现了国有企业薪酬分配特点。

四、创新产权改革，在部分新增项目中推进产权多元化，择优引进战略投资者，嫁接高端品牌，提升项目品质，发展混合所有制经济，增强国有资本放大功能

（一）以品牌合作、项目代建方式引入绿城集团进行翠湖香山项目的开发管理

为弥补集团公司在房地产开发方面的短板，集团公司在翠湖香山项目中择优引入了国内房地产知名品牌——绿城，与绿城集团进行品牌合作，由绿城建设负责项目代建、营销和服务的全程开发管理，全面提升了翠湖香山国际花园项目的品质和开发管理水平。

（二）择优引进战略投资者，推进产权多元化

为稳妥推进项目的开发，根据项目发展的需要，集团公司在近年的部分新增项目中，有选择地引进同行业技术和管理水平高、国内知名的国有企业作为战略投资者，在同步考虑品牌、管理、人才、技术等因素的基础上，稳步推进产权多元化。

1. 与潜在战略合作者沟通，计划在西湖湿地国际花园项目中通过增资扩股方式，引入国内知名品牌，提升西湖湿地国际花园项目的品质与开发管理水平。

2. 通过增资扩股方式参股万山区港务有限公司50%股权，利用集团公司港航业务优势和广东万山投资有限公司资源优势，共同推进万山群岛海岛码头基础设施建设，开发万山群岛游。

3. 在三亚水上旅游项目中分别引入央企中国交通建设集团有限公司和中国港中旅集团公司，高起点、高品质共同开发三亚水上旅游。

（三）积极引入社会资本，发展混合所有制经济

在部分竞争性项目中，集团公司在充分发挥国有企业的引领作用的同时，积极引入社会资本，发展混合所有制经济，实现各种所有制资本取长补短、相互促进、共同发展。

1. 在长沙橘子洲水上旅游项目中通过增资扩股，与湖南省交通运输行业龙头企业湖南龙骧集团强强联合，在保证集团公司控股权的基础上，实行高级管理人员个人持股，实现资本所有者和管理者利益共同体，激发管理者的积极性和创造力，以高起点规划、高标准建设、高品质管理将湘江水上旅游打造成为"长沙市旅游品牌和城市名片"。

2. 珠海九洲船员培训中心有限公司则是以珠海九洲邮轮有限公司为主体，联合集团旗下珠海市九洲游艇俱乐部有限公司，引入民营企业珠海太阳鸟游艇制造有限公司共同成立。其中九洲邮轮占股60%，太阳鸟游艇公司占股30%，游艇俱乐部公司占股10%。九洲船员培训中心引入民企太阳鸟游艇制造有限公司实行混合所有制充分考虑了游艇产业上下游的结合，为培训中心的健康发展奠定了良好的基础。

五、创新互联网营销，推进互联网技术与集团传统产业融合，建设"旅居＋互联网"，创造新的发展生态

互联网发展到今天，已经渗入到人们生活的每个角落，深刻地改变了人们的生产生活和消费行为，也将彻底地颠覆原有的商业生态。集团公司顺应互联网时代发展潮流，指导下属企业推进了"旅居＋互联网"建设，提升集团品牌形象和营销管理水平。

（一）以房地产众筹方式，推进西湖湿地国际花园项目的销售，快速筹集资金，降低项目融资成本

天志置业与九控投资合作，采用全新的"互联网＋房地产"的营销方式，通过房地产众筹进行西湖湿地国际花园一期别墅的选购。

购房者在支付一定额度的金额购买西湖湿地国际花园通过金开贷平台设立的众筹产品，可获得西湖湿地国际花园一期别墅优先选房权和年

化 4% 的现金收益，持续购买后期相应众筹产品，直接匹配房号成功的，还可享受购房折扣优惠。

通过创新房地产众筹，购房者获得了理财收益和购房折扣优惠，天志置业公司则可快速筹集资金，降低公司项目融资成本，九控投资则利用集团内部项目创新开拓了互联网金融业务，实现了购房者、天志置业和九控投资三方共赢。

（二）建设微信平台，大力开展传统业务的互联网营销

九洲港客运站、万山港务开通了微信购票平台，通过平台为旅客拓宽购票渠道，并利用该平台进行业务推广，包括发布业务信息、开展"关注微信送红包"、与腾讯公司合作开展"购立减"等营销活动。

圆明新园、梦幻水城、澳门环岛游等公司也紧跟互联网消费趋势，建立了微信平台，加大微信促销活动推广和微信购票服务，营销推广和销售效果良好。

微信平台已成为港口和景点售票的新生力量，发展势头强劲，不同于传统售票，微信平台还有助于公司了解掌握购票客户信息及动态，为下一步的个性化营销服务和宣传推广提供数据依据。

六、创新资本运作，坚持资本是第一推动力，推进资本证券化，增强企业资本运作能力

集团公司深刻认识到资本运作在当前经济发展、企业运营发展中的重要作用，近年来，集团公司大力开拓金融领域业务，构建集团公司的金融体系，以资本运作思路推动当前运作项目和战略储备项目的快速孵化和资本证券化，积极参与股权投资、基金、资产管理、并购与重组等金融业务。

（一）多元化推进项目融资，为项目开发提供资金支持

珠海控股在 2013 年通过在香港资本市场以定向增发股票、发行可换股债券及发行承兑票据，成功募集 16.5 亿港元，完成收购香港南迪发展和南迪高尔夫 100% 股权的基础上，于 2014 年进一步发挥香港上

市公司境外融资平台作用，成功获得3亿港元的低息贷款，2015年再获马来亚银行等10家境外银行20亿港元低息贷款，优化了公司融资结构，有效降低了公司财务成本。

另外，集团公司近年来通过发行短期融资券、中期票据、定向票据和非公开发行公司债，以及结构化融资等多种融资方式，先后募集资金60多亿元，成功完成了翠湖香山项目和天志项目地价款的补缴，解决了项目历史遗留问题，偿还部分借款及利息，有效降低集团财务成本，成功推动了两个旅游地产项目的开发。

（二）组建国有资本投资运营公司，搭建集团金融体系，推进产融结合与金融创新

为进一步建立健全国有资本投资运营机制，推进产融结合，实现资源、资产、资本、资金的良性循环，实现国有资本价值最大化，九洲控股集团搭建了金融体系，组建了国有资本投资运营公司——珠海九控投资有限公司，集团旗下珠海控股也组建了珠海控股资产管理公司。

集团公司通过九控投资有限公司和珠控资产管理公司两个投资平台，实施对外投资合作和资源整合，通过发行基金、债券等多种形式的融资方式，专注于项目孵化、基金、股权投资、融资租赁、互联网金融、资产管理、并购重组等业务，发挥投资平台"投资—整合—孵化—证券化"的功能，在条件成熟时，按业务分类及资本结构要求，向上市公司注入相关业务和资产。

目前，九控投资公司与国内众多知名投资金融机构开展了合作，已签订相关协议设立了平安九洲文化旅游产业基金和九洲城市发展专项基金，基金总规模达70亿元。

同时，九控投资公司于近期开展了西湖湿地国际花园项目的房地产众筹业务，大力发展供应链融资、类资产证券化、资产租赁等新型互联网金融产品，并正与有关投资金融机构沟通，谋划设立海洋产业发展基金，助力集团公司海洋海岛旅游产业的发展。

七、总结语

通过近年来的改革创新,集团公司实现了跨越式发展,优化了产业结构,壮大了产业规模,建立了涵盖"食、住、行、游、购、娱"六大旅游要素,并不断拓展"商、养、学、闲、情、奇"六个新鲜要素的完美旅居产业链,提升了投融资和资本运作能力,完善了内部管理并提高了管理效能,彻底打开了集团公司的发展空间,为集团公司"十三五"期间的进一步腾飞奠定了良好的基础。

最好的守业是创业　最浓的关爱是执纪[1]
——力求逆势成长、健康成长，力戒野蛮生长、无序生长

这几天，霸王级寒潮席卷中国大部，我们有幸作为见证人，偶遇了珠海的极值严冬。同事们在朋友圈都刷爆了珠海破天荒下霰（冰雨）的消息，全国很多地方最低气温都跌破了历史极值。寒风凛冽，在这霸王级寒潮的影响下，跌破历史极值的不仅仅是气温，资本市场也遭遇了"严寒"，在国家刚刚公布的经济数据中，2015年的GDP增长6.9%，创1990年以来最慢增速，首次回落7%以下，经济进入"新常态"。

虽然场外寒风阵阵，但反观我们集团工作会议的场内，热情似火，意志昂扬，忆往昔峥嵘岁月，谋未来意志更坚，生机勃发，在隆冬中充满"春"的气息。因为在过去经济低迷的一年，六千多名九洲人，在市委、市政府和市国资委的正确领导下，主动认识、适应、引领新常态，稳健发力，逆水行舟，逆势生长，各项体现经营业绩和发展成就的企业年度指标，似严冬腊梅，亮丽绽放，又如冬天里的一把火，照亮、温暖每一位九洲人坚定自信地踏上2016年的征途。唯业绩，唯发展，唯有如此，寒冬中方能温暖身心！

2016年年度工作会议与以往不同，有几大特点：

第一是会期超长，分两阶段，历时三天，破历史。

第二是会议的主题很鲜明：以问题导向、目标导向、业绩导向为三大原则，既谈创业，又谈执纪，既抓"培元"，又抓"展翅"，张弛有度、

---

[1] 此文为作者在2016年1月27日九洲控股集团2016年度工作会议上的演讲。

收放自如、有取有舍、方得始终。九洲集团近几年披荆斩棘，攻坚克难，取得了超常规的发展成就，企业迅速由小变大。下一阶段集团公司面临由大变强的发展难题，对照协调发展、共享发展、创新发展、开放发展、绿色发展的"新发展观"理念进行检查，或多或少存在发展成就掩盖下的短板、矛盾、失衡和困惑，必须正视，需要抓小、抓细、抓早。因此我们第一阶段的会议以问题导向，用了足足两天的时间，召开集团公司审计监察、基层党建、财务管理专题会议，本着"摆问题、查原因、抓整改、担责任"的原则与18家企业经营班子成员、财务负责人面对面直击问题，唇枪舌剑，不留情面，防微杜渐，治病救人，不回避、不迁就，分别就内控、管理、工程、廉政等发现的问题，进行了提问、辩论和谈话提醒，目的就是要增强各个企业经营管理者的管理意识和责任担当意识，把一些管理风险和廉政风险扼杀在苗头中。今天的大会，是年度会议的第二阶段，侧重业绩导向和目标导向，通过分开述职，把业绩讲透，奖励先进，表彰先进，通过部署"培元"工程、"展翅"计划，把方向讲明，固本强基，凝心聚力。在这里我想跟大家说明一下，本来这次报告的原标题就是这次工作会议的主题，但后来改成了新标题："最好的守业是创业，最浓的关爱是执纪。"为什么要这样改呢？在这里我想给大家分享一个故事新编：孙悟空大闹天宫时几乎没有对手，可为何取经路上总是打不过妖怪，还要请神仙来帮忙？有人说，大闹天宫时，孙悟空的对手都是"守业派"，出工不出力，出力不尽全力；西天取经时，孙悟空碰到的则是"创业派"，不拼命就会一无所有。虽然"戏说"的成分比较浓，但其中道理引人深思。事业靠守是守不住的，正如最好的防守是攻击，最好的守业其实是创业。所以，我把报告的标题改为最好的守业就是创业，就是要激发九洲干部的创业激情，调动九洲干部作为的积极性，鼓励干部员工愿意干事、放手干事、能干成事。但光有创业的激情还不行，还要有规矩，企业的发展是要健康的、有序的，要力戒野蛮生长、无序生长，所以我们还要讲执纪，要强身健体，固本强基，苦练内功，把纪律和规矩挺在前面，强化纪律约束，健全督查问责机制，让"不作为"的人混不下去，不能坐着等、站着看。同时言出纪随，责任倒逼，让"乱作为"的管理干部无处遁身，动辄则咎，寸土不让。

第三是多方重视，市国资委吴主任亲临我们会议现场，集团董事会、监事会成员以及企业经营管理团队都参加了今天的工作会议，集团各个部门、下属企业精心准备，述职素材内容详实，亮点纷呈，各项会务组织有序，衔接顺畅，使2016年时间破纪录的工作会议能够得以顺利举行。

第四是我们这次的会议是一次温暖人心的大会，这次大会我们特意邀请外派干部所有层级员工参与，还邀请下属企业的获奖先进代表来参加这次大会。我们的会务人员还为大家精心准备了中午的会议餐食，他们特意搜罗过去一年九洲集团在全国各地开展项目之地的土特产和农副食品，在厨师的巧手之下做成了一道道具有浓郁当地特色乡土美食，希望借着这些美食，把九洲集团在过去一年里取得的成绩分享到每一位员工，把收获的喜悦传递到每一位员工的心里。

下面我主要讲两大部分的内容：

第一部分　2015年业绩回顾及"十二五"收官总结

经济的寒潮虽冷，但不经一番寒彻骨，怎得梅花扑鼻香，再冷的天气严寒和经济低温，也阻挡不了九洲人干事创业的热情。上午进行的述职，我们看到了各实体企业所取得的骄人业绩，同时也看到了在过去的一年大家所付出的努力、智慧和艰辛。2015年，作为九洲控股集团"十二五"规划的收官之年，整体工作呈现出五大新亮点：

一、企业发展规模持续扩张，主要指标实现新增长

2015年全集团的整体业绩全线飘红，营业收入、利润双丰收。

九控方面，总营业收入（以下简称营收）达到25.26亿元，同比增加9.61亿元，增幅61.41%；净利润8658万元，同比增加4065万元，

增幅 88.5%。

珠控方面，总营收 24.28 亿元，同比增加 9.8 亿元，增幅 38.07%；净利润为 1.86 亿元，同比增加 7671 万元，增幅 70%。

截至 2015 年 12 月底，集团资产总额规模已达 173 亿元，和"十二五"开局相比，增长了近 5 倍；净资产规模达 30 亿元，在"十二五"期间翻了一番，其中国有权益更是从"十二五"开局时的 6.3 亿元跃升到了 21 亿元，年均增长幅度超过 25%。在 5 月 11 日当日，珠海控股股价再次发力，最高价为 1.93 港元，创上市以来新高，珠海控股最高市值突破 27 亿港元，创珠海控股上市以来最高市值。

二、企业发展潜力持续激发，战略目标实现新布局

目前，九洲控股集团已经闯出了一条具有自身特色的"上山、下海、请进来、走出去"的战略发展道路，以发展酒店、景点、主题公园、赛车运动、高尔夫、乡村旅游和复合地产业务，全力打造绿色生态旅游，实现了"上山"；以壮大海洋海岛交通、港口码头、游艇帆船、岛际旅游业务，积极开拓蓝色海洋旅游，致力打造珠海"百岛千帆"城市名片，实现了"下海"；以请来国际智慧、引进境外资金、联合绿城、中交建等高端品牌、吸收优秀人才，实现了"请进来"；以输出管理、输出品牌、兼并收购、合作运营等灵活方式，向长沙、三亚、印尼等地区积极扩张，实现了"走出去"。"食、住、行、游、娱、购"完美旅居产业链高效整合，初现雏形。这一年，在各种矛盾叠加的复杂形势和巨大困难面前，集团上下坚持创新驱动、适应新常态、引领新常态，年度"十大工作任务"稳步推进，战略目标实现新布局。

三、企业发展后劲持续增强，资金保障取得新突破

为给各重大项目提供强有力的资金保证支持，2015 年九洲控股集团与多家金融机构合作取得新突破，从过去融资难、融资贵、融资慢

转变为融资长、融资廉、融资快的新局面,股权融资也取得了新突破。2015年九洲控股获得发改委批准,成功向国开行申报1.4亿元专项建设基金用于航海文化中心建设。珠海控股与马来亚银行等10家境外银行谈判成功签订协议获得20亿港元银团贷款并创新性地完成人民币跨境直贷业务。这是珠海市企业首次在境外以优惠条件成功筹措的银团贷款,标志着珠海控股响应国家"一带一路"战略,充分利用跨境资本平台迈上了新台阶。

九洲控股集团坚持创新驱动,采取"组合拳"模式主动出击,与多个金融平台合作成立了"三个基金一个众筹",发起设立平安九洲文化旅游产业基金、珠海城市发展建设投资基金、万山蓝色海洋产业发展基金,主要投向珠海市文化、海洋、旅游等产业项目。集团借助"互联网+"东风,通过金开贷网络金融平台,发行天志金湾GOLF众筹项目,通过线上线下融合发展,集团产业与互联网金融相结合,在短短的两周募集期内,募集资金超过1.5亿元,超额认购四倍,这是市场消费者用真金白银为九洲集团开发的产品投下信任的一票,也是市场对九洲集团"互联网+金融+旅游地产"创新模式的肯定,为企业项目的资金需求打下坚实的保障基础。

四、企业发展模式持续创新,品牌输出迈上新台阶

2015年,九洲集团管理品牌输出项目相继落地,5月长沙橘子洲水上观光项目已正式运营,12月湖南城头山旅游景区托管协议正式签订;乐昌市政府合作框架和经济顾问工作正式开展,开启了轻资产扩张,大品牌输出,重管理盈利的新模式和新时代。

九洲集团把主题公园、水上客运、酒店等方面的运营管理经验和技术转化为智力资本对外输出,实现轻资产扩张。这种模式有两大好处:一是实现低风险扩张,钱别人出,在合作时由九洲集团来输出管理;二不用资本化,只管建好管好项目,大大地降低资金压力。

这种轻资产品牌管理输出,不仅是形态上的无形资产,而且是资产

表上的零资产——它不出现在公司的资产负债表上,最多出现在被并购公司的商誉里,但却是一个企业最核心竞争力的集中体现,是最具价值的轻资产。我们九洲集团要通过这种自身优秀品牌的对外输出,从"品牌打造"延伸到"品牌输出",实现国有企业创新驱动发展。

五、企业发展环境持续改善,内部规范取得新成效

2015年,集团公司紧跟国家全面深化改革步伐,严格执行中央"八项规定",从严落实依法治企,规范管理,企业内涵水平不断提升,作风环境逐步改善。以巩固党的群众路线教育实践活动成果为契机,以"八项规定"为准绳,围绕全年集团公司十大建设项目和十大工作任务,各级领导干部聚焦反"四风"、转作风,抓督导、促落实,增强了工作的协调性、联动性和实效性,风清、气正、劲足,抓工作的氛围逐步形成。

内部管理逐步优化。坚持放管结合、放管并重,简约高效,进一步对专项资金计划、招投标、合同、价格、物资采购等进行改革改进,修订完善了工程、项目建设、设备租赁、监理、绩效考核、法律服务等管理制度和办法,增强了企业管理自主性和规范性。

这五大亮点,为九洲集团在2015年"十二五"完美收官上留下浓墨重彩的一笔。

事不亲历不知难,精细管理创业绩。2015年的成绩来之不易,这离不开上级领导的关心关怀和悉心指导,更离不开在座各位努力拼搏与辛苦付出。2015年,大家辛苦了!在此,我谨代表集团公司向你们致以最衷心的感谢!

第二部分　2016年工作部署及"十三五"开局动员

2016年是集团"十三五"规划的开局之年，集团的总体发展也进入了厚积薄发的上升期，形成了潜能迸发的好局面。但我们决不可因九洲取得的新成绩而沾沾自喜，也不可因"十二五"规划圆满收官而踌躇不前，在充分肯定成绩的同时，我们也要清醒地看到存在的问题和不足，主要表现为价值思维、效益导向理念还没有真正落实到经营发展全过程，粗放管理意识根除不彻底，制度管理思想不到位，超预算、超概算、违规发放现象仍有发生，管控能力还有待提高。对此，我们应当高度重视。同志们，能否保持发展的好势头，能否在新一轮竞争中实现赶超，今后五年至关重要，需要我们以更高的目标要求自己，坚持稳中奋进，确保完成规划的目标任务。我想，这里面重点要把握好三个"势"。

一是宏观经济的"形势"。总体上看，当前经济增长稳中趋缓，预计2016年经济增长下行压力依然较大，这是国家未来一段时间的新常态。企业要逆势发展，迎风前行，这就要求咱们企业必须主动适应，树立新理念，要坚持以提高发展质量和效益为中心，力戒野蛮生长。既要坚持国企增资保值的"第一要务"，也要摆脱"速度情结"，更多抓住"转型机遇"，切实避免"换挡焦虑"，咱们九洲集团必须抢抓新机遇，发掘自己的发展新优势。

在刚刚结束的珠海市八届人大六次会议上，江陵市长代表市政府作了工作报告，报告中提到珠海市2016年多项规划建设和工作举措，包括明确"推进九洲港货运码头改造项目"，推进"斗门乡村风情带建设项目"，"开通万山港口岸香港航线"，"申办全国帆船锦标赛"，"推进粤港澳游艇便利行"等项目，这一系列的项目和活动，由九洲集团扛旗主办，将为九洲控股集团的发展带来重大利好和发展新机遇。

我们九洲人必须紧抓机遇，培植企业新的增长点，以改革激发创造活力，突破惯性思维定势，打破传统，牢牢把握发展主动权。

二是深化改革的"趋势"。习近平总书记在中央经济工作会议上深入分析了国内国际经济形势，围绕"对新常态怎么看"、"新常态怎么干"作了全面阐述，明确提出"三个必须"、"十个更加注重"的要求，要求同志们必须统一思想、深化认识，必须克服困难、闯过关口，必须锐意改革、大胆创新。我们要充分认识新常态下经济发展的基本要求，坚持用新常态这个大逻辑分析形势、把握趋势、引领发展，坚决摒弃旧思维定势，提高发展质量和效益。

现在正值两个五年计划交替之际，我们既要立足当前，集中攻坚克难，收官"十二五"；又要谋划长远，储能蓄势，开启"十三五"。

三是攻坚克难的"气势"。刚刚金总已经在会上跟大家传达集团"十三五"规划纲要，2020年集团总资产突破400亿元，年营业收入突破80亿元，年净利润突破8亿元，成为广东省级最大的国有旅游企业。九洲集团要实现这一宏伟目标，实现跨越式发展，这不是一蹴而就的事，同志们一定要克服畏难思想和观望情绪，做好打持久战、攻坚战的准备。在事关发展全局的重大问题上，决定的事、看准的事，一定要有一种攻坚克难的精神、应对风险的气势。只有"敢"字当头、坚定不移、锲而不舍，才能干得起来、干得下去、干得成事。

我们九洲人要学习形势，跟随趋势，树立气势，做到顺势而上，谋势而动，乘势而攻，趁势而为。既要抢抓机遇，也要深思熟虑；既要讲求策略，也要坚定信心。2016年各级企业要紧密地围绕在集团生产经营管理工作的总体思路上，要以更加创新的方式来组织企业运行，以更加积极的心态来解决发展问题，贯彻落实党的十八大精神，围绕集团"十三五"发展战略规划，坚持稳中求进，突出价值创造，实现持续健康发展。全年工作要按照"固本强基、提质增效，综合平衡、统筹全局，明确目标、确保重点，管理提升、保障有力"的三十二字工作方针，统筹安排各项工作，确保集团关键绩效指标稳步前进。

"固本强基、提质增效"是指所有生产经营活动最终目标是为了取得效益，获取利润，创造价值。要把效益作为衡量生产经营的最高标准，既要发展速度、规模，更要发展质量、效益。把提质增效作为转型升级的中心，根据集团发展规划确定投资项目，要认真梳理评价，确定合理的投资顺序，逐步落实，要充分发挥规划与投资委员会、风控委员会的职能，提升投资决策的科学化、规范化和专业化水平，持之以恒走"精明增长"之路，追求有效益、有质量、可持续的经济发展。

"综合平衡、统筹全局"是指各部门、各板块、各环节要以集团总体利益最大化为准则，真正发挥一体化优势，形成优势产业链，放大集群协同作用，创造最大价值。

"明确目标、确保重点"是指集团公司和下属企业要紧密地围绕"十三五"发展目标，确保各项重点工作重点项目推进落地，在座同志要强化责任意识，以集团项目发展为"第一抓手"，明确目标，真抓实干，为目标而奋斗。

"管理提升、保障有力"是指各项任务时间紧、刚性强、任务重，要实现"十三五"规划宏伟目标，对集团管理水平提出了严格的要求，对审计发现的问题一律整改。管理提升重点是以生产运营为中心，要解决管理体系中存在的效率低下等问题，完善制度，简化流程，提高效率，确保实效。

魏征曾在给唐太宗的奏折上写道："求木之长者，必固其根本；欲流之远者，必浚其泉源。"意思是说要想树木生长得高大茂盛，必须先稳固它的根基，只有树木的根基牢固了，树干才能高大挺拔，枝繁叶茂；要想水流连绵不绝，源远流长，经久不息，就必须要疏通、加深它的源头。企业的发展也是遵循这样的道理，所以我们2016年定的主题就是"固本强基"，只有切实地把根扎深了，扎稳了，企业固本清源，才能进一步发展壮大，为九洲集团"十三五"规划的跨越式发展打下更为坚实的基础。

下面五个方面是我们要重点着力做好的主要工作：

一、始终不渝地做好党风廉政建设和基层党建工作

常言道：严是爱，宽是害；小洞不补，大洞吃苦。现实中，我们一些干部在作风上的确也存在这样那样的问题。勿以恶小而为之，勿以善小而不为。我们要防患于未然，要从作风上抓起。习近平总书记提出了"三严三实"的要求，我认为，对于我们党员干部来说，这是要求，是约束，但更多的是关爱。

面对复杂严峻的外部环境，如果我们忽视了防治腐败工作，企业内部缺乏有效的监督制约，纪律松懈，作风松驰，腐败现象滋生蔓延，就会从根本上破坏企业的激励机制，削弱企业的凝聚力和竞争力。因此，市场竞争越是激烈，发展越壮大，越要加强党风廉政建设工作。

我们集团干部要认清形势，积极顺应党风廉政建设新常态，统一思想主动开启反腐倡廉工作新局面，要从严正风肃纪，积极营造干净健康的企业生态，驰而不息纠正"四风"，进一步严明党的政治纪律和政治规矩，实行党风廉政建设"一票否决"。我们必须充分认识反腐倡廉工作的重要性和紧迫性，以坚定不移的态度、坚强有力的工作、坚持不懈的努力，继续扎实推进党风建设和反腐倡廉工作，为完成集团公司2016年的各项任务提供有力保障。

二、始终不渝抓好安全生产，构建安全长效机制

集团要固本强基，首重就是安全生产管理工作，刚刚鸿斌也给大家做了集团安全生产情况报告，安全生产是企业管理优化的基础，这一点我们在任何时候都不能忘记、不能弱化。要继续强化安全生产垂直管理的模式，加大安全生产投入，强化对新加入企业的安全管理，以重大安全隐患整改为重点，以信息化为手段，推进安全生产再上新台阶。

各经营单位必须把安全作为发展的前提和基础，坚持以人为本、生命至上，实行安全生产和重大安全生产事故风险"一票否决"；必须有

戒惧之心，有忧患意识，发现安全隐患，要坐不住、等不及、慢不得、睡不着，要像习总书记要求的，"经常临事而惧，经常有睡不着觉、半夜惊醒的情况"；必须坚持"常、长"二字，警钟长鸣、常抓不懈，用钉钉子的精神抓，一刻也不能放松，以铁的纪律和铁的措施，推动安全生产形势持续好转。

三、始终不渝强化管控水平，推进管理创新提升

在"十三五"规划纲要上，集团要打造广东省级最大的国有旅游企业，要实现战略目标，我们必须通过开展管理提升活动，让先进的管理理念、手段和工具在集团公司生根、开花、结果，切实推进战略落地。

近年来，我们在集团管控方面探索了许多有效做法，包括资产管理、成本控制、预算管理、风险评估、法律顾问制度以及全面审计等制度。集团要在继续完善和执行好各种行之有效的管控措施的基础上，实施"培元工程"，在集团组织与企业干部层面，实施好管理提升工程，以管理的提升推动企业发展。

在集团组织层面要大力加强总部能力建设、完善战略管控职能和体系指导职能，将集团总部打造成综合管理平台、要素管理平台和监督管理平台，不断提高管控效率和战略执行力，确保集团战略落地。同时发挥总部和下属企业"上下"对口职能体系化功能，总部职能部门要积极主动地为下属企业提供价值服务，在同一系统内明晰各责任单位的权责关系，确保责任纵向到底、横向到边。

在各级企业干部层面，要强化执行落实能力。执行力建设，是企业平稳健康可持续发展的重要保证，一是提高执行力，做到分内工作当仁不让、敢于担当；二是强化落实力，对于全年重点工作，要有计划、有方案、有要求、有考核，责任落实到人，做到任务分解要细化、督促检查要到位、考核评价要科学、不落实的问题要解决。以各级干部的作风转变，强有力的执行落实，凝心聚力，推动集团公司平稳健康发展。

四、始终不渝地加强战略引导，推进九洲集团"展翅计划"和"培元工程"

集团公司要以"十三五"战略规划为指导，做好重大项目的推进。贯彻"战略指导规划，规划指导计划，计划指导运营"的理念，推进重点工程建设。2016年，集团要重点推进以"展翅计划"、"培元工程"为主的重点项目和工作任务，要狠抓落实，以重点工作的突破带动全局、活跃全局，坚持集团上下一盘棋，心往一处想、力往一处使、劲往一处用，咬定目标不放松，保质保量按期完成任务，为集团公司发展而奋斗。

五、始终不渝地推动人才兴企，推动用人机制再上新台阶

围绕集团公司战略，积极推进人才规划落实和人才工程建设，深化干部人事、劳动用工与收入分配制度改革，构建人力资源激励机制。推动市场化人才选聘与组织任命相结合的选人用人机制，打造高素质专业化人才队伍。实施"不拘一格、唯才是举、多元培养、量绩使用"的人才战略，制订人才发展规划和人力资源配置计划。在人力资源配置工作

中，除少数职位人员必须由组织任命外，其余人员的配置要充分发挥市场的决定性作用，建立"内部培养"、"公开选拔"和"外部引贤"相结合的市场化选人用人机制。

建立科学的用人机制，完善绩效考核机制，创新绩效考核模式，充分发挥绩效考核的导向性作用，建立完善"优胜劣汰"机制，强化企业管理团队年度和任期绩效管理，加快形成管理人员能进能出、能上能下，薪酬能高能低、能增能减的制度与文化氛围。

优化企业分类评价系数，为薪酬标准、考核指标等的制定提供科学依据，积极推进非专业性岗位管理干部交流轮岗制度，增强管理干部的活力。

战鼓声声催奋进，蓝图绘就谱新篇。同志们，新的征程已经开启，2016年作为集团公司"十三五"规划蓝图的开局之年，是我们抓住困境中的机遇和政策利好，固本强基，提升管理，推动各项工作协调发展并力求取得重要突破的开局之年。此时此刻，我想起了习近平总书记到河北阜平调研时讲的一句讲话：只要有信心，黄土变成金。我们坚信，只要我们凝心聚力，心无旁骛，狠抓落实，脚踏实地，真抓实干，敢作为、勇担当，就一定能够完成新任务，夺取新胜利，推进九洲事业再攀新高峰！

羊献银毫书捷报，猴挥金棒迎新春！佳节临近，我代表集团公司向在座各位并通过你们向全集团干部职工和家属致以新春的问候和祝福。祝大家在新的一年里，身体健康，工作顺利，阖家幸福！

2016 年新春寄语[①]

新的一年开启新的希望,新的开始承载新的梦想。在这辞旧迎新之际,我谨代表九洲控股集团董事会和领导班子成员向辛勤工作、无私奉献的全体职工及家属、离退休老同志致以最美好的新春祝福,向多年来关心、支持和帮助九洲控股集团发展的各级领导和各界朋友表示最诚挚的谢意!

岁月不居,天道酬勤。回首 2015,我们怀抱感恩,心怀喜悦,感慨万千。

这一年,我们创新驱动,坚持"一体两翼、投资控股、整分上市、跨越发展"指导思想,坚定"上山、下海、请进来、走出去"的发展道路,在为"十二五"完美收官砥砺奋进的同时取得了斐然成绩:截至 2015 年 12 月底,九洲控股集团资产规模达 173 亿元,与"十二五"开局同比增长近 5 倍;净资产规模达 30 亿元,在"十二五"期间翻了一番,其中国有权益更是从"十二五"开局时的 6.3 亿元跃升到了 21 亿元,年均增长幅度超过 25%。九洲控股集团"食、住、行、游、娱、购"完美旅居产业链高效整合,正展翅腾飞。

这一年,我们紧扣"一带一路"发展机遇,立足主业,输出管理,深耕细作,完成了珠海市委、市政府赋予的各项任务和自身既定发展目标。九洲控股集团全体同事识大体、顾大局,团结协作,攻坚克难,共

[①] 作者时任珠海九洲控股集团董事长、党委书记、总经理。

同谱写出了改革发展的新篇章,这是我们事业发展的力量源泉和胜利之本。我们为之骄傲和自豪。

"春风浩荡满园春,万里征程催人急"。面对2016年的新征程、新任务、新要求,我们踌躇满志,信心满怀。

新的一年,我们肩负重任。我们将按照珠海市委、市政府的统一部署,解放思想,抢抓机遇,深化改革,把握发展主动权,挖掘发展新优势,培植发展新增点,力求逆势生长,力戒野蛮生长;将牢记国有企业增资保值是我们奋斗的"第一要务",着力在创新驱动上下功夫,在资本运作上下功夫,在管理提升上下功夫,在党的建设上下功夫,巩固持续向好的经营局面,打造广东省最大国有旅游企业。

新的一年,我们怀揣梦想。我们将按照"固本强基、提质增效,综合平衡、统筹全局,明确目标、确保重点,管理提升、保障有力"的工作方针,以完成2016年"培元工程"、"展翅计划"为重点,带动全局,活跃全局;以"严"的标准,"实"的态度,转作风、筑堤防、提素质、建队伍,聚人心、创和谐,聚集实干兴企正能量,赢得"十三五"胜利开局并稳步前行。

不经一番寒彻骨,哪得梅花扑鼻香。各位同事,让我们携手并肩,同舟共济,以更加饱满的热情和奋发向上的精神,向着既定的目标阔步前进,不断创造新的业绩,让每一位九洲人都生活得更自信、更自豪、更幸福。

最后,祝大家新年快乐!阖家幸福!万事如意!

2016年2月8日

构建九洲控股集团战略管理平台 ①

一、前言——构建集团战略管理平台

前言

什么是战略管理？

从企业未来发展的角度来看，战略表现为一种**计划**。
从企业过去发展历程的角度来看，战略则表现为一种**模式**。
从产业层次来看，战略表现为一种**定位**。
而从企业层次来看，战略则表现为一种**观念**。
战略也表现为企业在竞争中采用的一种**计谋**。
上述五种企业战略模式，组成著名的企业战略5P模型（Plan、Pattern、Position、Perspective、Ploy）。

作用？

而战略管理则是指对上述五种企业战略的管理，包括**战略制定/形成**与**战略实施/控制**两个部分。

战略管理是由企业确定其使命，根据组织外部环境和内部条件设定企业的战略目标，为保证目标的正确落实和实现进行谋划，并依靠企业内部能力将这种谋划和决策付诸实施，以及在实施过程中进行控制的一个动态管理过程。

目的？

总的来说，战略管理是一种管理模式及管理思想，是通过有效战略管理体系平台，支持战略的达成。

---

① 作者时任九洲控股集团"打造战略管控型企业集团"领导小组组长。2016 年 2 月。

前言

什么是战略管理？

作用？

目的？

战略管理具有以下几个方面的作用：

1. **重视对经营环境的研究**

   战略管理将企业的成长和发展纳入了变化的环境之中，管理工作要以未来的环境变化趋势作为决策的基础，重视对经营环境的研究，才能把握外部环境来确定公司的发展方向。

2. **重视战略的实施**

   将战略的实施作为其管理的一部分，就使企业的战略在日常生产经营活动中，根据环境的变化对战略不断地评价和修改，使企业战略得到不断完善，也使战略管理本身得到不断的完善。

3. **日常的经营与计划控制，近期目标与长远目标结合了在一起**

   战略的实施同日常的经营计划控制结合在一起，把近期目标与长远目标、战术目标和战略目标结合起来，从而调动各级管理人员参与战略管理的积极性，有利于充分利用企业的各种资源并提高协同效果。

4. **重视战略的评价与更新**

   "计划是否继续有效"为指导重视战略的评价与更新，使企业管理者能不断地在新的起点上对外界环境和企业战略进行连续性探索，增强创新意识。

前言

什么是战略管理？

作用？

目的？

通过分析企业的发展战略、经营战略、职能战略，分解集团、分公司及业务战略部门的战略分解；

通过战略、规划和预算高度整合；

由高层领导直接参与、权威组织主持，经过上下的互动；

在循环预测的基础上，通过调控和激励处理变化，通过关键指标、标准模型和业绩分析，使

战略管理模式化、标准化、流程化

以实现：

1. 集团与子公司之间的战略高度协同性
2. 集团财务预算与审计的高度准确性
3. 集团内部资源配置的高度有效性
4. 集团整体利益最大化

二、集团战略指导思想

指导思想

**一体两翼、投资控股
整分上市、跨越发展**

一体两翼	一体：以集团为战略核心； 两翼：构建交通板块和旅游复合地产两大业务板块。
投资控股	打造大型投资控股型的大型战略管控集团。
整分上市	整：利用上市公司整合行业资源； 分：对不同行业进行分拆，实现分别上市。
跨越发展	形成以投资为培育，以资本为带动，成熟后再分拆的良性循环，实现跨越式发展。

集团战略管理的构建，将遵循一体两翼、投资控股、整分上市的总体指导思想，以集团为战略管控平台，组成交通和旅游复合地产两大战略业务板块的核心，形成一个以投资和控股为主要手段的大型战略管控型集团，利用上市公司整合同行业产业资源，并对行业进行分拆实现分别上市的目标，成就大型战略管控型集团的跨越式发展。

指导思想

一体：九洲控股集团 → 珠海控股

两翼：航运及交通板块、旅游及复合开发板块

整合一体，转型投资控股：
在集团层面：通过管理体系及组织调整，精简机构，下放权力，跳出经营履行股东职责，以战略层面，以战略管控为主要手段实现对投资企业进行管理。
在珠海控股层面：通过充实人员，执董履行权利，完善股东治理结构。

分拆两翼，实现跨越发展：
航运及交通板块：通过集团内部优质航运及交通资产的整合，在资产层面做强珠海控股后，通过进一步的收购兼并做大产业规模，择机分拆上市，依托资本市场实现更进一步的大规模并购运作，打造国内高速航运龙头企业，实现跨越式发展。
旅游及复合开发板块：依托资本市场，通过隆盛项目的收购及开发，做大旅游及复合开发板块，实现市值跨越式增长后，通过后续的度假村、圆明新园以及其他潜在项目的开发，打造大型的旅游复合开发企业。

三、构建集团战略管理平台

1. 构建集团战略管理平台的意义

降低子公司给集团带来的风险

为降低子公司因产品或服务质量问题、投资失败、资源整合不佳等问题而给母公司带来的风险；**母公司必须在成本允许的情况下尽可能地对子公司实施严密的控制，以确保子公司按照母公司制定的战略，在母公司规定的边界范围内运行，以规避这些风险。**

确保子公司完成战略使命的基础上，使其尽可能创造更多的价值

这是市场竞争愈来愈激烈的要求。

为了满足这一要求，在子公司的内部和外部环境变化日益迅速的今天，**母公司必须授予子公司更大的自主权，以满足子公司快速响应市场、抓住稍纵即逝的市场机遇的需求。**

从子公司的角度来看，它在母公司的战略规划中扮演着自己的战略角色，同时也必须从自身利益角度出发，去实现本身的最大价值，以确保全部股东和高层管理人员的利益。子公司在充分利用母公司的资源的同时，也会努力寻求自身最大限度的自主权，这符合实现最大自身价值的需要，也是适应市场竞争的必然要求。

2. 一个定位、三个体系、五个支撑

母公司对子公司降低风险与创造价值这两个要求，以及实现要求的条件往往会发生冲突，如何把握对子公司的控制，既能赋予子公司完成使命所必需的自主权，又不至于让其失控，这是解决这个矛盾的关键所在。

为了更好地体现集团的战略管理意图，把战略管理有效地趋向于体系化、流程化、组织化表达出来，我们对集团战略管理平台提出了三个核心内容。

一个模式，三个体系，五个支撑

| 集团战略管控模式 | 战略规划体系
经营计划体系
预算控制体系 | 绩效管理体系
业务管理体系
风险管理与内控体系
竞争情报体系
管理型企业文化体系 |

四、一个定位模式——战略管控型集团

一个定位

集团的未来，<u>通过改变权力的分配结构、组织关系、职能机构的设置及人力资源的配备提供强有力的职能领导，通过管理输出来影响与控制下属业务单元的经营和管理</u>。这将使集团从传统的业务控股型集团转型为战略管控型集团。

业务控股型集团和战略管控型集团的主要差异对比		
	业务控股型集团	战略管控型集团
目的	追求主导产业市场占有率与资本增值	追求资本增值和区分战略单位的多元化产业发展
产业选择	以核心企业为核心产业，注重核心企业	以核心企业构建产业板块，注重板块式管理
核心功能	直接指导企业运营和发展	资产管理、战略协同
总部	经营公司主业，人员多	不从事业务经营
母子公司关系	稳定、密切	稳定、但不密切
控制方式	行政手段，直接控制	利用股权支配重大决策和经营活动
优点	主业受到充分重视，多元业务容易受到忽视	决策与执行分开、产品经营与产权经营分开
案例	苹果、中石油、万科	通用电气、华润集团、越秀集团

一个定位

通过准确的**集团定位**，顺利实现集团转变为战略管控型集团，加强集团作为战略核心，积极构建战略管理平台，实现主要以下管控手段的转变对持股公司的控制：

	现在	未来
集团角色	集团各部门与各业务部门呈平行关系，集团直接管理。	集团通过各职能部门对各业务板块进行垂直管理。
战略计划	集团领导直接从事战略计划的开发。	参与制定、审查和批准战略计划。
资本计划	指导每个资本项目的准备工作，为项目安排落实资金。	审查和批准主要项目开支，统一调配资金。
经营计划	确定详尽的财务和经营目标，考核整个业务的业绩。	确定财务和关键业绩目标，考核财务和关键经营业绩。
人力资源	选派经营班子及财务经理/总监，直接参与详细的考核和选拔。	选派总经理，由其组建经营班子，不参与、但追踪和开发管理人才。

五、三个体系——管理平台的基石

三个体系

集团的战略管理平台，是构建在以战略规划体系、经营计划体系和预算控制体系三个体系为基础上，三个体系是环环相扣，由宏到微的集团战略规划体系，它是一个集团赖以发展的核心纲领，一整套行动方案。

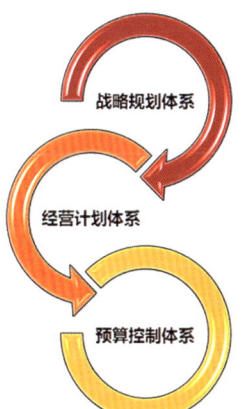

战略规划体系——战略管理的**基础**平台

经营计划体系——战略管理的**实施**平台

预算控制体系——战略管理的**控制**平台

三个体系之战略规划

1. 战略规划体系——战略管理的基础平台

集团的战略规划体系的建立，是在以战略指导思想为核心，即以"一体两翼、投资控股、整分上市、跨越发展"为核心，围绕这个核心远景指示，作为规划集团未来发展的方向和目的。

集团公司战略是对处于不断变化的竞争环境之中，集团的过去运行情况及未来运行情况的一种总体表述。**集团公司战略是集团总部对实施集团公司全局活动的指导思想，是对集团未来几年所做的科学预测与合理规划。**

一个集团公司的战略成败，最基础的因素在于能否确立起两条交互融合的战略生命线：

具有竞争优势的产业发展线与高效率的管理控制线。

作为管理总部的母公司必须能够充分发挥主导功能，并通过集团组织章程、发展战略、管理政策、管理制度等的制定，为集团整体及其各成员企业的协调有序运行确立行为的规范与准则。

而集团战略规划管理是实现上述功能最重要的职能之一，它与集团文化建设、人力资源管理、财务管理、技术创新等其他重要职能一起构成集团管理控制的主要手段，是集团总部所控制的中心职能。

三个体系之战略规划

1.1 建立具有竞争优势的产业发展线

集团现有的产业分布较广，涉及行业较多，以前的扁平式管理难以建立具有竞争优势的产业发展线，也难以打造集团的"两翼"。集团战略规划体系的战略，首先要整合集团的产业资源，建立集团强而有力的"两翼"，才能在竞争市场中建立核心竞争力。

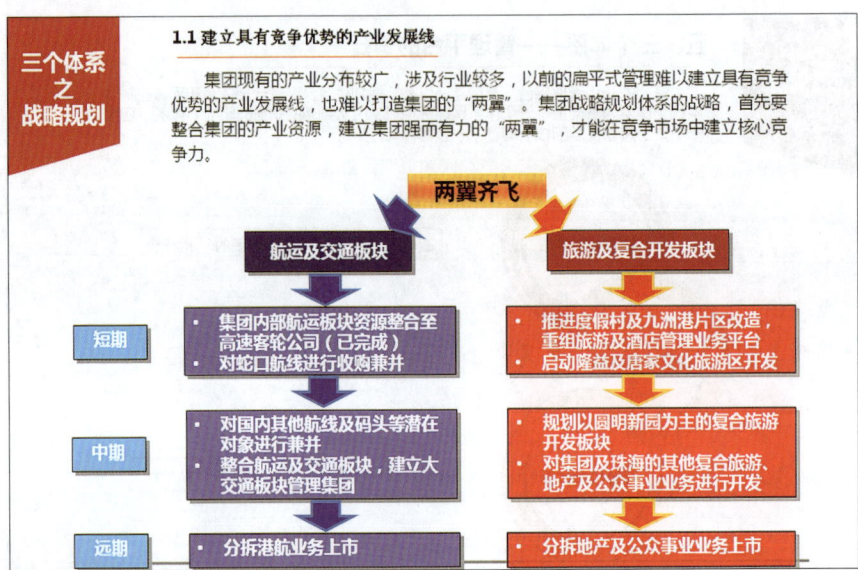

三个体系之战略规划

1.2 建立具有高效率的管理控制线

集团战略要落地，要一层一层分解下去，因为集团战略往往是过于精巧、非常伟大的一个战略，但是落地却是一个很技巧的问题。为了避免出现集团战略思考很伟大、很玄妙，而操作手段从手很低，甚至出现战略实施局部化、碎片化，成为所谓的"天上飞的战略，地上爬的操作手段"，我们对战略失败的案例进行了详细分析后，发现很多企业制定的战略目标与战略实施之间没有连接器、没有衔接点。

为了使集团战略得到高效率的管理和控制，我们提出以下管理步骤：

（1）建立战略规划组织

对规模已经发展到在行业中具有相当竞争实力和市场地位的公司来说，建立自己强有力的战略规划组织系统是必要的。这个组织并不一定是指专门的部门，而是指集团要有战略规划的组织机能，<u>总部的这个组织应该是由上至下的各层级的人员组成的</u>，才能保证该规划组织得到有效的制定和执行。

一个强有力的战略规划组织体系应该包括三个层级的关系：

- 最高层级是集团领导层；
- 第二层级是负责战略规划的职能管理部门层；
- 第三层则是战略规划的配合部门层。

三个体系之战略规划

(2) 制定严整的战略规划业务流程和制度

成功的战略规划系统都会遵守科学的业务流程,而要有效地开展战略规划工作,还必须为此制定严整的业务流程、制度。

制定战略规划业务流程是让整个集团的战略规划工作能够有一个顺畅的运转渠道,从而使之程序化、科学化。业务流程化后,从公司的最高领导者到基层管理人员每个职能部门、个人将很清楚各自在整个流程中所担任的角色。

(3) 要为战略规划配备精干团队

为战略规划配备精干团队,必须做到以下几方面的要求:

①公司的最高领导层,特别是公司董事长、首席执行官或总经理对战略规划充分重视,并作为这一团队的成员亲自领导战略规划工作,为战略规划提供必备的各种资源支持。

②选拔合格的战略规划专业人员,战略规划是一项带有全局性、前瞻性,对公司影响重大的工作,必须配备具有高水准的专业人才,其必须德、能兼备,通晓企业运营的各方面知识,对战略环境的变化具有高度的敏感性。

三个体系之经营计划

2. 经营计划体系——战略管理的实施平台

集团经营计划体系的建立,是在战略规划确定后的具体实施过程,是一个多层次、高等级性的复杂系统工程,集团战略经营计划的制订与管理完全不同于单体公司的经营计划,是因为:集团经营计划体系是一个多层次的体系,其具有高的管理复杂性,且须有强大的信息反馈和分析系统支持,同时,集团的经营计划体系需要建立战略风险管理机制。

(1) 战略规划和经营计划的管理控制是整个管理控制系统的重要组成部分

集团作为一个组织,是具有一定目标和特定功能的,且组织内部各部分间相互作用、相互联系的有机整体,其发展方向以及对外部环境的适应性,需由内部组织的控制机制加以调节。集团战略的规划,是利用有限的资源推动系统达到预定目标,并使公司向有利于可持续发展的方向运作而做出的整体谋划。因而公司制订和实施其战略规划,需要把握环境的变化,在发展中不断地塑造和强化核心的竞争优势,将有利于企业获得可持续发展的能力。

集团现行的经营计划体系仅比较笼统地给予公司确定年度的收入及利润目标,并未对整个集团作为一个整体作出考虑,哪部分产业板块或子公司是以利润为主要经营目的,哪部分以资产增值为主要经营计划,哪部分则作为集团培育的种子产业进行战略性培育,并没有细致地列入经营计划体系内。因此,对集团的经营计划体系进行重新编排,对战略管理平台的实施具有重大的意义。

三个体系之经营计划

（2）建立正式的战略规划管理体系

集团战略谋划需围绕为形成持续竞争优势来确定战略对策，这些战略措施和战略重点的具体落实需要进一步转换到集团的年度经营计划中，通过具体计划来实施。从战略发展的谋划到战略规划与年度经营计划的转换，并有效地推动公司战略的实施，需要公司内部建立一个正式的战略规划的组织管理体系，以达到驾驭和控制公司这一庞大系统发展的目的。

建立完善的总部职能部门服务体系，明确在经营计划体系内总部各职能部门的责任划分和相应的授权，提高职能部门具备能够完成其职责所要求的技能水平，使其能够充分发挥辅助决策及运营管理的作用，让高管脱身于繁杂的下属企业事项，可以有更多的时间考虑集团的发展战略。

建立完善的下属企业授权经营制度，明确以战略目的为核心，给予下属企业更大的自主权，**以战略管控为主要管理手段，构建集团的战略规划管理体系。**

现状：只对下属公司确定以收入、利润等简单目的构成的经营计划体系。		未来：以集团战略目的为中心，分别对产业板块确定以战略实施效果、财务目标等组成的复杂的、有效的经营计划体系。

三个体系之预算控制

3. 预算控制体系——战略管理的控制平台

预算是计划工作的成果，既是经营决策的具体化，又是控制经营活动全过程的主要依据。预算控制体系是由一系列预算组成，按其经济内容和各预算前后衔接的关系，有序排列成一个完整的体系，主要包括：经营预算、财务预算、专项预算三个部分。

预算控制突出过程控制，可在预算执行过程中及时发现问题、纠正偏差，保证目标任务的完成。

实施有效的预算控制，有利于构建完善的预算控制体系：

1. **强调预算编制的全员参与性**

    在预算的制定过程中，预算人员为责任主体编制预算的初稿，集团高管复查和评价预算提率，并根据企业的总目标进行综合平衡，统筹考虑，实现全员参与。

2. **做好资本支出的预算，应针对新项目的投资决策**

    采用科学的经济评价方法，做好与战略计划紧密相关的资本支出预算工作。

3. **强调预算指标的全面性**

    财务指标、非财务指标，甚至是定性的描述，从而全面准确地描述战略实施的要求，并对管理人员的工作业绩及努力程度进行较全面的评价。

- **尝试选用弹性预算**

    管理者利用实际结果、总预算和弹性预算进行比较，一方面可以评价组织业绩，寻找偏离预算的原因；另一方面也有利于实现比计划更能达到组织目标的行为。

4. 集团三个体系的构建，形成战略管理平台的有力基石

三个体系

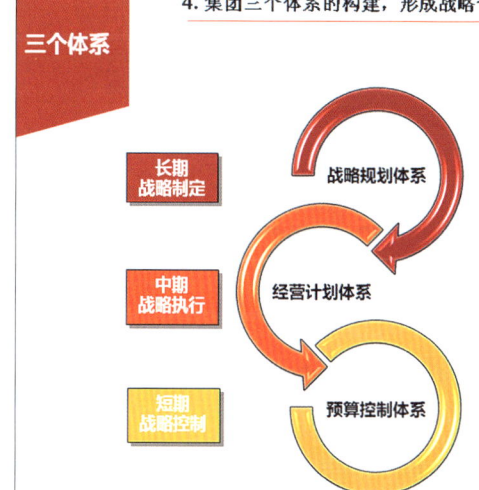

战略管理平台构建在战略规划、经营计划及预算控制体系上，将有效地形成一个战略制定——执行——管理的有效流程。

形成以上战略管理流程后，集团就要考虑如何在战略流程的实施过程中，集团的战略在可行的、可见的、可操作的、可推动的系统下运行，这就是前面提到过的，如何使天上的战略落地的系统联系纽带。

因此，为了使集团战略有效地制定、实施和控制，我们提出了五个方面的支撑，作为建立在三个体系基础上的框架建筑，共同构建集团战略管理平台。

六、五个支撑——管理平台的框架结构

五个支撑

构建在三个体系为基础支撑上的集团战略管理平台，是构建战略管控型集团的战略基础，五个支撑的设立，将可使宏观战略与微观执行层面之间得到有效的衔接，能够有效地避免集团"一体两翼"的总体战略出现"战略天上飞、实施地上爬"的情况。

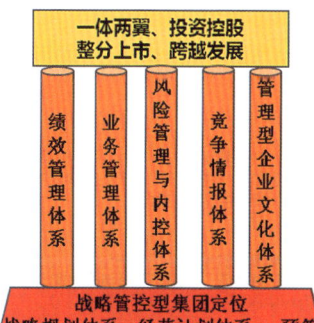

五个支撑是三个体系的延伸，当集团的战略强度越大，要提速实现跨越式发展，将会面临很大的执行难度和众多的拐点。

转折性越大，战略就越陡、战将会变得难实现，战略强度越高，三个体系所提供支持就略显不足了，因此，强大的五个支撑就显得越为重要。

集团要实现跨越式发展，就如攀登一座陡峭的山峰，一个定位的设定，就如为攀登过程指明了方向，三个体系的建立，就如提供了登山的路径，而五个支撑体系的支持，就如为这条路径提供了清晰的阶梯，为集团实现跨越式发展提供了全部必须的条件。

1. 支撑一：绩效管理体系

五个支撑之绩效管理

越是奇妙的战略，越是有攻击性的战略，越是组织需要做出巨大的转变、努力才能适应的战略。如康宁公司一般，从一个生产锅碗瓢盆的公司，突然转变成为世界第一大光纤、高科技应用玻璃厂商，这种中间的变化，不是常人可以想像的，而这种变化背后最大的就是对个人的绩效管理方式和激励方式的变化。

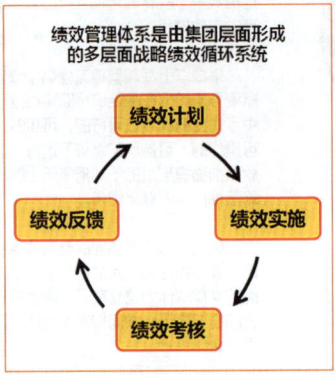

绩效管理体系是由集团层面形成的多层面战略绩效循环系统

- 绩效计划
- 绩效实施
- 绩效考核
- 绩效反馈

只有激励，只有绩效管理方式双到位，才有可能令个人的行为发生变化，个人行为一发生变化，整个组织才能调转方向，组织才能对集团的战略做出反应，一下子组织开始拥抱集团，战略就被成功地激活。

因此**绩效管理体系在集团战略支撑里面的重要性是首当其冲的**。

集团的绩效管理体系，不是简单的绩效考核，而是针对**集团层面的整体战略，形成战略绩效、组织绩效以及个人绩效三个层面，从而形成一个由绩效计划、绩效实施、绩效考核和绩效反馈四个不断循环的过程组成的一个完整的绩效管理体系。**

五个支撑之绩效管理

（1）绩效计划

绩效计划是绩效管理流程的第一个环节，发生在新考核周期的开始。

在绩效计划阶段，管理者和被管理者之间需要在对被管理者绩效的期望问题上达成共识。

在共识的基础上，被管理者对自己的工作目标作出承诺。管理者和被管理者共同的投入和参与是进行绩效管理的基础。

（2）绩效实施

绩效实施制定了绩效计划后，员工开始按计划开展工作，在工作的过程中，主管要对员工进行指导和过程控制，对发现的问题及时予以解决，并对绩效计划进行调整。

（3）绩效考核

绩效考核在绩效期末结束的时候，依据预先制定好的计划，主管对下属的绩效目标完成情况进行考核。

考核的依据就是在绩效考核开始时双方达成一致意见的关键绩效指标，同时，在绩效实施与管理的过程中，所收集到的能够说明被考核者绩效表现的数据和事实，可以作为判断被考核者是否达到关键绩效指标要求的证据。

（4）绩效反馈

绩效反馈面谈指绩效考核结束后，主管要就考核结果与员工讨论，通过绩效反馈面谈，使员工了解主管对自己的期望、了解绩效、认识自己有待改进的方面，并且，员工也可以提出自己在完成绩效目标中遇到的困难，请示上司的指导。

经过这四个环节，就形成了一个绩效管理循环，构成了绩效管理系统。

2. 支撑二：业务管理体系

五个支撑之业务管理

战略的制定和实施，是一个从集团高层领导到下属公司基层员工都参与的过程，战略在总部制定后，如何把战略的意图和实施细则向下得到有效的传达？如何将战略实施过程中遇到的问题、阶段性成果等报告向上有效地报告？

集团现有较完善的业务管理系统，通过集团的经管部及上市公司的企管部，对下属企业进行日常管理，但管理范围只限于较初级的定期数据收集及分析、预算审核和安全生产等方面，未对集团的总体战略进行分解及分配到各下属业务单元内，也未对下属企业对集团战略的执行情况和反馈意见作充分的收集及分析。

"业务管理体系"是一个以一年为一个循环、以每季度每月度为一个小单元的管理体系。它可以作为战略、计划、预算、绩效，乃至更多内容的管理平台。

战略业务管理体系示意图

制定下达 → 战略制定层 → 汇总分析
分解监督 ← 业务管理体系 ← 反馈上报
                战略执行层

这一体系有两大功能：
（1）它构造了一个严密而有效的实施系统，保证总部制定的任何战略举措都可以转化为实际行动；
（2）它是一个开放的制度化平台，来自总部和各个业务单元的高层领导、执行经理和员工，都会在这样一个制度化平台上针对业务实施情况，对比差距、交流和分享成功的经验和措施。

通过构建业务管理体系，将这一上一下的两个通道彻底打通，集团的战略意图可以得到有效的实施监控及对反馈意见进行有效的处理，实现集团战略实施的高效执行和管理。

3. 支撑三：风险管理与内控体系

五个支撑之风险内控

越是庞大的战略，在执行的时候，就会遇到越多的风险。因此，如何在战略出台和执行过程中利用内部控制体系对风险进行侦知、控制乃至规避，才能使集团战略得到有效实施支撑。

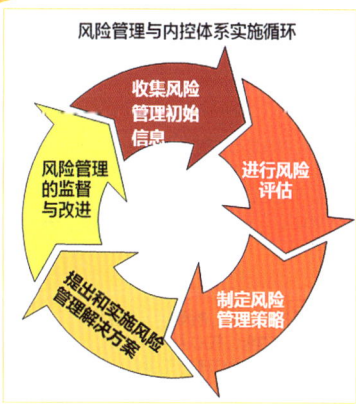

风险管理与内控体系实施循环

在风险管理与内部控制体系中通过对环境相关因素的分析和变化趋势的预测，进一步辨识公司在未来经营中因环境或组织变化可能带来的风险因素，并对各种风险因素发生的可能性及发生时产生的后果进行分析、预测，明确提出规避风险因素应采取的措施，对采取措施的投入和产出进行分析，对风险管理进行总结监督和改进。

从而**形成一个有效的、循环发现、分析、评估、执行与总结改进的风险管理与内控体系**，不断提高集团的风险管理与内控能力，作为制订公司战略重点和战略对策的依据，对公司资源进行分配，对可持续分配资源进行动态预测，制订出公司中长期战略规划。

五个支撑之竞争情报

4. 支撑四：竞争情报体系

知己知彼、百战不殆，竞争情报体系是以组织网络、信息网络、人际网络为基础，以信息收集、信息分析、信息服务为主要构成为企业提供环境监视、市场预警、技术跟踪、对手分析、策略制定以及信息安全等功能的人机结合系统。开展竞争情报研究成为企业参与竞争、争夺商机的重要对策，是赢得和发展竞争优势的根本保证。

竞争情报体系的三大职能：

1、根据企业的实际需要，建立自己的情报监测体系，建立定期的信息汇编上报制度

这个竞争情报体系可以包括很多的内容：竞争对手情报部分如有关竞争对手的一般统计数据、趋势图、主要竞争对手列表、竞争对手新闻、竞争对手简介，还有市场总体规模统计数据、合作伙伴的主要信息、私人讨论区、行业总览以及根据各职能部门信息需要设置的栏目等等。

2、建立关键情报课题制度

高管层以及各职能部门定期地提出需要的研究课题。情报部门对课题进行筛选确定，然后根据确定的课题，收集情报，开展研究工作。

3、让竞争情报更好地为战略管理服务

战略管理主要是加强了企业对环境变化的适应性。要将收集到的情报切实应用到企业的战略管理。

收集竞争对手情报 → 研究情报 → 应用于战略对策管理

五个支撑之企业文化

5. 支撑五：管理型企业文化体系

现代企业管理的核心是人，而企业管理的本质就是围绕着对人的管理这一核心而产生的深层意义，通过企业成员的发展，能动地促进企业发展。

企业文化本质上是一种强烈的核心价值观，集团的战略管理平台的构建，是利用构建管理型企业文化体系，把塑造企业核心价值观同打造核心竞争力结合起来，使战略决定文化。

企业文化不应是沉淀出来的，是可以为战略服务而设计出来的

正如一个硬币有正反两面，沉淀和积累出来的文化里面一定有恶性的文化、脏的文化、灰色的文化伴生在里面，一般都是低效和高内耗高自相冲突的文化，一般都不能支持和强化战略，且不可能把它剔除出来。

优秀、高效企业文化是系统设计的结果，是企业高层系统思考、实施的内在一致性，是企业的生物钟和节律。

设计一个符合集团战略思路的企业文化，应遵循以下三个必须：
- 必须结合战略管理，进而转换成流程、制度和管理标准；
- 必须成为筛选、发展、任用管理者、核心人才的软标准；
- 必须成为决策、计划、执行、控制的原则和共识点。

五个支撑之 企业文化

> 一切为了提振公司市值！
> 一切为了提升团队信心！
> 一切为了提高执行能力！

符合三个必须条件的企业战略形成的企业文化

为了实现集团转变成为战略管控型集团，需要集团全员在思想上统一认识，因此，设计一个符合集团发展战略的企业文化尤为必要，我们建议整体设计集团文化应主要包括如下几个方面：

- 建立基于产权和投资的公司治理文化
- 建立符合集团战略导向和定位的投资文化
- 建立突出企业特点的风险文化
- 建立基于流程与内控的合规文化
- 建立基于效能提升和价值创造的绩效文化
- 建立基于人力资源和组织发展的的人力资本文化
- 建立基于文化和知识共享的协同文化
- 建立基于自身定位的联盟和整合文化

结 语

七、结语

集团公司正处于一个蓄势待发、亟待飞跃的阶段。科学制定集团未来发展的管理方法，对充分发挥国有企业的核心主导作用，优化国企存量资源，提高国企经济总量和效益规模，强化综合竞争实力，实现国有资产的保值增值等，都具有重要意义。

集团的战略管理平台构建，是集团转型投资控股型集团的必要过程。

构建以"一个定位、三个体系、五个支撑"为管控核心的战略管理平台，对集团实现"一体两翼、投资控股、整分上市、跨越发展"的战略目标提供了有力理论支持和可操作管控手段。

珠海九洲控股集团有限公司文化建设管控平台

前言

- 企业文化是企业的灵魂和精神支柱。加强企业文化建设，就是要通过确立正确的企业使命愿景、价值观，培育形成优秀的企业精神和先进的经营管理理念，健全企业行为规范，优化企业形象，凝聚、激励企业各级经营管理者和广大员工，提升员工队伍素质和企业管理水平，增强企业的凝聚力和竞争力，为企业和谐、持续发展提供有力支撑。

- 目前，集团公司正面临战略转折的关口，广泛深入地实施企业文化建设将促进企业经营管理战略的调整，满足集团公司战略发展的客观需要。

企业文化建设概述

基本内涵：是一个企业在发展过程中形成的以企业精神和经营管理理念为核心，凝聚、激励企业各级经营管理者和员工归属感、积极性、创造性的**人本管理理念**，是企业的灵魂和精神支柱。

指导思想：以促进发展为宗旨，以诚信经营为基石，以学习创新为动力，努力建设符合社会主义先进文化前进方向，具有鲜明特色的企业文化，促进企业的持续快速协调健康发展。

功能作用：
导向作用：把员工引导到公司确定的最高企业目标上。
约束作用：各项规章制度、企业风气对员工思想、行为起到约束作用。
凝聚作用：共同价值观和共同信念使公司上下层团结一致，形成团队合作精神。

企业文化建设概述

工作思路：以**提升竞争力**为中心，将其纳入企业发展战略，作为经营管理的重要组成部分，与党的建设、精神文明建设等工作结合，**加强领导**，**全员参与**，**统筹规划**，**重点推进**，既体现先进性，又体现**可操作性**，在继承借鉴中创新，在创新完善中提高。

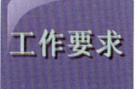
工作要求：以人为本，全员参与；务求实效，促进发展；继承创新，博采众长；重在建设，突出特色。

工作目的：提炼**核心价值观**，构筑企业之魂；提炼**经营管理理念**，提高经营管理水平；完善**管理制度**，寓文化理念于制度之中，提高管理效能；建立**企业标识体系**，打造企业品牌，提升企业的知名度、信誉度和美誉度；构建协调有力的领导体制和运行机制，提高企业文化建设水平。

集团公司企业文化现状

- 按照"一体两翼、投资控股、整分上市、跨越发展"战略模式，集团公司将以集团为战略管控平台，以交通和旅游复合地产两大战略业务板块为核心，形成一个以投资和控股为主要手段的大型战略管控型集团。届时，集团管控模式及各企业业务将发生重大改变，所面临的市场情况和管理方式也将发生重大变化。虽然近年集团公司企业文化建设取得了一定成绩，但面对变革，我们应清醒认识到集团公司企业文化建设存在的差距及不足：

> 缺乏对集团公司发展历史中重要意义、典型事件及文化的提炼和总结，亦没有对集团公司的企业愿景、企业使命、企业目标等明确化，没有形成核心价值观。

> 企业文化在实践中的手法和形式较为单一，缺乏良好丰富的载体，不能有力体现企业文化建设系统性的特征。

> 企业文化在建设中参与的主体较为单一，没有形成明确的文化理念，企业文化建设体系尚需进一步提炼和完善。

集团公司企业文化建设初步规划

围绕企业发展战略，遵循文化管控原则，依据企业文化体系，按照"一三五"工作框架，即：围绕一个工作核心、建设三个主要内容、打造五个特色文化，推进集团公司企业文化建设。

 战略催生文化　文化支撑战略

 精神层　　制度层　　物质层

廉洁文化　安全文化　服务文化　品牌文化　项目文化

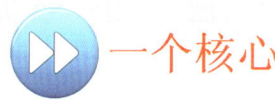 一个核心

战略催生文化 文化支撑战略

文化和战略的关系,就像人的观念与行为的关系,先有了观念,对事物有了或初步或成熟的看法与认识,然后才产生在观念支撑下的行为,而行为又影响了人的观念。

企业战略是企业文化的重要组成部分,是企业文化的一种反映,企业通由战略管理实现使命和达成愿景,企业战略反映着企业宗旨和核心价值观,有着深刻的企业文化烙印。优秀的企业文化会指导形成有效的企业战略,是实现企业战略的驱动力与重要支柱。

企业文化服务于企业的战略。企业要创建有利于企业战略实现的优秀的企业文化。企业文化在指导企业制定战略的同时,又是调动企业全体员工实施战略的保证,是"软"管理的核心。企业实现战略目标,必须有优秀的企业文化来导航和支撑,用文化打造企业品牌,用文化树立企业信誉,用文化传播企业形象,用文化提升企业竞争力。

 三个内容

根据集团公司股权管控模式,可将集团企业文化建设分为三个层面的内容:精神层、制度层和物质层,图示如下:

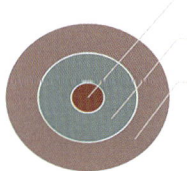

精神层:集团公司管理层和员工共同信守的基本信念、价值标准、职业道德及精神风貌,是集团企业文化的核心和灵魂,是形成物质层和制度层的基础。

制度层:作为集团公司企业文化的中间层次,通过建立健全企业各项管理制度,构筑完善的制度体系,对公司员工的行为进行规范、约束,保证公司各项工作常有序开展,对集团企业文化起到支持、保障作用。

物质层:作为集团公司企业文化的表层和外显部分,反映集团公司的经营思想、管理哲学、工作作风和审美意识。

三个内容

依据企业文化三个层面的划分,同步建立集团公司的企业文化体系如下：

- **精神层**：形成集团公司的愿景目标、经营哲学、经营理念、企业精神和企业道德，培育核心价值观。

- **制度层**：建立完善科学的管理制度，形成积极向上的企业风气、企业风俗，完善员工的行为规范，形成独具特色的管理模式。

- **物质层**：设计集团公司标识、标准字、标准色，优化办公生活环境，构建良好的文化传播平台，构造丰富完善的企业文化建设载体。

核心内容——精神层建设的主要内容

战略愿景 → 企业使命 ← 核心价值观

集团公司企业文化精神层面内容
企业目标 | 企业哲学 | 企业精神 | 企业风气 | 企业道德

- **企业目标**：集团公司上下的共同追求；全体员工凝聚力的焦点；企业文化建设的出发点和归宿。
- **企业哲学**：为实现企业目标，集团公司中层以上管理人员在生产经营活动中坚持的*管理理念*、*基本信念*，受具体管理者的思想方法、政策水平、科学素质、工作作风及性格等主观因素影响。
- **企业精神**：对集团现有观念意识、传统习惯、行为方式中的积极因素进行总结、提炼及倡导。
- **企业风气**：集团公司上下在生产经营活动中逐步形成的普遍性的、重复出现且相对稳定的*行为心理状态*，是思想作风、传统习惯、工作方式、生活方式等的综合反映。
- **企业道德**：集团公司内部调整员工与员工、部门与部门、员工与团队、员工与社会、公司与社会之间关系的行为准则。

制度层建设的主要内容

```
        集团企业文化制度层建设内容
        ┌───────────┼───────────┐
   一般规则制度    特色规则制度    企业习惯
    ┌─────┐          │             │
  管理流程  行为准则   特殊制度       文化活动

项目开发流程  员工手册   组织架构      文化娱乐
财务管理制度  晋升制度   薪酬制度      体育活动
人力资源制度  责任制度   考核激励制度   庆典活动
行政管理制度           其他非程序化
                      的制度
```

物质层主要建设内容

- 集团公司及各公司LOGO、标志、标准字和标准色，建立CI视觉识别系统

- 集团总部及各公司容貌,包括然环境、建筑风格、工作场所、生活环境等

- 集团总部及各公司的统一制服、工牌、司旗和司歌等

- 集团总部及各下属公司文化娱乐、体育活动等设施

- 集团公司企业文化的传播载体,包括刊物、网络、宣传册、广告牌和张贴画等

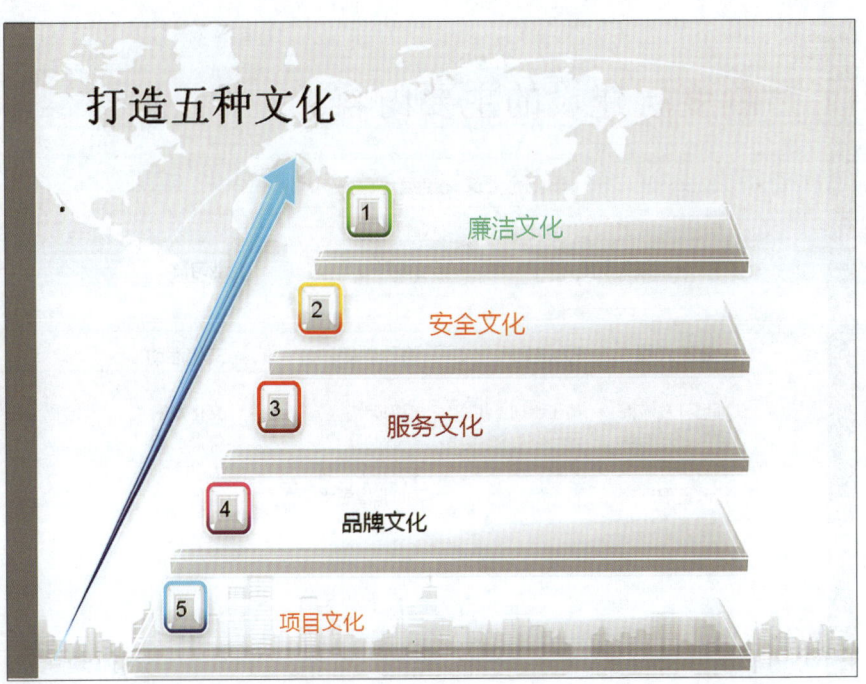

打造五种文化

1. 廉洁文化
2. 安全文化
3. 服务文化
4. 品牌文化
5. 项目文化

五种文化内涵

廉洁文化

通过企业内部的价值导向、制度建设、员工言论、领导行为、文化活动等方式发挥舆论和风气的导向作用，在企业内部形成荣与耻的价值判断，倡导廉洁诚信的企业风尚。

安全文化

保护人的健康，珍惜人的生命，实现人的价值的文化。是员工的安全价值观念、安全意识、安全习惯和安全行为准则的总和，是企业实现生产价值与实现人的价值总的体现。

服务文化

以服务价值观为核心，以客户满意为目标，以形成全员共同的服务价值认知和行为规范为内容的文化。集中鲜明地体现着企业价值观和经营理念，贯穿于企业产品设计、生产、经营和终端服务的全过程。

五种文化内涵

品牌文化

利用各种强有效的内外部传播途径形成客户对集团品牌在精神上的高度认同，创造品牌信仰，赢得稳定的市场，增强企业的竞争能力，为集团品牌战略的成功实施提供强有力的保障。

项目文化

施工企业形成并执行与工程项目使命相融通的文化理念；施工企业针对工程项目建设而颁布和执行的管理制度、行为规范；施工企业在工程项目现场营造的对工程项目有积极影响作用的环境；施工企业以工程项目为阵地、窗口而展现出施工企业形象的总合。

集团公司企业文化建设近期工作建议

一、研究制定企业发展战略，提炼企业精神文化

- 尽快组织集团公司领导及下属公司研究讨论通过公司愿景目标、历史使命、核心价值观（核心内容）。

二、实施制度再建工程，整理成册，编制公司管理大纲

- 根据集团改革目标及产权管理模式的变革，在理顺集团总部及上市公司关系的基础上，进一步规范完善财务、行政、人事、工程等各项管理制度及流程，做好对接工作。
- 重新评估绩效考评与薪酬激励管理体系，初步形成以集团公司战略目标与部门个人绩效为向导的企业文化。
- 开展思维创新，管理创新，技术创新，建立健全激励和约束机制。

集团公司企业文化建设近期工作建议

三、创新企业文化载体,建立企业文化支持系统

○ 聘请咨询公司设计建立集团公司CI视觉识别系统,包括:集团公司LOGO、标志标准色、司旗、司歌等。

○ 统一制作并佩带集团总部及各公司工牌,规范员工着装。

○ 统一集团公司的对外宣传载体,丰富集团网站内容,比如增加:管理者论坛、员工BBS、公司新人新闻报道等,提倡全员参与,对员工撰写的稿件发表后给予奖励,活跃公司文化氛围。

○ 把企业文化培训、岗位职业道德规范培训、岗位技能操作规范培训等内容纳入公司管理制度中,通过多媒体、公司简报形式对企业文化进行宣传。

集团公司企业文化建设近期工作建议

四、创新企业文化的形式,积极营造企业文化建设良好氛围。

○ 开展丰富的主题活动,比如管理沙龙、知识竞赛、技能比赛、读书月公益活动、肯谈会,也可以通过摄影、绘画、书法、漫画、演讲、企业之歌设计等各种文艺和体育活动来实施企业文化建设。

○ 启动公司主题年,根据公司年度发展目标和管理现状制定主题年,围绕主题年开展丰富的各种活动。比如业绩年、团队精神年、企业文化建设年等。

○ 独特节日建设,比如感恩节、消防日、员工生日等。

○ 庆典活动,比如开工庆典、公司年庆典等。

结束语

企业文化建设不可能一蹴而就。企业文化需要的是长期、持续的投入、建设、创新、改进和优化，才能最终使其外塑于形、内化于心，形成共同的价值观和行为规范，最终达到员工与企业的同向同心，形成文化—制度—共识—文化创新的良性循环，在企业落地生根，为企业发展增添活力、动力和创造力。

企业文化建设必须坚持人性化管理，重视员工价值实现和工作激励，大力倡导团队学习、组织学习、终身学习和学以致用，培养学习文化，追求员工价值实现与企业发展的统一，在员工实现价值中促进企业发展，在实现企业发展中成就员工个人，实现企业与员工的和谐发展。

契约精神与绩效文化

——从珠海控股集团率先"吃螃蟹"说起

英国著名法律史学家梅因有一句广为人知的名言:"迄今为止,所有社会进步的运动,是一个'从身份到契约'的运动。"九洲控股集团要改变,必须要在企业中构建公平的契约关系,培养适应现代商业文明的契约精神。同时,绩效管理是企业人力资源管理的中枢,是企业实施战略管理的重要载体。有效的绩效管理能够推进企业战略目标的实施、提高各级管理者的管理水平及充分发挥员工潜力。将二者完美地结合起来,将是企业稳健阔步前行的有力保障。

自2013年初起,笔者便全力倡导在九洲控股集团培育、发扬契约精神,弘扬绩效文化,主导在九洲控股集团推行以战略发展管控为导向的绩效管理模式。三年多来,通过契约化、市场化的绩效管理,切实增强了企业经营者的市场意识、危机意识、竞争意识,整体提高了九洲控股集团经营业绩和企业价值。

2013年,九洲控股集团资产总额为93.98亿元,较2012年底的30.14亿元增长了212%;国有权益总额20.56亿元,较2012年底的6.54亿元增长了214%;实现营业收入(以下简称营收)105581.32万元,同比增长13.05%;实现净利润19,586.53万元,同比增长170.18%。珠海控股实现营业收入99701.95万元,净利润24975.21万元,同比增幅分别为114.6%、249.8%;珠海控股市值22.34亿港元,较2012年底的10.18亿港元翻了一番。

2014年,九洲控股集团总营收为15.79亿元,同比增加5.22亿元,增幅 49.42%；净利润为 1.13 亿元，比 2013 年的 8251 万元增加 3014 万元，增幅 36.5%；珠海控股总营收 14.45 亿元，同比增加 4.48 亿元，增幅 44.9%；净利润为 1.57 亿元，比 2013 年的 1.09 亿元增加 4764 万元，增幅 43.7%。

2015 年，九洲控股集团总营收为 25.26 亿元，同比增加 9.61 亿元，增幅 61.41%；净利润 8658 万元，同比增加 4065 万，增幅 88.5%；珠海控股总营收为 24.28 亿元，同比增加 9.8 亿元，增幅 38.07%；净利润为 1.86 亿元，同比增加 7671 万元，增幅 70%。

截至 2015 年 12 月底，九洲控股集团资产总额规模为 173 亿元，和"十二五"开局相比，增长了近 5 倍；净资产规模达 30 亿元，在"十二五"期间翻了一番，其中国有权益更是从"十二五"开局时的 6.3 亿元跃升到了 21 亿元，年均增长幅度超过 25%。

附件：作者牵头领导制定的《珠海控股投资集团公司股权投资企业绩效管理制度》

2013 年 9 月，作者向佛学泰斗根通长老、五台山高僧大德静行法师讨教"人间佛教、知恩报恩"佛学思想在企业文化建设中的应用

附件：

珠海控股投资集团公司股权投资企业绩效管理制度

（2013年1月）

第一章 总 则

第一条 为了规范珠海控股投资集团有限公司股权投资企业绩效管理工作，公正、客观地评价各企业和个人的工作绩效，了解、评估员工工作态度与能力，充分发挥员工积极性与创造性，促进员工不断提高和改进工作绩效，为员工奖惩、薪酬、调迁、晋升、退职等提供依据，保障珠海控股战略目标和经营计划的顺利完成，特制定本制度。

第二条 本制度所指的绩效管理是指珠海控股为了实现企业目标，不断提高和改善股权投资企业管理者工作能力与工作业绩所做的一系列管理活动，包括绩效计划制定、绩效辅导沟通、绩效考核评价、绩效结果应用、绩效目标提升的持续循环过程。

第三条 绩效管理遵循以下原则：

（一）客观公正的原则：绩效管理全过程贯彻客观公正的原则，绩效管理体系、流程、方法、标准和结果都坚持以事实为依据。

（二）价值导向的原则：绩效管理与珠海控股企业价值观紧密结合，倡导奋发有为、积极进取、创造价值的企业理念，鼓励企业管理者通过提增企业市值以提升自身价值。

（三）利益驱动的原则：绩效管理采用合理、有效的激励措施，促使管理者不断提高经营管理水平，改善工作绩效，促进公司业绩高质量的成长。

（四）持续发展的原则：绩效管理注重目标考核与过程监控相结合，长期评价与短期评价相结合，定量分析与定性分析相结合，以实现公司持续、健康、稳定的发展。

第四条 本制度适用于珠海控股有实际控制权的全资、控股或参股企业，绩效管理对象包括公司专职或外部董事、经营班子成员或其他成员。

第五条 本制度中，除特殊注明之外，"珠海控股"是指珠海控股投资集团有限公司，"公司"是指珠海控股有实际控制权的全资、控股或参股企业。

第二章 绩效管理体系

第六条 绩效管理流程主要由计划制定、辅导沟通、绩效评价、结果应用和目标提升五个环节组成：

（一）计划制定，即绩效指标和目标的设定、分解，绩效合同的签署。

（二）辅导沟通，即对既定绩效目标进行跟踪、监控和反馈，对出现的问题进行有效的纠偏指导，提供及时的激励辅导。

（三）绩效评价，即对考评对象在考评期内的绩效表现进行评价。

（四）结果应用，即根据绩效评价结果，依据相关激励机制，及时兑现绩效回报。

（五）目标提升，即对绩效考评结果进行总结，分析绩效原因，提出绩效改进计划。

第七条 珠海控股企业管理部是珠海控股股权投资企业绩效管理的执行和牵头部门，负责：

（一）设计公司绩效管理体系。

（二）根据珠海控股战略目标，分解制定各公司业绩目标和考核方案，报总裁（总裁办公会）批准后执行。

（三）拟定公司总经理绩效合同。

（四）绩效沟通，分析改进，组织绩效考核评价。

第八条 珠海控股人力资源部参与绩效管理工作,参与绩效考核的组织实施和绩效结果的统计与应用。

第九条 绩效管理体系的设计以经济附加值(EVA)为评价核心,将超过股东预期的回报视为价值创造,并以价值创造作为核心标准,确定奖励基数。

第十条 绩效管理体系运用平衡计分卡的管理思路,反映企业财务、非财务衡量方法之间的平衡,外部和内部的平衡,结果和过程的平衡,管理业绩和经营业绩的平衡等多个方面,通过对财务、客户、内部流程、学习成长四个层面进行全面评价,进行标杆管理和目标管理。其中:

(一)财务层面指标是反映企业盈利能力、资产运营效率及成本控制水平,是全面衡量价值创造及投资回报的重要指标。

(二)客户层面指标是反映公司的目标客户和市场,以及公司在这些目标客户和市场中竞争情况的指标。

(三)内部流程层面指标是为了吸引和留住目标市场的客户,满足股东对卓越财务回报的期望,公司要确认的核心业务流程。

(四)学习成长层面指标是反映公司长期的、可持续发展必须建立的基础框架,包括目前和未来成功的关键因素指标。

第十一条 绩效管理体系将公司目标分解为短期目标和长期目标,即年度目标和经营层三年任期目标,以年度薪酬与奖励作为短期激励,以任期奖励作为长期激励,确保珠海控股整体战略目标落地。其中:

(一)年度目标关注当年的经营行为和绩效表现,是公司编制年度预算,制定年度工作计划的依据。

(二)任期目标关注公司中长期战略和可持续发展能力。

第十二条 绩效指标目标值的设定既要基于现实,又要具有挑战性,目标值要体现股东预期和行业先进性。

第十三条 岗位三年任期目标是实现公司中长期战略,对经营层进行三年战略评价和激励的重要依据。

第十四条 经营层三年战略评价以战略目标和管理主题为评价内容,以三年评价综合得分作为评价结果。其中:

（一）战略目标按盈利能力、成长性、稳健性、管理水平四个层次，结合公司战略重点分设考核指标，确定各项指标目标值并赋予适当权重。

（二）管理主题根据公司战略规划和管理需要，明确相应工作目标及权重分配、衡量标准。

第十五条 珠海控股企业管理部对股权投资企业绩效目标执行情况进行跟踪，并提供及时的绩效辅导。各公司每年七月向企业管理部书面报送上半年绩效目标执行情况，年底时报送年度绩效合同执行情况。

第三章 绩效合同

第十六条 绩效合同是珠海控股与各公司管理者就考核期应完成的绩效目标所签订的正式书面协议，包括以下内容：

（一）岗位的主要考核方面及关键业绩指标、权重和工作目标设定。

（二）关键业绩指标评分方法及衡量标准。

（三）考核结果与奖惩激励约定。

第十七条 绩效合同分为年度绩效合同和三年任期战略目标合同，其中：

（一）年度绩效合同以公历年为考核期，主要考核当年的经营行为和绩效表现。

（二）三年任期战略目标合同以三年任期为考核期，主要考核公司中长期战略目标实现情况。

（三）专职或外部董事的绩效合同仅限年度绩效合同，主要考核董事与经营层的沟通、董事会议的有效性、工作投入程度、工作经验和知识水平等方面情况。

第十八条 股权投资企业绩效考核方案和公司总经理、专职或外部董事的绩效合同由珠海控股企业管理部在每年年初或考核对象任期初拟定，报总裁（总裁办公会）审定后，由总裁与其签订。

第十九条 各公司经营班子其他成员的绩效合同由公司总经理负责拟定。

（一）各公司总经理按照职责与分工不同，设定班子其他成员个人绩效考核指标、权重和目标值，制定班子其他成员个人年度绩效合同和任期绩效合同，并报珠海控股企业管理部审核。

（二）珠海控股企业管理部审核后报总裁（总裁办公会）审定，由各公司总经理与其签订。

第二十条 珠海控股企业管理部在每年年底组织制定各公司经营班子下一年度的绩效合同。

第二十一条 考核期内公司经营班子成员调整时，根据审批程序规定重新签订绩效合同；经营班子其他成员内部分工调整的，同时调整绩效合同，并由公司总经理签字确认。

第二十二条 绩效考核指标分为量化指标和非量化指标，其中：

（一）量化指标由5—10个可量化的关键绩效指标组成，每个指标按其重要性赋予5%—30%的权重，权重加总为100%。

（二）非量化指标从公司年度发展目标和中长期发展战略中选取若干项重点工作，每个指标按其重要性赋予10%—40%的权重，权重加总为100%。

（三）绩效考核指标得分 =$\sum$ 量化指标绩效考核评价得分 70%+$\sum$ 非量化指标绩效考核评价得分 30%。

第二十三条 除绩效考核指标外，根据可能影响权属公司绩效和中长期发展的重要事项，以及九洲控股集团认定的计划生育、信访维稳等特殊事件设置特殊加减分事项作为补充。

（一）特殊加减分事项是在绩效考核评价总分基础上直接进行加减，但加分合计不超过15分。

（二）发生重大安全责任事故、计划生育及信访维稳事件等一票否决事项，取消加分项，直接扣减15分。

第二十四条 绩效考核评价总分等于绩效考核指标得分与特殊加减分事项累计得分之和，计算公式如下：

绩效考核评价总分 =（$\sum$ 量化指标绩效考核评价得分 70%+$\sum$ 非量化指标绩效考核评价得分 30%）+$\sum$ 加减分事项得分。

第二十五条　根据各公司历史数据、战略目标、行业标杆企业水平，按照既有先进性、可实现性，又有挑战性的原则，量化指标的目标值设定最低值、基本值和挑战值。达到基本值，得权重分；大于或等于挑战值得1.5倍权重分；小于或等于最低值得0.5倍权重分；其余按比例计分。

第四章　绩效考核程序

第二十六条　股权投资企业年度绩效考核在每年财务审计完成后一个月内进行，任期绩效考核在任期审计结束后一个月内进行，工作程序与年度绩效考核相同。

第二十七条　股权投资企业年度绩效考核由珠海控股企业管理部牵头组织实施，按下列程序进行：

（一）绩效自评与报告。每年一月底以前，各公司向珠海控股企业管理部报送上一年度工作总结和当年工作计划。上一年度工作总结包括：公司绩效指标完成情况和特殊加分事项理由，经营班子其他成员个人绩效指标评价结果和理由。当年工作计划包括：公司当年核心任务和时间安排等。

（二）绩效与薪酬核定。每年二月底以前，珠海控股企业管理部牵头与珠海控股相关职能部门组成绩效考核评价小组。评价小组负责：以各公司年度财务审计报告为基础，根据实际情况对考核指标受非经营性因素的影响情况进行必要的修正；根据各公司年度工作计划和工作总结报告，对非量化指标、加减分事项和专职或外部董事工作情况作出评定；核算各公司年度绩效考核得分，提交公司专职或外部董事、经营层个人年度绩效考核和薪酬核算报告，报总裁（总裁办公会）审批。

第二十八条　股权投资企业总经理参照本管理办法，自行组织公司经营班子其他成员绩效指标评价工作。

第五章 绩效结果的应用

第二十九条 珠海控股依据绩效考核结果对各公司专职或外部董事、经营班子成员实施奖惩，绩效考核结果应用本着公正、客观的原则。

第三十条 绩效考核结果作为考核对象薪资调整、职务变动、培训、业绩目标改进和经营层三年战略评价的重要依据。

（一）根据绩效考核结果，将考核对象年度绩效表现划分为四个等级，即：优秀、良好、称职、不称职；将任期绩效表现划分为两个等级，即：达标、不达标。

（二）对各公司的绩效考核等同于对各公司总经理的个人绩效考核。

（三）公司总经理年度绩效等级为不称职时，公司副总经理个人年度绩效等级最高为称职。

（四）连续两年绩效考核等级为不称职的，对考核对象进行行政降职或免职处理。

第三十一条 绩效考核结果与公司经营层的绩效年薪与任期奖励挂钩。公司管理者绩效年薪包括年度基本薪酬和年度绩效薪酬，计算公式如下：

（一）公司经营层年度基本薪酬＝月基本现金收入总和＋年度津贴补贴＋年度福利。

（二）公司总经理年度绩效薪酬＝个人年度绩效薪酬基数 公司年度绩效考核系数。

（三）公司副总经理年度绩效奖励＝个人年度绩效薪酬基数（公司年度绩效考核系数70％）总经理年度评价考核系数。

第三十二条 绩效考核结果与公司专职或外部董事的年度薪酬挂钩，计算公式如下：

公司专职或外部董事年度薪酬＝个人年度薪酬基数 董事年度绩效考核系数。

第三十三条 珠海控股鼓励各公司经营层增加公司利润，并对增值部分进行分享：

（一）公司年利润在目标值以上，经营层个人年度绩效薪酬基数包括基础绩效薪酬和差额绩效薪酬两部分，提取一定金额作为固定的基础绩效薪酬；提取年利润与目标利润差额的2%作为差额绩效薪酬。

（二）公司年利润小于目标值，大于1/2目标值的，经营层个人年度绩效薪酬基数只包括基础绩效薪酬，基础绩效薪酬标准为上述固定基础绩效薪酬的1/2。

（三）公司年利润小于1/2目标值或亏损的，取消经营层个人当年的年度绩效薪酬。

第三十四条 任期奖励是珠海控股对股权投资企业经营层中长期激励的重要组成部分，旨在激励公司经营层实现公司战略目标。任期奖励与经营层三年战略评价结果挂钩，计算和发放方式如下：

（一）任期奖励＝年度基本薪酬×2×三年战略目标绩效考核系数。

（二）任期奖励采取延期支付的方式，即：公司在考核对象任期第一年预提20%，第二年预提30%，第三年提取50%作为管理者任期激励基金；待考核对象任期结束，任期绩效考核工作完成后，根据总裁（总裁办公会）审批的个人任期绩效考核和薪酬核算报告一次性发放。

（三）任期绩效考核结果不达标的，取消考核对象任期奖励。

（四）任期未满调任的，根据任职时间和战略目标完成情况发放相应奖励；任期内被降职、解职或自动辞职的，取消任期奖励。

第六章 附 则

第三十五条 股权投资企业自身的对外股权投资企业的绩效考核由各公司负责组织实施，考核办法参照本制度执行，考核结果报珠海控股企业管理部备案。

第三十六条 本制度由珠海控股企业管理部负责起草、修订、解释，由珠海控股总裁办公会批准后发布。

第三十七条 本制度自发布之日起试行，试行期两年。

起于青萍 成于微澜 舞于香江[①]
——隆益项目收购全景再现

当 2016 年度珠海控股股东大会圆满结束的声音响起，当无数媒体聚光灯闪烁，当各种关于业绩持续大幅增长缘由的提问声不断传来，主席台上的他们的思绪又飘回到了 2009 年秋天那个早晨的办公台前，此时他们的桌面上正摆着那封致时任广东省省委书记汪洋转来的跨国来信：《关于请求督促珠海市人民政府及隆益实业公司兑现有关合作条款的情况反映》。

彼时的珠海控股虽作为珠海市唯一红筹窗口平台，旗下子公司众多，但旧有业务老化，盈利能力差，缺乏新项目支持。其 2009 年股价最低港币 0.28 元，总资产港币 14.4 亿元，全年盈利港币 2400 万元。特别是主营利润来源单一，大部分利润都贡献自香港海上客运航线板块。2009 年 10 月 28 日中国国务院常务会议正式批准港珠澳大桥工程可行性研究报告，港珠澳大桥建设进入实操阶段，按计划 2017 年建成后珠海与香港陆运时间仅需 30 分钟，珠海控股水上客运业务收入将受到极大影响。

面对重重困境，珠海控股股价和成交量长期低靡，基本丧失境外融资能力，急需寻找新的利润增长点和支柱产业。珠海控股已走到了命运抉择的关键路口，时任珠海控股董事局的高管们，透过他们凝视信纸的

[①] 2016 年 2 月，为宣传珠海市国有企业改革和发展成就，《经济日报》产经新闻编辑室和《经济日报》驻珠海记者站联合对九洲控股集团进行了专访。其中，隆益项目成功并购、依靠发展消灭僵尸企业模式等新思维引起了《经济日报》记者的高度关注。本文即是应《经济日报》之约由珠海控股起草并提供的新闻素材。

双眼中闪过了一丝灵动的光芒。

一、一封信的危与机

这封信，写于 2008 年 9 月 9 日，由马来西亚林木生集团拿督林福山太平绅士写给时任广东省委书记汪洋。在 2008 年 9 月 12 日汪洋书记访问马来西亚时，经马来西亚国家领导人代为转交，此后由省下发至珠海市，要求妥善处理。随后 2009 年中马合作企业权益人——隆益集团的股权划拨到了珠海控股母公司九洲控股集团的手上。信中就 1992 年珠海市政府的重大招商项目——隆益项目历史遗留问题做了阐述，并恳请予以关注解决。

（一）艰难与险阻

究其因果，要上溯到 1992 年 6 月隆益实业公司与香港南迪国际投资有限公司共同兴办中外合作企业。双方合作开发珠海国际赛车场项目。中方以出土地 6000 亩作为合作条件，占利益分成比例 40%，外方出资 7100 万美元，占利益分成比例 60%。整体项目包括国际赛车场、高尔夫俱乐部、综合发展三个合作实体企业。

1997 年亚洲金融危机期间，香港南迪的母公司马来西亚长青公司倒闭，2000 年期间，马来西亚国家国有资产管理公司重组后，林木生集团成为香港南迪公司新的母公司。2002 年 10 月，中外双方签订补充合同，约定香港南迪公司要完成总投资 7100 万美元不足部分 2538 万美元的投入，中方完成将赛车场和高尔夫公司土地更名工作，在全部资金到位后履行综合发展公司土地更名和房产开发手续的报批工作。

珠海国际赛车场和翠湖高尔夫已经建成并正常经营多年，综合发展公司则因项目开发土地一直没有确权而搁置。三个子企业中，由于国际赛车场和翠湖高尔夫属于长线低回报项目，综合发展配套的房地产开发项目一直没有启动，导致整个项目的经济性失衡并因此衍生出一系列历史遗留问题，中外合作双方矛盾尖锐。

如果维持现状不作为，隆益项目无疑将继续拖延下去，结果可能是中外双方对簿公堂。结合律师的意见，中方承担合作违约责任是很难避免的，且对于珠海市招商引资的城市形象，以及参与其中的珠海国资及马来西亚各方，都是一种"满盘皆输"的格局。

（二）危中有机

如能借此契机彻底解决珠海赛车场合作项目这一焦点难题，将彰显珠海市委、市政府解决社会投资领域棘手难题的态度和能力，对于优化珠海投资环境，提升城市口碑具有莫大的帮助。政府也将获得补缴的土地出让收入和项目开发税收。

二、定方圆，诸方博弈

这是一个多年纠缠无果的项目，需整合多方力量协助解决各项难题。对于一个以做码头起家，多年致力于航运、旅游、交通和城市公用事业，从未涉足过房地产项目的集团，更是难上加难。然而他却从中看到了珠海控股突破困局的出路，看到了希望的召唤。

（一）谈判

珠海控股与外方就项目权益转让价格的谈判过程中，一直坚持尊重历史、客观公正，在共同发展、谋求双赢中，解决历史遗留问题，确保国有资产不流失的基本原则，展开了为期长达近三年的谈判过程。

谈判初期进展很慢。外方认为，其在1992年对项目投资7100万美元，其中对高尔夫球场及房地产项目投入达5100万美元（4.12亿元人民币），历年来该部分投资的资金成本按照基准贷款利率计算已经超过20亿元人民。而项目周边土地因多年来不断升值，按照格力海岸7400元/平方米的地价计算，78万平方米的土地市值就达57亿元人民币。如果自主开发，项目也可以带来50亿—60亿元的利润。因此，外方始终认为其持有项目60%权益的市场价值，应在30亿元以上。

珠海控股认为，双方在本项目中，应站在解决历史问题，谋求双赢为出发点。如果以30亿元定价，将吞没绝大部分的项目利润，中方风险巨大。由于双方的合作过程中都有疑似违约的行为，因此应按原合同约定的投入资金,加上历年来的资金成本确定价格,考虑已建成的高尔夫球场的价值,项目60%权益总价值应在15亿元人民币左右。

双方的分歧在不断的讨价还价中逐渐缩小。经过多次的谈判后,双方都认为以土地价值作为定价依据较为合适,经过咨询及详细的市场调研后,均认可综合发展公司房地产地块的土地价值的楼面地价在每平方米4000元左右。因此,外方将权益定价以每平方米4000元为基础,而珠海控股认为,由于办理土地证需要每平方米补交1500元的地价,因此权益的定价应以每平方米2500元为基础。经过反复协商,外方终认可珠海控股提出的观点,土地价值以每平方米2500元为基础,项目60%权益总值为13.9亿元人民币(其中11.7亿元为综合发展公司的估值,2.2亿元为翠湖高尔夫的估值),折合港币约17.16亿元。

最终,珠海控股成功促成外方同意以不高于港币16.5亿元进行交易,并可根据收购时第三方专业评估机构的实际评估价格为准。

在确定价格的基础上,外方要求转让款由现金加股权的方式实现,成为珠海控股的股东,分享项目开发后的分红;而珠海控股则要求外方必须彻底解决隆益项目的历史遗留问题,同时珠海控股增发新股的定价必须等于或高于每股净资产的价格。双方均同意对方提出的要求,并与2012年4月18日完成合作谅解备忘录之签署。

在与外方谈判的过程中,珠海控股同时协调政府有关部门,落实项目用地的规划设计条件、土地使用权出让合同,以完成中方对中外合作企业约定的出资责任。办理土地确权过程中中方应补缴的地价,珠海控股也成功地说服外方作出让步,同意由合作公司来承担。外方也同意彻底解决合作以来的历史遗留问题,并在签订收购合同时一并签订历史遗留问题解决合同。

2014年8月份获得了基本的解决共识,并于11月完成细节条款的全部确认,标志着解决历史遗留问题的谈判圆满结束。

(二)报批

2011年12月30日,珠海市国土资源局和隆益公司签订《国有建设用地使用权出让变更协议书》(2011—017号),明确确权土地面积:

788399.506平方米，暂按容积率1.0和270元/平方米计收地价款。待明确规划设计条件后，按办理地价核准手续时的地价管理规定标准重新核交地价。该地块将根据明确的规划设计条件再签定补充协议，核发《建设用地规划许可证》，缴清地价后，再按规定办理用地批准手续。

2012年9月6日珠海市规划专家委员会审核通过了珠海赛车场78万平方米配套项目规划设计条件。

2012年12月10日，珠国土函2012（812）号明确，该用地规划设计条件确定后，根据市政府批示意见，按珠府2011（99）号和珠府2011（100）号规定的基准地价标准，及时办理缴交地价手续。

2013年1月11日，市政府8届16次常务会议通过《珠海赛车场综合发展用地规划条件研究》，由市住建局按程序报批实施。

2013年8月，综合发展公司支付全额地价，并于2013年9月18日获得五个地块的《房地产权证》。

（三）融资

确定收购意向后，珠海控股成立了专项工作小组，研究制定项目收购、融资、开发方案，并就收购方案展开与外方的谈判，与外方达成以现金、股权、分期支付票据的收购方案共识。2012年12月，珠海控股向珠海市国资委提交《关于九洲控股集团有限公司属下九洲发展有限公司启动收购隆益项目外方权益的请示》，市国资委转报市政府后，得到珠海市政府批准。

为了保证项目的顺利实施，利用上市公司的融资渠道，降低珠海控股项目收购及开发的资金压力，完成这一"非常重大收购"及"关联交易"，同时成功融资，珠海控股需要选聘一家优秀的投资银行以完成以下工作：制定详细可行的收购及融资方案；牵头协调核数师、律师、评估师等服务团队工作；完成联交所要求的收购程序及工作；投资者推介、路演，引入投资者完成融资。

本次并购及融资，是一个系统性的解决方案，对于珠海控股意义重大，需要解决以下六个方面的问题：

1.成功完成项目权益的并购及融资。

2. 成功解决项目首期 10 亿元地价款问题，考虑到融资规模相对较大，股权类融资可以降低资金的成本，减轻公司的债务压力。

3. 方案方面要考虑保证项目的成功开发，降低实施风险，以支持公司融资能力的成功恢复及持续融资。

4. 市场投资人方面缺少大的机构投资人，股票交投清淡，市场关注度不高，借本次融资，要引入有实力和品牌的机构投资人（基金及投资机构）和公司共同成长，持续做大市值，这些机构要拥有一定的市场号召力。

5. 公司的持续发展和融资需要有品牌知名度和实力的投资银行持续服务和支持。

6. 可能的股权激励需要资本市场的支持。

故珠海控股广泛展开了与香港各大投资银行的互动，与高盛(亚洲)、摩根士丹利、瑞士银行、美林证券、汇丰银行、渣打银行、中银国际证券、国信证券香港和中国银河国际就隆益项目的并购及融资进行了详细的探讨。以上投行皆对隆益项目表示有兴趣或有合作意愿，摩根士丹利在内的部分投行给出项目服务报价，通过对比报价方案，和综合已报价的投资银行品牌、项目服务报价，考虑到珠海控股的需求、项目的成功率和实际运作能力，最终选择摩根士丹利作为隆益项目收购及融资的投资银行服务提供者。

全球顶级的投资银行——摩根士丹利作为隆益项目收购的财务顾问，亚司特律师事务所和广东亚太时代律师事务所分别作为项目在香港和大陆的法律顾问，随后加入工作组的安永和莱坊为项目提供财务审计和建筑测算服务。

（四）品牌

在自身没有任何地产开发经验的情况下，缺乏品牌和团队是摆在珠海控股面前最棘手的难题。经反复推演，珠海控股高管们认为，采取合作或聘请代工著名地产商主导开发的模式，利用其丰富的开发及销售经验，才能提高项目开发的成功率。项目小组同绿城及星河湾等国内知名地产开发商进行了多次考察洽谈。

1. 绿城。2013年1月,在财务顾问摩根士丹利牵头下,与绿城前期意向接洽,绿城审阅项目资料,展开合作方式探讨。

2013年2月,工作小组拜访绿城香港办事处,考察绿城运营情况及品牌合作可能性,并与绿城集团CFO冯征等接洽。

2013年8月,与绿城开始谈判。在历经长达6个月的密集会谈,付出艰辛努力下,谈判取得重大突破。绿城高层赞赏珠海控股管理层之拼搏精神与经营理念,相信双方有着一致的产品理念与追求,最终同意珠海控股所提之费率要求,做出让步。

2. 星河湾。2013年1月,在财务顾问摩根士丹利牵头下,与星河湾前期意向接洽,星河湾高管人员来到珠海审阅项目资料,展开合作方式探讨。

2013年3月,星河湾董事长黄文仔带领团队调研珠海高端房地产市场,并赴隆益项目现场考察。

2013年8月,工作小组再赴广州星河湾总部会谈,达成最终合作意向。

作者与绿城集团创始人、中国房地产精致完美派领袖宋卫平先生参加
九洲绿城·翠湖香山项目修建性规划评审

综合两家竞争性谈判企业系统开发能力、整体销售规模、公司品牌、项目服务报价,考虑珠海控股的需求、项目的去化率和实际运作能力,

最终选择绿城作为隆益项目品牌合作服务提供者。

三、"蛇吞象",小荷露角

2012年,珠海控股集团总资产19亿港元,股价仅0.4港元;在基本丧失融资能力的情况下,要撬动一个40.5亿港元的项目,堪称"天方夜谭"。

(一)收购方案

2013年4月10日,珠海控股项目小组与马来西亚LBS公司正式签订了买卖协议,珠海控股以5亿港元现金,发行价值3亿港元的新股以及8.5亿港元的分期付款,共16.5亿港元,收购项目外方权益,实现了项目权益全部回归中方。买卖协议于7月18日召开的特别股东大会批准通过,但是需要在珠海控股完成地价款的筹集后才能完成买卖协议的股份交割程序。

(二)补交地价

2013年,央行、银监会等出台系列文件,全面监管政策逐步收紧,房地产宏观调控政策频出,地价融资工作异常困难。为筹集项目需要补缴的24亿元地价,摩根士丹利团队制定了详细的融资计划,根据项目资金需求及九洲控股集团与珠海控股的资金现状,提出以债券加股权形式,引入战略投资者投入13亿元人民币,剩余资金由九洲控股集团及珠海控股自筹的方式,完成地价款的筹集。

通过摩根士丹利的推荐,项目小组先后与摩根士丹利地产基金、鼎晖、华平、中植、诺亚、平安不动产等国内外著名的基金展开了多轮的商谈。除鼎晖基金外,其余基金均表示了浓厚的兴趣并展开了意向性谈判。

由于项目在境内并需要人民币作为投资货币,然而外资进入审批时间较长,无法达到项目的资金需求时效,因此位于境外的摩根士丹利地产基金无法直接投资。中植集团对项目的投资也已经通过其内部的审批,但由于其与光大银行间的违规事件,导致投资无法继续实施。华平基金也已通过其内部的审批,在签订投资协议前,华平基金要求项目代建方为其长期合作伙伴红星地产。珠海控股认为单从品牌价值和影响力角度来看,红星地产不是项目代建商的最佳选择,因此放弃与华平基金的合作。最终,在平安不动产不能保证资金到位的时效性的情况下,珠海控股选择了条件最具优势且能保证资金按时到位的诺亚财富作为项目的战略投资人。

根据与诺亚财富签订的融资协议,诺亚财富将通过其子公司向项目公司提供13亿元的借款,由于对项目公司进行债转股本将造成上市公司与控股股东间关联交易而需要得到独立股东的批准,为保障资金到位的时效性,双方另签订了合作框架协议,约定在独立股东批准的情况下,诺亚财富可将其持有的债权转换成对项目公司的权益。

诺亚财富13亿元的借款于2013年8月9日到位,得益于摩根士丹利团队引入战略投资者的13亿元资金后续到位后,自此合计26亿元的融资任务完成。在扣除24亿补缴地价款后,剩有2亿元资金供项目前期开发使用。自此,"蛇吞象"完美收官。

四、拼实干,翠湖丰收

(一)在变通中酝酿成功

2014年9月,九洲绿城·翠湖香山项目正式亮相珠海,两大巨头在珠海楼市的同场相逢成为城中热话。在两大品牌标签的加持下,出身非凡的九洲绿城·翠湖香山注定被时代瞩目。

而经过时间与实践的证明,九洲控股集团和绿城当初选择强手联合无疑是正确的。在房地产形势严峻的2014年最后两个月的时间里,翠湖香山销售了12亿元,实现了开门红;2015年全年销售25亿元,也就是说在面世后短短15个月的时间里,翠湖香山销售回款37亿元,远超九洲控股集团下达的30亿元销售任务。该项目更是荣获2015年度"亚洲十大超级豪宅"称号,是珠海特区成立30多年来唯一获得此奖的房地产项目,同时,该项目也荣获了"珠海市人居环境建设突出贡献单位",新浪乐居网"最佳生态宜居楼盘"、中国掌柜风云榜"五大品质豪宅"等荣誉。

在两年不到的时间里,九洲绿城·翠湖香山项目便以销冠的姿态在珠海楼市找准自身的一席之地,后续发展道路将更为顺畅;而对于九洲控股集团,能在珠海这块热土上抓住新的发展契机,收获更多的是一种归属与荣耀。

(二)传统国企的时代博弈

九洲控股集团是珠海唯一红筹国企,原是做码头起家,多年致力于航运、旅游、公用事业,然而传统旅游项目的回报率是很低的,过去单一的开发模式也已经过时了。旅游项目未来的发展方向必然是向复合开发转变,把旅游业与房地产业相互结合起来,通过一些高端住宅开发项目反哺传统旅游业的发展,这是一件两全其美的事情。而且高端旅游地产的开发更能产生集聚效应,实现土地、景观资源价值最大化,成为九洲控股集团和珠海控股转型的契机和新的增长点。

尽管九洲控股集团过去的三十年没有涉足房地产行业,但机会有后发优势,资源有先发优势,珠海控股现在进行房地产项目开发更多的是占据了成本优势、景观优势,更关键的是,凭借多年做旅游开发积攒下来的经验,团队在房地产项目开发过程中,能更为游刃有余地挖掘和发挥周边景观资源价值。

五、起鸿图，扬帆九洲

（一）解决历史遗留问题，政府获利

此次收购不仅可以妥善解决珠海赛车场多年纠缠未果的一系列历史遗留问题，也为新一轮城市经济的发展取得宝贵的战略资源，彰显了珠海市委、市政府和市国资委解决社会投资领域棘手难题的态度和能力，对于优化珠海投资环境，提升城市口碑具有莫大的帮助。

（二）为九洲控股集团跨越式发展奠定基础

项目的成功收购与开发为珠海控股及下属各公司带来了难得的历史发展机遇，上市公司的市值翻几番，到2015年总资产达到104亿元，当年股价最高达港币1.93元，不仅恢复了融资能力，也为未来发展布下了良好格局，为九洲控股集团的跨越式发展奠定了基础。

有了隆益项目收购开发奠定的信心、品牌、实力和人才基础，九洲人乘胜追击，2013年再出发，以44亿元资金投入，成功获得"金湾国际旅游度假城"项目开发权。2015年，又一次获得珠海门户港和对外窗口——"九洲湾"的整体开发权。

（三）培养了新一批优秀人才

在资本运作过程中，实现了本土资源与国际金融平台的融合；通过此次同各方的合作，珠海控股培养了一支优秀的核心团队，为以后的拓展打下了夯实的基础。

附件：

珠海国企活力从何而来[①]

珠海国企不算多，但个个充满活力。

除了大名鼎鼎的格力，华发集团、九洲控股集团、珠光集团等一批老国企也是朝气蓬勃。据统计，2015年珠海市管15家企业实现营业收入1515.35亿元，是2010年的2倍，年均增长14.89%；利润总额209.93亿元，是2010年的2.9倍，年均增长23.78%；归属国有净利润44.12亿元，是2010年的2.7倍，年均增长22.17%。

"'十二五'期间，我们的国有资产总量和经营业绩均实现了翻番。"面对这样一组亮丽的数字，珠海市国资委主任吴爱存说，"但这些数字还只是外在的'颜值'，衡量一个地方国企改革是否成功，更要看其内在的'气质'。"

一、培育气质，健全公司法人治理机制

气质是什么？"就企业而言，更多地体现在其经营活力上。"吴爱存解释说。

"活力首先来自于我们健全的公司法人治理结构。"据九洲控股集团董事长黄鑫介绍，近年来集团公司坚持领导班子建设与法人治理结构健

[①] 此文刊登于《经济日报》（2016年6月9日）头版头条。作者作为珠海市属国企主要负责人代表接受了《经济日报》记者的采访。作者重点以项目并购为案例阐述了珠海市属国企找准定位、搭建平台、培育气质的创新改革实践（几起项目并购案例深深打动了记者，在其所撰写的文章中有此类案例分析，后受报刊版面限制，未能全文刊发）。记者：杨忠阳、李茹萍。

全相结合,大力推进现代企业制度建设和董事会建设,不仅完善了外部董事过半的董事会制度,而且明晰了公司董事会、党委会、监事会、经营班子之间的权责边界,形成了高效运转、有效制衡的现代公司治理机制,使企业闯出了一条具有自身特色的发展道路。

提到珠海国企改革,人们首先想到格力集团。2014年2月19日,格力集团旗下的格力电器、格力地产率先公布改革方案:无偿剥离格力地产、口岸公司和格力航空投资股权及格力集团对格力地产的债务,将该资产注入珠海市国资委新设立的珠海投资控股有限公司;剥离后的格力集团将以不超过公司49%的股权通过公开挂牌转让的方式引进战略投资者。

"我们的思路是剥离其地产及平台类业务,使主业经营领域更加集中,促进公司治理结构的完善以及经营效率的提升,更好地参与全球家电产业中高端竞争。"吴爱存表示,按照国家关于深化国企改革的指导意见,新成立的珠海投资控股有限公司正在引进战略投资者,优化股权结构,以打造珠海市国有资本综合运营平台,确保国有资产保值增值。

企业法人治理结构不断完善,外部董事在董事会占比全部过半,国有资本综合运营平台快速搭建……珠海国企改革的一项项新成就,不仅激发出企业的活力,也夯实了企业的实力。据了解,下一步珠海市国资委还将加大授权力度,改革国资授权经营体制,改进国资监管方式和手段,加强和完善国资监管体系,进一步规范公司治理,推进市场化导向的选人用人机制,完善长效的激励约束分配机制,实现企业市场化运行机制更加完善,促进国资监管职能切实转变。

二、找准定位,提升城市经济实力与品位

港珠澳大桥珠海口岸项目完成海域验收,高栏港区15万吨级主航道工程竣工,横琴金融产业发展基地一期建设完成……在每一项重大工程的背后,都活跃着珠海国企的身影。

"十二五"期间,珠海市管企业围绕企业主业和国有经济发展方向,

集中资源投入重大项目和关键领域,累计承担了珠海市72项重大投资建设项目,涉及总投资额1330亿元,不仅成为推动珠海交通、市政基础设施建设和公用事业发展的骨干力量,也大大增强了企业自身的综合实力。

珠海地标性建筑——珠海国际会展中心一亮相,便站上了珠江口西岸会展乃至现代服务业发展的高地,而投资建设会展中心的就是珠海华发集团。通过深化改革,华发集团找准定位,短短几年就实现了由产业单一的区域性房地产企业向全国知名的城市、金融、产业综合投资运营企业集团转型升级,以金融产业和产业投资为核心突破业务,以商业贸易、文教创意、现代服务等为综合配套业务的"4+1"业务格局。

除了在城建、交通、金融等重要产业各领域充当主力军外,珠海市管国企还将保障和改善民生,不断提升城市品位,作为应有的追求。"你们看,九洲港货柜码头已完成搬迁,我们将在这里兴建新的航海文化中心。"站在九洲控股集团会议室,黄鑫指着窗外的码头上的一片空地告诉记者。

三、建好平台,让"僵尸企业"及时退出

然而,并不是每一家企业在市场上都能如鱼得水。面对那些长期经营和管理不善、亏损严重,甚至资不抵债的"僵尸企业",究竟该怎么办?珠海的经验是托管,让其及时退出市场。

珠海从实际出发,大胆创新,建立了一个全市性的僵尸企业托管退出平台——珠海市联晟资产托管有限公司。

"联晟资产托管有限公司成立以后,首先解决的是托管工作如何开展的问题。"公司副总经理卢文捷介绍说,当时的情况是全市500户经营不佳企业分布在各个资产运营机构和授权经营主体内设的托管机构中,这些企业由于长期管理不善,存在着资产不清等大量遗留问题,已严重制约市属重点企业进一步深化改革和加快发展。

在解决遗留问题的前提下,依法有序地实现被托管企业资产、人员、

法人身份退出，才是处理僵尸企业的真正目标。联晟托管公司因此构筑了三条通道：即员工安置通道、资产债务处置通道、企业法人退出通道。

"其中，妥善安置员工是国有企业改革最重要的环节，也是改革成功与否最重要的标志。"晟宁企业管理中心主任张爱霞告诉记者，在探索中，他们将国有企业改革中的员工安置分成了企业托管前和托管后两个阶段。在托管前，按照国企改革的有关文件规定，一次性支付停业企业员工解除劳动合同的经济赔偿金，使停业企业员工从国有员工身份转为社会劳动者。但在企业被托管后，仍然有较为复杂的员工安置问题则分类解决。"到2015年底，我们这里已累计托管企业813户，托管资产59亿元，托管债务71亿元，各类诉讼案件934宗，解决了群众集资、住房办证和原企业拖欠工资社保费等大量历史遗留问题，为珠海市国有经济结构调整和国企改革不断深化提供了重要支撑。"联晟托管公司董事长张险峰说。

防微杜渐　护企护家[①]
——强化企业内部经济责任审计监察成果的运用

党的十八大以来，党中央加大了惩治腐败的力度。2015年，中纪委公布了64名落马央企各级负责人名单，其中"一把手"占到56%，而在落马的央企负责人中，大多来自于能源、通信、交通运输及机械制造等领域。作为珠海市属主要国企，珠海九洲控股集团目前的主业之一为交通运输领域。该领域为腐败高危行业，内部审计监察工作任重而道远。

国企负责人落马，不仅仅是其个人问题，更深层次的是制度原因。正如习近平主席所说，要"把权力关进制度的笼子里"。制定有效的内部控制措施，强化内部审计监察是规范企业经营管理的关键。内部经济责任审计又是内部审计的核心内容，对于预防腐败具有不可替代的作用。企业负责人出事，不仅其自身前程尽毁，家庭受累，而且还造成国有资产流失、国家利益受损。如果能在企业负责人刚开始出现经济问题时有人加以警示，问题或许就可被扼杀在萌芽之中。可见，内部经济责任审计不仅可以避免企业的资产损失，还起到挽救一个家庭的作用。

[①] 作者主抓企业内部审计和监察工作。此文由珠海市审计局推荐到广东省审计厅，作为全省企业内审经验交流发言材料。

一、内部经济责任审计工作基本情况

（一）集团公司及内审机构基本情况

珠海九洲控股集团公司是珠海市政府授权经营旅游会展板块的主体企业，集中了珠海市属国有旅游、海上客运交通的优质资源，控股了珠海在香港上市的红筹股——珠海控股（HK00908），是珠海市在香港及海外的重要资本营运平台，产业涉及城市公用事业、旅游地产、海上客运、港站管理、酒店服务、主题景点、旅游观光、高尔夫、赛车运动、商贸服务等众多领域，其旗下拥有珠海高速客轮有限公司、珠海度假村酒店有限公司、珠海经济特区圆明新园旅游有限公司、珠海九控房地产等72家股权投资企业。股权投资企业涉及的行业众多，具有不同的行业特点，这对审计监察工作的内容和审计人员的业务素质提出了多元化的要求，具有一定的挑战性。

珠海九洲控股集团公司内设审计法务系统，2004年正式组建。从组建初期的一个人逐步发展成现在的专兼职内审人员20余名。目前集团公司总部设有专职内审人员2名，下属香港联交所上市公司珠海控股投资集团有限公司总部设有专职内审人员3名，大部分下属股权投资企业设有专职或兼职内审机构或人员，构建了全方位的内部审计监督体系。

（二）内部经济责任审计工作情况

任期经济责任审计历来是集团公司内部审计工作的重点，审计法务部每年均会根据下属股权投资企业主要负责人的任期情况安排两到三个审计项目。审计计划于年初下发，年中根据实际情况进行调整。

集团公司主要从以下方面对股权投资企业的领导人进行经济责任审计：贯彻执行党和国家有关经济方针政策和决策部署，推动企业可持续发展情况；企业治理结构的健全和运转情况；企业发展战略的制定和执行情况及其效果；遵守有关法律法规和财经纪律情况；各项管理制度的健全和完善，特别是内部控制制度的制定和执行情况；企业财务收支的真实、合法和效益情况；有关目标责任制完成情况；重大经济事项决策程序的执行情况及其效果；重要项目的投资、建设、管理及效益情况；资产的管理及保值增值情况；遵守廉洁从业规定情况等等。

集团公司对经济责任审计工作十分重视，审计法务部出具的内部审经济责任审计报告均作为中层管理干部考核、任免和奖惩的重要依据。

二、内部经济责任审计制度建设和工作成果

目前，集团公司已经按照现代企业管理制度的要求，完善了法人治理结构，建立了董事会、监事会和经营班子分权制衡的管理模式，形成了董事会审计与风险管理委员会、监事会、纪检监察、内审部门四个层面的监督架构。集团公司审计法务部工作由集团公司总经理直管，珠海控股投资集团审计监察部由珠控集团总裁直管，并在董事会审计与风险管理委员的指导下开展日常工作。

在集团公司审计法务部成立之初，为规范内部审计行为，审计法务部制定了《珠海九洲控股集团内部审计实施办法》，珠海控股投资集团根据香港联交所对上市公司内部控制的要求，制订了《内审工作暂行办法》，从内审组织机构、人员设置、职责和工作范围、工作权限及程序、审计报告等方面做出了规定。

针对下属企业不同的行业特点，集团公司审计法务部协助下属企业设置了内审机构并制订了适合各自行业特点的内审制度。目前，度假村酒店、高速客轮、客服公司、圆明新园、九洲邮轮等企业都设立了审计部门或专职审计岗位，制订了审计稽查制度。

此外，针对业务管理、财务与资金管理、人力资源与薪酬管理等重大事项，集团公司先后制订或修订了《资产出租管理办法》、《企业负责人职务消费管理办法》、《成本费用管理办法》、《投资管理办法》、《合同管理办法》、《采购与招投标管理办法》、《投资项目后评价暂行办法》等系列规章制度，为审计评价企业的经营管理提供了依据和保障。

截至目前，集团公司审计法务部共进行了内部经济责任审计项目27个，审计出的经济问题共73个，成效有目共睹，为集团公司选人用人、

推进党风廉政建设、改善经营管理发挥了重要作用。

三、内部经济责任审计的主要做法和创新经验

（一）构建全方位、全过程的内部经济责任审计新模式

要使企业领导干部严格自律，仅仅强调加强思想教育是不够的，主要应从制度入手，而内部审计制度的建立和完善，更是现代企业制度建设的重要内容。

目前，集团公司审计法务部采用的是全方位、全过程的内部经济责任审计模式。内部经济责任审计作为集团公司内部审计工作的核心，其他的专项审计工作均围绕其进行，专项审计的审计结果运用于经济责任审计之中（见图1）。

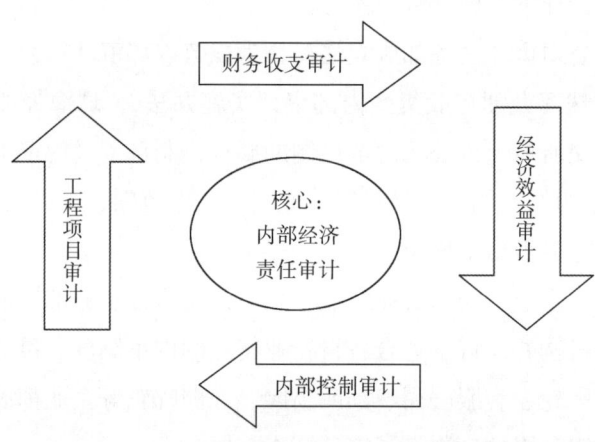

图1 内部经济责任审计与其他专项审计的关系

集团公司的内部经济责任审计往往是从企业负责人刚上任就开始。审计法务部每年会根据企业的行业特点安排各类专项审计，内容涵盖了企业经营管理的各个方面，其中经济责任审计所涉及的主要内容是专项审计必须要涵盖的，包括财务收支、内部控制、企业战略执行、目标完成、重大经济决策及投资等内容。在对下属企业的负责人进行任期经济责任审计时，集团公司会参考和运用前期进行的专项审计的审计成果。通过

这样的方式，集团公司在对企业领导人进行任期经济责任审计时，能做到有的放矢，起到事半功倍的效果，大大提高了审计工作的效果和效率（见图2）。

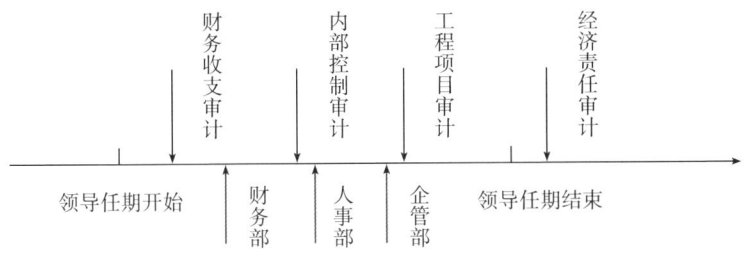

图2　全过程、多部门参与的内部经济责任审计

此外，为增强经济责任审计的专业性，集团公司审计法务部会邀请企业管理部、财务会计部、人力资源部协助进行，或邀请下属企业内部审计部门进行配合。因此，集团公司内部经济责任审计工作实际上是一个全方位、全过程、多部门参与的监督、鉴证行为。

为形象说明这种全方位、全过程的内部经济责任审计模式，在此，结合工作实践，举几个具体的例子。

（1）某旅行社负责人任期经济责任审计。集团公司在对某旅行社的负责人进行任期经济责任审计时，前期已对该公司进行过经济效益审计和内部控制审计，当时在审计报告中指出其人力资源管理、合同管理和市场定位等方面存在诸多问题，在进行任期经济责任审计时，集团公司在审计报告中对这些问题同样进行了披露。

（2）某客运服务公司负责人任期经济责任审计。集团公司在对某客运服务公司的企业负责人进行任期经济责任审计时，前期已对该公司进行过票务稽查审计、财务收支审计和经济效益审计，指出其发票管理、现金收款和账务处理方面存在问题。同样，在对其进行任期经济责任审计时，也借鉴了之前的审计成果。此外，在此次经济责任审计过程中，珠控集团的企业管理部、财务会计部、人力资源部也对该企业进行了经营、财务和人事管理等方面的专项调查，其成果也被应用到审计报告中。

（3）项目建设的全过程参与。例如，在集团公司投资海南三亚水上交通项目的立项阶段，审计部门作为风控委员会成员，多次参与项目的可行性研讨论证会，对项目投资过程中可能出现的风险进行了提示；在度假村新酒店建设项目和公共游艇帆船中心码头工程建设项目中，审计部门参与了项目建设的全过程服务，对项目的设计和规划、招标方式及程序、合同审核及订立、预算的审核等都提出了专业意见，以上工作为日后的经济责任审计打下了基础。

（4）下属企业内部审计部门或内审人员每年均安排本单位的内部审计计划。如高速客轮公司、度假村酒店等，每年均会根据实际情况进行不同的内部审计，在对这些企业进行审计时，也会查阅这些审计报告，参考其中的审计成果。

（二）充分的前期准备工作是内部审计获得成功的前提

集团公司充分认识到充分的前期准备工作对审计工作是十分重要的。在对企业进行经济责任审计时，往往会召开一个前期工作准备会议，根据被审计单位的具体情况和前期的专项审计情况进行分析总结，确定该企业的内部经济责任审计重点，编制审计计划和审计方案，这样既可以节约审计时间，提高审计质量，又不会对下属企业的正常工作造成干扰。可以说，审计准备工作的好坏，在某种程度上决定了审计项目是否取得成功。

（三）现场寻找审计证据是去伪存真最有效的手段

实践是检验真理的唯一标准。同样，只有在企业经营现场所取得的审计证据才是最可靠的，这是多年来审计工作经验得出的结论。

常用的审计取证方法有询问、审核、观察、函证和监盘五种方法。其中观察法和监盘法取得的审计证据最为可靠。询问、审核、函证等所得到的证据很可能都是经过修饰和伪造的，到企业经营现场去寻找真实的证据，这是集团公司审计监察工作一贯的做法。

例如，在对某酒店负责人进行任期经济责任审计时，对其厨房餐料的采购和盘点进行审计。刚开始时采用询问法和审核法获取审计证据，审计人员得到的结论是厨房餐料的采购遵循了货比三家的原则，采购成本得到有效控制，而且盘点制度得到有效执行。但当审计人员到周边市场进行调查时，却发现其餐料进货价是偏高的；同时通过监盘审计方法，审计人员又发现了其餐料库存数量与账面数出入很大，盘点制度实际上并未有效执行。

再比如，审计人员在对某加油站进行现金管理审计时发现，如果采用询问法和审核法，将得到的结论是，该加油站现金管理规范，无重大现金管理风险；但当审计人员到公司现场获取审计证据时却发现，该加油站每天所收现金金额巨大，但并未按规定及时存入银行，库存现金超过公司规定标准；同时存放现金的保险柜也存在安全隐患，现金管理风险巨大。

可见，审计工作不能只从账目上寻找问题，现场证据是去伪存真的灵丹妙药。

（四）从财务数据中揭示事实的真相

财务数据是企业经营活动留下的重要记录，分析利用企业的财务数据，在内部经济责任审计中具有重要的作用。如何读懂这些数据，对审计工作极为关键，也是对内审人员专业素质的考验。

分析性复核是分析财务数据的重要审计方法。对公司重要项目的金额、比率进行分析，可以发现重大的审计问题。因此，用分析性复核方法对财务数据进行解码，是进行内部审计时经常运用的方法之一。

例如，在对某客运站负责人进行任期经济责任审计时，对其费用发生情况进行审计。审计人员运用分析性复核方法进行审计时发现，公司部分费用发生额较大，且超出正常的比例范围，这让审计人员引起重视。审计人员对这些费用进行重点审查，并查看原始发票和单据，结果发现部分发票的开具是不真实的，公司购买的商品与发票开具的内容并不相符，公司在刻意隐瞒某些敏感费用，存在粉饰会计报表的嫌疑。

再比如，在对某客轮公司进行审计时，审计人员运用分析性复核方法审计时发现，公司部分明细费用常年发生额较大，超过正常水平。审计人员于是对该费用进行重点审计，发现在该费用科目下隐藏了其他的费用，公司同样是把某些敏感费用隐藏在了该费用科目下，财务报表费用的列示并不是真实的。

(五)建立行之有效的经济责任评价体系

经济责任评价没有一个统一的评价规范,怎样评价、根据什么评、评到什么水平,还没有一个细化的规范和方法,这给审计工作带来很大的随意性和伸缩性,对审计评价的权威性也带来了挑战。

目前集团公司审计工作采取的经济责任评价指标分为效益类和管理类两种。效益类指标包括营业收入、净利润等反映企业经营状况的指标;管理类指标包括成本费用增长率、招待费用增长率等以及管理协同、经营创新、民主决策、遵纪守法、廉洁自律等定性的考核指标。在对下属企业进行经济责任审计时,将会利用该企业每年的经营管理考核指标的完成结果,同时与国务院国资委每年颁布的企业绩效评价标准值相对比,并结合当年的经济形势,来综合评判该企业的效益情况。在对该企业的管理类考核指标进行评判时,审计人员会采用民意调查方式,通过访谈经营班子成员、各部门负责人及部分员工,了解企业领导人在民主决策、经营管理、廉洁自律等方面是否存在问题。审计人员还会联系纪检监察部门了解企业领导人的廉洁廉政情况,为经济责任审计评价提供全面客观的依据。

(六)审计结果的有效运用才能使审计工作落到实处

内部经济责任审计结果是干部任用和奖惩的重要依据,也是被审计企业改善内控和经营管理的重要契机。集团公司也十分重视内部经济责任审计结果的应用,每年年底,集团公司审计法务部均会针对各下属企业的整改情况出具审计整改报告。2015年底,集团公司还特别召开了针对下属企业审计发现问题的沟通大会,其中重点沟通了在经济责任审计中发现的问题,这样做的目的,就是要把各企业存在的经济责任问题公开化,要把问题摊在阳光下,使问题企业改过,其他企业引以为鉴。

(七)审计服务于企业才能营造良好的审计氛围

前些年,集团公司的内审工作是以"监督导向性"的模式为主,侧重于对下属企业经营活动进行审查和评价。随着市场经济的不断发展和国企改革步伐的加快，集团公司内审工作也在逐步适应现代企业发展的需要，从促进企业提高经济效益，防范经营风险，确保国有资产保值增值的角度出发进行职能的转变。内审工作已由过去单一型的查弊纠错朝着"服务导向型"的方向发生转变，并逐渐将控制和咨询作为内部审计的重要职能。

集团公司内部审计与外部审计的目标有所不同，在最终目标上，审计工作和企业的目标是一致的，都是为了使企业规范运行，增益增效。因此，内部审计部门必须要让企业也清楚这一点。而内部经济责任审计同样不是为了找企业负责人麻烦，而是在给企业一定经营期间内的经营情况作出诊断，到底存在什么问题，让企业负责人清楚，让上级主管部门清楚，便于改进，加强管理。

目前，集团公司内审部门经常参与下属企业的经营管理，包括企业的对外投资、工程建设、物资采购等，我们均会对此提出我们的专业意见，让企业按规经营，防范风险。下属企业领导班子也逐渐意识到，有集团公司内审部门参与其中，一方面能使工作流程更加规范，另一方面更能使企业降低经营风险，让企业领导人更为放心，最为重要的是，提前规范经营行为保障了在日后的经济责任审计中不会出现重大问题。现在，下属企业领导班子成员往往是主动要求集团公司内审部门介入企业的经营管理，集团内部已形成良好的审计工作氛围。

（六）注重以实践经验作为选拔审计人员的标准

实际工作能力是考核内部审计人员的唯一标准。集团公司审计法务部在聘任内审人员时，最重要的一个衡量标准是该应聘人员的企业实际工作经验。只有真正在企业从事过管理工作，才能真正了解企业的运作，在进行内部审计时，才能切中要点，避免花无用功，做无谓事。

例如，集团下属公司珠控集团的审计监察部，在招聘工程审计专员时，除要求其具备专业技术资格外，还明确要求其必须具备工程项目的实际工作经验。此外，对于从外部聘请的财务审计人员，首先考虑的是其企业的实际工作经验，其次才是考虑其是否具有会计师事务所的工作经验。

总之，在对内部审计人员的素质要求上，审计法务部注重的是实际工作能力，注重的是实际工作能力的培养，并在此基础上提高理论知识水平。

（七）充分利用现代高科技手段创新审计方法

现代电子信息技术日新月异，企业的经营管理实现电子信息化的比例越来越高，因此，如何运用现代高科技技术进行内部经济责任审计是摆在我们内审人员面前的一道课题。目前，集团公司下属企业中部分企业配置了一些高科技的电子监控设备，如客服公司装备了对票务收款流程的全程电子监控系统，公司管理人员可随时随地通过互联网对公司的票务收款流程运作情况进行监控；各下属企业在重要经营场所及现金存放处基本上安装了二十四小时的电子监控系统。

近年来，集团公司下属的珠控集团安装了网上经营管理系统，珠控集团下属企业的经营数据均实时录入该系统，通过该系统，珠控集团管理层可随时随地通过互联网查看下属企业的生产经营情况，实时掌握各企业的生产经营数据，及时解决经营中出现的问题。同时，通过该经营管理系统的预警系统，集团公司内审部门也可以确定下属企业的重点审计领域，并通过该系统获取审计数据和进行某种程度的定量分析。

目前，集团公司及下属企业均通过用友的 NC 财务管理系统进行财务会计核算，利用该系统的查询、导出等功能，可以方便地获取被审计企业的各种财务数据，并利用 EXCEL 等电子处理工具对财务数据进行分析，大大提高了审计工作效率。

通过对集团公司及下属企业经营及财务数据的标准化管理，为日后采用计算机审计软件进行内部经济责任审计奠定了良好的基础。

前段时间，集团公司在对某下属企业进行经济责任审计时，还利用了红盾网查询了与该企业有频繁业务往来单位的工商登记情况，发现了重要的审计线索。此外，在对各下属企业的招投标进行监控时，还通过红盾网查询各投标单位的工商登记情况，用以发现是否存在同一控制人来进行串标等违规行为。

四、内部经济责任审计存在的问题和改进思路

在肯定内部经济责任审计工作取得的成绩的同时,集团公司还清醒地认识到其中还存在着许多不足和有待改进的地方,主要表现在:一是部分企业管理人员的风险意识不足,内控制度的建立还不够完善,内部控制流于形式,为内部经济责任审计带来困难,增加了审计风险。二是内审人员多由财会专业出身,往往重视账面审计而忽略账外内容,其主要工作未深入到管理和业务领域,对经济业务的复杂性了解不足,未能有效地根据企业经营特点采取不同的审计方法揭示其中潜藏的问题。三是成员企业内审机构或岗位的设立没有完全到位,其地位缺乏独立性,导致其在内部经济责任审计中的作用被严重弱化,不能发挥应有的作用。四是内部审计管理体系框架虽已基本搭建,但尚缺乏具体实施细则、审计手册、审计模板和实务操作指引,特别是有关内部经济责任审计的部分,更是有待完善。

2016年,是珠海九洲控股集团的"固本强基"之年。九洲控股集团将实现产业转型、朝着多元化的方向发展,全面推进资产重组及管理体系调整,整合港航资源,建立融资平台,推进资产证券化,走收购兼并的扩张发展道路。在这一新形势下,对集团公司的管理人员和内审人员提出了更高的要求。因此,在今后的工作中要注重强化以下工作:

一是强化企业管理人员的风险控制意识,对面临的风险进行评估,在此基础上有的放矢地制订内控制度,根据内审结果不断改进风险评估工作和内部控制,从而使企业规范运行,为内部经济责任审计创造一个可靠的内部环境,降低审计风险。

二是进一步加强内审人员的专业培训,优化其知识结构,不断探索内部经济责任审计工作新思路、新方法,使内部经济责任审计工作质量不断得以提高。

三是进一步建立健全成员企业的内审机构和岗位,提高其独立性,充分发挥其审计监督的职能,在内部经济责任审计工作中发挥其应有的

作用。

四是进一步加强内部审计制度的建设，尤其是加强内部经济责任审计制度的建设，并在实践中不断予以充实、完善。

五是充分利用现代电子信息技术，逐步实现计算机辅助审计，提高内部经济责任审计的效果和效率。

六是加强工程项目审计的力度和质量，在招投标及预结算上严格把关，确保集团公司房地产新业务的健康发展。

通过这些年的经济责任审计工作，集团公司深刻体会到：重视对审计监察工作是关键，树立监督和服务的意识是前提，强化内控制度的建立和完善是目的，促进审计成果的落实和运用是动力，提高内审人员的业务素质是最根本的保障。

企业经济责任审计任重而道远，我们永远走在前进的路上！

2016 年 5 月

"一带一路"愿景下的"南蓝北绿"战略

——在"马六甲文化经贸中心"启动仪式暨泛珠三角超级赛车节春季赛晚宴上的致辞

（2016年3月19日）

尊敬的马六甲州元首卡里尔先生、广东省委副书记、省长朱小丹先生、马六甲首席部长依德利斯先生、马来西亚驻华大使拿督再努丁·雅耶先生、广东省政府秘书长李锋先生、马来西亚LBS集团丹斯里林福山先生、珠海市委副书记赵建国先生、副市长龙广艳女士、马六甲政府代表团的各位嘉宾，女士们、先生们：

晚上好！

2015年9月，我有幸参加了在马六甲州举行的中国广东省与马来西亚马六甲州签订双边友好省州的盛大仪式，并在马六甲州元首卡里尔、广东省委副书记、省长朱小丹先生的共同见证下，代表珠海九洲控股集团与马来西亚LBS集团签署了《珠海国际赛车场升级改造协议书》，双方拟借赛车场升级改造之机，共同打造中马文化经贸交流中心。

珠海国际赛车场是中国第一条符合国际标准的国际赛道，已有20年历史。从1993年街道赛开始，珠海便开启了中国汽车的轰鸣时代，是中国场地赛车的先驱，并培养了一支在中国境内最国际化和专业化的优秀管理团队。2005年，珠海国际赛车场创办了泛珠三角超级赛车节，运作12年来，已成为中国最有影响力的区域性赛车赛事。

珠海国际赛车场是马来西亚LBS集团与珠海九洲控股集团旗下的中外合作企业，双方有着良好的合作基础，LBS集团也是九洲控股集团

践行"一带一路"的国家战略。作者代表九洲控股集团参加广东省与马六甲州友好省州系列活动,向马六甲州元首卡里尔先生赠送九洲控股集团纪念品

在香港上市公司珠海控股(HK.00908)的第二大股东。为充分挖掘珠海赛车场的潜能,实现赛车场转型升级,九洲控股集团将携手马来西亚LBS集团共同推进赛车场的升级改造,除发挥赛车场原有功能外,将引入中马文化经贸交流的概念,引入高端旅游和商业模式,投资逾佰亿元人民币,规划业态包括赛车、文化展览、游乐园、汽车展示、主题酒店、公寓、商业街区、体育中心等内容,打造中国首个城市型赛道综合发展之典范。

  LBS集团和九洲控股集团都是各自国家的知名企业。我们很幸运以中国建设21世纪海上丝绸之路的重大历史机遇为契机,并借赛车场升级改造之际,双方共同努力让马六甲州与广东省友好合作项目在珠海落地生根、开花结果,力争打造中马双边合作的典范,造福珠海人民和马六甲人民。

  最后,预祝赛车场升级改造顺利实施,也预祝2016年泛珠三角超级赛车节春季赛暨马六甲文化节圆满成功。

  谢谢大家!祝大家在美丽的度假村酒店度过一个愉快的夜晚!

荷兰、法国、西班牙
游艇帆船港建设与运营考察报告

01 荷兰阿姆斯特丹滨水规划

阿姆斯特丹旧城区保留完好，历史悠久的运河网络上兴建了大量客运、货运和游艇帆船码头，水陆风景各具风格，每年有大约420万游客来此观光。

阿姆斯特丹，荷兰最大城市，市区人口约110万。12世纪晚期一个小渔村建于此，后由于贸易的发展，阿姆斯特丹成为世界上重要的港口城市。

荷兰阿姆斯特丹滨水规划

考察小结：

阿姆斯特丹非常重视旧城保护，包括生活街区和工业厂房，在尽可能保留原有建筑的基础上，改变功能、创意设计、提升品质，值得借鉴和学习。

02 荷兰NDSM滨水项目

荷兰码头和造船协会(NDSM)的船坞在阿姆斯特丹是一个著名的景点。它曾经是全欧洲最现代化的造船厂，今天则拥有不菲的历史价值。

在该地区转变为当地的休闲娱乐中心的同时，老工业仓储建筑、起重机和轨道仍旧陈述着其海上工业的辉煌历史。NDSM船坞新身份的塑造对北阿姆斯特丹的整体振兴至关重要。

荷兰NDSM滨水项目

2003年，阿姆斯特丹市对整个区域做总体规划。包括分析该地区游艇活动的能力，制订海上路线，对游艇码头的地点与容量，及其支持土地用途做出建议。

WA游艇顾问公司也根据欧盟指令Natura 2000进行了发展游艇产业的环境影响分析评估，以保护开发地附近的动物自然栖息地。

荷兰NDSM滨水项目

在保留许多历史悠久的起重机、仓库、码头的同时，目前仍在使用的船厂与新领域的其他项目，将发展成为若干特色酒店、游艇帆船港、商业办公、创意产业、餐饮娱乐等综合性滨水休闲项目。

（废旧吊机改造的酒店）

（废旧船舶改造的酒店）

荷兰NDSM滨水项目

（废旧厂房改造的办公楼）

（旧工业味道浓厚的设计空间）

（集装箱公寓）

（现代化的游艇帆船码头）

荷兰NDSM滨水项目

考察小结

区域开发引入动态规划的概念，投资逐步到位；保留船厂原貌，尽可能利用旧区资源，利用创意设计提升改造原有设施；政府在政策、投资、推广上起主导作用；统一规划，多个主体共同投资；业态组合符合市场需求。

该区域旧区改造经验值得珠海九洲湾片区开发借鉴。

03 荷兰皇家哈斯康宁德和威集团

皇家哈斯康宁德和威集团是全球跨国企业,在35个国家设有100多个分公司和办事处。

- 全球咨询、设计和项目管理服务提供商,主要领域涉及工业建筑、海工和航空、水资源以及交通和规划等,其中,港口和海工工程专业全球领先;
- 年营业额超过7亿欧元;
- 拥有8000名经验丰富专业人员;
- 获得荷兰皇室授予"皇家"企业称号。

荷兰皇家哈斯康宁德和威集团

皇家哈斯康宁德和威集团参与规划设计的主要滨水和游艇码头项目如右:

- 阿布扎比游艇和海上旅游开发规划,阿拉伯联合酋长国
- 阿米里游艇码头,卡塔尔
- 科威特沿海9个港口的开发
- 纳米比亚Walvis海湾游艇码头和滨水开发
- 保加利亚Varna滨水和游艇码头开发
- 印度尼西亚雅加达国家综合海岸开
- 迪拜Nakheel项目
- 迪拜棕榈岛、"世界地图"岛、滨水多岛等项目
- 韩国Yongam滨水项目
- 荷兰鹿特丹、阿姆斯特丹等港口开发项目
- 英国Brighton游艇码头项目
- 吉巴Tarara游艇码头
- 波兰Warta河域滨水开发战略
- 尼日利亚Logos生态城总体规划
- 厦门游艇工业总体规划
- 上海游艇总体规划
- 苏州金鸡湖滨水区和码头总体规划
- 大连游艇产业发展总体规划
- 青岛奥林匹克游艇码头
- 海南三亚湾私人游艇码头
- 中山益享新区生态城总体规划
- 河北曹妃甸生态城总体规划
- 天津三角洲钻石城总体规划项目

荷兰皇家哈斯康宁德和威集团

参加皇家哈斯康宁德和威集团举办的滨水规划大师班讲座;分享九洲湾片区开发案例,与与会专家深度交流,研讨将NDSM船厂改造项目的经验引入九洲湾片区开发。

双方签署战略合作协议书

04 戛纳游艇协会

戛纳游艇协会是一家非营利性协会组织,已有100多年历史,协会成员遍布全球,成员之间有业务交流与合作,只接受非公司制成员加入。业务包括:游艇协会、游艇帆船俱乐部、帆船赛。

泊位及岸上基础设施向政府租赁,因其非盈利性质,租金相对较低。泊位对公众开放,租赁所占比重较大。有公共游艇码头的部分性质。

戛纳游艇协会

戛纳游艇协会每年均举办一场已有100多年历史的古帆船赛,及承办多种现代帆船比赛,政府给予补贴。青少年培训是该协会的一个重要业务,曾经培养过世界冠军,参与培训的精英家庭较多。

考察小结:

游艇协会是国际通行的一种行业交流模式;

公共码头的建设与管理,政府给予土地、租金等优惠政策,营利性较低;

帆船比赛对城市知名度的提升,酒店、餐饮等相关旅游行业带动很大,但项目本身基本上只能持平,政府给予适当补贴;

游艇协会项目的运作与管理模式值得九洲航海文化借鉴。

05 安提波港口

安提波港口是法国南部滨海美丽城的游艇帆船港,兴建于1967年。该港口公司化运营,1968年与政府签署港口授权经营协议,期限50年。现有720个泊位,其中150个公共泊位,只租不售;570个私人泊位,50年产权。

港口产权属于国家,公司与当地政府签署授权经营协议(50年);公司化运营,公司共有507个股东,现金出资,获得股权,并根据投资额分配泊位,获得泊位产权(50年),泊位产权可买卖。

安提波港口

主要收支

收入	支出
股东出资	人工成本
泊位收入	税务
船舶维修保养	维护
场地租金	其他
配套商业租金	
其他	

承办的大型活动

法国帆船冠军赛

游艇帆船推广会

烟火晚会

保险公司杯帆船赛

商业品牌推广会

安提波港口

公司有20名余员工,轻资产模式运营;陆地建筑密度很低,简单建材和装修,员工着装运动休闲。

(船只根据船型分区靠泊)

(繁忙的游艇维修养护区域)

安提波港口

（钓鱼艇经营状况良好）

（配套的小型商业）

考察小结：

股东权益与泊位权益的合一；

轻资产运营模式；

陆地配套设施低密度、简装修单、海洋休闲风格；

规模不大，布局优化合理，业态丰富，满足上下游客户需求，有内涵的"游乐港"概念；

政府的土地、港区、产权等系列配套政策非常完备，促进了产业良性发展；

"游乐港"开发经验值得珠海九洲航海文化公司学习借鉴。

06 瓦伦西亚"美洲杯"帆船赛基地

瓦伦西亚位于西班牙东南部，是西班牙第三大城市，著名的港口城市。瓦伦西亚的海岸线景色美丽，细软的沙滩、干净的海水、广阔的海洋和附近的山脉使瓦伦西亚的海滨独具魅力。

2007年，在这里举办的第32届美洲杯帆船赛，让这座古老的海滨休闲城市有了更好的基础设施、更大的城市名气、更多的旅游人量，具有更休闲时尚的城市气质。

瓦伦西亚 "美洲杯" 帆船赛基地

2007年,"美洲杯"帆船赛重返欧洲,选址瓦伦西亚。现有的赛事基地原是一个大型货运码头,瑞士主办方出资9000万欧元,将其改建为游艇帆船港,作为"美洲杯"帆船赛的保障基地。

管理方是当地一家码头运营机构,负责建设和运营。瓦伦西亚政府后来又引入一家赛车机构,利用码头周边道路,兴建了城市赛道,将该区域打造成综合型的滨海运动休闲基地。

瓦伦西亚 "美洲杯" 帆船赛基地

基地业态

(游艇帆船靠泊、维修、保养)

(休闲、培训、活动)

(餐饮、娱乐、配套)

(艺术空间)

瓦伦西亚"美洲杯"帆船赛基地

运营模式

瓦伦西亚举办"美洲杯"帆船赛,是一次很好的城市运营和营销,属于政府行为,有效带动了当地经济、文化、旅游的发展,值得珠海学习借鉴。

运营机构属于当地事业单位性质,无追求高额利润和股东回报的压力;
向当地政府获得授权经营许可(30年),不需要出资购买土地;
与出资方签署借款协议,逐年还本付息;
支出主要是人工成本、管理费用和利息;
收入主要是租金、活动、培训、维修等;
赛事收支由赛事主办方负责,当地机构负责服务配套的保障;
赛事对机构盈利的影响是基本持平,但对城市有巨大的形象提升和经济带动作用。

荷兰、法国、西班牙三国游艇帆船项目的总结借鉴

1. 游艇帆船项目对城市运营有积极的正向作用,属于政府扶持行业。
2. 珠海的资源和气候条件与考察城市有相似之处,适合发展游艇帆船产业。
3. 欧洲城市非常重视旧城保护,不随意进行大拆大建,代表城市发展历史的生活街区、工业厂区、港口码头等建筑,尽可能保持原貌,并在此基础上统一规划,引入新的创意设计、商业业态和功能布局。
4. 项目动态规划根据市场需要逐步投入,游艇帆船项目较少有大体量的陆上配套设施,多为低密度的具有滨海休闲特色的轻简建筑。
5. 滨海休闲项目重视项目文化品质和趣味性,考察的多个项目各具特色,但均有鲜明的滨水特色。
6. 游艇帆船项目在欧洲有200多年的发展历史,具有成熟的运营经验和商业模式,对城市提升影响很大,但却不属于高盈利项目。项目运营模式有公司制(股东投资)、协会制、事业机构制。
7. 游艇帆船需要集群效应和航行驿站,考察城市该类项目非常多,属于大众休闲项目。
8. 船型配置方面,奢华的大型船舶是少数,中小型船舶占市场主导地位,中产阶级是消费主体。
9. 公共码头和私人码头共同发展,政府给予公共码头更多的政策优惠。

注:2016年6月14日至23日,作者领队对荷兰、法国、西班牙三国游艇帆船建设与运营进行了考察。

跋

纵观38年的改革开放,中国取得了举世瞩目的成就。期间,作为改革开放的探路者和实践者,企业家队伍从无到有,成长环境不断改善,人员构成不断优化,职业化水平不断提高,是推动中国经济发展、制度变革和社会进步的重要力量。38年后的今天,新常态下的中国正处于全面深化改革的攻坚阶段,中国企业正面临一个新的发展环境,这对企业家的成长提出了更高的要求。

在这样的历史时刻,作为大型国有企业的"一把手",黄鑫博士的《管理纵深》一书结集出版。这既是对市场化改革与企业家成长相互影响的历程回顾,更是对过去30余年国有企业市场化成长和发展规律总结和思考,从中可以了解到企业家对于中国市场化改革的期望与建议,对于促进中国企业的健康成长具有一定的指导意义。

一个成功的企业家应当具备系统分析的能力、预测决策的能力、科学计划的能力、灵活应变的能力、承担风险的能力、协作竞争的能力、不断创新的能力、知人善任的能力等等。这些是由他掌握现代社会化大生产的全部知识结构所达到的成熟程度所决定。黄鑫博士的《管理纵深》一书涉及财政、金融、投资、旅游、消费、法律、战略规划及企业治理等诸多方面,既有坚实的理论基础,又有可操作性和可预见。透过这些文墨,折射出了作者对经济运行更为深邃的见解和对企业管理问题更为透彻的理解和准确把控。这一切得益于作者实践工作的锤炼,也源于作者对工作的挚爱和勤勉。黄鑫博士十年如一,虽日常公务繁忙,却能潜心研究，更深刻地把握这一时代的特质和脉搏，努力使自己及所掌舵的企业在激烈的竞争中走得更稳，做得更卓越。

企业家自身经常遇到成长的痛苦，例如，找不到合适的人、来不及建系统、如何把握发展的节奏，该重点抓市场占有率还是抓利润率，如何做产品差异化，如何打造企业品牌等。黄鑫博士以其自身的智慧和坚韧，淡定稳健、处事不惊，发挥"团结协作的闯劲、攻坚克难的拼劲、勇往直前的冲劲、坚韧不拔的干劲"（见书中《鉴往思今 攻坚克难》一文），化解矛盾游刃有余，短短几年内带领一个大型国企闯出了一片新天地。其中艰辛，无以言表，书中《起于青萍 成于微澜 舞于香江——隆益项目收购全景再现》《特别重大资产并购中"接管"环节的关键节点——兼对天志项目并购、接管、重组、资本运营实操案例的剖析》可见一斑。

对于任何成功的经济体而言，企业家都是企业生命的血脉。企业家是企业价值观的塑造者、组织者、传播者和实践者。企业家精神激励着社会的进步。黄鑫博士以"创造优异业绩、提升员工价值、承担社会责任、提升企业美誉度"和"行业领先，产业报国"（见书中《鉴往思今 攻坚克难》一文）为己任，怀抱"守得云开见月明"的坚定信念和"不畏将来，不念过往"的人生态度，必将带领企业走向更加广阔的天地。

《管理纵深》一书将理论与实务有机地结合在一起，内容平实，很有针对性，是一名在国有企业改革第一线的工作者对深化国有企业改革的身体力行，其中所涉及的很多案例就是作者在工作中直接处理的案例。在这本书付梓之际，希望它能起到抛砖引玉的作用，引领更多企业家去梳理管理经验之道，更希望更多企业家发挥工匠精神，不断创新，为社会贡献价值。

是为跋。

何宁卡

2016 年 3 月 16 日

后 记

1983年至2016年,是我最重要的人生阶段。期间,由湘入京,离京入澳(门),复离澳返京,再离京到珠(海)进港(香港)。从一个农村伢仔成长为中央国家机关干部,再到企业管理者,在企业管理领域挥洒了我最美好、最火热的青春年华。

一路风雨一路行,半世光阴半世勤。半个世纪的人生,33年的治学和职业生涯,让我有机会广泛接触计划、外贸、物价、金融、信托、会计、税务、投资、财务、证券、旅游、交通、公用、基金、资本、外汇、银行、法律等课题,有条件开展各种理论知识与企业经营实际融合的实践,并实时检验效果,调整方式,再凝于笔端。超逾三十年,从一个贴近最平实生活的角度,记录了中国国企改革的进程、现代经济与国际金融的发展,及现代企业管理人的成长。对于想了解上述方面情况的读者而言,本书献上了最鲜活的案例。每一篇文字都是这个时代脉搏的跳动。

长期积累下来的文字,数量颇为可观,质量却差强人意。高手"十年磨一剑"。我本愚笨,天赋不高,耗用三十年光阴"绣"出一本书。"今日把示君",难掩内心忐忑,虽有壮志豪情,且凝聚多年心力,然江郎才尽,辞不逮意,好在质不在高,有心则诚,于是释然。本书以管理为脉络,以时间为纵深,从理论研究、实务操作和案例分析三个角度入手,分宏观与区域、微观与企业两个部分,结集出版。以时间来度量,纵深三十年只是沧海一粟;以务实来刻录,管理三十年或将成为永恒。这就是为什么我把本书命名为《管理纵深》的初衷。

《管理纵深》的成型与付梓，首要目的是分享和回报。感谢这个充满活力的社会和时代赐予我平台，感谢所有出现在我生命中的人并给予我支持、帮助、教导与指引的人，是你们赋予我力量和爱。

哀哀父母，生我劬劳。首先要感谢的是我的父母，他们清贫却知足，耗尽一生心血抚育我成长、供养我读书。虽未给我显赫的背景或殷实的家境，却用质朴的言语、辛苦的劳作、与邻里的交道和悠远的故事，将勤奋、坚韧、诚信、善良、精益求精等中国人最好的品性铭刻于我的性格内核，为我夯实了人生的最初一步，给了我人生第一笔财富。

求学路上，是诸位老师教我以知识、诲我以人仪，要终生缅怀和感谢。左春台先生虽已西去，但正是他的接纳和教导，我才得以推开学术研究这扇门。此情永难忘。于中一老师是我的博士生导师。于老师一生淡泊名利，肩负繁重的教学、科研和行政工作，还要照料久病体弱的师母，悉心呵护，几十年如一日！于老师担任财政部财政科学研究所研究生部主任达十多年之久，可以说这期间每一位毕业于财科所的研究生都是他的学生，桃李满天下，且大都成为了财政、税务、金融部门的中流砥柱。于老师拥专著六部、学术论文200篇（150万字），是为人父、为人夫、为人师的楷模！朱光耀老师当年负责讲授研究生课程《国际金融》。他开创了师生互动辩论式的教学课堂新模式，彻底激发了我对国际资本、国际贸易、国际金融的学习兴趣，引导我进入国际经济研究的学术殿堂。我的硕士和博士学位毕业论文均没离开这一领域。朱光耀老师是国内著名的金融学家，以其深厚的理论底蕴及在重大国际组织中的任职经验，成为当代中国财经外交的领军人物和国家财政工作的高级领导人。郭代模先生作为我国享誉盛名的财经理论家、出版家、书法家和词作家，用他广博的学识和视野，促使我扩展了财政、金融之外的学术兴趣，引领我进入更加广袤的学术空间。在本书出版之际，朱老师和郭老师欣然应允作序，题写书名，扶持后学，再延师恩。要感谢的还有李孙炮老师（中学）。在"一考定终生"、"千军万马过独木桥"、录取率极低的精美高考年代，李老师既是中学校长，又是历史课老师，还是我们的生活勤务员。同吃同住，先于学子闻鸡起舞而作，后于年少挑灯夜战而栖,年复一年迎战比学生着急上火的毕业季。还要感谢夏能煊老师(大学)、宋新中老师(研究生)以及其他所有我的老师,是你们教我育我,扶我助我,给了我学术理论工具和进入社会的资本。

感谢职业生涯中的领导们。在从财政部到央企、而后省企、再到珠海市企整个的职业生涯中,我遇到了很多好领导。这其中,何宁卡先生是较早认识到企业创新与企业家精神之间的紧密关系,并积极倡导树立企业家精神、培养企业家、释放企业活力的领导。十多年前,他关于"创新主要落实在企业,企业创新更多依赖企业家精神,企业家精神的培养关键要看政府减少无关干预"的论述,至今振聋发聩。正是在这种理念的感召下,我2006年毅然二次离京,抛家舍业来到珠海,加盟于珠海市国企的干部队伍中。他给了我在推进企业创新和树立企业家精神方面许多激励,并映射在企业运作中和文集中。对于本书的编辑出版,他也给予了肯定和鼓励,并欣然应允题跋,再施关怀。朱福林先生是我刚参加工作时的领导,也是我的贵人。20世纪90年代初,他由同时兼任财政部综合计划司和国债司两个关键司的司长,转任中国经济开发信托投资公司总经理(董事长由时任财政部常务副部长田一农兼任),我先做他的秘书,后做董事会秘书。朱总大气儒雅、型帅倜傥、爱才如命,用才不拘一格。他的部下很多后来都担任了财政部、国家税务总局的部级或司级领导。正是他带领我完成了由学术人到企业人的转变,传授了我企业管理经验和方式方法,并一点点将企业家精神传承与我。感谢在财政部工作时帮助过我的田一农先生、宫成喜先生、韩国春先生。他们从革命战争年代转战和平建设时期,又从部级领导转任企业领导,思想开明,不问出身与年龄,只论业绩与人品,任人唯贤。在我不到30岁便被委以重任,外派到澳门任公司总经理。对照我自己现在工作单位领导层年龄结构及附属企业高管年龄结构,在知人善任、大胆启用年轻人才方面真是惭愧不已!亦感动不已!感谢直接领导过我的北京市和珠海市的各级领导等等。每一位领导都值得铭记和感恩。《管理纵深》中的每一处闪光点都是大家关爱的结果。谢谢你们!

当然,还要感谢这些年与我共事的同仁。无论是"中经开",还是

"九洲";无论是"北控",还是"信达";无论是同级,还是下级,同事们的反馈和沟通,帮我全面掌握和了解经营一线的实际情况;同仁们的支持和认可,让我能够大胆提出和践行自己的管理思路;伙伴们的批评和建议,使我得以及时修正方向和理念。以张晓东、康晓丹、承晖、李巍、胡涛、陈周明、张新义、卢彤、吴文周、钟华、史奕、王健、张子集、文涛、朱策勇、何嘉俊、张世、崔智皓为代表的同事,不但积极主动参与思想的碰撞,还提出了很多解决工作问题的好方法、好点子。《管理纵深》中的部分文章,我只是方向的提出者和课题的负责人,主要来自于他们的智慧和贡献。在此一并感谢。

感谢中国财政经济出版社的资深编辑卢关平先生对书中文字详细的审核校对。无论多忙,他都会不厌其烦地解答和解决我提出的问题,并热心地提出很多非常有价值的专业意见和建议,中间还无数次帮助我调整排版,实在非常辛苦。

最后要特别感谢的是我的妻女。这些年来,一家三地,聚少离多,企而望归,没有她们的全力支持和深度理解,我不会有力量走过这么长一段路,也不会有信心独守南粤十余年,更不会有机会在学术研究与企业经营上同时取得一些小成绩。

如实回放与解读上世纪尘封的文字,不加修饰与改动,让文中的稚嫩与谬误直面当代读者的现代眼光,是我编辑本文集伊始即做出的大胆决定。因我觉得,正是这种保持客观、显昧漏拙和尊重历史,才能感受世界变化之快、社会进步之大、中国梦想之伟。由于精力、学识与时间所限,书中难免出现差错,望各位读者不吝指出谬误所在。若您有任何意见或反馈,欢迎与我联系。

此为后记。

黄 鑫

2016年3月27日,珠海